2014년 지방선거 분석

나남
nanam

나남신서 1793

2014년 지방선거 분석

2015년 9월 1일 발행
2015년 9월 1일 1쇄

편저자 • 康元澤
발행자 • 趙相浩
발행처 • (주) 나남
주소 • 413-120 경기도 파주시 회동길 193
전화 • (031) 955-4601 (代)
FAX • (031) 955-4555
등록 • 제 1-71호(1979.5.12)
홈페이지 • http://www.nanam.net
전자우편 • post@nanam.net

ISBN 978-89-300-8793-3
ISBN 978-89-300-8001-9(세트)

책값은 뒤표지에 있습니다.

서울대학교 한국정치연구소 한국정치연구총서 010

2014년 지방선거 분석

강원택 편

나남
nanam

Analyzing the 2014 Local Elections in South Korea

Edited by

Won-Taek Kang

nanam

　여섯 번째 전국동시지방선거가 2014년 6월 4일 실시되었다. 지방선거라고 하지만, 그동안의 경험으로 보면 동시선거라는 특성으로 인해 그 결과가 전국 단위로 재해석되면서 중앙정치적 평가가 내려지는 것이 일반적이었다. 또한 대통령의 임기 중간에 실시되었기 때문에 지방선거의 결과는 대체로 대통령에 대한 중간평가로 보는 경향이 강했다. 2014년의 지방선거 역시 이러한 특성을 그대로 보여준 선거였다. 특히 그해 4월 16일 발생한 세월호 여객선 참사의 충격 속에 치러진 선거라는 점에서 그 사건이 선거에 미칠 영향에 대한 관심이 높았다. 또한 국정원 댓글 사건이나 경제민주화 공약의 폐기 등 박근혜 정부와 관련된 정치적 논란도 있었다. 또한 야당인 민주당은 지방선거 직전 안철수의 신당과 합당하여 새정치민주연합을 창당했다. 이처럼 지방선거를 앞두고 적지 않은 정치적 논란과 사건이 발생했다.

　한편, 2014년 지방선거에서는 전국 단위 선거로는 처음으로 사전투표제가 도입돼 5월 30일부터 31일까지 이틀간 실시됐다. 그 결과 전체 유권자의 11.5%가 사전투표에 참여했다. 최종 투표율은 56.8%였는데 이는 1995년 첫 동시지방선거에서의 투표율 68.4%를 제외하면 그 이후의 지방선거 중 가장 높은 투표율이었다.

선거결과 역시 흥미로웠다. 광역단체장의 경우 새누리당이 인천, 경기, 부산, 대구, 울산, 경북, 경남, 제주 등 8석을 차지한 반면, 새정치민주연합은 서울, 강원, 대전, 충북, 충남, 세종, 광주, 전남, 전북 등 9석을 차지했다. 기초단체장의 경우에는 새누리당이 전국에서 117석, 새정치민주연합이 80석, 무소속이 29석을 차지했다. 전체적으로 본다면 어느 한 정당의 우위가 분명하게 나타나지 않은 결과라고 할 수 있다. 그런데 이에 비해 교육감선거에서는 대전, 대구, 경북, 울산을 제외하고는 진보성향의 후보가 당선되었다. 단체장과 교육감선거에서의 상이한 결과를 두고 이번 지방선거의 의미를 어떻게 해석해야 할지 쉽지 않아 보인다.

이처럼 2014년 지방선거는 다양한 이슈와 사건, 제도적 변화 속에서 치러졌고 그 결과 역시 매우 흥미로웠다. 이 책은 2014년 지방선거에서 나타난 중요한 정치적 의미와 특성을 다양한 관점에서 학술적으로 분석하고자 한 것이다. 이 책에서는 주요한 선거 이슈의 영향, 사전투표제의 효과, 교육감선거의 의미, 부동층, 투표율 증가 등 2014년 지방선거에서 나타난 중요한 현상과 결과가 갖는 정치적 함의를 찾아보고자 했다.

이 책에서 사용되는 데이터는 서울대학교 한국정치연구소에서 한국리서치에 의뢰하여 지방선거 이후인 2014년 6월 25일부터 7월 17일까지 23일간 전국의 만 19세 이상 성인남녀 1,210명을 대상으로 면접 방식의 설문조사를 행한 결과이다. 이 데이터의 최대허용 표본오차는 95% 신뢰수준에서 ± 2.8%p이다.

서울대학교 한국정치연구소 총서로 출간한 《2012년 국회의원선거 분석》과 《2012년 대통령선거 분석》에 이어, 2014년 지방선거를 분석한 이 책 역시 나남출판사의 신세를 지게 되었다. 여러 가지로 어려운 여건에서도 기꺼이 출판을 허락해 주신 조상호 회장님과 방순영 편집장께 감사의 인사를 전한다. 이 연구의 진행과정에서 궂은일을 맡아 처리해 준 서울대학교 대학원 정치학과 박사과정 길정아 양에게도 고맙다는 말을 전한다.

2014년 지방선거가 6번째 전국동시지방선거이지만 여전히 중앙정치의 영향에서 벗어나지 못하고 있는 것 같다. 이 책에 담긴 여러 글에서도 지방선거에 대한 중앙정치의 강한 영향을 확인할 수 있다. 이는 현행 지방자치제도에 여러 가지 문제점이 내재되어 있기 때문이겠지만, 그렇다고 해서 기초지방자치제도를 폐지하거나 그 기능을 축소시키는 것이 문제점을 교정하는 올바른 대응책으로 보이지는 않는다. 오히려 중앙정부가 지닌 권한을 과감하게 지방으로 이양함으로써 지역 주민이 참여를 통해 지역의 문제를 스스로 해결할 수 있도록 하는 것이 보다 중요할 것이다. 지역이 진정한 의미에서 주민자치의 공간이 되도록 지방정치 구조를 개혁하고 분권화하는 것이 바람직한 변화의 방향일 것이다. 우리의 선거 분석이 삶과 가장 밀접한 단위에서의 정치참여와 자치에 대한 논의를 더욱 풍부하게 하는 데 기여할 수 있기를 희망한다.

2015년 9월
연구진을 대표하여
강 원 택

나남신서 1793

2014년 지방선거 분석

차 례

01 | 2014년 지방선거에서 이슈의 영향
세월호 사건을 중심으로
강원택

1. 들어가며

지방선거는 지방자치단체의 장과 의회 의원을 선출하는 정치 행사이기 때문에 원론적으로 본다면 각 지방 현안과 관련된 이슈가 지방 유권자의 일차적인 관심의 대상이 되어야 할 것이다. 그러나 그동안 우리나라의 지방선거의 경우를 보면 중앙정치적인 이슈가 지방선거를 지배하는 경우가 적지 않았다. 1998년 지방선거에 대한 분석에서 강원택 (1999)은 지역주의 투표행태로 인한 한국 유권자의 정당 지지의 고정성과 지방정치의 낮은 효능감으로 인해 지방선거에서도 중앙정치에 대한 유권자의 의존성이 크게 나타난다고 보았다. 그러나 이외에도 지방선거가 중앙정치의 영향을 받을 수밖에 없는 이유가 존재한다. 우선 첫 번째 원인은 전국의 각급 지방자치단체가 동시에 선거를 치른다는 점이다. 즉, 지방선거라고 해도 전국동시선거로 인해 정당 간 전국 수준에서의 정치적 경쟁의 승패를 가리는 결과를 낳기 때문에 현실적으로 중앙정치적인 의미를 지닐 수밖에 없는 것이다. 두 번째는 대체로 대통령 임기 중반에 지방선거가 실시되기 때문에 현역 대통령의 중간평가적인 속성을 갖게 되는 경우가 적지 않기 때문이다. 대통령 임기의 중반에 전국적으로 동시에 선거를 치르기 때문에 그간 대통령의 업무 수행에 대한 평가로 지방선거를 바라보는 것이다. 이런 여러 가지 이유로 인해서 지방선거는 종종 중앙정치의 영향하에 있었다.

지방선거가 중앙정치의 영향을 크게 받는다고 하지만, 기본적인 선거경쟁의 단위가 자치단체를 기준으로 하는 것이기 때문에 현실적으로 각 지방자치단체에 따른 관심사는 다를 수 있다. 다시 말해, 동시지방선거라고 해도 서울 시민들의 선거관심사와 광주 시민들 혹은 제주 도민들의 선거관심사는 다를 수 있다. 이처럼 지역 유권자들이 중시하는 선거 이슈는 지역별로 다를 수 있는 것이다.

그런데 2014년 지방선거를 앞두고 세월호 참사라는 매우 충격적인 사건이 발생했다. 인천항 연안여객터미널을 출발하여 제주도로 향하던 여객선 세월호가 2014년 4월 16일 전남 진도군 병풍도 앞 인근 해상에서 침몰한 것이다. 이 사고로 인해 탑승객 476명 가운데 172명만이 구조됐고, 나머지 300여 명이 넘는 승객들은 모두 사망 혹은 실종되었다. 희생자 가운데는 제주도로 수학여행을 떠나던 안산 단원고 학생들 다수가 포함되어 있어 사회적으로 커다란 충격을 주었다. 이러한 대형 참사는 특히 침몰 초기에 정부가 제대로 대응하지 못해 희생자가 많이 늘어나면서 정부의 무능과 박근혜 정부에 대한 국민들의 실망감을 높였다. 2014년 지방선거는 6월 4일 시행되었기 때문에 세월호 사건 이후 한 달 반 정도의 시차를 고려한다면 이 지방선거는 세월호 사건의 여파에서 벗어날 수 없었다.

이 글에서 규명하고자 하는 연구 질문은 과연 2014년 지방선거에서 제기된 각종 이슈가 실제 유권자의 투표선택에 영향을 미쳤느냐 하는 것이다. 여기서는 크게 3가지 질문에 대해 답을 찾아보고자 한다. 첫 번째는 선거 이슈가 유권자의 투표결정에 독자적인 영향을 미쳤는지, 아니면 정당일체감과 같은 요인에 의해 투사되는 형태로 영향을 미쳤는지 살펴볼 것이다. 두 번째는 선거 이슈의 영향이 존재한다면 그것이 중앙정치적 이슈였는지, 아니면 지방정치적 이슈였는지 알아볼 것이다. 세 번째는 선거 이슈 가운데서도 특히 당시 사회적으로 커다란 충격을 주었던 세월호 사건이 유권자의 정치적 선택에 실제로 영향을 미쳤는가 하는 점이다. 임기 중반에 치러진 선거라는 점에서 2014년 지방선거는 박근혜 정부로서는 회고적 평가라는 측면에서 완전히 자유로울 수 없었다. 세월호 사건이 박근혜 정부의 정책적 실패의 결과는 아니지만, 국가의 무능과 구조적 문제점을 드러낸 사건인 만큼 현직 대통령이 불가피하게 이에 대한 일정 책임을 질 수밖에 없었던 상황이었다. 그러나 동시에 세월호 참사가 그동안 투표선택에 큰 영향을 미쳐 온 이념이나 정파성과는 무관해 보이는 이슈이기에 과연 이 이슈가 지방선거의 투표결정에 영향을 미쳤는지의 여부는 확신하기 어려워 보이는 것도 사실이다.

2. 기존 논의의 검토

선거 때가 되면 예기치 못했던 사건이나 특정 이슈 혹은 공약이 유권자들의 커다란 관심의 대상이 된다. 그리고 그러한 이슈는 선거에서 유권자의 투표결정에 적지 않은 영향을 미칠 수 있다. 한국 선거에서도 이슈의 영향력은 종종 발견된다. 예컨대, 대통령선거의 경우를 보면, 이현우(2006)는 2002년 대통령선거에서 미군 장갑차에 치여 사망한 여

중생들과 관련된 촛불시위나 행정수도 이전 공약이 노무현 후보에게 긍정적인 영향을 미쳤다고 분석했다. 장승진(2013)은 2012년 대통령선거 분석을 통해, 대선 과정에서 핵심적인 쟁점으로 제기되었던 경제민주화 이슈가 일반적인 정치적 성향을 통제한 이후에도 유권자의 투표 선택에 여전히 유의미한 영향력을 보였다고 주장했다. 경제민주화 이슈가 선거에서 중요한 쟁점이라고 인식될수록 그 이슈의 영향력이 강하게 발견되었다는 것이다.

국회의원선거에서도 이슈의 영향력이 확인된다. 정준표(1998)는 1996년 국회의원선거 직전, 비무장지대에서 발생한 북한의 잇따른 무력시위가 집권당인 신한국당에 유리한 영향을 미쳤다고 분석했다. 과거 한국 선거에서는 이러한 '북풍' 이슈의 영향 역시 적지 않았던 것이다. 한편, 2004년 국회의원선거에서 노무현 대통령에 대한 탄핵 이슈는 유권자의 투표 결정에 상당한 영향을 미친 것으로 나타났다. 강원택은(2010: 125~168) 탄핵 이슈가 압도적으로 커다란 영향을 미쳤고, 이념적 요인과 맞물리면서 열린우리당과 한나라당 간의 양극적인 대결을 이끌었다고 보았다. 한편, 윤종빈(2006) 역시 탄핵 쟁점이 연령 변수, 지역 변수와 함께 혹은 중첩되어 유권자의 투표결정에 상당한 영향을 미쳤다고 주장했다.

한편, 2014년 지방선거에서 세월호 사건의 영향과 관련하여 볼 때 흥미로운 사례로는 2010년 지방선거의 천안함 사건 영향이다. 2010년 6월 2일 시행된 지방선거를 두 달여 앞둔 3월 26일 해군 초계정 천안함이 침몰했고 이 사건은 당시 사회적으로 커다란 주목을 받았다. 그런데 강원택은(2011) 패널조사 결과분석을 통해, 천안함 이슈가 신문과 방송 등 주요 언론을 뒤덮다시피 했지만 실제로 유권자들이 투표결정을 할 때 고려한 이슈는 천안함 사건이 아니었다고 주장했다. 실제로 유권자들이 선거 결정 때 중요하게 생각한 이슈는 초중교 무상급식, 4대강 사

업 등이었다는 것이다. 즉, 당시 사회적으로 가장 주목을 받았던 이슈
는 천안함 침몰 사건이었지만 실제로 유권자에게 영향을 미친 것은 다
른 이슈들이었다는 것이다.

선거 이슈가 투표선택에 영향을 미치기 위해서는 여러 가지 조건들
이 함께 고려되어야 한다. 예컨대, 이슈의 현저성(salience), 이슈에 대
한 유권자의 태도와 선호도, 후보 또는 정당과 이슈 위치에 대한 유권
자의 인식(Brody & Page, 1972: 455) 등은 선거 이슈의 영향을 살펴볼
때 고려되는 조건들이다. 한편, 특성에 따라서 선거 이슈가 투표결정
에 미치는 영향이 달라질 수 있다. 이슈의 특성이 유권자의 전반적인
태도가 찬성 혹은 반대 중 어느 한쪽으로 몰리는 경우인 합의 쟁점
(valence issue)인지, 아니면 양쪽으로 나뉘는 경우인 위치 쟁점 혹은 대
립 쟁점(position issue)인지에 따라 이슈에 대한 유권자의 반응이 달라
질 수 있다(Stokes, 1963). 그런데 서구 민주주의 국가의 선거에서 이슈
의 영향에 주목하게 된 것은 전반적인 정당 정치의 약화와 관련이 있
다. 유권자들이 계급과 같은 집단적 정체성이나 계급적 소속감에 의해
투표하는 것이 아니라 선거 이슈나 후보자와 같은 단기적이고 비구조
적인 요인의 영향을 크게 받아, 선거마다 지지율의 변화가 커지는 선거
변동성(volatility)의 증대가 생겨난 것이다(Scarrow, Webb, & Farrell,
2000: 129).

투표결정에 대한 이슈의 영향과 관련해서 이 연구에서 주목하는 점
은 이슈 자체가 투표결정에 영향을 준 것인지, 아니면 정당일체감이나
후보자에 대한 선호가 투사(projection)되거나, 선호하는 정당이나 후보
자의 정책적 입장에 설득(persuasion)된 것인지, 아니면 그로 인한 선별
적 인식(selective perception)의 결과인지 하는 점이다. 미국의 투표자
[The American Voter(Campbell et al., 1960)]는 투표결정에서 정당일체

감이 매우 중요한 영향을 미친다고 주장했다. 정당일체감은 선거나 정치에 대해 충분한 정보나 지식을 갖지 못한 유권자들에게 투표선택의 분명한 단서(cues)를 제공한다는 것이다. 또한 선거기간 중 논의되는 이슈나 사건에 대한 해석도 이러한 정당일체감에 기반을 두고 이루어질 수 있다. 즉, 유권자가 투표결정을 내릴 때 반드시 정책 이슈에 기초하지 않은 채로 선호하는 정당이나 후보자가 자신의 정책적 입장과 유사할 것이라는 확신으로 투표할 수도 있는 것이다(Dalton, 1984: 264~265; Page & Jones, 1979: 1077~1078). 그러나 앱라모비츠(Abramowitz, 1995)나 앨드리치 외(Aldrich et al., 1989)는 선거에는 독자적인 이슈의 영향력이 존재한다고 주장했고, 페이지와 존스(Page & Jones, 1979)는 정당소속감과 이슈 선호도가 상호 간에 영향을 주고받는다고 주장했다. 이처럼 투표결정에 대한 이슈의 영향력을 바라보는 시각은 매우 다양하다.

2014년 지방선거는 선거 이슈라는 측면에서 주목할 만하다. 2014년 지방선거를 앞두고도 당시 여러 가지 상황적인 이슈가 제기되었다. 가장 대표적으로는 세월호 참사가 있었고, 전세가 급등한 부동산 문제도 사회적 관심의 대상이었다. 2014년 초에는 국정원의 대선 관련 댓글 사건이나 간첩 조작 사건 등이 정치적 논란의 중심에 놓여 있었다. 당시 민주당 김한길 대표는 항의 표시로 천막에서 장기간 농성하기도 했다. 박근혜 대통령이 신년사에서 사실상 경제민주화 공약의 포기를 천명하면서 경제민주화, 복지 공약의 실천 여부도 논란의 대상이 되었다. 한편, 선거 전 몇 곳에서 북한 무인기가 발견되었고, 제4차 핵실험의 징후도 나타났다. 이와 더불어 지방선거 이전 정치 환경의 가장 큰 변화는 선거 직전 김한길 민주당 대표와 신생 정당을 준비하던 안철수의 합의로 새정치민주연합이라는 새로운 정당이 만들어진 것이었다. 그리고 지방선거이니만큼 각 지방 나름대로 지역 유권자들이 주목하는 현안도 중요성을 갖고 있었다.

이런 점에서 이 연구에서는 2014년 지방선거에서 제기된 이슈를 모두 7가지로 정리하여 분석하고자 한다. 특성별로 살펴보면, 중앙정치적 의미를 갖는 세월호 사건, 부동산 문제, 국정원 사건, 복지 공약 실천 여부, 북한 문제, 새정치민주연합 출범 등의 이슈와 각 지방의 현안이라는 지방 이슈 등으로 구분해 볼 수 있다. 그리고 이들 이슈는 다시 합의 쟁점과 위치 쟁점으로 나눠볼 수 있는데, 이 가운데 국정원 사건, 경제민주화·복지 공약 실천 여부, 북한 문제, 새정치민주연합 출범 등 4가지 이슈는 위치 쟁점이라고 할 만한 것들이다. 이들 이슈는 그동안 한국정치에서 이념적·정파적으로 비교적 뚜렷한 대립각을 보여온 것들이기 때문이다. 이에 비해 세월호 사건, 부동산 문제, 지방 현안 등은 그와 같은 갈등에서 벗어나 있는 합의 쟁점으로 보아도 무방할 듯하다. 이처럼 이 연구에서 고려하는 7가지 이슈는 중앙정치 대 지방정치적 이슈, 그리고 합의 쟁점 대 위치 쟁점의 두 차원을 모두 포함하고 있다.

그런데 이 연구에서 특히 주목하는 이슈는 세월호 참사이다. 세월호 이슈가 갖는 합의 쟁점의 특성에도 불구하고 2014년 지방선거에서 이 이슈에 대해 주목하게 된 것은 이 사건이 거대한 재난 발생 후 국가가 보여준 무기력, 비효율, 무능의 상징이 되었기 때문이다. 더욱이 이 지방선거는 박근혜 정부가 출범한 지 1년 4개월 후에 실시되었기 때문에 중간평가적 속성을 지닐 수밖에 없었다. 따라서 재난 발생이라는 이슈 자체는 합의 쟁점적 속성을 갖는다 하더라도 그에 대한 정부의 무능한 대처가 적지 않은 유권자들의 불만의 원인이 되었기 때문에, 대통령에 대한 평가나 정파적 입장에 따라서 세월호 이슈가 선거에 미치는 영향은 차별적일 수도 있었을 것이다.

실제로 세월호 사건 이후 얼마 지나지 않은 2014년 4월 25일 실시한 한 여론조사의 결과는 다음과 같다. "지난 16일 발생한 진도 앞바다 세월호 침몰사고와 관련하여 정부가 인명구조를 위한 초동대처를 잘했다고 생각하는가, 아니면 잘못했다고 생각하는가?"라는 질문에 대해 응답자의 31.1%가 '잘했다'고 평가한 반면, 2배가 넘는 65.5%의 국민들은 '잘못했다'고 응답했다. 특히 부정적 응답 가운데 '매우 잘못했다'는 매우 부정적인 응답의 비율이 절반에 가까운 47.6%를 차지했다. 또한 "침몰사고 직후 관계당국이 초동대처를 더 신속하게 했더라면 인명피해가 줄었을 것으로 보는가, 아니면 별다른 차이가 없었을 것이라고 생각하는가?"라는 질문에 대해 응답자의 70.4%가 '크게 줄었을 것'이라고 답했고, 또 다른 19.5%는 '다소 줄었을 것'이라고 응답했다. 결국 거의 대다수인 89.9%의 응답자들이 정부의 초동대처에 대해 부정적으로 평가한 것이다. 더욱이 세월호 참사와 관련하여 정부 책임에 대해 물었을 때, 가장 높은 비율인 33.9%의 응답자가 청와대의 책임이라고 답했고, 그 뒤로 해양수산부(19.4%), 안전행정부(17.8%), 해양경찰청(14.7%), 국무총리실(1.4%) 순으로 나타났다.[1] 이처럼 세월호 사건이 박근혜 정부의 책임 공방으로 이어지는 경우 이슈 자체의 속성이 합의이슈적인 것이라고 해도 정당일체감이나 이념적 입장에 따라 상이한 평가가 내려질 수도 있는 것이다. 즉, 주요 이슈에 대해 유권자들이 쟁점과 무관하게 지지하는 정당이나 후보의 입장에 설득되거나 혹은 그 입장을 자기의 것으로 받아들이는 것과 같은 합리화(rationalization) 과정을 거칠 수도 있을 것이다(Brody & Page, 1972). 그렇다면 세월호 사건을 포함한 각 이

---

1 http://www.mediatoday.co.kr/news/articleView.html?idxno=116250

슈들은 2014년 지방선거에 과연 어떤 영향을 미쳤는지 경험적 분석을 통해 살펴보기로 한다.

3. 분석

앞서 언급한 대로, 한국의 지방선거는 지방자치단체의 장과 의회를 구성하는 대표자들을 선출하는 행사이면서도 동시에 중앙정치의 큰 영향 아래에 있다. 그런 점에서 볼 때 지방선거는 중앙정치와 지방정치 두 차원에서의 의미를 동시에 지니고 있다고 할 수 있다. 그러나 개별 유권자의 입장에서는 중앙정치와 지방정치 중 어느 차원에 의미를 더 두느냐에 따라 지방선거를 바라보는 태도가 달라질 수 있을 것이다. 이와 함께 지방선거에서 제기된 각종 이슈를 평가하는 시각 역시 달라질 수 있을 것이다.

〈표 1-1〉은 2014년 지방선거를 앞두고 제기된 주요한 이슈가 선거에 어느 정도 영향을 미쳤다고 생각하는가에 대한 응답과 지방선거의 의미를 어떻게 바라보는지에 대한 응답 패턴 간의 상관관계(correlation)를 살펴본 것이다. 우선 흥미로운 점은 지방선거를 중앙정치와의 연관하에서 인식하는지, 아니면 지방중심적 행사라고 바라보는지에 따라 이슈와의 상관관계가 매우 상이하게 나타난다는 점이다. 지방선거를 '중앙정치보다 지역 현안이 중요한 선거'라고 인식하는 이들의 경우에는 당연히 '우리 지역 현안'과의 상관관계가 확인되었다. 그리고 비교적 일상적인 삶의 문제와 관련된 '경제민주화, 복지 공약 실천'의 이슈와의 관계도 통계적으로 유의미한 것으로 나타났다. 그러나 그 이외의 이슈들은 통계적으로 유의미한 관계가 확인되지 않았다. 한편, 지방선거를

〈표 1-1〉 각 선거 이슈의 영향과 지방선거를 바라보는 시각 간의 상관관계

	세월호 사건	경제민주화, 복지 공약 실천	전세가 급등, 부동산 문제	민주당, 안철수 합당	무인기, 제4차 핵실험 준비 등 북한 문제	국정원 댓글 사건, 간첩조작 사건	우리 지역 현안
박근혜 정부를 심판하는 선거	0.38*	0.24*	0.20*	0.22*	0.14*	0.26*	0.05
중앙정치보다 지역 현안이 중요한 선거	0.04	0.12*	0.04	0.00	0.01	0.06	0.18*

주: * $p < 0.01$(양방향)

'박근혜 정부를 심판하는 선거'라고 보는 이들의 경우에는 '우리 지역 현안'을 제외한 모든 이슈에서 상관관계의 통계적 유의미성이 확인되었다. 상관계수의 크기는 역시 세월호 사건이 가장 크게 나타났으며, 그 뒤로 국정원 댓글·간첩 조작 사건, 경제민주화·복지 공약 실천, 민주당·안철수 합당, 전세가 급등·부동산 문제 등으로 나타났다. 따라서 〈표 1-1〉의 결과는 지방선거를 '지방적인 것'으로 보는 이들과 중앙정치적 의미를 보는 이들 간에 이슈를 바라보는 시각의 차이가 매우 크다는 것을 잘 보여주고 있다. 지방선거를 회고적 의미에서 박근혜 정부를 비판하는 선거라고 보는 이들에게는 세월호 사건을 포함한 각 이슈가 투표선택에 적지 않은 영향을 미친 것으로 나타났다.

그렇다면 이제는 〈표 1-1〉에서 살펴본 각 이슈가 2014년 지방선거에서 새누리당과 새정치민주연합에 대한 투표에 얼마나 영향을 미쳤는지에 대해 살펴보고자 한다. 여기서 고려해야 할 점은 2가지이다. 첫 번째는, 각 이슈들이 독자적으로 투표결정에 영향을 미친 것인지 아니면 정당일체감과 같은 요인에 의해 투사되거나 설득되는 등의 합리화 과정을 거친 것인지 하는 점이다. 만약 선거 이전의 주요 이슈가 정당일체감이나 정파적 성향에 영향을 받는다면 그 이슈의 영향은 제한적이

었다고 봐야 할 것이다. 두 번째는 2014년 지방선거에서 제기된 각 이슈의 특성에 따라 어떤 영향을 미칠 것인가 하는 점이다. 앞서 본 대로, 지방선거 무렵에 제기된 이슈들은 합의 쟁점과 위치 쟁점을 모두 포함하고 있었다. 이러한 이슈의 특성에 따라 투표선택에 상이한 영향을 미칠 것인지 아닌지 살펴볼 필요가 있다. 특히 주목할 점은 세월호 이슈이다. 세월호 참사는 그 자체로서는 합의 쟁점의 속성을 지니고 있지만 앞서 본 대로 회고적 평가의 시각이거나 정파적 관점에서 세월호 사건을 평가한다면 박근혜 정부에 대한 부정적 평가라는 위치 쟁점적 속성을 가질 수도 있기 때문이다.

이러한 문제의식을 염두에 두고 경험적 분석을 실시했다. 〈표 1-2〉와 〈표 1-3〉에서 보듯이 이항 로지스틱 분석을 실시했다. 선거 이슈가 독자적 영향을 가졌는지, 아니면 정당일체감 등 다른 요인에 부수적인 영향을 미쳤는지 살펴보기 위해 3가지 모델을 설정했다. 세 모델에서 종속변수는 새누리당(0)과 새정치민주연합(1) 중 어느 정당에게 투표했느냐 하는 것이다. 여기서는 광역자치단체장 투표와 광역의회비례대표 정당 투표의 두 경우를 모두 대상으로 삼았다. 광역자치선거를 분석 대상으로 삼은 것은 선거에서의 관심이나 정보 면에서 광역자치선거의 경우가 보다 크고, 정치적 중요성이나 실제 각 정당의 중앙당의 관심이나 개입도 상대적으로 크기 때문이다. 또한 중앙정치적 요인의 영향에 광역단체장선거가 보다 예민하게 반응할 것으로 보았기 때문이다. 광역자치단체장 투표와 광역의회비례대표 정당 투표를 모두 분석한 것은 광역단체장선거의 경우에 후보자 요인이 보다 강하게 작용할 수 있고, 광역의회비례대표 투표의 경우에는 정당 요인이 보다 큰 영향을 미칠 수 있어서 그 결과 분할투표(split-ticket voting)가 발생했을 가능성을 고려했기 때문이다.

〈표 1-2〉 광역비례대표 투표 정당(새누리당 0, 새정치민주연합 1)

		모델 1	모델 2	모델 3
		B (Exp B)	B (Exp B)	B (Exp B)
상수항		2.22*	0.88	2.76*
선거 이슈	세월호 사건	-0.13*** (0.88)	-0.04 (0.96)	0.05 (1.05)
	경제민주화, 복지 공약 실천 여부	-0.27** (0.77)	-0.21 (0.81)	-0.23 (0.80)
	전세가 급등, 부동산 문제	-0.06 (0.94)	-0.17 (0.85)	-0.13 (0.88)
	민주당, 안철수 합당	-0.57* (0.57)	-0.47* (0.63)	-0.49* (0.61)
	무인기, 제4차 핵실험 준비 등 북한 문제	0.51* (1.67)	0.46** (1.59)	0.38** (1.46)
	댓글, 간첩 조작 등 국정원 문제	-0.17*** (0.84)	0.04 (1.04)	0.16 (1.18)
	우리 지역 현안	-0.23** (0.80)	-0.35** (0.70)	-0.45* (0.64)
정당일체감	새누리당	–	-3.68* (0.03)	-3.10* (0.05)
	새정치민주연합	–	2.17* (8.78)	2.01* (7.49)
대통령 요인	박근혜 호감도	–	–	-0.03* (0.97)
모형 평가		-2Log Likelihood = 1019.0 Nagelkerke R² = 0.18 분류정확 64.9%	-2Log Likelihood = 480.3 Nagelkerke R² = 0.73 분류정확 87.9%	-2Log Likelihood = 444.9 Nagelkerke R² = 0.76 분류정확 89.4%

주: 1) * p < 0.01, ** p < 0.05, *** p < 0.1
　2) 선거 이슈: 1-매우 큰 영향 있다, 2-어느 정도 영향 있다, 3-그저 그렇다, 4-별로 영향 없다, 5-전혀 영향 없다.
　3) 정당일체감: 각 정당에 정당일체감 갖는 경우 1, 아닌 경우 0.
　4) 박근혜 호감도: 0(전혀 호감이 없다)~100(매우 호감이 크다).

<표 1-3> 광역단체장 투표 정당(새누리당 0, 새정치민주연합 1)

		모델 1 B (Exp B)	모델 2 B (Exp B)	모델 3 B (Exp B)
상수항		2.47*	1.00	2.94*
선거 이슈	세월호 사건	-0.12*** (0.89)	-0.04 (0.96)	0.03 (1.03)
	경제민주화, 복지 공약 실천 여부	-0.19*** (0.83)	-0.00 (1.00)	0.01 (1.01)
	전세가 급등, 부동산 문제	-0.11 (0.90)	-0.29*** (0.75)	-0.26 (0.77)
	민주당, 안철수 합당	-0.50* (0.61)	-0.28*** (0.75)	-0.31*** (0.74)
	무인기, 제4차 핵실험 준비 등 북한 문제	0.47* (1.59)	0.29 (1.33)	0.16 (1.17)
	댓글, 간첩 조작 등 국정원 문제	-0.29* (0.75)	-0.23 (0.80)	-0.13 (0.88)
	우리 지역 현안	-0.20** (0.82)	-0.21 (0.81)	-0.30*** (0.74)
정당일체감	새누리당	-	-3.89* (0.02)	-3.34* (0.04)
	새정치민주연합	-	2.06* (7.87)	1.93* (6.91)
대통령 요인	박근혜 호감도	-	-	-0.03* (0.97)
모형 평가		-2Log Likelihood = 1027.1 Nagelkerke R² = 0.18 분류정확 65.3%	-2Log Likelihood = 466.8 Nagelkerke R² = 0.75 분류정확 88.9%	-2Log Likelihood = 436.9 Nagelkerke R² = 0.77 분류정확 89.7%

주: 1) * p < 0.01, ** p < 0.05, *** p < 0.1
   2) 선거 이슈: 1-매우 큰 영향 있다, 2-어느 정도 영향 있다, 3-그저 그렇다, 4-별로 영향 없다,
      5-전혀 영향 없다.
   3) 정당일체감: 각 정당에 정당일체감 갖는 경우 1, 아닌 경우 0.
   4) 박근혜 호감도: 0(전혀 호감이 없다)~100(매우 호감이 크다).

첫 번째 모델은 7개의 선거 이슈만을 대상으로 포함했다. 각 이슈가 지방선거에서 새누리당과 새정치민주연합 가운데 정당 선택에 어떤 영향을 미쳤는지 분석했다. 두 번째 모델은 7개의 이슈만을 다룬 모델 1에 새누리당과 새정치민주연합 각각에 대한 정당일체감을 포함시킨 것이다. 정당일체감을 포함시킨 후에도 이슈들이 선거에 독자적인 영향을 미쳤는지 살펴보고자 했다. 세 번째 모델은 모델 2에 대통령 요인, 즉 박근혜 대통령에 대한 호감도를 포함시킨 것이다. 정당일체감과 함께 대통령에 대한 일종의 회고적 평가를 함께 고려한 것이다. 대통령에 대한 호감도까지 고려했을 때 이슈의 영향력이 어떻게 유지되는지 보고자 했다. 〈표 1-2〉와 〈표 1-3〉에 그 결과가 정리되어 있다. 광역비례대표 정당 투표와 광역단체장 투표라는 별개의 투표행태를 대상으로 분석한 것이지만 〈표 1-2〉와 〈표 1-3〉의 결과는 대체로 유사하다.

우선 흥미로운 점은 7개의 이슈만을 대상으로 한 모델 1에서는 두 분석에서 모두 '전세가 급등, 부동산 문제'를 제외하고는 모두 통계적으로 유의미한 결과가 나타났다. 회귀계수의 부호를 고려할 때, 세월호 사건, 경제민주화·복지 공약 실천 여부, 민주당·안철수 합당, 댓글·간첩 조작 등 국정원 문제, 우리 지역 현안 등의 이슈가 선거에 큰 영향을 주었다고 생각하는 경우 새정치민주연합에 대한 지지가 높은 것으로 나타났다. 이에 비해서 무인기·제4차 핵실험 준비 등 북한 이슈의 선거 영향력을 높게 생각할수록 새누리당 지지가 높은 것으로 나타났다. 보수적인 새누리당 지지자들에게 민감한 북한 이슈가 새누리당 지지에 영향을 준 반면, 나머지 이슈들에 대해서는 새정치민주연합 지지에 영향을 미친 것으로 나타난 것이다. 이런 결과를 미뤄 볼 때, 선거 이슈에 대해서는 여당인 새누리당보다는 야당인 새정치민주연합 지지에 보다 큰 영향을 미친 것으로 볼 수 있다. 이 연구에서 주목하는 세월호 사건은 〈표 1-2〉, 〈표 1-3〉 모두에서 새정치민주연합 지지에 영향을 미친 것으로 나타났지만, 회귀계수의 값도 상대적으로 크지 않았고, 유의확률 역시 90% 수준에서 유의미한 것으로 나타났다. 그런 점에서 볼 때 세월호 사건은 야당 지지자들에게 큰 영향을 주었다고 볼 수는 없다.

이런 특성은 모델 2로 가면 더욱 분명하게 드러난다. 모델 2는 7개의 선거 이슈에 새누리당과 새정치민주연합에 대한 정당일체감을 포함시킨 것이다. 〈표 1-2〉와 〈표 1-3〉의 결과는 미세한 차이가 있지만 대체로 유사하다고 할 수 있다. 우선 정당일체감의 강한 영향이 확인되었다. 특히 새누리당 지지에서 정당일체감의 영향력은 새정치민주연합보다 강한 것으로 나타났다. 정당일체감이 포함되면서 선거 이슈의 유의미함은 크게 줄었다. 광역비례대표 투표를 분석한 〈표 1-2〉에서는 민주당·안철수 합당의 영향과 북한 이슈가 각기 상이한 방향으로 유의미한 것으로 나타났고, 광역단체장 투표를 대상으로 한 〈표 1-3〉에서는 부동산 문제와 민주당·안철수 합당이 유의미한 것으로 나타났다. 두 표 모두에서 '우리 지역 현안' 이슈는 통계적으로 유의미한 것으로 확인되었다. 이외의 선거 이슈의 유의미성은 모두 사라졌다. 세월호 이슈는 정당일체감이 포함되면서 두 표에서 모두 통계적으로 유의미한 결과가 확인되지 않았다. 이 결과는 세월호 사건이 독자적으로 선거에 미친 영향은 미미했거나 혹은 정당일체감과 같은 요인에 의해 흡수되었음을 의미하는 것이다. 세월호 사건에 대한 정파적 해석 여부에 대해서는 뒤에서 다시 논의할 것이다.

모델 3은 모델 2에 박근혜 대통령에 대한 호감도를 추가한 것이다. 박 대통령에 대한 호감도는 〈표 1-2〉, 〈표 1-3〉 모두에서 통계적으로 유의미한 것으로 나타났지만, 회귀계수의 크기는 그다지 크지 않았다. 모델 3에서도 여전히 정당일체감의 영향이 매우 큰 것으로 나타났는데,

선거 이슈 가운데 〈표 1-2〉에서는 모델 2에서와 마찬가지로 민주당·안철수 합당의 영향과 북한 이슈만이 상이한 방향으로 영향을 미친 것으로 나타났으며, 〈표 1-3〉에서는 민주당·안철수 합당의 영향만이 유의미한 것으로 나타났다. 모델 2에서와 마찬가지로 '우리 지역 현안'은 두 표에서 모두 영향을 미친 것으로 확인되었다.

〈표 1-2〉와 〈표 1-3〉의 분석결과를 정리하면, 역시 새누리당과 새정치민주연합을 대상으로 한 투표선택에서 가장 큰 영향을 미친 것은 정당일체감이라는 것을 알 수 있다. 박근혜 대통령에 대한 평가도 다소 영향을 미친 것으로 나타났다. 이 장에서 주목하는 선거 이슈의 경우에는 '우리 지역 현안'이 독자적으로 영향을 준 것으로 나타났으며 이 이슈를 중시할수록 새정치민주연합에 투표할 확률이 높아지는 것으로 나타났다. 중앙정치적인 이슈뿐만 아니라 지방의 현안이 지방선거에서의 투표결정에 영향을 준다는 사실을 확인할 수 있다. 민주당·안철수 합당의 영향 역시 새정치민주연합 지지의 확률을 높인 이슈로 확인되었다. 이와 함께 무인기·제4차 핵실험 준비 등 북한 이슈의 영향은 새누리당 지지를 높인 것으로 나타났다. 선거 이슈가 독자적인 영향을 보이는 경우에도 그 내용이 정파별로 상이하다는 것을 알 수 있다. 그러나 세월호 참사 이슈는 2014년 지방선거 이전 사회적으로 보여준 관심의 규모에 비해서는 광역비례대표 투표나 광역단체장 투표에 그다지 큰 영향을 미치지 못한 것으로 나타났다. 다시 말해서 민주당과 안철수의 합당이나 북한 관련 이슈와 같은 위치 쟁점은 정파적 지지자들에게 일정한 영향을 미친 반면, 세월호 이슈와 같은 합의 쟁점은 투표결정에 별다른 영향을 미치지 못한 것이다.

그렇다고 하더라도 세월호 사건이 투표선택에 영향을 미치지 않았다는 결과는 다소 의아하다. 〈표 1-2〉와 〈표 1-3〉을 통해, 90% 유의수준이라고 해도 모델 1에서는 세월호 사건의 영향이 확인되었지만, 정당일체감 그리고 대통령에 대한 호감도가 모델에 포함되면서 세월호 사건의 영향에 대한 유의성은 사라졌다. 그렇다면 세월호 사건을 바라보는 시각은 정당일체감과 같은 정파적 입장의 차이에 따라 영향을 받은 것으로 추정해 볼 수도 있을 것이다. 과연 세월호 사건에 대한 평가가 정파적 입장이나 이념적 태도에 따라 달라진 것인지 살펴볼 필요가 있다. 앞서 언급한 대로, 세월호 사건이 준 사회적 충격은 매우 컸고, 제대로 대처하지 못한 정부에 대한 불만, 불신도 높았기 때문에, 앞의 표에서 본 결과와는 달리 이념, 정파에 따른 하위 집단별로는 상이한 패턴이 나타날 수도 있기 때문이다. 이런 특성을 살펴보기 위해서 〈표 1-4〉에서처럼 회귀분석(OLS *regression*)을 실시했다.

종속변수는 세월호 사건이 선거에 미친 영향에 대한 응답으로, '큰 영향을 받았다(1), 대체로 영향을 받았다(2), 그저 그렇다(3), 그다지 영향 받지 않았다(4), 전혀 영향 받지 않았다(5)'의 5가지 등간척도(*interval scale*)를 이용했다. 독립변수로는 4가지 범주를 고려했는데, 첫 번째는 사회경제적 배경이다. 연령, 학력, 가구재산, 가구소득 등 4가지 요인을 포함했다. 이들은 그동안 한국정치에서 이념적·정파적 선호도의 차이를 보인 요인들이다. 두 번째는 정치 이념이다. 스스로 생각하는 주관적 이념(0: 가장 진보~10: 가장 보수)과, 3가지 주요한 정책 영역에 대한 각 응답의 평균을 포함했다. 3가지 주요 정책 영역은 국방, 북한과 관련된 3가지 질문, 경제 정책과 관련된 3가지 질문, 그리고 사회 정책 관련 3가지 질문에 대한 것이다. 가장 진보적 입장이 1, 가장 보수적 입장이 4이다.[2] 세 번째는 정파적 성향에 대한 것으로, 새

---

[2] 구체적 설문 항목은 책 뒤쪽의 부록을 참조할 것.

<표 1-4> 세월호 사건의 투표 영향에 대한 회귀분석

범주	변인	Beta	t
사회경제적 배경	연령	0.00	0.02
	학력	-0.12*	-2.90
	가구재산	0.08**	2.02
	가구소득	-0.03	-0.68
이념	주관적 이념평가	0.02	0.43
	국방, 북한 관련 이념	0.06	1.47
	경제 관련 이념	0.09*	2.69
	사회 관련 이념	0.02	0.58
정파적 성향	새누리당 호감도	0.08	1.38
	새정치민주연합 호감도	-0.01	-0.25
	새누리당 정당일체감	-0.01	-0.21
	새정치민주연합 정당일체감	-0.03	-0.60
대통령	박근혜 호감도	0.08	-2.90
$R^2 = 0.10$, F = 7.20, $p < 0.00$			

주: * $p < 0.01$, ** $p < 0.05$

누리당과 새정치민주연합 각각에 대한 호감도와 정당일체감을 포함했다. 호감도는 좋아하는 정도를 0에서 100의 값 중에서 선택하도록 한 것이고, 정당일체감은 두 정당 중 특정 정당을 지지한다고 응답한 경우를 1, 그렇지 않은 경우를 0으로 하여 더미변수로 처리한 것이다. 그리고 네 번째로 대통령 변수를 고려했으며, 박근혜 대통령에 대한 호감도를 포함했다.

분석 결과가 〈표 1-4〉에 정리되어 있다. 가장 흥미로운 결과는 정파적 성향이나 대통령에 대한 호감도가 세월호 사건의 선거 영향과 무관한 것으로 나타났다는 점이다. 또한 그동안 한국정치의 갈등의 원인 중 하나인 이념 요인도 전반적으로 별 영향을 미치지 못한 것으로 나타났다. 특히 가장 격렬한 정치적 갈등의 원인이었던 국방, 북한 관련 정책에 대한 태도의 차이가 미미한 것으로 나타난 점은 주목할 만하다. 〈표 1-4〉

의 결과는 세월호 참사가 선거에 미친 영향이 정파적 입장, 이념적 태도, 박근혜 대통령에 대한 호오도와 무관했다는 사실을 알려 준다. 앞에서 살펴본 대로, 세월호 참사가 발생한 이후 이에 대한 정부의 무기력한 대응에 대한 비판 여론은 높았지만 그 본래의 특성인 합의이슈(valence issue)로 유권자들에게 받아들여졌다는 사실을 확인할 수 있다.

또 한 가지 주목할 만한 점은 유독 가구별 재산, 경제 관련 이념이 영향을 미치고 있다는 점이다. 가구재산이 많아 부유하고, 경제적 이슈를 보수적으로 바라보는 유권자일수록 2014년 지방선거의 선택에서 세월호 이슈의 영향에서 자유로울 수 있었다는 것을 보여주고 있기 때문이다. 이는 계층별로 세월호 사건을 바라보는 시각이 상당히 달랐다는 것을 시사하는 것으로 볼 수 있다. 최근 들어 우리 사회에서 양극화의 심각성에 대한 지적과 함께 계층적 차이가 정치에 미치는 영향에 대한 논의가 활발해지고 있는데(이용마, 2014; 강원택, 2013/2014; 한귀영, 2013; 이갑윤·이지호·김세걸, 2013), 경제 계층별로 세월호 사건에 대한 영향의 차이가 다르게 나타난 것은 향후 계층별 정치적 성향의 차이라는 관점에서 볼 때 주목할 만하다. 학력변인 역시 유의미한 것으로 확인되었는데, 학력이 높을수록 세월호 사건으로부터 선거 결정에 보다 큰 영향을 받은 것으로 나타났다.

〈표 1-4〉의 결과를 종합하면, 세월호 이슈는 재난 초기 대응에 실패한 정부에 대한 불만과 불신이 높았고 박근혜 정부에 대한 지지도 하락을 초래하기도 했지만, 이것이 정파적이거나 이념적인 갈등으로까지 이어지지는 않았다. 즉, 세월호 이슈는 그것이 준 사회적 충격이나 정부의 역할에 대한 불신, 그리고 일부 정치권과 시민단체가 관련된 정치적 논란에도 불구하고 지방선거에서의 투표선택에 영향을 미칠 정도로 심각한 정치적 갈등으로 비화되지는 않았다.

4. 나가며

지금까지 2014년 지방선거에서 각종 선거 이슈의 영향에 대해서 살펴보았다. 특히 선거 이전 발생한 세월호 사건이 지방선거에서의 유권자의 선택에 어떤 영향을 미쳤는지 살펴보았다. 분석 결과 선거 이슈의 영향은 존재했다. 지방선거인 만큼 '우리 지역 현안'이라는 지역 이슈의 영향은 정당일체감 등 다른 요인과 독자적으로 존재했다. 지방선거에서 지방 이슈의 영향이 확인된다는 것은 규범적인 측면에서 볼 때 바람직한 결과로 보인다. 이와 동시에 중앙정치적인 이슈 중 정파적 속성이 강한 위치 쟁점적인 이슈의 영향 또한 확인되었다. 새누리당 지지자들에게는 북한 관련 이슈가, 새정치민주연합 지지자들에게는 민주당과 안철수의 합당 이슈가 선거에 영향을 준 것으로 나타났다.

그러나 이 글에서 주목한 세월호 사건은 지방선거에 그리 큰 영향을 미치지 않았다. 선거 이전 세월호 사건이 준 사회적 충격이나 미흡한 정부 대처에 대한 비판을 고려할 때 이러한 결과는 뜻밖이라고도 할 수 있다. 세월호 사건이 투표선택에 영향을 미치지 않은 것은 이슈의 성격 자체가 합의 쟁점적이었기 때문으로 보인다. 세월호 사건에 대한 영향은 그동안 우리 정치에서 나타난 이념적·정파적 균열과 큰 연관성이 없는 것으로 드러났다. 오히려 그 사건의 정치적 영향에 대한 계층적 시각의 차이가 나타났다는 점은 향후에 발생할 수 있는 정치적 현상을 고려할 때 매우 시사적으로 보인다.

참고문헌

강원택(1999), "지방선거에 대한 중앙정치의 영향: 지방적 행사 혹은 중앙정치의
　　대리전?", 조중빈 편, 《한국의 선거 3: 1998년 지방선거를 중심으로》, 푸른
　　길.
_____(2008), "2007년 대통령선거와 이슈: 회고적 평가 혹은 전망적 기대", 〈의
　　정연구〉 14(1): 32~59.
_____(2010), 《한국 선거정치의 변화와 지속: 이념, 이슈, 캠페인과 투표참
　　여》, 나남.
_____(2011), "천안함 사건과 지방선거", 이내영·임성학 편, 《변화하는 한국
　　유권자 4》, 37~53쪽, 동아시아연구원.
_____(2013), "한국 선거에서의 '계급 배반 투표'와 사회 계층", 〈한국정당학회
　　보〉 12(3): 5~28.
_____(2014), "사회 계층과 정치적 갈등: 객관적 계층과 주관적 계층", 강원택·
　　김병연·안상훈·이재열·최인철 편, 《당신은 중산층입니까: 서울대 교수
　　5인의 계층 갈등 대해부》, 21세기북스.
윤종빈(2006), "17대 총선과 탄핵 쟁점", 어수영 편, 《한국의 선거 V: 제16대 대
　　통령선거와 제17대 국회의원선거》, 329~351쪽, 오름.
이갑윤·이지호·김세걸(2013), "재산이 계급의식과 투표에 미치는 영향", 〈한국
　　정치연구〉 22(2): 1~23.
이용마(2014), "2000년대 이후 한국 사회 계층균열구조의 등장", 〈한국정치학회
　　보〉 48(4): 249~270.
이현우(2006), "16대 대통령선거에서 나타난 이슈와 후보자 전략", 어수영 편,
　　《한국의 선거 V: 제16대 대통령선거와 제17대 국회의원선거》, 39~73쪽,
　　오름.
장승진(2013), "쟁점 투표와 정치지식: 경제민주화 이슈를 중심으로", 박찬욱·
　　강원택 편, 《2012년 대통령선거 분석》, 219~246쪽, 나남.
정준표(1998), "북풍의 정치학: 선거와 북한 변수", 〈한국과 국제정치〉 14(1):
　　111~151.
한귀영(2013), "2012년 대선, 가난한 이들은 왜 보수정당을 지지했는가?", 〈동향
　　과 전망〉 89: 9~40.

Abramowitz, A. (1995), "It's Abortion, Stupid: Policy Voting in the 1992 Presidential Election", *Journal of Politics* 57(1): 176~186.

Aldrich, J., Sullivan, J., & Borgida, E. (1989), "Foreign Afffairs and Issue Voting: Do Presidential Candidates", "Waltz Before A Blind Audience?", *American Political Science Review* 83(1): 123~141.

Brody, R. & Page, B. (1972), "Comment: The Assessment of Policy Voting", *American Political Science Review* 66(2): 450~458.

Campbell, A., Philip E. C., Miller, W. E., & Stoke, D. (1960), *The American Voter*, Chicago: The University of Chicago Press.

Dalton, R. (1984), "Cognitive Mobilization and Partisan Dealignment in Advanced Industrial Democracies", *Journal of Politics* 46(1): 264~284.

Page, B. & Jones, C. (1979), "Reciprocal Effects of Policy Preferences, Party Loyalties and the Vote", *American Political Science Review* 73(4): 1071~1089.

Scarrow, S., Webb, P., & Farrel, D. (2000). "From Social Integration to Electoral Contestation: The Changing Distribution of Power within Political Parties", in Dalton and Wattenburg(Eds.), *Parties without Partisans: Political Change in Advanced Industrial Democracies*, Oxford: Oxford University Press, pp. 129~153.

Stokes, D. (1963), "Spatial Models of Party Competition", *American Political Science Review* 57(2): 368~377.

02 지방선거는 지방정부의 구성을 위한 것인가? 중앙정치의 대리전인가? *

강신구

1. 들어가며: 지방선거의 이중적 성격

지방선거는 지방자치단체의 장과 지방의회의 의원을 선출함으로써, 다음 선거의 시기까지 지방의 정책을 수립하고 집행하는 지방정부를 구성하기 위한 것이다. 따라서 원론적인 측면에서 엄밀히 판단하면, 지방선거는 순수한 지방적 정치행사이다. 그러나 한국정치에 조금이나마 관심이 있는 독자라면 선뜻 이와 같은 인식에 동의하기 어려울 것이다. 그만큼 한국의 지방선거는 중앙정치의 큰 관심과 주목의 대상이었고, 그 과정은 중앙정치의 대리전의 양상을 띠어 왔기 때문이다. 언론 또한 지방선거의 과정과 결과를 중앙정치와의 관계를 중심으로 해석하고 보도하며, 이와 같은 인식의 확산에 이바지했다.

지방선거에 미치는 중앙정치의 이와 같은 영향을 목격하며, 일부의 학자들은 지방정치의 중앙정치에의 예속화를 우려하기도 한다(강원택,

---

* 이 글은 〈오토피아〉(*Oughtopia*) 제29권 제2호(2014년)에 게재된 논문을 일부 수정한 것입니다.

1999; 경제희, 2014; 금창호, 2014 등). 민주주의, 그것도 대의민주주의에서 선거는 선출된 대표자가 주권자로서의 시민의 이해에 지속적으로 봉사하게 구속하는 보상과 처벌의 거의 유일한 기제로서의 성격을 가진다. 이런 선거에서 대표자 자신의 역량이나 비전, 그리고 업적에 관계없이, 대표자가 어찌 할 수 없는 중앙정치의 영역에 대한 평가에 따라 정치인으로서의 자신의 운명이 결정될 수 있다는 전망은 지방정부의 대표성과 반응성의 증진을 저해할 수 있는 가능성을 제공한다는 점에서 우려스러운 현상임은 분명하다.

그러나 지방선거의 경쟁과정에서 중앙정치의 영향력이 나타나는 것을 부정적으로만 평가하는 것 또한 무리라는 것을 지적하고 싶다. 한국의 지방선거가 중앙정치의 대리전의 양상으로 격렬하게 치러지는 배경에는, 전국동시실시라는 조건에 의해 선거구(constituency) 간의 연대를 도모하면서 보다 효율적으로 선거운동을 전개하려는 후보자 및 정당의 전략·전술적 고려와 이를 가능하게 하는 전국망을 갖춘 언론의 보도가 있는 것도 사실이지만, 보다 근원적으로는 지방선거를 통해 구성될 지방정부가 결정할 수 있는 영역이 중앙정부에 비해 제한적이라는 사실이 작용하는 것으로 보아야 할 것이다. 특히 지방정부의 재정자립도가 매우 낮은 현실에서 지방정부는 중앙정부에 의존적일 수밖에 없는 것이다.

이런 구조적 조건에서 합리적인 유권자라면 지방선거의 지방적 성격에만 초점을 맞추어 선택을 하는 것보다 지방선거의 전국적 성격에 초점을 맞추어 선택하는 것이 자신의 삶의 질을 증진시키는 데에 보다 효과적이라는 것을 알 수 있다. 특히 작은 규모로 지방정부의 단위가 나뉘어 있는 상황에서 유권자의 생활반경이 여러 개의 지방자치단체에 걸쳐 형성되어 있다면, (예를 들어 거주지와 직장, 자녀의 학교 등이 각각 다른 지역에 있는 상황이라면) 지방선거의 전국적 성격을 더욱 고려할 수밖에 없을 것이다. 이런 측면에서 지방선거는, 특히 한국의 지방선거는 지방정부의 구성을 위한 것인 동시에 중앙정부에 대한 유권자의 평가를 반영하는 이중적인 성격을 띠는 것으로 보아야 한다. 그리고 이 중에 어느 측면에 더 무게를 두고 평가할지는 유권자의 몫인 것이다.

이처럼 지방선거가 이중적 성격을 가지고 있는 까닭에, 지방선거에 나타나는 경쟁의 양상은 대체로 유사한 구도를 띤 것으로 평가된다. 민주화의 흐름 속에 지방자치와 선거가 부활한 이후, 20년의 시간이 경과했고, 그동안 우리는 2014년 6월 4일 지방선거를 제외하고도 이미 5번의 지방선거를 치렀다. 그와 같은 선거과정에서 반복되어 나타난 현상은 야당에서는 대체로 정권심판론을 앞세우며 중앙정부에 대한 공세적인 입장을 취하고, 이에 대해 여당은 방어적인 입장을 취한 것이다. 아마도 지방-전국-지방의 순서로 선거가 시행되면서, 지방선거가 대통령의 임기 중반에 치러지게 되는 시간적 원인을 반영하는 것으로 보인다. 2002년 대선을 6개월가량 앞두고 시행된 제3회 지방선거가 그러했고(송건섭·이곤수, 2011), '노무현 정권심판론'이 불거진 2006년의 제4회 지방선거도 그러했으며(정원칠·정한울, 2007), 마찬가지로 2010년의 제5회 지방선거에서도 'MB 정부 심판론'이 야당에 의해 대두되었다. 그런데 이러한 경향에서 약간 벗어난 성격을 보였던 것은 1998년의 제2회 지방선거였다. 1997년 12월의 대통령선거 이후 약 6개월 만인, 이른바 밀월기(honeymoon period)에, 그것도 IMF 위기라는 전례 없는 국난극복을 위하여 새로운 정부에 대한 기대감이 고조되었던 시기에 시행되었던 이 선거에서는 오히려 여당이 적극적으로 지방선거의 전국적 성격을 부각시키며 중앙정부에 힘을 실어줄 것을 국민들에게 호소했다.

비록 여당과 야당의 모습과 호소는 이렇게 상황적 요소를 반영하면서 달라질 수 있지만, 그럼에도 불구하고 전반적으로 발견되는 모습은, 정당과 후보자들이 지방선거의 이중적 성격을 인식하고, 자신에게 유리한 방향으로 지방선거의 성격을 규정한다는 점이다. 즉, 지방선거의 전국적 성격을 부각시키는 것이 유리하다고 판단하는 상황이라면, 이를 강조하는 선거운동을 전개하며, 이에 맞서는 입장에서는 같이 맞불을 놓으면서 경쟁하기보다는 지방선거의 다른 성격, 즉 지방정부의 구성을 위한 지방적 성격을 강조하며 표를 호소하는 선거전략을 택하는 것이다. 이제까지의 지방선거에서 반복적으로 발견되는 경쟁의 유형은 지방선거의 전국적 성격을 강조하는 입장과 지방적 성격을 강조하는 입장 간의 대립과 경쟁의 구도였던 것이다.

이런 측면에서 2014년의 제6회 지방선거는 이제까지와는 다른, 독특한 방향으로 전개된 선거였다고 할 수 있다. 대체적으로 시작은 비슷한 양상이었다. 즉, 야당은 세월호 사건을 계기로 드러난 정부의 무책임하고 무능한 대응을 지적하면서, 이번 선거를 중앙정부의 실책을 바로잡고 견제하는 계기로 삼아야 한다는 호소로 선거운동을 전개한 것이다. 그러나 선거운동의 후반기에 접어들면서 여당은 이제까지의 지방선거와는 다른 모습으로 선거운동을 전개했다. 그것은 이와 같은 문제들이 있기 때문에 그 문제들을 해결하기 위해서는 더 강력한 리더십이 필요하며, 그러하기에 대통령의 국정수행을 지원할 수 있는 여당에게 표를 던지는 것이 더 절실히 요구되는 상황이라며 호소한 것이다. 결과적으로 선거는 어느 일방의 승리라고 하기 힘든 무승부의 양상으로 귀결되었다(가상준, 2014; 금창호, 2014).

2014년 6월 4일 지방선거에서 나타난 이와 같은 독특한 성격은 지방선거의 이중적 성격, 이에 대한 유권자의 인식, 그리고 중앙정부에 대한 유권자의 태도와 평가 사이에 복잡한 상호작용이 있었음을 의심하게 한다. 중앙정부에 대한 평가가 긍정적이든 부정적이든 어느 한 방향으로 수렴되는 양상을 보였더라면, 이번처럼 중앙정치에 대한 입장을 둘러싸고 야당과 여당이 서로 격렬하게 맞붙는 모습은 예상하기 힘들었기 때문이다. 결국 이는 유권자들이 중앙정부의 국정수행 능력에 대해 서로 다른 평가를 내렸으리라고 짐작케 한다. 그리고 이와 같은 평가는 중앙정부를 구성하고 있는 여당과 이에 대응하는 야당에 대한 기존의 태도에 의해 영향을 받았을 것이고, 이는 지방선거의 성격에 대한 유권자의 인식에 영향을 주었을 것이며, 최종적으로 투표선택에 반영되었을 것이라는 이론적 가설을 제기하게 한다.

이 글은 경험적 분석을 통해 이와 같은 의문을 일부분이나마 풀고자 한다. 우리는 2014년 지방선거 이후 수집된 '2014 지방선거에 대한 국민의식 조사'[1]를 활용하여, 어떤 유권자가 지방선거를 지방정부를 구성하는 것으로 이해하는지, 혹은 중앙정부의 평가로 이해하는지에 대해 살펴보고, 이러한 이해가 유권자의 투표선택에 유의미한 차이를 초래하는지, 그리고 어떤 요인에 의해 생기게 되는지 살펴볼 것이다. 그러나 이와 같은 경험적 분석에 앞서, 지방선거에 대한 선행 연구를 간략히 검토하고자 한다.

---

1 조사는 서울대학교 한국정치연구소의 의뢰로, (주)한국리서치에 의해, 대면면접조사 방식으로 2014년 6월 25일부터 7월 17일 사이의 23일간 실시되었다. 수집된 자료는 성별, 연령별, 지역별 비례할당 후 무작위로 추출된 1,210명의 응답을 포함하고 있다.

2. 지방선거에 대한 선행 연구의 검토

지방선거는 그 실시되는 규모가 전국적인가, 아니면 국가 내의 일부 지역에서 협소하게 실시되는가에 관계없이, 선거의 결과에 따라 구성되는 정부가 중앙정부가 아닌, 보다 낮은 단위의 지역정부이기에 유권자들이 덜 중요한 것으로 인식하는 '이차적 선거'(Rief & Schmitt, 1980)로 이해할 수 있다. 2 미국의 경우에는 주지사 및 주의회, 그리고 그보다 낮은 단위의 지방정부를 구성하기 위한 선거 등이 이차적 선거에 해당한다. 또한 엄밀한 의미에서 중앙정부의 일부를 구성하는 선거이긴 하지만, 4년마다 시행되는(인단 선출) 중간선거(mid-term election) 역시 미국적 맥락에서(그 의미를 넓게 확장한다면) 이차적 선거의 하나로 이해할 수 있을 것이다. 유럽의 경우에는 유럽연합의 존재로 인해 색다른 의미를 가지게 된다. 그것은 유럽연합 정부의 일부를 구성하는 유럽의회가 각 회원국 주민들의 직접선거로 구성되기 때문이다. 그래서 유럽의회선거는 한편으로 생각해 보면 회원국 각각의 정부(national government) 상위의 정부를 구성하는 선거로 이해할 수도 있지만, 선거에 참여하는 유권자들이 일반적으로 국내정부를 구성하는 총선(national general election)보다 부여하는 관심과 중요도가 낮다는 의미에서, 각국의 지방정부를 구성하는 선거와 함께 유럽의회선거 역시 이차적 선거의 하나로 여긴다. 3

---

2 이렇게 '이차적 선거'(second-order election)를 규정하는 입장은 이에 대비하여 중앙정부를 구성하는 선거를 일차적 선거(first-order election)로 아울러 규정한다.

3 유럽의회선거를 이차적 선거로 이해하는 문헌의 일부는 기존 연구가 밝힌 이차적 선거의 특징을 통해 개별 국가의 유럽의회선거가 이차적 선거의 성격을 가지느냐, 아니냐를 밝히고자 한다. 이들에 따르면, 기존의 서유럽 국가의 회원국을 대상으로 실시되었던 1979, 1984, 1989, 1994, 1999, 2004년 유럽의회선거는 모두 이차

선거의 성격이 이와 같은 차이를 보일 수 있음에도 불구하고, 그 동안 축적된 엄청난 양의 선거 연구들은 이와 같은 차이에 대해서는 별다른 관심을 보이지 않았다. 즉, 미국의 주정부(주지사, 주의회) 선거에 대한 연구는 많지만, 정작 이들 연구들의 대부분은 단지 분석의 대상만 달리할 뿐, 보편적으로 적용될 수 있는 유권자의 투표행태(*voting behavior*)에 대한 이론적 가설을 제기하고 검증하는 형태로 이루어져 온 것이다. 즉, 이들 주정부선거에 대한 연구들은 연방선거와의 차별성보다는 유사성을 강조해 온 것이다(Caldeira & Patterson, 1982).

미국의 선거에 대한 연구들 중, 그나마 연방선거와 구별되는 이차적 선거의 차별적인 성격을 부각하는 연구는 크게 두 부류로 나눌 수 있다. 그중 하나는 주정부선거 또는 그 이하 수준의 선거에서만 볼 수 있는 선거제도의 다양성(*variation*)에 주목하여, 이러한 차이가 정치적 결과에 미치는 영향을 분석한 연구이다. 이때 정치적 결과로 투표자 등록률(*registration rate*), 투표율, 현직자의 재선율 등이 분석의 대상이 되는데, 특히 현직자의 재선은 전국 정치 여론의 동향을 통제하는 가운데 분석되는 것이기에 지방정치의 특수성과 보다 긴밀히 연결되는 변인으로서의 성격을 갖는다(Carey *et al.*, 2000; Hogan, 2004 등). 그러나 이들 연구에서의 주안점은 현직자의 재선율 자체로서, 이들 선거가 연방선거와 가지는 차별적인 성격은 오직 간접적으로 함의되는 것이다. 따라서 이들 선거가 가지는 이차적 선거로서의 성격, 그리고 그로부터 연원되는 이중적 성격이 본격적으로 분석되고 있는 것으로 평가하기는 어렵다.

적 선거의 특징을 보이지만, 유럽의회가 많은 수의 동유럽 국가들을 포함하여 확대된 이후 실시한 2009년의 선거에서는 회원국 간의 차이가 나타난다. 즉, 불가리아, 체코, 에스토니아, 루마니아 등 12개의 새로운 회원국이 참여한 유럽의회선거는 이차적 선거의 특징을 보이지 않는다는 것이다(Hobolt & Wittrock, 2010).

오히려 이런 성격은 남아 있는 다른 하나의 입장, 대통령선거와 중간선거의 차이를 설명하고자 하는 연구에서 더 주목받아 왔다고 할 수 있다. 앞에서도 언급했듯이, 대통령선거가 없는 해에 시행되는 미국의 중간선거는 아무래도 대통령선거가 있는 해에 시행되는 선거에 비해 유권자의 관심으로부터 멀어질 수밖에 없다. 이와 같은 차이에 주목한 연구들이 발견한 일반적 경향은 중간선거의 상대적으로 낮은 투표율(Gilliam, 1985; Wattenberg & Brians, 2002 등) 그리고 대통령 정당에 대한 지지율 저하(Tufte, 1975; Fiorina, 1981; Campbell, 1985/1993) 등이다. 특히 캠벨은 직전의 대통령선거에서 대통령이 얻은 득표율이 높을수록, 이어지는 중간선거에서 대통령 정당의 지지율 하락폭이 커지는 양상에 주목하며, 중간선거가 대통령의 업무 수행에 대한 중간평가의 성격을 가지고 있음을 주장하였다(Campbell, 1993). 그러나 이와 같은 요약을 통해 알 수 있듯이, 미국의 중간선거에 대한 일련의 연구들도 대체로 중간선거에 참여하는 유권자들의 투표행태에 연방정부의 정책수행 능력에 대한 평가(Fiorina, 1981) 등과 같은 중앙정치에 대한 고려가 작용하고 있음을 밝힐 뿐이지, 유권자들이 선거의 성격을 어떻게 이해하고 있고, 그러한 이해가 투표선택에서 차별을 만들어 내는지 등에 대한 깊이 있는 이해가 이루어지고 있다고 보기는 어렵다.

이러한 한계는 유럽의회선거가 가지는 이차적 선거의 성격을 명시적으로 이해하고, 그로 인한 차이를 보다 활발하게 연구해 온 유럽의 학계에서도 공통적으로 발견된다. 이들의 연구에서 밝혀진 유럽의회선거의 특징은 그 이차적 선거의 성격으로 인하여, 각국의 중앙정부를 구성하기 위한 총선에서보다 낮은 투표율을 보이며, 투표의 대상과 관련하여 각국의 정당체제에서 주류를 구성하며, 유럽연합의 차원에서 연대를 구성하여 일정한 영향력을 행사할 수 있는 기성 정당들은 유럽의회선거에서 상대적으로 낮은 득표율을 보이며, 이와는 반대로 기성 정치에 저항적인 성격을 가지는 정당(protest parties)과 주류 정당들로 구성된 기존의 개별 국가 수준의 정당체제에서 주변부에 위치하고 있는 정당(peripheral parties)들은 개별 국가의 총선에서보다 유럽의회선거에서 상대적으로 높은 지지율을 보인다는 것이다. 이런 특징에 주목하여 이들 연구자들은 유럽의회선거가 개별 국가의 정부와 기성 정당에 대한 평가와 심판의 장으로 활용되고 있다고 주장한다(Rief & Schmitt, 1980; Rief, 1984; van der Eijk & Franklin, 1996; Marsh, 1998; Hix & Marsh, 2007/2011 등). 결국 이들의 연구 역시 이차적 선거로서의 유럽의회선거에 일차적 선거로서의 의미를 가지는 개별 국가의 총선에 의해 구성되는 중앙정치의 영향이 깊숙이 개입되고 있다는 것을 보일 뿐이다.[4]

지방선거의 역사가 축적되면서 이를 분석하려는 국내 학자들의 연구 또한 활발히 이루어지고 있다. 특히 지방선거의 이중적 성격과 관련하여 크게 두 입장으로 정리될 수 있다. 그중 하나는 대통령의 국정수행 능력에 대한 평가, 국가경제 및 가정경제 상황의 변화에 대한 평가 등의 변수에 주목하여, 지방선거에 미치는 중앙정치의 영향을 강조하는 입장이다(강원택, 1999; 조성대, 2003; 송건섭·이곤수, 2011; 이곤수·송건섭, 2011; 정원칠·정한울, 2007; 정진민, 2012; 김정도·안용흔, 2013; 금창호, 2014; 경제희, 2014).[5] 다른 하나는 지방선거에 미치는 중앙정치

---

[4] 하지만, 연구가 축적되면서 유럽의회선거에서 행해진 투표의 성격을 규명하려는 시도들 또한 제기되고 있음을 밝힌다. 즉, 이러한 투표가 기성 정당, 특히 집권당에 대한 심판(punishment)인지, 기성 정당체제에 대한 저항(protest)인지에 대해 분석하는 것이다(Hix & Marsh, 2007).

[5] 이 중 경제희는 제5, 6회의 지방선거 기초단체장선거를 비교분석한 결과를 통해, 제6회 지방선거의 경우, 대통령의 국정수행에 대한 평가는 여전히 새누리당 기초단체장 후보 선택에 유의미한 영향을 미치는 반면, 국가경제에 대한 인식과 평가는 그렇지 않다는 점에 주목하여, 제6회 지방선거가 생활정치에서의 정당의 영향력이

의 영향을 인정하지만, 그럼에도 불구하고 현직〔*incumbency*(황아란, 2012/2013; 이곤수·김영종, 2010)〕이나 도전자 역량(이곤수·송건섭, 2011) 등과 같은 지방의 특수한 성격이 유권자의 투표선택에 유의미하게 반영되고 있음을 밝히는 입장이다. 그러나 이렇게 양과 질적인 측면 모두에서 발전하고 있는 국내의 지방선거 연구에서도 지방정부의 이중적 성격과 이에 대한 유권자의 인식이 투표선택에 미치는 영향, 특히 이와 같은 인식의 형성에 미치는 요인에 대해 분석하고 있는 연구는 찾아보기 힘들다.

지금까지 이차적 선거의 개념을 중심으로 지방선거(혹은 유럽의회선거)에 대해 분석하고 있는 국내외 관련 선행 연구들을 살펴보았다. 그 결과를 요약하면, 대부분의 연구들이 이차적 선거로서의 지방선거에 중앙정치의 영향이 강하게 (때로는 약하게) 작용하고 있다는 것을 보여줄 뿐, 어느 정도는 문제에 대해 간과하고 있다고 할 수 있다. 달리 말하면, 지방선거의 이중적 성격과 관련하여 지방선거의 전국적 성격은 강조되어왔지만, 지방선거의 성격에 대해서는 상대적으로 무관심했다고 할 수 있다. 특히 이에 대한 유권자의 인식이 투표선택에 어떻게 반영되는지, 어떤 유권자가 왜 이러한 인식을 가지게 되었는지에 대한 관심은 영역 밖의 일로 여긴 것으로 보인다. 이 연구의 경험적 분석은 이와 같이 상대적으로 관심을 받지 못한 문제들을 집중적으로 검토하고자 한다.

약해지는 시발점이 될 수도 있다고 주장한다(경제희, 2014).

3. 경험적 분석

1) 지방선거의 이중적 성격에 대한 응답자 인식의 분포

앞에서 밝혔듯이, 이 연구의 경험적 분석을 위한 자료는 '2014 지방선거에 대한 국민의식 조사'를 통해 수집되었다. 이 연구에서 가장 중요한 변인 중 하나는 지방정부의 이중적 성격에 대한 유권자의 인식이다. 이와 관련하여 우리는 조사에 포함된 다음의 질문에 주목한다. "귀하는 다음 의견에 대해 어떻게 생각하십니까? '이번 선거는 중앙정치보다 지역현안이 중요한 선거였다.'" 조사에 참여한 응답자는 이 질문에 대하여 '① 매우 공감한다, ② 대체로 공감한다, ③ 별로 공감하지 않는다, ④ 전혀 공감하지 않는다'의 4개의 보기 중 하나를 선택하도록 요구했다. 우리는 이러한 요구에 대하여 공감을 의미하는 ①과 ②를 선택한 응답자는 '지방선거는 지방정부의 구성을 위한 것이다'라는 의견에 동의하는 입장을 가지는 것으로, 공감하지 않음을 의미하는 ③과 ④를 선택한 응답자는 '지방선거는 중앙정치의 대리전 성격을 가진다'라는 의견에 동의하는 입장으로 구분하였다. 이는 전자는 지방선거의 지방적 성격에 보다 많은 무게를 두는 입장이고, 후자는 지방선거의 전국적 성격에 보다 많은 무게를 두는 입장으로 표현할 수도 있다.

〈표 2-1〉은 이에 따른 응답자의 분포를 성별, 연령, 교육수준, 가구소득, 거주지와 같은 응답자의 인구사회학적 속성에 따라 보여주고 있다. 이 표를 통해 우선적으로 알 수 있는 것은 지방선거가 중앙정치의 대리전 성격으로 치러지며, 지방정치는 중앙정치에 예속되어 있는 양상을 보인다는 한국의 지방선거와 지방정치에 대한 학계의 일반적인 평가와는 달리, 지방선거의 성격을 전국적으로 인식하는 응답자는 오

〈표 2-1〉 지방선거의 성격에 대한 응답자의 입장 : 인구사회학적 변인을 중심으로

지방선거는 …	A. "지방정부의 구성을 위한 것이다"라는 의견에 동의하는 입장*(명)	B. "중앙정치의 대리전 성격을 가진다"라는 의견에 동의하는 입장*(명)	응답자 중 A의 비율(%)
전체	755	454	62.4
성별			
남성	371	225	62.2
여성	384	229	62.6
연령			
19~29세	136	81	62.7
30~39세	146	88	62.4
40~49세	168	89	65.4
50~59세	157	86	64.6
60세 이상	148	110	57.4
교육수준			
중졸 이하	138	89	60.8
고졸	328	178	64.8
전문대 이상	289	187	60.7
가구소득			
200만 원 미만	127	87	59.3
200~299만 원	110	89	55.3
300~499만 원	344	173	66.5
500~699만 원	125	85	59.5
700만 원 이상	49	17	74.2
거주지			
대구/경북	98	29	77.2
광주/전북/전남	74	51	59.2
그 외	583	374	60.9

주: * "이번 선거는 중앙정치보다 지역 현안이 중요한 선거였다"는 설문에 ① 매우 공감한다, ② 대체로 공감한다'의 답을 선택한 응답자를 A, '③ 별로 공감하지 않는다, ④ 전혀 공감하지 않는다'의 답을 선택한 응답자를 B의 의견에 동의하는 입장을 가진 것으로 분류하였다.

히려 소수이며, 지방선거는 지방정부의 구성을 위한 것으로 인식하는 응답자가 62.4%로 다수를 구성하고 있다.

다음으로 눈여겨볼 사실은 거주지를 제외하고, 다른 인구사회학적 속성들과 지방선거의 성격에 대한 인식 사이에 특별한 상관관계를 찾기는 힘들다는 점이다. 가구소득의 경우 월 소득 700만 원 이상의 가구에서 지방선거의 전국적 성격을 강조하는 인식의 비율이 다른 집단에 비해 상대적으로 높지만, 이에 해당하는 가구의 수가 상대적으로 낮으며, 그 외의 가구소득 집단을 살펴보면 가구소득의 증대가 이와 같은 인식을 가지는 응답자의 비율과 비례적으로 연결되는 것은 아님을 알 수 있다.

거주지와 관련해서는 특색 있는 양상을 발견할 수 있다. 익히 알려져 있듯 대구/경북 지역은 새누리당의 텃밭지역으로서, 2014년 지방선거에서도 새누리당의 강한 우세가 예상되었고, 실제 결과도 그러했다. 그래서 일견, 박근혜 대통령과 새누리당이 다수를 장악하고 있는 국회의 의석분포를 고려할 때, 지방선거를 중앙정치의 연장선상에서 고려하는 사람이 다른 지역보다 높은 비율을 차지할 수 있으리라고 예상할 수 있다. 하지만 실상 그 결과의 분포를 보면, 호남 지역을 포함한 다른 지역의 유권자들에 비해 훨씬 높은 비율로 '지방선거는 지방정부의 구성을 위한 것이다'라는 의견에 공감을 표시하는 유권자가 많다는 것을 알 수 있다.[6]

거주지라는 속성은 인구사회학적 차이로 분류될 수 있지만, 지역주의의 영향이 강한 한국정치의 특성을 볼 때, 다른 한편으로는 지역의 정치적 속성과 밀접한 관련을 맺는 것으로 이해될 수 있다. 따라서 거주지

---

[6] 그 차이는 16.44%로 $t = 4.09$ $(p < 0.0001)$의 값을 가지면서 통계적으로 매우 유의미하게 나타난다.

와 관련한 이와 같은 차이는 지방선거의 이중적 성격에 대한 인식이 응답자의 정치적 성향 및 속성과 관련된 것은 아닌지 의심을 품게 한다. 이러한 생각에 따라 지방선거의 성격에 대한 인식의 분포를 정당일체감,[7] 본인이념성향,[8] 현직자 정당, 정치관심도, 정치지식[9]이라는 정치적 변인에 따라 살펴보았다. 이 중 현직자 정당은 응답자의 거주지가 속한 광역자치단체의 현직자 단체장, 즉 6 · 4 지방선거의 결과에 따라 유임과 교체가 결정될 수 있는 현직자의 소속정당을 의미한다.[10] 〈표 2-2〉는 그 결과를 보여주고 있다.

표를 살펴보면, 대구/경북 지역에 거주하는 응답자가 지방선거의 지방적 성격을 강조하는 입장이 많았던 것에 비하여, 정당일체감과 관련해서는 새정치민주연합에 일체감을 가지는 응답자로부터 이러한 입장이 많은 것을 알 수 있다. 반면에 광역자치단체장 현직자가 새정치민주연

---

7 "귀하는 우리나라에 있는 정당 중 가깝게 느끼는 정당이 있습니까?", "그렇다면, 그 정당은 어느 정당입니까?", "(가깝게 느끼는 정당이 없다고 대답한 응답자에게) 그렇다고 해도 귀하께서 조금이라도 더 선호하는 정당이 있습니까?"라는 3개의 연속된 질문을 통해, 각 정당에 대해 일체감을 느끼는 유권자들을 이진변수로 구성하였다.

8 0(매우 진보)~10(매우 보수)로 구성되는 11점 척도 위에 본인의 이념을 위치시키는 질문에 근거하여 4 이하를 선택한 응답자를 진보, 5를 중도, 6 이상을 선택한 응답자를 보수로 분류하였다.

9 응답자의 정치지식수준과 관련하여, 조사는 "우리나라 광역의회 의원의 임기는 몇 년입니까?", "현재 우리나라 제1야당인 새정치민주연합은 현재 2명의 공동대표체제인데요, 2명의 공동대표 이름은 무엇입니까?", "2014년 현재 중국의 최고지도자는 누구입니까?"라는 3개의 질문을 포함하고 있다. 정치지식은 이 3개의 물음에 대한 정답의 수로 측정되었다.

10 이에 따라, 서울, 인천, 광주, 대전, 강원, 충북, 충남, 전북, 전남에 거주하는 응답자는 현직자 정당이 새정치민주연합인 것으로, 부산, 대구, 울산, 경기, 경북, 경남에 거주하는 응답자는 현직자의 정당이 새누리당인 것으로 표시된다. 현직자가 재선에 나서지 않은 경우에도 정당 소속 여부에 따라 표시하였다. 세종특별자치시와 제주는 분석에서 제외하였다.

〈표 2-2〉 지방선거의 성격에 대한 응답자의 입장: 정치적 변인을 중심으로

지방선거는 …	A. "지방정부의 구성을 위한 것이다"라는 의견에 동의하는 입장*(명)	B. "중앙정치의 대리전 성격을 가진다"라는 의견에 동의하는 입장*(명)	응답자 중 A의 비율(%)
전체	755	454	62.4
정당일체감			
새누리당	285	177	61.7
새정치민주연합	210	102	67.3
통합진보당	12	13	48.0
정의당	8	6	57.1
기타 정당	6	2	75.0
무당파	253	152	60.5
본인이념성향			
진보	237	125	65.5
중도	310	182	63.0
보수	207	144	59.0
현직자 정당			
새누리당	411	184	69.1
새정치민주연합	333	258	56.3
정치관심도			
매우 많음	46	46	50.0
조금 있음	297	161	64.8
별로 없음	329	198	62.4
전혀 없음	47	24	66.2
정치지식: 정답 수			
3	465	258	64.3
2	175	112	61.0
1	95	57	62.5
0	20	27	42.6

주: * "이번 선거는 중앙정치보다 지역 현안이 중요한 선거였다"라는 설문에 '① 매우 공감한다, ② 대체로 공감한다'의 답을 선택한 응답자를 A, '③ 별로 공감하지 않는다, ④ 전혀 공감하지 않는다'는 답을 선택한 응답자를 B의 의견에 동의하는 입장을 가진 것으로 분류하였다.

합인 지역에 거주하는 응답자 집단에서 지방선거의 전국적 성격을 강조하는 입장에 동조하는 응답자가 상대적으로 높은 비율을 차지하고 있음을 아울러 발견할 수 있다. 이와 같은 사실은 지방선거의 이중적 성격에 대한 유권자의 인식에 정치적인 요인의 영향력이 작용하고 있을 것이란 생각을 들게 하지만, 그에 대한 구체적인 방향성과 크기는 단순한 교차분석으로는 알기 어렵다.

일반적으로 정치에 대한 관심도와 지식수준은 긍정적인 상관관계를 가질 것이라고 예상하기 쉽지만, 이번 조사에 참여한 응답자 사이에는 그와 같은 상관관계는 거의 없었으며,[11] 이에 따라 지방선거의 성격에 대한 인식도 다소 차별적인 양상으로 나타났다. 비록 현재와 같은 단순비교로 명확한 방향성을 말하기는 어렵지만, 대체로 정치에 대한 관심도가 높은 집단에서 지방선거의 전국적 성격을 강조하는 입장이 늘어난 반면, 정치지식과 관련해 그 수준이 높을수록 지방선거를 지방적으로 이해하는 입장이 늘어나는 것으로 보인다. 이는 지방선거를 지방적인 행사로 이해하는 것에 대한 일종의 규범적이며, 당위적인 판단이 작용하고 있는 것은 아닌지 생각하게 한다.

이상에서 〈표 2-1〉과 〈표 2-2〉를 통해 지방선거의 이중적 성격에 대한 인식에 따른 응답자의 분포를 인구사회학적 요인과 정치적 요인에 따라 살펴보았다. 대체로 발견되는 사실은 지방선거의 이중적 성격에 대한 인식은 주로 인구사회학적 요인보다는 정치적 요인에 보다 큰 영향을 받는 것으로 보이지만, 그에 대한 구체적인 방향성과 상대적인 크기는 매우 복잡한 성격을 가지고 있으며, 이를 구별하는 것은 현재와 같은 단순비교로는 알기 힘들다는 것이다. 이에 대한 다변인분석의 결

---

11 정치관심도와 정치지식 사이의 상관계수는 0. 2023으로 매우 낮은 수준으로 나타났다.

과는 이 글의 후반부에 제시하고자 한다. 그에 앞서 우리는 지방선거의 이중적 성격에 대한 인식이 응답자의 투표선택에 어떤 영향을 미쳤는 지에 대해 살펴볼 것이다. 그러나 이에 앞서 마지막으로 주의를 환기하고 싶은 내용은 분류상의 거의 모든 집단에서 지방선거를 '지방정부를 구성하기 위한 것'이라는 데에 공감하는 입장이 지방선거는 '중앙정치의 대리전 성격을 가진다'라는 의견에 공감하는 입장보다 다수를 구성하고 있다는 것이다. 이는 한국의 지방선거에 미치는 중앙정치의 영향이 '지배적이다'라는 일반적인 학계나 언론의 시각과 지방선거의 성격에 대한 응답자의 인식에 차이가 있다는 것을 의미한다. 학계의 일반적인 평가가 잘못된 것일 수도 있고, 응답자의 인식과 실제 투표행태 사이에 괴리가 있는 것일 수도 있다. 이를 밝히는 것이 다음의 과제이다.

2) 지방선거의 이중적 성격에 대한 응답자 인식과 투표선택의 관계: 광역자치단체장선거를 중심으로

위에서 우리는 지방선거의 이중적 성격에 대한 응답자의 인식분포를 살펴보았다. 이제부터는 이를 독립변수로 하여 이와 같은 인식이 광역자치단체장선거에서의 응답자의 투표선택에 미친 영향을 검증하고자 한다. 서술의 편의를 위해, 이제부터는 지방선거를 '중앙정치의 대리전'이라기보다는 '지방정부의 구성을 위한 것'이라는 견해에 공감하는 응답자를 '지방 > 중앙', 반대의 입장을 취하고 있는 응답자를 '중앙 > 지방'의 의견을 가지고 있는 것으로 표현할 것이다.[12]

지방선거의 이중적 성격에 따른 인식에 따라 유권자는 어떤 투표선

___

12 두 입장이 범주적(categorical) 속성을 가지는 것이니, 실제 분석에서는 '지방 > 중앙'이라는 이진변수가 사용되었지만, 본문의 서술에서는 별도로 표기하고자 한다.

택을 할 것인가? 즉, 분석의 종속변수를 결정하는 것은 쉽지 않다. 지방 > 중앙의 의견을 가진 응답자는 새누리당에게 투표를 하는 것으로 예상하는 것이 합당한가, 아니면 새정치민주연합에게 투표하리라고 예상하는 것이 합당한가라는 문제가 제기될 수 있는 것이다. 달리 보면, 새누리당의 현직후보가 나서는 선거에서 현직후보에게 투표하는 것이 중앙정치의 양상을 고려한 것인지, 지방정치의 양상을 고려한 것인지 구별하는 것이 모호할 수 있는 것이다.

이와 같은 모호성과 분석의 편의를 고려하여 투표선택에 대한 경험적 분석에서는 종속변수로서 새누리당 투표를 구성하고, 응답자 집단을 4개의 집단으로 분류하는 방법을 택했다. 새누리당 투표는 2014년 광역자치단체장선거에서 새누리당에게 투표했으면 1, 그렇지 않은 경우(투표불참 및 다른 정당의 후보에 대한 투표를 포함하여) 0의 값을 갖는 이진변수로 구성되었다. 응답자 집단의 분류는 이차적 선거의 성격에 대한 선행 연구에서 중앙정치와 구별되는 지방적 속성을 반영하는 현직자의 재선성공 여부에 주로 관심을 가져왔다는 사실에 주목하여, 응답자의 거주지(즉, 투표지)가 속한 지역의 현직자가 새누리당인 경우와 새정치민주연합인 경우를 먼저 분류하고, 각 집단의 응답자를 다시 지방선거의 성격에 대한 인식에 따라 중앙 > 지방, 지방 > 중앙의 두 집단으로 구분하여, 모두 4개의 집단으로 구성하였다.

지방선거의 성격에 대한 인식에 따라 응답자의 투표선택을 바로 예상할 수는 없다. 예를 들어 중앙 > 지방의 의견을 가지고 있는 응답자라 하더라도 중앙정부를 구성하고 있는 대통령과 새누리당에 대한 입장에 따라 새누리당 후보에게 투표를 할 수도, 안 할 수도 있기 때문이다. 특히 2014년 지방선거는 서문에서 밝혔듯이 '정권심판론'과 '정권지원론'이 맞붙는 선거였다는 점에서 그러하다. 선택하는 대상에 대한 태도와 평가에 따라 지방선거의 성격에 대한 인식을 공유하는 응답자라 할지라도 선택은 정반대로 달라질 수 있다. 이에 따라 분석에서는 위에서 분류한 4개의 집단에서 추정되는 두 독립변인의 회귀계수의 군(群) 비교에 초점을 맞추고자 한다. 네 집단별로 추정되는 두 독립변인은 대통령 호감도와 현직자(당) 호감도이다. '조사'에서는 응답자에게 새누리당, 새정치민주연합, 그리고 박근혜 대통령 각각에 대해 얼마나 좋아하거나 싫어하는지를 0~100까지의 수로 자유로이 표현하게 하였다. 우리는 이에 대한 응답을 토대로 대통령 호감도와 현직자(당) 호감도라는 두 변수를 구성하였다.[13] 각각의 변수는 0~100까지의 값을 가지며, 그 수가 높을수록 대통령과 현직자가 속한 정당에 대한 호감도가 높다는 것을 의미한다. 이와 같은 변수의 구성을 통해, 우리는 이 분석의 단계에서 대통령과 현직자(당)에 대한 호감도는 해당 객체에 대한 응답자의 태도와 평가를 복합적으로 표현하는 것으로 가정하는 것이다.[14]

우리가 이처럼 다소 복잡한 분석전략을 택한 이유는 경우에 따라 〈표

---

13 따라서 현직자(당) 호감도의 경우, 현직자가 새누리당인 지역에 거주하는 응답자의 경우 새누리당에 대한 호감도, 현직자가 새정치민주연합인 지역에 거주하는 응답자의 경우 새정치민주연합에 대한 호감도를 의미한다.

14 호감도와 평가는 엄밀히 보면 구분되는 개념이다. 좋은 감정을 가지고 있지만, 평가는 객관적으로 혹은 부정적으로 할 수도 있는 것이다. 지방선거의 성격에 대한 응답자의 인식을 종속변수로 하는 이후의 분석에서는 2개의 변수를 구분하고 있다. 그러나 이번 '조사'에서는 대통령에 대한 평가를 묻는 질문은 포함하고 있지만, 불행히도 개별정당에 대한 평가는 포함되어 있지 않다. 그래서 이러한 선택을 할 수밖에 없었다. 이러한 선택을 정당화하는 다른 근거는 호감도와 평가가 모두 제시되어 있는 대통령의 경우, 두 변수의 상관계수가 0.6244로 매우 높기에 함께 추정할 경우 다중공선성(multicollinearity)의 문제가 발생할 수 있다는 점이다. 대통령에 대한 평가는 "귀하는 현재 박근혜 대통령이 국정운영을 어떻게 하고 있다고 생각하십니까?"라는 질문에 '① 매우 잘하고 있다, ② 대체로 잘하고 있다, ③ 대체로 잘못하고 있다, ④ 매우 잘못하고 있다'는 보기 중에 선택하는 설문을 활용하여, 변숫값이 높은 쪽이 긍정적인 평가를 하는 방향으로 조정하여 구성한 변수이다.

〈표 2-3〉 지방선거의 성격에 대한 응답자의 입장에 따른 광역단체장 투표선택 예

응답자	(1) 현직자가 새누리당인 지역		(2) 현직자가 새정치민주연합인 지역	
	A. 중앙 > 지방	B. 지방 > 중앙	C. 중앙 > 지방	D. 지방 > 중앙
상수				
대통령 호감도	+(a)		+(b)	
현직자(당) 호감도		+(c)		-(d)

주: 빈칸으로 남겨진 셀은 예상을 하기 힘든 경우(상수항)와 통계적으로 유의미하지 않거나 하더라도 다른
   호감도 변수에 비해서 그 크기가 상대적으로 작으리라 예상되는 경우를 의미함.

2-3〉에 나타난 것과 같은 이론적 예상을 할 수 있기 때문이다. 즉, 중
앙 > 지방의 입장을 가지고 있는 응답자라면, 거주지와 관계없이 현직
자가 새누리당이든, 새정치민주연합이든 대통령에 대한 호감도에 따라
투표선택이 달라질 것임을 예상할 수 있다(a와 b의 경우). 대통령에 대
한 호감도가 높으면 광역단체장선거에서도 새누리당에 투표할 확률이
높아질 것이고, 호감도가 낮으면 대통령에 대한 견제와 심판의 의미로
새누리당에 대한 투표율이 낮아질 것으로 예상하는 것이다. 이때, 현
직자와 그 소속정당에 대한 호감도는 새누리당인가 새정치민주연합인
가의 여부와 상관없이 무의미하거나, 혹 유의미하더라도 대통령에 대
한 호감도에 비해 그 영향은 현저히 낮을 것으로 예상할 수 있다.[15]

  반면 지방 > 중앙의 입장을 가지고 있는 응답자에 대해서는 다른 이
론적 예상을 할 수 있다. 우선 대통령에 대한 호감도보다는 현직자의
정당에 대한 호감도가 이 응답자의 투표선택에 더 큰 영향을 미칠 것이
라고 예상할 수 있다. 그러나 이 경우 종속변수가 새누리당에 대한 투

---

[15] 종속변수가 이진변수이기에 프로빗 모형을 이용한 추정을 수행하였다. 비록 비선
   형 모형이기에 추정된 회귀계수의 크기를 바로 파악하는 것은 쉽지 않지만, 두 호
   감도 변수의 경우 같은 단위로 측정되었기에 상대적 크기에 대해서는 바로 평가하
   는 것이 가능하다. 다만 그 차이가 통계적으로 유의미한 것인가는 별도의 분석을
   필요로 한다.

표이기 때문에 현직자의 정당 여부가 방향을 달리하게 된다. 즉, 현직자가 새누리당인 지역에 거주하는 유권자의 경우 현직자의 정당에 대한 호감도는 결국 새누리당에 대한 호감도이기에 이 변수가 양의 값을 가질 것으로 예상할 수 있다(c의 경우). 하지만 현직자가 새정치민주연합인 지역에 거주하는 유권자의 경우, 현직자에 대한 호감도가 높을수록 도전자에 해당하는 새누리당에 대한 투표율은 낮아질 것으로 예상하는 것이다(d의 경우).

이와 같은 이론적 예상을 바탕으로 우리는 이번의 광역자치단체장선거에서의 투표선택에 대해 프로빗(probit) 모형을 이용한 추정을 수행하였다. 통제변인으로는 여성, 연령, 교육수준, 가구소득, 대구/경북, 광주/전북/전남, 상대적 이념거리를 포함하였다. 상대적 이념거리는 응답자가 평가하는 새정치민주연합과 본인의 이념 차의 절댓값에서 새누리당과 본인과의 이념 차의 절댓값을 뺀 값으로, 이 값이 클수록 응답자가 새정치민주연합과의 이념 차가 크다고 평가하는 것을 의미하기에 양의 값을 가지는 회귀계수를 예상하는 변수이다. 〈표 2-4〉는 그 결과를 보여준다.[16]

〈표 2-4〉를 살펴보면, 우리의 이론적 예상과는 다른 양상을 보여주고 있다. 가장 큰 차이는 현직자가 새정치민주연합인 지역에 거주하며 지방 > 중앙의 입장을 가지고 있는 유권자의 경우에 발견되는데, 이론과는 달리, 대통령에 대한 호감도가 통계적으로 매우 높은 수준으로 유

---

[16] 이처럼 집단을 분류하고 집단에서 발견되는 독립변수의 차이를 분석하는 것은 크게 2개의 방법으로 수행될 수 있다. 그중 하나는 모든 집단별로 별도의 추정(separate estimation)을 수행하는 것이고, 다른 하나는 교차항(interaction term)을 형성하여 분석을 수행하는 것이다. 전자의 경우 통제변수를 포함한 모든 독립변수가 각각의 값을 갖는 것을 허용하기에 자유도가 떨어지는 단점이 있다. 이에 분석에서는 후자의 방법을 사용하고 통제변인은 모든 집단에서 같은 값을 갖는 것으로 추정하였다.

<표 2-4> 지방선거의 성격에 대한 응답자의 입장에 따른
광역단체장 투표선택 분석: 프로빗 모형 추정 결과

응답자	(1) 현직자가 새누리당인 지역		(2) 현직자가 새정치민주연합인 지역	
	A. 중앙 > 지방	B. 지방 > 중앙	C.중앙 > 지방	D.지방 > 중앙
상수	−1.958***	−2.258***	−1.273**	−1.572***
	(0.000)	(0.000)	(0.002)	(0.000)
대통령 호감도	0.010*	0.009*	0.020***	0.019***
	(0.045)	(0.043)	(0.000)	(0.000)
현직자(당) 호감도	0.010	0.017***	−0.019***	−0.012**
	(0.060)	(0.000)	(0.000)	(0.002)
여성	−0.030			
	(0.750)			
연령	0.023***			
	(0.000)			
교육수준	−0.018			
	(0.817)			
가구소득	−0.058			
	(0.238)			
대구/경북	0.391*			
	(0.011)			
광주/전북/전남	−1.086***			
	(0.000)			
상대적 이념거리	0.126***			
	(0.000)			
응답자 수	1,166			
Log Likelihood	−496.59			

주: 1) 괄호 안은 p−값. * p < 0.05, ** p < 0.01, *** p < 0.001(양측검정)
2) 종속변수는 **새누리당 투표**(광역단체장선거에서 새누리당 후보에게 투표했으면 1, 아니면 0. 투표불참자는 아닌 경우에 포함)임. 대통령 호감도와 현직자(당) 호감도 각각에 대하여, 현직자＝새정치민주연합(현직자가 새정치민주연합인 광역자치단체에 거주하면 1, 아니면 0), 지방 > 중앙(지방선거가 지방정부의 구성을 위한 것이라는 의견에 동의하는 입장이면 1, 아니면 0)의 두 이진변수와의 교차항을 만들어 추정한 결과임. 독자의 편의를 위하여 응답자의 성격에 따라 회귀계수 및 표준오차를 다시 계산하여 표기한 결과임.

의할 뿐 아니라, 그 크기마저 현직자에 대한 호감도보다 큰 것으로 나타나고 있다.[17] 이는 스스로 지방선거를 '지방정부의 구성을 위한 것'으로 밝히고 있는 응답자도 실제의 투표에서는 자신이 거주하는 지역의 현직자보다 대통령에 대한 입장을 더 크게 고려한다는 의미이다.

실상 이 같은 대통령 호감도의 투표선택에 대한 영향력은 분류된 집단의 성격과 관계없이 크기 차이는 있을지언정, 모든 집단에서 확인되고 있다. 이는 스스로 인식하는 지방선거의 이중적 성격에 관계없이,[18] 중앙정치의 양상에 대한 유권자의 평가가 지방선거에서도 중요하게 작용하고 있다는 것을 의미하는 것으로 한국의 지방선거에 중앙정치의 영향이 깊숙이 개입하고 있다는 선행 연구의 결과들과 일치하는 것이다.

그러나 이러한 입장과 관련하여 눈여겨볼 점은 현직자에 대한 호감도 역시 많은 경우에 중요한 투표선택의 준거로 작용하고 있다는 점이다. 특히 현직자가 새정치민주연합인 지역에 거주하며, 중앙 > 지방의 입장을 가지고 있는 유권자는(C의 경우) 대통령에 대한 입장만큼 현직자에 대한 입장 또한 응답자의 투표선택에 큰 영향을 미치는 것으로 나타나고 있다.[19]

마지막으로 관심을 환기하고 싶은 결과는 현직자가 새누리당의 지역보다 새정치민주연합의 지역에서 대통령에 대한 호감도가 투표선택에 큰 영향을 미치고 있다는 점이다. 이는 이들 지역에서 새누리당이 상대

---

[17] 이 차이는 통계적으로도 유의하다($p < 0.000$).

[18] A와 B, C와 D 집단에서 발견된 대통령 호감도의 계수가 큰 차이를 보이지 않는 것을 통해 확인할 수 있다.

[19] 크기의 차이로만 평가하면, B의 집단에서 현직자의 호감도가 대통령에 대한 호감도보다 큰 영향을 미치는 것으로 나타나지만, 둘의 차이는 통계적으로 유의하지 않다($p < 0.2965$). 그리고 무엇보다 둘은 같은 방향으로의 투표를(즉, 현직자로서의 새누리당과 대통령을 지원하는 정당으로서의 새누리당에 대한 투표) 의미하는 것이기에 둘의 차이에 대해서 여기에서는 크게 평가하지 않는다.

적으로 약세라는 구조적 조건 속에서 응답자들이 대통령과 대통령으로 대표되는 중앙정치를 더 중요하게 고려하는 것으로 해석할 수 있다.

이상의 결과를 종합하면, 지방선거의 이중적 성격에 따른 인식이 무의미하기보다는 대통령으로 대표되는 중앙정치의 영향력이 2014년 지방선거에서 응답자의 광역자치단체장 투표선택에 크게 작용한 것으로 판단된다. 그러나 그렇다고 해서 현직 요인 같은 지방의 특수한 성격이 고려되지 않았음을 의미하는 것은 아니다. 표를 통해 알 수 있듯이 현직자 요인이 대통령에 의한 요인보다 작지만 여전히 중요한 영향을 미치는 것으로 이해할 수 있다. 또한 2014년 지방선거에서 중앙정치의 영향이 강하게 나타나는 것은 인정하지만, 그 크기가 예속화를 주장할 만큼은 아니라고 해석할 수 있다.

그렇다면 이제 남은 의문은 '왜 지방선거의 이중적 성격에 대한 인식이 예상과는 다른 결과를 나타냈을까?'이다. 이와 관련한 우리의 의심은 앞서 지방선거에 대한 유권자의 인식 분포에 대한 단순비교분석에서부터 출발한다. 우리는 이 분포가 인구사회학적 요인보다 정치적 요인에 따라 달라지는 양상이 있음을 알 수 있다. 만약 지방선거의 성격에 대한 유권자의 인식이 정치적 변인에 따라 달라진다면, 일종의 자기선택에 의한 편향(selection bias)이 포함됨으로써, 영향의 크기를 희석할 수 있을 것이다.[20] 이를 확인하는 것이 다음의 작업이다.

---

[20] 선택에 의한 편향이 개입되었을 때, 편향의 방향과 크기에 대해 일률적으로 평가하는 것은 쉽지 않지만, 대체적으로 회귀계수의 크기를 과소추정(underestimate)하는 것으로 알려져 있다(King, 1989: 208~230).

3) 지방선거 성격인식 결정요인 분석

지방선거의 이중적 성격에 대한 응답자의 인식에 영향을 미칠 수 있는 요인으로서, 우리가 특히 주목하는 것은 대통령에 대한 호감도와 대통령의 국정수행에 대한 평가의 관계이다. 우리는 여기에서 지방선거의 성격에 대한 인식 자체가 후자의 요인들에 의해 의식적이든, 무의식적이든 선택할 수 있는 것으로 가정한다. 그러나 우리는 호감도와 평가가 개별적으로 일정한 방향성을 가지면서 영향을 미칠 것이라고 기대하지는 않는다. 우리가 예상하는 것은 '응답자는 자신의 선택을 합리화하려는 경향성을 가진다'는 가설에 기반을 두고 있다.[21] 따라서 우리는 대통령에 대해 호감(비호감)을 가지는 응답자는[22] 대통령의 국정수행에 대한 평가[23]에 따라 지방선거의 성격에 대한 인식을 달리하게 될 것이라고 예상한다. 즉, 대통령에 대해 호감을 가지고 있는 응답자가 대통령의 국정수행에 대하여 부정적으로 평가한다면, 선택은 여전히 새누리당에 대한 투표를 하면서도, 자신의 선택이 지방정부의 구성을 고

---

[21] 합리화하는 유권자(*rationalizing voter*)의 개념은 심리학의 인지부조화(*cognitive dissonance*) 이론에 기반을 두고 있는 것으로 정치학에서는 투표행태에 대한 연구에서 유권자가 자신의 선택을 합리화하려는 동기에서 자신이 선택한 후보자의 이념적 위치를 상대적으로 가깝게 인식하려는 경향 등을 설명하면서 발전되었다. 여기에서는 이러한 개념을 변용하고자 한다(Achen & Bartels, 2006: 강신구, 2013b 등 참조).

[22] 대통령에 대한 호감도와 국정수행에 대한 평가를 묻는 질문에 대한 응답이 높은 상관성(상관계수 = 0.6244)을 보임에 따라, 이후의 다변인분석에서 발생할 수 있는 다중공선성의 문제를 줄이고자 하는 목적으로 0~100 사이의 값을 가지는 대통령 호감도를 삼등분하여 호감(64 이상), 중립(42 이상, 63 이하), 비호감(41 이하)으로 구분하였다.

[23] '조사'는 박근혜 대통령의 국정수행에 대한 응답자의 주관적 평가를 묻는 질문을 포함하고 있다(주 16 참조). 이 설문에 대하여 긍정의 답변을 한 응답자를 긍정, 부정의 답변을 한 응답자를 부정으로 분류하였다.

려한 것(즉, 지방 > 중앙의 입장에 의한 것이라고 합리화할 것)이라고 예상한다. 그러나 만약 이 유권자가 대통령의 국정수행에 대해 긍정적으로 평가한다면, 지방선거를 중앙정치의 연장선상에서 이해하는 것에 대해서도(즉, 중앙 > 지방의 입장을 가지는 것에 대해서도) 크게 불편함을 느끼지 않을 것이다. 따라서 이 경우에는 지방정부의 이중적 성격에 대해 상대적으로 솔직한 응답을 할 수 있을 것이다.

이와 유사한 예상을 대통령에 대해 비호감을 가지고 있는 유권자에 대해서도 할 수 있다. 이러한 응답자가 대통령의 국정수행에 대해 긍정적으로 평가하고 있다면, 선택은 새누리당에 대한 반대의 투표를 하면서도, 이러한 자신의 선택이 지방 > 중앙의 입장에 따른 것이었다고 합리화할 수 있다. 그러나 만약 이 응답자가 대통령에 대해 부정적 평가를 내리고 있다면, 위의 경우와 마찬가지로 상대적으로 솔직하게 자신의 입장을 밝힐 수 있을 것으로 예상할 수 있다.

이와 같은 이론적 가설을 지방 > 중앙의 이진변수를 종속변수로 하여 프로빗 모형으로 추정한 〈표 2-5〉를 통해 보여주고 있다. 통제변수로는 여성, 연령, 교육수준, 가구소득, 정치관심도, 정치지식, 거주지로는 대구/경북, 광주/전북/전남, 정당일체감과 관련하여 새누리당, 새정치민주연합이 포함되었으며, 주된 독립변인으로 호감도와 평가의 관계와 관련해서는 각 6개의 집단을 의미하는 이진변수를 생성한 후, 지방 > 중앙 변수의 평균값(0.624)에 가장 가까운 값을 보여주는 중립-긍정의 집단을 준거집단(baseline category)으로 설정하였다.

표의 결과는 우리의 이론적 예상이 절반 정도만 일치하고 있음을 보여준다. 즉, 비호감-긍정의 집단은 준거집단인 중립-긍정의 집단에 비해 높은 수준의 지방 > 중앙의 비율을 보이는 것을 의미하는 양의 회귀계수를 보이는 반면, 호감-부정 집단의 회귀계수는 비록 통계적 유의

〈표 2-5〉 응답자의 지방선거 성격 인식 결정요인 다변량 분석: 프로빗

종속변수: 지방 > 정부	추정회귀계수	표준오차	p-값
상수	0.022	0.300	0.941
여성	0.033	0.079	0.679
연령	-0.002	0.003	0.485
교육수준	-0.144**	0.069	0.036
가구소득	0.073*	0.042	0.081
정치관심도	0.047	0.055	0.387
정치지식	0.129***	0.048	0.007
대구/경북	0.521***	0.135	0.000
광주/전북/전남	-0.173	0.135	0.201
정당일체감			
새누리당	0.010	0.115	0.931
새정치민주연합	0.199*	0.104	0.056
호감도와 평가			
호감-긍정(341)	-0.077	0.121	0.521
호감-부정(46)	-0.238*	0.120	0.059
중립-긍정(준거집단, 243)			
중립-부정(191)	0.041	0.134	0.757
비호감-긍정(64)	0.215**	0.109	0.049
비호감-부정(318)	0.028	0.126	0.823
응답자 수		1,143	
Log Likelihood		-735.52	

주: 1) * p < 0.1, ** p < 0.05, *** p < 0.01(양측검정)
　　2) 호감도와 평가 아래의 각 집단 다음에 나오는 괄호 안의 수는 해당 집단에 속하는 응답자의 수.

성은 약간 떨어지지만, 의미 있는 수준으로 음의 회귀계수를 보여주고 있다. 이는 우리의 예상과 달리 지방선거를 중앙정치의 연장선으로 파악하는 경향(즉, 중앙 > 지방)이 크다는 것을 의미한다.

통제변수와 관련하여, 교육수준이 높을수록 중앙 > 지방의 비율이 커지며, 정치지식의 수준이 높을수록 지방 > 중앙의 비율이 커지는 것은 다소 상충적인 결과이다. 교육수준과 정치지식의 수준이 반드시 양의 상관관계를 보이는 것은 아니라는 전제로[24] 후자에서 보이는 양의

회귀계수는 지방선거의 성격에 대해서 규범적·당위적으로 이해하는 경향이 있는 것으로 풀이된다. 아울러 통제변수에 포함된 대구/경북과 새정치민주연합 변수의 높은 회귀계수는 우리의 주된 분석의 대상은 아니지만, 비호감-긍정 집단의 회귀계수와 함께 응답자의 지방선거의 성격에 대한 인식에 정치적 변인의 영향력이 깊숙이 개입하고 있음을 시사한다.

4. 나가며

지방자치가 부활하고, 지방정부를 이끌어 갈 일꾼을 우리 손으로 뽑은 지 벌써 20년에 가까운 시간이 흘렀다. 결코 짧다고만 할 수 없는 시간이다. 그러나 지난 지방선거의 경험에서 반복적으로 발견되는 현상은 지방선거가 지방정부를 구성하기 위한 경쟁이라기보다는 중앙정치의 대리전의 양상으로 진행되어 왔다는 것이다. 이런 현상을 두고 일부에서는 지방정치의 중앙정치에의 예속화를 우려하기도 한다. 이런 우려의 목소리를 이해하지만, 지방선거에서 발견되는 중앙정치의 영향을 부정적으로만 보기도 어렵다. 그것은 우리와 같이 상대적으로 좁은 지리적 단위로 지방정부가 분할되어 있고, 지방정부의 역할이 중앙정부에 의해 크게 제약된 구조적 조건에서는, 합리적인 유권자라면 지방선거의 지방적 성격에만 초점을 맞추어 선택하는 것보다 지방선거의 전국적 성격에 초점을 맞추어 선택하는 것이 자신의 삶의 질을 증진시키는 데에 보다 효과적이라는 판단을 할 수 있기 때문이다. 결국 우리와

---

24 둘 사이의 상관계수는 0.1227로 매우 낮은 수준이다.

같은 조건에서 지방선거는 필연적으로 이중적 성격을 가질 수밖에 없는 것이다.

우리는 지방선거가 가지는 이 같은 이중적 성격에 주목하여, 지방선거를 '지방정부의 구성을 위한 것'이라는 의견에 동조하는 입장과 지방선거를 '중앙정부에 대한 견제와 평가를 위한 것'으로 바라보는 입장을 구별하고, 이에 대한 응답자의 인식이 2014년 6월 4일 지방선거의 광역자치단체장선거의 투표선택에 어떤 유의미한 차이를 빚어냈는지에 대해 경험적·미시적으로 분석하였다. 그 결과는 지방의 특수성을 대표하는 현직 요인이 광역자치단체장 투표선택에 영향을 미치기는 했지만, 여전히 대통령으로 대표되는 중앙정치의 영향력이 더 지배적인 요인으로 작용했으며, 지방선거의 성격에 대한 인식은 투표선택에 이론적 예상보다는 큰 차이를 만들어 내지 못했다는 것을 알 수 있었다.

지방선거의 성격에 대한 인식이 보여주는 작은 영향에 대해서, 우리는 지방선거의 지방적 성격을 강조하는 입장과 전국적 성격을 강조하는 입장이 무엇에 의해 형성되는지, 다시 말해 어떤 요인에 의해 응답자가 지방선거를 '지방정부를 구성하기 위한 것'으로 인식하게 되는지를 탐색적으로 분석하였다. 그 결과는 지방선거의 이중적 성격을 이해하고 그중 하나의 입장을 택하는 과정에서 이미 중앙정부에 대한 태도와 평가가 작용하고 있음을 보여주고 있다. 특히 눈여겨볼 만한 결과는 대통령에 대한 호감도는 낮지만, 대통령의 국정수행에 대해서는 긍정적으로 평가하는 유권자일수록 지방선거를 '지방정부의 구성을 위한 것'으로 인식하게 될 확률이 커진다는 것이다. 이는 지방선거에 대한 인식 자체가 유권자가 자신의 정치적 선택을 의식적 혹은 무의식적으로 합리화하려는 전략적 기제에 의해 선택되는 것일 수 있음을 시사한다. 하지만 이에 대해서는 보다 깊이 있는 분석이 보완되어야 할 것이다. 이는 향후의 연구과제로 남겨두고자 한다.

 비록 탐색적인 성격을 크게 벗어나지 못한 분석이지만, 이 결과가 선거 연구자에게 주는 함의는 결코 작지 않다고 생각한다. 우리의 지방자치의 구조적 요건을 간과하고 지방자치의 지방적 성격만을 일방적으로 강조하는 것은 중앙정치의 권력을 두고 경쟁하는 입장에 의해 정략적으로 이용될 수도 있음을 이 결과는 시사하고 있기 때문이다.

참고문헌

가상준(2014), "6·4 지방선거결과분석", 〈지방행정〉 63(729) : 16~19.
강신구(2013a), "투표할 것인가? 누구에게 투표할 것인가?", 박찬욱·강원택 편, 《2012년 대통령선거 분석》, 307~344쪽, 나남.
_____(2013b), "한국인 이념 인식의 단기 변동성: 18대 대선 패널 데이터 분석", 〈한국정치연구〉 22(3) : 1~33.
강원택(1999), "지방선거에 대한 중앙정치의 역향: 지방적 행사 혹은 중앙정치의 대리전?", 조중빈 편, 《한국의 선거 III: 1998년 지방선거를 중심으로》, 77~114쪽, 푸른길.
경제희(2014), "지방선거는 중앙선거의 대리전인가?: 제5회·제6회 기초단체장 선거를 중심으로", 2014 한국정치학회 하계특별학술회의 발표문, 부경대학교.
금창호(2014), "6·4 지방선거의 결과 분석 및 함의", 〈지방자치 Focus〉 78호.
김정도·안용흔(2013), "지방의회선거를 통해 본 정치의 전국화", 〈대한정치학회보〉 21(1) : 21~44.
송건섭·이곤수(2011), "유권자의 투표행태와 결정요인에 관한 연구: 2002년·2006년·2010년 지방선거를 중심으로", 〈한국정책과학학회보〉 15(3) : 49~71.
이곤수·김영종(2010), "6·2 지방선거의 현직효과: 경기도와 경상남도 도지사선거의 비교분석", 〈지방정부연구〉 14(3) : 355~371.

이곤수 · 송건섭(2011), "지방선거의 유권자 투표선택: 정당인가 후보인가?: 6 · 2 지방선거와 서울시의 사례", 〈한국정책과학학회보〉 15(4): 339~360.

정원칠 · 정한울(2007), "패널조사를 통해 본 지방선거", 이내영 · 이현우 · 김장수 편, 《변화하는 한국유권자: 패널조사를 통해 본 5 · 31 지방선거》, 5~94쪽, EAI.

정진민(2012), "한국 유권자들의 투표행태와 세대: 2010년 지방선거를 중심으로", 〈한국정치연구〉 21(2): 1~20.

조성대(2003), "지방선거와 정당참여: 지역주의 정당경쟁과 광역의회의 활동", 〈21세기정치학회보〉 13(1): 259~274.

황아란(2012), "지방선거와 현직효과", 〈지방행정연구〉 26(4): 3~26.

_____(2013), "2000년대 지방선거의 변화와 지속성: 현직효과와 중앙정치의 영향", 〈한국정치학회보〉 47(5): 277~295.

Achen, C. H. & Larry M. B. (2006), "It Feels Like We're Thinking: The Rationalizing Voter and Electoral Democracy", *Annual Meeting of the American Political Science Association*, Philadelphia, August 30~ September 3.

Caldeira, G. & Samuel C. P. (1982), "Bringing Home the Votes: Electoral Outcomes in State Legislative Races", *Political Behavior* 4(1): 33~67.

Campbell, J. (1985), "Explaining Presidential Losses in Midterm Congressional Elections", *Journal of Politics* 47: 1140~1157.

_____(1993), "Surge and Decline: the National Evidence", *In Controversies in Voting Behavior*, edited by R. Niemi and H. Weisberg, Washington D.C.: CQ Press.

Carey, J. M., Richard G. N., & Lynda W. P. (2000), "Incumbency and the Probability of Reelection in State Legislative Elections", *Journal of Politics* 62(3): 671~700.

Gilliam, F. D. Jr. (1985), "Influences on Voter Turnout for U. S. House Elections in Nonpresidential Years", *Legislative Studies Quarterly* 10(3): 339~351.

Fiorina, M. (1981), *Retrospective Voting in American National Elections*, New Haven: Yale University Press.

Hix, S. & Michael, M. (2007), "Punishment or Protest? Understanding European

Parliamentary Elections", *Journal of Politics* 69(2) : 495~510.

_____(2011), "Second-Order Effects Plus Pan-European Political Swings: An Analysis of European Elections Across Time", *Electoral Studies* 30(1) : 4~15.

Hobolt, S. B. & Wittrock, J. (2010), "The Second-Order Election Model Revisited: An Experimental Test of Vote Choices in European Parliamentary Elections", *Electoral Studies* 30(1) : 29~40.

Hogan, R. (2004), "Challenger Emergence, Incumbent Success, and Electoral Accountability in State Legislative Elections", *Journal of Politics* 66(4) : 1283~1303.

King, G. (1989), *Unifying Political Methodology: The Likelihood Theory of Statistical Inference*, Ann Arbor: University of Michigan Press.

Marsh, M. (1998), "Testing the Second-Order Election Model After Four European Elections", *British Journal of Political Science* 28(4) : 591~607.

Rief, K. & Schmitt, H. (1980), "Nine Second-order National Elections: A Conceptual Framework for the Analysis of European Election Results", *European Journal of Political Research* 8: 3~44.

Rief, K. (1984), "National Election Cycles and European Elections, 1979 and 1984", *Electoral Studies* 3(3) : 244~255.

Tufte, E. R. (1975), "Determinants of the Outcomes of Midterm Congressional Elections", *American Political Science Review* 69(3) : 812~826.

Van Der Eijk, C. & Franklin, M. (1996), *Choosing Europe? The European Electorate and National Politics in the Face of Union*, Ann Arbor: University of Michigan Press.

Wattenberg, M. P. & Craig, L. B. (2002), "Partisan Turnout Bias in Midterm Legislative Elections", *Legislative Studies Quarterly* 27(3) : 407~421.

03 정당일체감과 후보자의 정책적 차별성 인식

한정훈

1. 들어가며

정당은 현대 사회의 유권자들이 사회적 이슈 및 정보를 요약적으로 획득할 수 있는 지름길로 알려졌다(Lupia, 1994). 특정 정당에 대해 애착(attachment) 또는 일체감(identification)을 지니고 있는 유권자는 각 정당이나 후보자가 제시하는 구체적인 정책 하나하나를 인지하기보다는 정당명칭(party label)을 통해 해당 정책들을 이해하고 인식한다는 것이다. 그러나 이와 같은 정당의 역할은 모든 정치체제에서 동일하게 관찰되는 것은 아니다. 정보획득의 지름길(information shortcut)로써 정당의 기능은 정당이 정부구성의 직접적 대안으로 기능하는 의회제 국가에 비해 정당에 소속된 후보를 중심으로(candidate-centered) 선거가 진행되는 국가에서 강한 것으로 알려졌다(Aldrich, 2006). 또한 안정적인 양당제 국가보다는 다당제 국가하에서 그러한 정당의 기능이 더욱 요구됨에도 불구하고 정치체제의 특성에 따라 그러한 예측이 빗나가기도 한다. 그러면 한국의 경우는 어떠한가? 한국 유권자들의 정당일체감은 각 정당 및 후보자가 제시하는 정책을 이해하는 데 도움을 주고 있는 것인가?

한국 선거에 관한 기존문헌은 위와 같은 질문에 대해서 명시적인 해답을 제시하고 있지 않다. 우선 한국 선거 분석과정에서 정당과 관련된 논의는 상당한 양의 연구가 진행되었음에도 불구하고 정당일체감에 대한 구체적인 논의는 비교적 최근의 한국 선거에 관한 연구를 통해 등장하고 있다. 이들 가운데 일부는 정당일체감의 개념정의, 타당한 측정 방안 및 형성요인에 대해서도 주의를 기울이고 있으나(장승진, 2012; 한정훈, 2012; 박원호, 2013; 류재성, 2013) 대부분의 논의는 정당일체감이 한국 유권자의 투표행태 및 정치참여에 미치는 영향력에 집중되어 있다(이현출, 2001; 송진미·박원호, 2014; 허석재, 2014; 강명구·하세헌, 2014). 또한 정당일체감은 기존의 한국 선거과정에서 지배적인 영향력을 행사하였던 지역 중심의 투표행태가 약화되면서 한국 유권자들의 투표행태에 유의미한 영향력을 행사하는 중요한 요인 가운데 하나로 평가되고 있다.

그러나 위와 같은 연구경향은 정당일체감이 과연 어떠한 인과적 과정을 거쳐 투표행태의 변화를 야기하는지에 대한 체계적인 논의를 제공하고 있지 않다는 한계를 지닌다. 다시 말해 정당일체감이 다양한 정치현상에 대한 유권자의 이해방식에 영향을 미치고 그 결과로써 유권자의 투표행태에도 영향을 미치게 된다는 이론적 논의 가운데 정치현상에 대한 유권자의 이해방식을 매개하는 정당일체감의 역할에 대해서는 암묵적인 가정에 의존하고 있다. 그러나 각 정당체제적 특성이나 선거경쟁과정이 후보자 중심 또는 정당 중심으로 전개되는가에 따라 정당일체감이 정치적 결과에 미치는 효과가 상이하다는 점을 고려할 때 한국 선거에서 정당일체감과 후보자 정책에 대한 유권자 인식 사이에 관한 위와 같은 암묵적인 가정은 쉽게 수용되기 힘들 것으로 보인다.

특히 정당일체감 개념이 발전한 미국과 같이 안정적인 양당제가 정립되지 않았을 뿐 아니라 선거유형에 따라 선거경쟁과정에서 정당 및 후보가 수행하는 역할이 상이한 한국의 정치체제적 특성은 한국 유권자의 정당일체감과 후보자의 정책에 대한 인식에 대해 체계적인 경험적 검증을 필요로 한다.

본 연구는 위와 같은 문제의식에 따라 한국 유권자의 정당일체감이 지방선거 후보자의 정책에 대한 인식에 미치는 영향력을 검증하고자 한다. 이러한 연구는 사실 장기간에 걸쳐 유권자의 정당일체감 및 후보자의 정책에 대한 인식을 추적할 수 있는 패널 자료(panel data)를 활용할 때 가장 효과적으로 진행될 수 있다. 그러나 한국 선거 분석에서 패널 자료는 간헐적으로 수집될 뿐 아니라 후보자의 정책에 대한 유권자의 인식을 조사한 패널조사는 현재까지 이루어진 경험이 없다. 이와 같이 연구자료가 부족한 실정에서 최근 한국정치학회가 주관하여 이루어진 제6회 지방선거에서의 유권자 정치의식조사는[1] 정당일체감과 후보자의 정책에 대한 유권자의 인식 사이의 연관성(association)을 간접적으로나마 검증할 수 있는 자료를 제공한다. 정치의식조사 자료는 후보자 개개인의 정책에 대한 유권자의 인식을 측정하고 있지 않지만, 광역과 기초단체장선거에 출마한 후보들 사이에 정책적 차이가 있다고 생각했는지를 묻고 있다. 본 연구는 이러한 설문 문항을 활용하여 정당일체감이 후보자 간에 정책적으로 차별적이거나 유사하다는 유권자의 평가에 미치는 영향력을 규명하고자 한다.

---

[1] 해당 설문조사는 제6회 지방선거 후 6월 5일부터 18일까지 14일 동안 전국 19세 이상 유권자를 대상으로 진행되었으며, 연령, 성별, 지역별 비례할당 후 무작위추출 방식에 따른 표본추출을 통해 1,204명을 대면면접조사한 것이다. 해당 설문조사의 표본오차는 95% 신뢰수준에서 ±2.8%p에 해당하였다.

위와 같은 연구목적을 달성하기 위해 본 연구는 광역과 기초단체장 후보의 정책에 대한 유권자의 인식을 분석 대상으로 삼고 있다. 2가지 행정단위의 단체장선거를 동시에 고려하는 이유는 다음의 2가지 점에서 찾을 수 있다. 첫째, 광역과 기초단체장선거는 대통령 및 국회의원 선거와 비교할 때 상대적으로 정당보다는 후보자 중심의 선거경쟁이 이루어지는 경향이 강하다. 한국 유권자들은 지방선거를 통해 지역 일꾼을 뽑는다는 인식을 배제하지 않기 때문이다(김 욱, 2006). 따라서 두 선거 모두 정당일체감이 후보들 간의 정책적 차이에 대한 유권자 인식에 미치는 영향력을 검증하기에 쉬운 사례일 뿐만 아니라 정당일체감의 영향력의 차이를 비교 검토할 수 있다는 이점이 있다. 둘째, 두 유형의 선거를 동시에 고려하는 것은 후보 간 정책적 차이에 대한 유권자의 인식에 미치는 정당일체감의 영향력을 각 선거구에서 경쟁하는 정당 후보들뿐만 아니라 동일한 정당의 공천을 받은 광역과 기초단체장 후보들을 통해서도 검증하게 한다. 따라서 정당일체감이 후보자의 정책에 대한 유권자 인식에 미치는 영향력에 대한 논의가 더욱 풍부해질 수 있다.

본 연구의 구성은 다음과 같다. 우선 정당일체감에 따른 후보자 정책에 대한 유권자의 평가와 관련된 이론적 논의를 진행하고 그에 따른 경험적 가설을 제시한다. 다음으로 설문조사 자료를 이용하여 가설의 경험적 검증을 시도한다. 분석과정에서 새누리당과 새정치민주연합 후보자의 공천현황을 고려하여 가설검증 결과의 견고함(robustness) 역시 검토하도록 할 것이다. 마지막으로 논의를 요약하고 결론을 제시한다.

2. 이론적 논의 및 가설

정당일체감은 하나의 정당에 대해 장기간에 걸쳐 유권자가 형성한 심리적 애착으로 정의된다(Campbell *et al.*, 1960: 121). 이는 안정적인 양당제가 정착된 미국의 정당정치를 배경으로 형성된 개념이다. 두 정당이 경쟁하는 정치적 환경 가운데 하나의 정당에 대한 애착이 유소년기를 통해 형성되며, 그러한 감성(*affection*)이 향후 성년이 된 후에도 해당 정당에 대한 지속적인 충성심(*loyalty*)을 보인다는 특징을 지닌다.

정당일체감의 중요성은 유소년기 이후 안정적으로 유지될 뿐 아니라 시기적으로 투표행태보다는 우선하는 성격을 지니기 때문에 투표행태를 설명할 수 있는 유용한 변수라는 점에서 찾을 수 있다. 특히 사회심리학적인 측면에서 특정 정당에 대해 일체감을 형성한 경우, 해당 정당에 유리한 방식으로 정치현상에 대한 인식 및 정치적 정보를 수용하게 하며 그 결과 해당 정당에 대한 지지를 강화하는 경향이 강하다는 것이다 (Campbell *et al.*, 1960/1966; Green & Palmquist, 1994; Green *et al.*, 2002; Petrocik, 2006).

그러나 정당일체감의 안정적이고 지속적인 성격에 따라 투표행태의 변화를 설명하려는 이론적 예측은 현실적으로 이탈사례가 빈번히 관찰될 뿐 아니라 중앙선거와 지방선거 사이에서 정당일체감을 변경하는 유권자들이 존재한다(Jennings & Niemi, 1966). 또한 합리적 유권자 가정에 따른 투표행태결정이론은 다양한 선거 이슈에 대한 유권자의 선호뿐만 아니라 정당일체감 역시 유권자의 기대효용에 영향을 미치는 외생변수(*exogenous variable*)로 간주한다(Downs, 1957). 따라서 정당일체감은 선거결과에 대한 유권자의 평가(*assessments*)에 따라 변화가 가능한 요인으로 인식되기도 한다(Erikson *et al.*, 2002). 피오리나(Fiorina, 1981)

는 이와 같은 정당일체감의 변화가능성을 집권 정당의 총체적 업적평가 (*running tally*) 와 같은 개념을 이용하여 이론적으로 정립한다. 그에 따르면 이번 선거에서 정당 후보들에 대한 유권자의 선호는 현직자가 소속된 정당의 지난 시기 업적을 평가함으로써 변화할 수 있다.

반면, 프랭클린과 잭슨(Franklin & Jackson, 1983)은 정당일체감의 변화가능성을 인정하면서도 그러한 변화가 단기간에 걸친 업적평가에 의해 발생하기보다는 장시간에 걸친 정당활동에 대한 축적된(*cumulative*) 평가에 기인한다고 주장한다. 이러한 논의는 최근의 연구를 통해 정당일체감이 인지심리학에서 제시하는 일종의 스키마(*schema*)나 휴리스틱(*heuristic*)으로 기능한다는 논의로 발전되고 있다. 다시 말해 정당일체감에 따른 일관된 정치적 성향을 지니고 있는 유권자들은 각 정당들의 정책적 차이에 대하여 직관적인 수준에서 합리적으로 반응할 수 있다고 간주된다(Hinich & Munger, 1994).

정당일체감에 대한 위와 같은 다양한 시각에도 불구하고 이들은 유권자가 정당이라는 외적 대상을 통해 정치과정이나 선거과정에 대한 자신의 인식 또는 행태를 결정한다는 점에는 동의한다. 유권자의 정당일체감이 선거과정 속에서 안정적으로 지속되는 것인지 아니면 변화가 가능한 것인지, 그리고 그러한 변화가 얼마나 용이한 것인지에 대해 의견을 달리하면서도 유권자가 정당일체감을 통해 후보자의 정책을 이해하고 그 과정을 통해 투표행태 변화가 발생한다는 점에는 의견을 같이 하고 있다. 이는 정당일체감과 후보자의 정책에 대한 인식, 그리고 투표행태 사이의 내생성(*endogeneity*)이 존재할 가능성에도 불구하고 정당일체감이 단기적으로는 유권자의 인식과 행태의 변화를 유발하는 외생적 요인으로 작용할 가능성이 높다는 점을 의미한다. 휘틀리(Whiteley, 1988: 962) 역시 이러한 점에 주목하여 정당일치감이 유권자의 투표행태와 후보자에 대한 평가의 외생변수로 작용하는 경향이 강하다는 점을 검증하였다. 그리고 유권자의 정당일체감의 변화가 가능하더라도 그러한 변화는 정당에 대한 효과적인 평가가 장기적으로 축적되면서 이루어질 가능성이 높음을 보임으로써 프랭클린과 잭슨(Franklin & Jackson, 1983)의 주장을 지지한다.

그러면, 유권자의 정당일체감이 후보자의 정책을 이해하기 위한 정보획득의 지름길과 같은 외생적 변수로 기능하는 경우 그러한 기능은 모든 정치체제에서 동일하게 작용할 것인가? 앨드리치(Aldrich, 2006)는 정보획득의 지름길과 같은 정당의 기능은 각 정치체제가 보이는 정치과정 및 선거환경의 특성에 따라 차이가 있음을 주장한다. 예를 들어 안정적인 양당제 국가인 미국은 정당일체감이 후보자에 대한 정보획득의 지름길로써 유권자의 선택을 매개하는 기능이 강한 반면, 유사한 양당제 국가인 영국은2 의회제의 특성상 유권자가 정당을 후보자에 대한 정보획득의 지름길로써 이용하기보다 실질적인 정보선택의 대안으로 간주하는 경향이 강하다. 정당에 대한 선택이 개별후보자에 대한 평가보다 중요하게 간주되는 정치체제에서는 정보획득의 지름길로써의 정당일체감은 선거상황에서 관련성이 매우 약한 것이다. 또한 안정적인 양당제가 정착된 미국에서 정당일체감이 정보획득의 지름길로 이용되고 있다는 점에서 정당체제가 안정되지 못하고 다당제로 운영되는 정치체제에서는 정당의 그러한 기능이 더욱 요구될 것으로 예상할 수 있다. 그러나 이러한 예측의 타당성 역시 의회제의 사례에서 알 수 있듯이 선거경쟁이 후보자 중심으로 이루어지는 수준(degree)과 같은 정치

---

2 최근의 영국 정치 발전과정은 영국을 양당제로 규정하는 것이 타당하지 않다는 점을 제기한다. 이에 대한 상세한 설명은 웹(Webb, 2000)과 린치(Linch, 2007)의 논의를 참조할 것.

체제의 특성에 따라 달라질 수 있는 것이다.

　본 연구는 이러한 인식을 바탕으로 한국 지방선거에서 유권자의 정당일체감이 후보자 간에 정책적으로 차별적이거나 유사하다는 유권자의 평가에 미치는 영향력을 규명하고자 한다. 한국 지방선거는 대통령 및 국회의원선거와 비교할 때 후보자 중심의 선거경쟁이 이루어지는 경향이 강하다는 점에서 정당일체감이 후보자의 정책적 차별성에 대한 유권자 인식에 미치는 영향력을 검증하기에 상대적으로 용이한 사례에 해당한다. 또한 제도적으로 광역과 기초단체장선거를 동시에 진행하기 때문에 유권자가 후보들 간 정책적 차별성을 인식하는 데 정당일체감이 작용할 여지가 다양하다는 점에서 정당일체감의 영향력을 비교 검증하는 데 효과적인 대상이라고 할 수 있다. 따라서 본 연구는 한국 지방선거에서 한국의 주요 정당인 새정치민주연합과 새누리당에 초점을 맞춰 네 쌍의 후보자 간 정책적 차이에 대한 유권자의 인식을 분석하고 그 결과를 비교하고자 한다. 우선 동일한 정당의 공천을 받은 광역과 기초단체장 후보 간 정책적 차이에 대한 유권자의 인식이다. 이는 다시 새정치민주연합의 공천을 받은 광역과 기초단체장 후보 간 정책적 차이에 대한 유권자 인식과 새누리당의 공천을 받은 광역과 기초단체장 후보 간 정책적 차이에 대한 유권자 인식으로 세분화한다. 나머지 두 쌍의 후보자 간 정책적 차이는 행정단위별로 경쟁후보 간 정책적 차이에 주목한다. 다시 말해 광역단체장선거에서 새정치민주연합과 새누리당 후보 간 정책적 차이에 대한 유권자 인식과 기초단체장선거에서 새정치민주연합과 새누리당 후보 간 정책적 차이에 대한 유권자 인식을 분석할 것이다.

　유권자의 정당일체감은 위와 같은 네 쌍의 후보 간 정책을 평가하는 과정에서 다음과 같은 효과를 지닌 것으로 생각할 수 있다. 우선 유권자는 일체감을 지닌 정당에 유리한 방식으로 정치현상에 대한 인식 및 정치적 정보를 수용한다(Campbell, 1960/1966; Green & Palmquist, 1994; Green et al., 2002; Petrocik, 2006)는 주장에 따를 경우 새누리당과 새정치민주연합에 정당일체감을 지닌 유권자는 일체감을 지닌 정당 후보들의 정책을 유사하다고 평가하는 반면, 일체감을 지닌 정당 후보와 경쟁정당 후보 간의 정책은 상이하다고 평가할 가능성이 높을 것으로 보인다. 인지심리학적 이론은 이러한 과정을 특정 성향을 지닌 유권자가 자신이 지닌 성향에 따라 정보를 선별적으로 인식(selective perception)할 뿐 아니라 원래의 성향을 강화하는 방식으로 정보를 소비(selective attention)하는 경향이 있는 것으로 제시한다(Zaller, 1992). 따라서 유권자의 정당일체감이 일체감을 지닌 정당에 유리한 방식으로 정보를 수용하게 한다면, 그 과정은 일체감을 지닌 정당의 공천을 받고 서로 다른 행정단위의 선거구에 출마한 후보들의 정책적 입장을 이해하는 과정에서 동질적으로 작용할 가능성이 높다. 그 결과 일체감을 지닌 정당의 공천을 받은 광역단체장과 기초단체장 후보의 정책을 유사하다고 평가할 것으로 예상할 수 있다. 또한 특정 정당에 정당일체감을 지닌 유권자가 일체감을 지닌 정당 후보의 정책만을 선별적으로 인식하고 소비하는 과정은 동일한 선거구에서 경쟁하는 후보의 정책적 입장에 대한 이해과정이 이질적이라는 것을 의미한다. 다시 말해 일체감을 지닌 정당 후보의 정책적 입장에 대한 이해와 그에 따른 후보에 대한 선호는 강화하는 반면, 경쟁정당 후보의 정책에 대한 정보는 배제시키고 그 결과 경쟁정당 후보에 대한 선호는 더욱 약화시킬 것이라고 예상할 수 있다. 그 결과 동일한 선거구 내에서 경쟁하는 후보들의 정책이 상이하다는 유권자의 평가를 낳을 것으로 예상할 수 있다.

그러나 이와 같이 정당일체감에 따른 후보자 정책의 선별적 인식 및 소비과정은 정당체제 및 선거경쟁과정의 특성에 따라 달라질 수 있다는 점도 기억해야 한다. 특히 정당체제 및 선거경쟁과정의 특성은 동일한 정당의 공천을 받은 후보들 간 정책적 유사성에 대한 인식보다는 경쟁정당 후보들 간 정책적 차별성의 인식에 영향을 미칠 것으로 보인다. 안정된 양당제가 정착된 경우는 일체감을 지닌 정당 후보의 정책에 대한 선별적 인식 및 소비과정이 상대 정당 후보의 정책과의 차이에 대한 인식을 강화할 것으로 보이는 반면, 다당제의 경우에는 상대 정당 후보의 정책과의 차별성 인식은 상대적으로 약해질 것으로 보이기 때문이다. 또한 정당체제에 따른 이와 같은 후보자 정책에 대한 인식의 변화는 선거경쟁과정이 후보자 중심으로 이루어질 경우 타당성이 높은 반면, 정당 중심의 선거경쟁이 이루어지는 경우 정당일체감에 따른 후보자 정책에 대한 이해과정은 실질적 영향력이 더욱 낮아질 것으로 예상할 수 있다. 한국 지방선거는 대통령과 국회의원선거에 비해 지역 일꾼을 뽑는 성격이 강하다(김 욱, 2006)는 점에서 후보자 중심의 선거경쟁적 특성을 지닌 것으로 평가할 수 있다. 반면 다수의 후보가 경쟁하고 안정된 양당제가 정착되지 못한 현실을 고려할 때 정당일체감이 경쟁정당 후보 간 정책적 차별성에 대한 인식에도 유의미한 영향을 미칠 수 있을 것인가에 대해서는 명확한 가설을 제시하기 힘들 것으로 보인다. 결국 이와 같은 논의는 한국 지방선거에서 정당일체감이 후보자 간 정책적 차별성에 대한 유권자의 인식에 영향을 미치는 경우에도 그러한 효과는 동일정당 후보 간 정책적 유사성에 대한 인식에는 강하게 작용할 가능성이 높은 반면, 경쟁정당 후보 간 정책적 차별성에 대한 인식에는 약하게 작용할 가능성이 존재한다는 것을 의미한다. 아래에서는 위와 같은 가능성을 고려하면서 2014년 6월 14일 시행된 제6회 지방선거에 관한 유권자 정치의식조사 자료를 활용하여 다음의 2가지 가설을 검증하도록 하겠다.

가설 1(동일정당 후보 간 정책적 차별성 인식).
개별유권자를 비교할 때, 새누리당에 정당일체감을 지닌 유권자는 그렇지 않은 유권자에 비해 해당 선거구의 새누리당 기초단체장 후보와 광역단체장 후보 간에 정책적으로 유사하다고 평가하는 경향이 강하다. (새정치민주연합에 정당일체감을 지닌 유권자에 대해서도 유사한 가설이 수립된다.)

가설 2(경쟁정당 후보 간 정책적 차별성 인식).
개별유권자를 비교할 때, 새누리당에 정당일체감을 지닌 유권자는 그렇지 않은 유권자에 비해 해당 선거구의 기초단체장선거에 출마한 새누리당 후보와 새정치민주연합 후보 간에 정책적으로 상이하다고 평가하는 경향이 강하다. 또한 해당 선거구의 광역단체장선거에 출마한 새누리당 후보와 새정치민주연합 후보 간에 정책적으로 상이하다고 평가하는 경향이 강하다. (새정치민주연합에 정당일체감을 지닌 유권자에 대해서도 유사한 가설이 수립된다.)

3. 경험적 자료분석

1) 자료 및 변수

본 연구는 한국정치학회가 주관하고 한국리서치가 시행한 2014년 한국 지방선거에 관한 유권자 사후면접조사 자료를 이용하였다.[3] 해당 설문자료는 한국 유권자의 정당일체감과 후보자 간 정책적 차별성에 대한 유권자의 평가 사이의 관계를 규명하고자 하는 본 연구의 목적에 부합하는 자료를 담고 있다. 특히 광역단체장과 기초단체장선거에서 경쟁하는 후보들의 정책에 대한 유권자의 인식뿐만 아니라 동일한 정당의 공천을 받고 서로 다른 행정단위의 선거에 출마한 후보자들의 정책에 대한 유권자의 인식을 묻는 특징을 지닌다.

본 연구의 종속변수는 설문자료 가운데 "선생님께서는 이번 선거에서 선생님의 지역에 출마한 후보들이 강조했던 공약이 비슷했다고 생각하십니까 아니면 서로 달랐다고 생각하십니까?"라고 물은 이후, 네 쌍의 후보를 제시하고 있는 질문 문항을 조작화한 것이다. 후속질문에서 네 쌍의 후보 가운데 첫 번째 쌍은 새정치민주연합의 공천을 받은 광역단체장과 기초단체장 후보 간, 두 번째 쌍은 새누리당의 공천을 받은 광역단체장과 기초단체장 후보 간 정책을 비교하도록 하고 있다. 다시 말해 동일한 정당의 공천을 받은 광역단체장과 기초단체장 후보들 간의 정책적 차별성 또는 유사성에 대한 유권자의 인식을 묻는 것이다. 세 번째와 네 번째 쌍은 광역단체장과 기초단체장 각 선거구에서 경쟁하는 주요 정당 후보들 간의 정책적 차별성 또는 유사성에 대한 유권자의 인식을 묻고 있다. 다시 말해 응답자의 거주지역에 출마한 새정치민주연합과 새누리당의 광역단체장 후보 간, 그리고 두 정당의 기초단체장 후보 간의 정책적 차이에 대한 유권자의 인식을 묻는 것이다.

후보 간 정책에 대한 유권자 인식을 묻는 위의 4개 질문에 대한 응답자들의 대답은 '매우 다르다', '약간 다르다', '조금 비슷하다', '매우 비

---

3 해당자료는 전국의 만 19세 이상의 성인남녀를 대상으로 2014년 6월 5일부터 18일까지 14일 간에 걸쳐 이루어진 1,204명 유권자에 대한 대면면접 결과에 해당한다. 표집방식(sampling method)은 2014년 5월 주민등록인구현황을 근거로 성별, 연령, 지역별 비례할당 후 무작위추출방법이 이용되었으며, 표집자료의 표본오차(sampling errors)는 95% 신뢰도를 기준으로 ±2.8%p에 해당하였다.

숫하다'는 4점 척도로 측정되었다. 그러나 설문 문항이 응답자의 거주
지역에 출마한 후보들을 비교하도록 하고 있다는 점에서 응답자 편향
(*response bias*)이 발생할 가능성이 있음을 주의할 필요가 있다. 다시 말
해, 해당 질문은 새정치민주연합과 새누리당이 전국의 모든 선거구에
후보를 공천했다는 것을 가정하고 있으나 실제 다수의 선거구에서 후
보를 공천하지 않았다. 예를 들어, 새정치민주연합은 광역단체장선거
에서는 부산, 울산 지역에서 후보를 공천하지 않았으며, 기초단체장선
거에서는 대구, 경북, 부산, 울산, 경남 지역 다수의 선거구에서 후보
를 공천하지 않은 것이다. 새누리당 역시 기초단체장선거에 후보를 공
천하지 않은 선거구가 다수일 뿐 아니라 특히 호남 지역의 기초단체장
선거구의 절반 정도는 후보자를 공천하지 않았다.[4] 따라서 이 지역에
거주하는 응답자들은 질문에서 요구하는 후보자 간 정책의 비교가 가
능하지 않음에도 불구하고 응답하고 있는 사례가 다수에 해당한다. 이
들은 자신이 두 정당의 후보들에게 지닌 기존의 인식에 따라 응답하였
거나 거짓응답을 할 수밖에 없다. 아래의 회귀분석을 통한 경험적 분석

---

4 광역단체장선거의 경우 새누리당은 모든 선거구에서 후보자를 공천한 반면, 새정치
민주연합은 부산과 울산 지역에서 후보자를 공천하지 않았다. 기초단체장선거의 경
우 새누리당은 인천의 10개 선거구 가운데 1곳, 광주의 5개 선거구 가운데 3곳, 전
북의 14개 선거구 가운데 11곳, 전남의 22개 선거구 가운데 20곳, 경북의 21개 선거
구 가운데 2곳, 경남 18개 선거구 가운데 1곳에서 후보자를 공천하지 않았고, 새정
치민주연합은 경기의 31개 선거구 가운데 2곳, 부산 16개 선거구 가운데 5곳, 대구
6개 선거구 가운데 5곳, 인천 10개 선거구 가운데 4곳, 울산 5개 선거구 가운데 2곳,
강원 18개 선거구 가운데 6곳, 충북 11개 선거구 가운데 1곳, 충남 15개 선거구 가운
데 1곳, 전남 22개 선거구 가운데 1곳, 경북 21개 선거구 가운데 19곳, 경남 18개
선거구 가운데 13곳에서 후보자를 공천하지 않았다. 따라서 본 연구의 견고성
(*robustness*) 검증을 위해 새누리당의 동일정당 정책유사성의 경우 광주, 전북, 전남
을 제외하였으며, 새정치민주연합의 동일정당 정책유사성 및 광역단체장선거의 경
쟁정당 유사성의 경우 부산, 울산을 제외하였으며, 기초단체장선거의 경쟁정당 정
책유사성의 경우 광주, 전북, 전남, 부산, 울산, 경남, 경북을 제외하였다.

과정에서는 이러한 응답자 편향을 고려하여 분석 결과의 견고성을 검토하도록 하겠다.

〈그림 3-1〉을 통해 네 쌍의 후보 간 정책을 비교한 응답자의 분포를 살펴보면 2가지 흥미로운 점을 발견할 수 있다. 첫째, 한국 유권자들은 동일한 정당의 공천을 받고 서로 다른 행정단위의 선거에 출마한 광역단체장과 기초단체장 후보들의 정책에 대해 유사하다고 인식하는 경향이 강하다. 새정치민주연합의 공천을 받은 광역단체장과 기초단체장 후보의 정책이 유사하다고 평가한 응답자의 비율은 60%에 이르며, 이보다 더 높은 비율의 응답자들이 새누리당의 공천을 받은 후보의 정책에 대해서도 유사한 평가를 내리고 있다. 둘째, 한국 유권자들은 흥미롭게도 해당 선거구에서 서로 경쟁하는 정당 후보들의 정책에 대해서도 비슷하게 간주하는 경향이 관찰된다. 〈그림 3-1〉의 경쟁정당 후보 간의 정책적 유사성에 대한 응답자 분포를 살펴보면, 광역단체장선거에서 경쟁하는 후보들뿐만 아니라 기초단체장선거에서 경쟁하는 후보들의 공약을 유사한 것으로 평가한 유권자의 비율이 거의 50%에 해당한다. 다시 말해 한국 유권자의 절반은 자신의 선거구에서 경쟁하고 있는 후보들의 정책적 차별성을 인식할 수 없다고 응답하고 있다. 이와 같은 결과가 후보자들이 지방 현안과 관련된 유사한 내용의 공약을 제시하고 경쟁하는 한국 지방선거의 특성(김 욱, 2006)이나 6·4 지방선거의 특수성을 반영한 것인지 아니면 다른 유형의 선거 후보자들에게도 일반화할 수 있는 것인지 판단하기 위해서는 유사한 자료의 축적이 필요하다. 그럼에도 불구하고 위의 응답자 분포는 한국 지방선거에서 유권자가 후보자의 정책을 이해하기 위한 정보획득의 지름길로써 정당을 활용할 가능성이 높다는 점을 보여주고 있다.

본 연구의 종속변수는 위와 같은 네 쌍의 후보 간 정책에 대한 인식의

〈그림 3-1〉 후보 간 정책유사성 평가

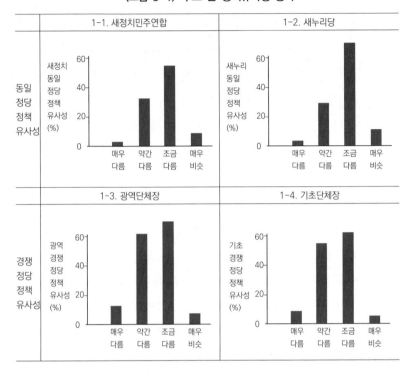

응답자의 분포 각각을 이진변수(*binary variable*)로 조작한 것이다. 다시 말해 응답자들 가운데 후보 간 정책이 '매우 다르다'와 '약간 다르다'로 응답한 이들을 후보 간 정책적 차이가 있다고 평가한 유권자로 간주하여 1로 재코딩하였으며, '조금 비슷하다'와 '매우 비슷하다'고 응답한 이들을 후보 간 정책적 차이가 없다고 평가한 유권자로 간주하여 0으로 재코딩한 변수를 종속변수화하였다. 이와 같은 재코딩 과정의 타당성은 각 설문에 대해 '매우 다르다' 또는 '매우 비슷하다'는 양극단의 응답자 비율이 매우 낮다는 점에서 찾아볼 수 있다. 이와 같은 재코딩 과정을 거쳐 새정치민주연합이 공천한 광역단체장과 기초단체장 후보 간,

03 정당일체감과 후보자의 정책적 차별성 인식 83

새누리당이 공천한 광역단체장과 기초단체장 후보 간, 광역단체장선거의 새정치민주연합과 새누리당 후보 간, 그리고 기초단체장선거의 새정치민주연합과 새누리당 후보 간 정책에 대해 유권자가 유사하다고 평가했는지 아니면 차이가 있다고 평가했는지의 여부를 측정한 4가지 종속변수가 본 연구에 활용되었다.

본 연구의 주요 독립변수에 해당하는 정당일체감은 새정치민주연합과 새누리당 각각에 대해 강한 또는 약한 정당일체감을 지닌 유권자와 그렇지 않은 유권자로 범주화한 '새누리당 정당일체감', '새정치민주연합 정당일체감'이라는 변수이다. 각 변수는 다음과 같은 코딩 과정을 거쳤다. 우선 "귀하께서는 평소에 가깝게 느끼는 정당이 있습니까?"라는 질문에 '예'라고 응답하고 가깝게 느끼는 정당을 선택한 유권자들은 해당 정당에 대해 강한 정당일체감을 지닌 유권자로 분류하였다. 다음으로 첫 번째 질문에 대해 '아니오'라고 응답한 유권자를 대상으로 "귀하께서는 그래도 다른 정당에 비해 조금이라도 더 가깝게 느끼는 정당이 있습니까?"라는 질문에 답하도록 하였고, 이에 대해 '예'라고 응답한 후 특정 정당을 선택한 유권자는 해당 정당에 대해 약한 정당일체감을 지닌 유권자로 분류하였다. 최종적으로 가깝게 느끼는 정당이 있는지에 관한 위의 두 질문 모두에 대해 '아니오'라고 응답한 유권자를 '부동층'으로 간주하였다. 위와 같은 측정과정을 통해 드러난 응답자들의 정당일체감의 분포를 살펴보면, 총 1,204명의 응답자 가운데 37명의 무응답자를 제외하면 새정치민주연합에 강한 일체감을 지닌 응답자가 231명, 약한 일체감을 지닌 응답자가 94명으로 새정치민주연합에 정당일체감을 지닌 유권자가 325명(26.7%)을 차지하였으며, 새누리당에 강한 일체감을 지닌 응답자가 371명, 약한 일체감을 지닌 응답자가 82명으로 새누리당에 정당일체감을 지닌 유권자가 453명(39.4%)을 차지하였다. 마지막으로 부동층은 389명으로 33.9%에 해당하였다.

유권자의 정당일체감과 후보자 간 정책에 대한 인식 사이의 가설을 검증하기 위해 본 연구는 다음과 같은 통제변수를 고려하였다. 우선, 개별 유권자들이 인구사회학적 속성에 따라 후보자 간 정책을 달리 인식할 가능성을 통제하였다. 이를 위해 응답자의 성별, 나이, 교육수준, 소득수준, 거주지 및 이념이 유권자의 인식에 미치는 영향력을 통제하였다. 특히 유권자 거주지의 경우 응답자 분포를 고려하여, 서울 지역 거주자와 경기 지역 거주자를 구분하였으며, 강원과 제주 지역에 거주하는 유권자를 비교의 기준(baseline)으로 삼았다.

후보자 간 정책적 차별성에 대한 유권자의 인식을 분석하는 과정에서 더욱 중요하게 고려한 통제요인은 사전에 선거와 후보자에 대해 지니고 있는 정보량에 따라 유권자의 후보자 간 정책에 대한 평가가 달라질 수 있다는 점이다. 다시 말해 유권자 개인이 선거에 대한 관심 및 선거제도에 관한 정보가 많을수록, 그리고 정치에 직접적으로 참여하는 경향이 강할수록 선거 및 후보자에 대해 더 많은 정보를 지닐 수 있으며 그 결과 후보자 간 정책적 차이를 인식하는 수준도 달라질 수 있다는 점을 고려하였다. 그러나 이와 같이 유권자가 사전에 선거에 대해 지니고 있었던 정보의 양이 후보자 간 정책을 평가하는 데 미치는 영향력을 통제하는 것은 유권자가 후보자에 대한 정책을 인식하기 이전에 선거 또는 후보자에 대해 알고 있었던 정보의 양을 직접적으로 측정한 설문 문항은 존재하지 않는다는 문제점을 지닌다. 본 연구는 이러한 문제를 해결하기 위해 유권자가 선거 및 후보자에 대해 사전에 지닌 정보를 간접적으로 측정하는 대리변수(proxy variable)를 사용하였다. 특히 유권자가 선거에 대해 지니고 있는 정보를 유권자의 인식론적 측면과 정치참여적 측면으로 구분하여 유권자가 사전에 지닌 정보의 양을 측정하였다.

구체적으로 인식론적 측면에서는 선거에 대한 관심 및 선거제도에 대한 인지 여부를 묻는 3가지 질문을 구성요소로 하고, 이에 대한 응답을 종합한 '인식에 따른 정보'라는 변수를 정치참여적 측면에서는 4가지 정치참여에 관한 질문을 구성요소로 하고, 이에 대한 응답을 종합한 '참여에 따른 정보'라는 변수를 개발하였다. '인식에 따른 정보' 변수는 "선생님께서는 이번 선거에 얼마나 관심이 있습니까?", "선생님께서는 매니페스토 정책선거운동에 대해 알고 계십니까?", "선생님께서는 사전투표제도를 알고 계셨습니까?"라는 각 질문에 관심이 있거나 알고 있다는 응답과 그렇지 않다는 응답을 구분하고, 긍정적인 응답이 많을수록 인식적 측면에서 선거에 대한 정보가 많고 그 결과 후보자에 대한 사전정보가 많은 것으로 측정하였다. 따라서 '인식에 따른 정보' 변수의 최댓값은 3, 최솟값은 0에 해당한다. 측정결과 최빈값은 2로 결측값은 제외한 1,203명의 응답자 가운데 638명(53%)이 2가지 질문에 대해 긍정적인 응답을 한 것으로 나타났다. 또한 769명(64%)이 2가지 이상의 질문에 대해 긍정적인 응답을 하고 있었다. 이러한 결과를 통해 이번 지방선거에 대한 관심 및 제도에 대해 한국인의 인식수준은 상당히 높았던 것을 알 수 있다. '참여에 따른 정보' 변수는 선거기간 동안 4가지 유형의 정치참여활동 가운데 1개 이상의 활동에 참여한 경험의 여부를 통해 구성하였다. 4가지 유형의 정치참여활동은 특정 정당이나 후보에 대한 투표 권유활동, 정당이나 선거운동의 자원봉사 참여 여부, 후보자나 정당의 홈페이지 방문이나 검색 여부, 인터넷과 SNS에 선거 관련 글이나 동영상 게시물 공유 여부에 해당하였으며, 이 가운데 1개 이상의 활동에 참여한 경우를 1, 그렇지 않은 경우를 0으로 재코딩하였다. 1명의 결측값을 제외한 1,203명의 응답자 가운데 단 하나의 정치활동도 하지 않았던 응답자는 약 72%에 해당하는 866명이었다. 4가지 유형의 활동에 모두 참여한 응답자는 단 8명에 해당하였으며, 2가지 유형 이상의 활동에 참여한 응답자 역시 약 8%에 머물렀다. 이는 이번 지방선거에서 한국 유권자가 정치참여활동을 통해 선거 및 후보자에 대해 알고 있는 사전정보량은 매우 낮다는 것을 의미한다.

본 연구는 마지막으로 다른 선거와 비교할 때 지방선거의 역할에 대한 유권자의 인식이 후보자 간 정책에 대한 평가에 미치는 영향력을 통제하였다. 일반적으로 지방선거는 대통령 또는 국회의원선거에 비해 중요성이 덜 한 선거이거나(김 욱, 2006), 중앙정치의 대리전 및 지방정치의 중앙화가 강한 선거로 간주된다(이현출, 2005: 149; 강원택, 2010: 244; 황아란, 2013). 이러한 선거유형별 유권자의 인식 차이는 각 선거에 출마한 후보자의 정책에 대한 인식의 차이를 유발할 것으로 보인다. 이러한 효과를 통제하기 위해 본 연구에서는 '중앙정부 심판'과 '지방 현안 선거'라는 2가지 변수를 이용한다. 전자는 2014년 6월 4일 지방선거가 박근혜 정부를 심판하기 위한 선거라는 주장에 동의하는 수준으로 측정한 것이며, 후자는 중앙정치와 무관한 지방 현안이 중요한 선거라는 주장에 동의하는 수준으로 측정한 것이다. 두 질문에 대한 응답은 '매우 공감한다'부터 '전혀 공감하지 않는다'까지 4점 척도로 이루어져 있다. 따라서 각 변수의 값이 커질수록 해당 주장에 대해 공감하지 않는 것을 의미한다. 본 연구에서 지방선거의 역할을 규정한 두 측면에 대한 응답자의 평가를 모두 통제하고 있는 이유는 응답자에 따라 두 변수가 일차원의 양극단에서 서로 대립하는 내용을 표현한 것으로 이해하지 않을 가능성이 높다고 판단하기 때문이다. 다시 말해 응답자에 따라 6·4 지방선거가 박근혜 정부에 대한 심판을 위한 것인 동시에 지방 현안이 중심이 되어야 할 필요가 있다고 간주할 수 있다. 만일 이와 같은 생각을 지닌 유권자가 다수인 경우 두 변수가 각각 독립적으로 지방선거의 역할에 대한 유권자의 인식을 측정하는 것으로 간주할 필요가 있다. 두 변수의 응답자를 살펴본 결과는 응답자 가운데 약 48%는 6·4 지방선거가 박근혜 정부에 대한 심판을 위한 것인 동시에 지방 현안이 중심이 되는 선거라고 간주하거나 두 측면의 역할 모두에 대해 부정하고 있는 것으로 나타났다. 또한 두 변수의 상관관계 역시 매우 낮아 어느 하나의 변수만으로 지방선거의 역할에 대한 유권자의 인식을 측정하는 것의 타당성이 낮다는 것을 알 수 있었다.

2) 정당일체감과 동일정당 후보자 간 정책적 차별성 인식

여기서는 회귀분석을 활용하여 정당일체감이 후보자 간 정책에 대한 평가에 미치는 영향력을 엄밀하게 검증하도록 하겠다. 특히 동일한 정당의 공천을 받은 광역과 기초단체장 후보들 간의 정책에 대한 유권자의 평가를 분석한다. 〈표 3-1〉은 우선 새정치민주연합이 공천한 광역단체장과 기초단체장 후보 간 정책에 대한 유권자의 인식에 대해 로지스틱 회귀분석을 시행한 결과이다. 분석 결과에 따르면, 동일정당 후보 간 정책적 차별성 인식과 관련된 '가설 1'이 지지됨을 알 수 있다. 〈표 3-1〉의 정당일체감 모형과 새정치민주연합이 광역단체장을 공천하지 않은 부산, 울산 지역을 제외하고 분석한 응답편향제외모형의 결과를 살펴볼 때, 새정치민주연합에 정당일체감을 지닌 유권자는 그렇지 않은 유권자에 비해 새정치민주연합에 소속된 광역단체장과 기초단체장 후보 간에 정책적으로 차이가 없다고 인식하는 경향이 강함을 알 수 있다. 응답편향제외모형의 승산비는 새정치민주연합에 정당일체감을 지닌 유권자가 새정치민주연합의 두 후보 간에 정책적으로 차이가 있다고 인식할 확률은 차이가 없다고 인식할 확률의 0.67배에 해당한다. 따라서 정당

〈표 3-1〉 동일정당 후보 간 정책차별성에 관한 회귀분석 : 새정치민주연합

종속변수: (유사 = 0/차이 = 1)	기본 모형		정당일체감모형		응답편향제외모형[b]	
	회귀계수 (표준오차)	승산비	회귀계수 (표준오차)	승산비	회귀계수 (표준오차)	승산비
새정치민주연합 정당일체감			-0.44(0.18)**	0.64	-0.40(0.20)*	0.67
새누리 정당일체감			0.18(0.18)	1.20	0.15(0.20)	1.16
인식에 따른 정보			0.16(0.10)*	1.18	0.18(0.11)*	1.19
참여에 따른 정보			0.29(0.15)*	1.34	0.39(0.17)**	1.47
중앙정부 심판			-0.15(0.09)	0.86	-0.22(0.10)**	0.80
지방 현안 선거			0.05(0.09)	1.05	-0.09(0.10)	0.91
나이[a]	-0.01(0.00)	1.00	-0.01(0.01)	0.99	-0.01(0.01)**	0.99
성별	0.16(0.13)	1.18	0.10(0.13)	1.10	0.07(0.15)	1.07
소득수준	0.03(0.04)	1.03	0.02(0.04)	1.02	0.02(0.05)	1.01
교육수준	-0.13(0.08)*	0.88	-0.15(0.08)*	0.86	-0.24(0.09)**	0.79
이념	0.01(0.03)	1.00	0.04(0.04)	1.04	0.03(0.04)	1.03
서울	-0.13(0.43)	0.89	-0.07(0.44)	0.93	-0.08(0.44)	0.92
인천/경기	0.69(0.42)	1.97	0.68(0.42)	1.97	0.67(0.43)	1.94
부산/울산/경남	1.33(0.43)**	3.85	1.30(0.44)**	3.67		
대구/경북	0.97(0.44)**	2.70	0.96(0.45)**	2.59	0.97(0.45)**	2.65
광주/전라	0.55(0.45)	1.71	0.71(0.46)*	2.03	0.62(0.46)	1.86
대전/세종/충청	0.08(0.46)	1.08	0.05(0.46)	1.05	0.04(0.46)	1.04
상수	-0.86(0.59)		-0.78(0.70)		0.24(0.75)	
분석개체 수	1,173		1,171		984	
Log Likelihood	-730.88		-721.70		-590.53	

주: 1) * p < 0.1, ** p < 0.05

2) a-회귀계수 및 표준오차를 소수 셋째 자리에서 반올림한 값 ; b-응답편향제외모형은 광역단체장 또는 기초단체장선거에서 새누리당 또는 새정치민주연합에서 후보자를 공천하지 않은 지역의 응답자를 분석에서 제외한 모형임.

일체감은 두 후보 간 정책에 차이가 있다는 인식보다는 없다는 인식을 형성하는 데 기여한다. 반면 새누리당에 정당일체감을 지녔는지의 여부는 새정치민주연합의 광역단체장과 기초단체장 후보의 정책을 평가하는 데 유의미한 영향력을 지니지 않았다.

　또한 유권자가 선거 및 후보자에 대한 사전정보량이 많을수록 새정치민주연합의 두 후보의 정책에 차이가 있다고 평가하고 있음을 보여준다. 특히 정치참여를 통한 사전정보량이 많을수록 두 후보의 정책에 차이가 있다고 평가할 확률은 유사하다고 평가할 확률의 1.47배에 해당한다. 이외에도 유권자가 6·4 지방선거가 중앙정부를 심판하기 위한 선거라는 데 공감하지 않을수록, 연령이 높을수록, 그리고 교육수준이 높을수록 새정치민주연합에 소속된 광역과 기초단체장 후보 간에 정책적으로 유사하다고 간주하는 경향이 관찰되었다. 지역적으로는 대구/경북 지역의 유권자가 상대적으로 새정치민주연합의 두 후보 간에 정책적으로 차이가 있다고 간주함을 알 수 있다. 이러한 결과는 대체적으로 통념에 부합하는 것으로 보인다. 예를 들어, 연령과 교육수준이 높을수록 새정치민주연합 후보들 간 정책이 유사한지 아니면 차이가 있는지에 대해 유의미한 평가를 할 수 있을 뿐 아니라 새정치민주연합이 소수의 후보만을 공천한 대구/경북 지역에서 유권자들이 새정치민주연합 후보들 간의 정책적 차별성을 인식하기 쉬울 것으로 보이기 때문이다. 또한 6·4 지방선거가 박근혜 정부를 심판하는 선거라는 데 공감할수록 현 정부의 대안이 될 수 있는 야당인 새정치민주연합 후보들의 정책적 입장을 세밀하게 검토하고 후보들 간 정책의 유사성 또는 차별성을 발견할 가능성이 높을 것이다.

　〈그림 3-2〉는 새정치민주연합의 두 후보의 정책에 대한 유권자의 인식에 미치는 정당일체감의 영향력을 좀더 구체적으로 살펴본 것이다. 〈표

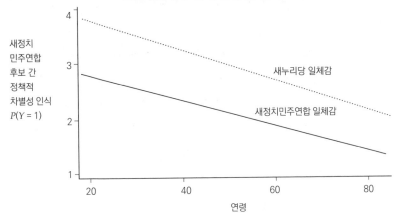

〈그림 3-2〉 정당일체감과 새정치민주연합의 광역,
기초단체장 후보 간 정책차별성 인식

3-1〉의 응답편향제외모형의 결과를 기초로 대학 이상의 교육을 받고, 선거 기간 동안 정치참여의 경험이 있으며, 한 달 수입이 400만 원 이상 500만 원 미만인 서울 지역 가정에 거주하는 여성을 가정한 후, 정당일체감에 따라 새정치민주연합의 두 후보 간에 정책적으로 차이가 있다고 평가할 확률의 변화를 그린 것이다.5 특히 연령이 변하면서 그러한 확률이 어떻게 변했는지를 살펴보았다. 〈그림 3-2〉는 첫째, 특정 정당에 일체감을 지니고 있기 때문에 새정치민주연합 후보들의 정책에 차이가 있다고 평가할 확률은 전체적으로 낮다는 점을 보여준다. 예를 들어 가정된 유권자가 20세이며 새정치민주연합에 정당일체감을 지니고 있는 경우 새정치민주연합 후보들의 정책에 차이가 있다고 평가할 확률은 0.3 미만으로

---

5 정당일체감에 따라 새정치민주연합 후보 사이에 정책적 차이가 있다고 평가할 확률은 다음의 수식을 통해 계산된다. $P(Y=1) = e^{X\beta} / 1 + e^{X\beta}$ 특히 본문에 제시한 가정과 〈표 3-3〉의 결과에 따라 새정치민주연합에 정당일체감을 지닌 경우 'X β= 0.24 - 0.40 + 0.39 - 0.01 × 연령 + 0.02 × 5 - 0.24 × 4 - 0.08', 새누리당에 정당일체감을 지닌 경우 'X β= 0.24 + 0.15 + 0.39 - 0.01 × 연령 + 0.02 × 5 - 0.24 × 4 - 0.08'에 해당한다.

상당히 낮다. 둘째, 정당일체감에 따라 새정치민주연합 후보들의 정책에 차이가 있다고 평가할 확률은 연령이 증가하면서 점차적으로 낮아지는 경향을 보인다.

특히 새정치민주연합에 정당일체감을 지닌 유권자는 새누리당에 정당일체감을 지닌 유권자에 비해 새정치민주연합의 광역과 기초단체장 후보 간 정책적 차별성이 존재한다고 평가하는 확률이 모든 연령대에서 낮다는 것을 알 수 있다. 예를 들어 가정된 유권자가 20세이며 새정치민주연합에 정당일체감을 지녔을 때 새정치민주연합의 두 후보 사이에 정책적 차이가 있다고 평가할 확률은 새누리당에 정당일체감을 지녔을 경우에 비해 0.1 정도 낮고, 그러한 차이가 아주 조금씩 감소함에도 불구하고 노년까지 지속된다. 이와 같은 분석 결과는 결국 특정 정당에 대해 지닌 일체감은 해당 정당의 후보들 사이에 정책적으로 차이가 없다는 유권자의 인식에 유의미한 영향을 미칠 뿐 아니라 그러한 영향력은 연령이 증가하면서 더욱 강해지고 있음을 의미한다.

새누리당의 광역단체장과 기초단체장 후보들의 정책에 대한 유권자의 평가를 분석한 〈표 3-2〉의 결과 역시 '가설 1'을 지지하고 있음을 알 수 있다. 새누리당에 정당일체감을 지닌 경우 새누리당의 두 후보의 정책이 유사하다고 평가하는 경향이 관찰된다. 그러나 더욱 두드러진 결과는 새정치민주연합에 정당일체감을 지닌 유권자 역시 새누리당의 두 후보의 정책이 유사하다고 평가하는 점이다. 이는 〈표 3-1〉의 결과와 종합할 때, 새정치민주연합에 대한 정당일체감은 새정치민주연합 후보들의 정책뿐만 아니라 경쟁정당인 새누리당 후보들의 정책을 평가하는 데도 유의미한 영향력을 지닌 것을 보여준다. 이에 반해 새누리당에 대한 정당일체감은 새누리당 후보들의 정책에 대한 평가에만 유의미한 영향력을 지니고 있다.

<표 3-2> 동일정당 후보 간 정책차별성에 관한 회귀분석 : 새누리당

종속변수: (유사 = 0/차이 = 1)	기본 모형		정당일체감모형		응답편향제외모형[b]	
	회귀계수 (표준오차)	승산비	회귀계수 (표준오차)	승산비	회귀계수 (표준오차)	승산비
새정치민주연합 정당일체감			-0.42(0.19)**	0.66	-0.45(0.21)**	0.64
새누리 정당일체감			-0.42(0.19)**	0.66	-0.49(0.20)**	0.61
인식에 따른 정보			-0.11(0.10)	0.90	-0.15(0.11)	0.86
참여에 따른 정보			0.30(0.16)*	1.35	0.38(0.17)**	1.46
중앙정부 심판			-0.23(0.10)**	0.80	-0.17(0.10)	0.85
지방 현안 선거			0.06(0.09)	1.06	0.05(0.10)	1.05
나이[a]	-0.01(0.01)**	0.99	-0.01(0.01)	0.99	-0.01(0.01)*	0.99
성별	0.08(0.13)	1.08	0.11(0.14)	1.12	0.14(0.15)	1.14
소득수준	0.02(0.05)	1.02	0.03(0.0)	1.03	0.05(0.05)	1.05
교육수준	-0.05(0.08)	0.95	-0.07(0.08)	0.93	-0.09(0.08)	0.91
이념	0.01(0.04)	1.02	-0.01(0.04)	0.99	-0.03(0.04)	0.97
서울	0.19(0.51)	1.21	0.19(0.52)	1.21	0.17(0.52)	1.19
인천/경기	0.94(0.50)*	2.57	0.91(0.50)*	2.48	0.90(0.50)*	2.46
부산/울산/경남	1.66(0.51)**	5.26	1.73(0.51)**	5.62	1.72(051)**	5.59
대구/경북	1.02(0.52)*	2.76	1.12(0.53)**	3.07	1.12(0.53)**	3.06
광주/전라	0.89(0.52)*	2.43	0.84(0.53)	2.32		
대전/세종/충청	0.40(0.54)	1.49	0.36(0.54)	1.44	0.37(0.54)	1.44
상수	-1.23(0.66)		-0.46(0.77)		-0.38(0.81)	
분석개체 수	1,173		1,170		1,046	
Log Likelihood	-679.07		-668.33		-592.06	

주: 1) * p < 0.1, ** p < 0.05
2) a–회귀계수 및 표준오차를 소수 셋째 자리에서 반올림한 값; b–응답편향제외모형은 광역단체장 또는
기초단체장선거에서 새누리당 또는 새정치민주연합의 후보자를 공천하지 않은 지역의 응답자를 분석에
서 제외한 모형임.

이러한 사실은 한국 유권자들의 정당일체감이 일체감을 지닌 정당에 대한 애착뿐만 아니라 경쟁정당에 대한 반감(antipathy) 또는 거부감을 구성요인으로 하는 다차원적 개념이라는 기존 연구(황아란, 2008; 장승진, 2012)의 주장을 일부 지지하는 결과에 해당한다. 즉, 새정치민주연합에 대한 정당일체감은 새정치민주연합 후보들의 정책이 유사하다는 유권자의 인식을 발전시킬 뿐만 아니라 새누리당에 대한 반감을 통해 새누리당 후보들 역시 유사한 정책을 지니고 있다는 인식을 발전시키는 것으로 해석할 수 있다. 이에 반해 새누리당의 정당일체감은 경쟁정당에 대한 반감에 따른 요소가 낮고, 그 결과 새누리당 후보들의 정책이 유사하다는 인식을 발전시키는 반면, 경쟁정당인 새정치민주연합 후보들의 정책에 대한 평가에는 유의미한 효과를 발휘하지 못하고 있다.

〈표 3-2〉의 결과에서 또 하나 주목할 점은 〈표 3-1〉의 결과와 비교할 때, 통제변수들의 유의미성이 달라지고 있다는 점이다. 인식적 측면에서 유권자가 선거 및 후보자에 대해 지닌 사전정보량, 6·4 지방선거를 박근혜 정부의 심판으로 간주하는지의 여부, 그리고 유권자의 교육수준은 새누리당의 두 후보 간 정책을 평가하는 데 유의미한 영향력을 가지고 있지 않다. 반면, 나이와 정치참여를 통한 사전정보량은 새정치민주연합 두 후보 간 정책적 차이를 구별하는 경우와 유사하게 새누리당의 두 후보 간 정책적 차이를 구별하는 경우에도 유의미한 영향력을 유지하고 있다. 거주지역의 영향력 역시 유사한 결과를 가진다. 특히 영남 지역의 유권자들은 해당 지역에서 새누리당 후보들이 선거경쟁의 중심이 되고 있기 때문에 선거과정에서 새누리당 후보들의 정책에 더욱 세심한 주의를 쏟을 것으로 보이며, 영남 지역의 거주 여부는 새누리당 후보들 간 정책적 유사성 및 차별성을 구분하는 데 유의미한 효과를 지닌 것으로 해석할 수 있다.

4. 정당일체감과 경쟁정당 후보 간 정책적 차별성 인식

본 연구의 두 번째 가설은 광역단체장과 기초단체장선거 각각에서 경쟁하는 후보들 사이의 정책적 차별성에 대한 유권자의 인식과 정당일체감 사이의 관계에 관한 것이었다. 다시 말해 유권자의 정당일체감이 일체감을 지닌 정당 후보의 정책과 경쟁정당 후보의 정책의 상이성을 인식하는 데 긍정적인 효과를 발휘하는지를 규명하고자 한 것이다. 〈표 3-3〉과 〈표 3-4〉는 위와 같은 가설을 각 광역단체장선거와 기초단체장선거를 중심으로 검증한 것이다. 응답편향제외모형의 결과를 중심으로 살펴보면, '가설 2'는 지지되지 않고 있음을 알 수 있다. 유권자의 정당일체감은 각 선거단위에서 경쟁하는 두 정당의 후보 사이에서 정책적으로 차이를 인식하게 하는 데 정 (+)의 효과를 지니고 있으나, 그러한 영향력이 통계학적으로는 유의미하지 않다.

그러면, 동일정당에 소속된 광역단체장과 기초단체장 후보의 정책이 유사하다고 평가하는 데 유의미한 영향력을 지녔던 것과는 달리 유권자의 정당일체감이 특정 선거구의 경쟁정당 후보 사이의 정책적 차별성 인식에 대해서는 유의미한 영향력을 미치지 못하고 있는 이유는 어디에서 찾을 수 있을까? 우선 선거구별 특성에 따른 설명이 가능할 것으로 보인다. 다시 말해 광역단체장 및 기초단체장선거에서 전국적으로 평균적인 경향성이 관찰되지 않는 이유 가운데 하나는 경쟁후보 간 정책적 차별성의 선거구별 편차에서 찾아볼 수 있다. 예를 들어, 특정 정당후보의 압도적인 우세 속에서 선거가 진행되는 경우 유권자들은 경쟁후보들의 정책적 차이에 대해 크게 고려하지 않을 가능성이 높고, 후보들의 정책을 이해하기 위해 정당일체감을 정보획득의 지름길로 이용하는 경향도 낮아질 것으로 보인다. 또 다른 이유는 지방선거의 경우 선거구

〈표 3-3〉 경쟁정당 후보 간 정책차별성에 관한 회귀분석 : 광역단체장

종속변수: (유사 = 0/차이 = 1)	기본 모형		정당일체감모형		응답편향제외모형[b]	
	회귀계수 (표준오차)	승산비	회귀계수 (표준오차)	승산비	회귀계수 (표준오차)	승산비
새정치민주연합 정당일체감			0.09(0.16)	1.10	0.13(0.17)	1.14
새누리 정당일체감			0.06(0.17)	1.06	0.05(0.19)	1.05
인식에 따른 정보			0.12(0.09)	1.13	0.15(0.10)	1.17
참여에 따른 정보			0.01(0.14)	1.01	-0.03(0.15)	0.97
중앙정부 심판			-0.18(0.09)**	0.84	-0.25(0.10)**	0.78
지방 현안 선거			0.03(0.08)	1.03	-0.07(0.09)	0.93
나이[a]	0.01(0.00)	1.01	0.00(0.00)	1.00	0.00(0.01)	1.00
성별	-0.03(0.12)	0.97	-0.05(0.12)	0.95	-0.10(0.13)	0.90
소득수준	-0.00(0.04)	1.00	-0.01(0.04)	0.99	-0.02(0.04)	0.98
교육수준	0.03(0.07)	1.03	0.01(0.07)	1.01	0.01(0.08)	1.01
이념	-0.03(0.03)	0.98	-0.05(0.04)	0.95	-0.07(0.04)*	0.93
서울	-0.41(0.33)	0.66	-0.44(0.34)	0.64	-0.43(0.34)	0.65
인천/경기	0.21(0.32)	1.23	0.16(0.33)	1.18	0.18(0.33)	1.19
부산/울산/경남	0.61(0.34)*	1.84	0.59(0.35)*	1.81		
대구/경북	0.31(0.35)	1.36	0.29(0.36)	1.34	0.30(0.36)	1.35
광주/전라	0.05(0.35)	1.06	-0.03(0.36)	0.97	-0.06(0.37)	0.94
대전/세종/충청	-0.39(0.35)	0.68	-0.43(0.36)	0.65	-0.42(0.36)	0.65
상수	-0.22(0.50)		0.26(0.62)		0.97(0.66)	
분석개체 수	1,193		1,189		1,002	
Log Likelihood	-806.68		-799.99		-676.03	

주: 1) * $p < 0.1$, ** $p < 0.05$

2) a-회귀계수 및 표준오차를 소수 셋째 자리에서 반올림한 값 ; b-응답편향제외모형은 광역단체장 또는 기초단체장선거에서 새누리당 또는 새정치민주연합에서 후보자를 공천하지 않은 지역의 응답자를 분석에서 제외한 모형임.

〈표 3-4〉 경쟁정당 후보 간 정책차별성에 관한 회귀분석: 기초단체장

종속변수: (유사 = 0/차이 = 1)	기본 모형		정당일체감모형		응답편향제외모형[b]	
	회귀계수 (표준오차)	승산비	회귀계수 (표준오차)	승산비	회귀계수 (표준오차)	승산비
새정치민주연합 정당일체감			0.01(0.17)	1.01	0.06(0.20)	1.06
새누리 정당일체감			0.18(0.17)	1.20	0.25(0.21)	1.28
인식에 따른 정보			0.00(0.09)	1.00	0.02(0.11)	1.02
참여에 따른 정보			0.01(0.14)	1.01	0.06(0.18)	1.07
중앙정부 심판			-0.16(0.09)*	0.85	-0.18(0.12)	0.83
지방 현안 선거			-0.12(0.08)	0.89	-0.24(0.10)**	0.79
나이[a]	0.00(0.00)	1.00	0.00(0.00)	1.00	0.00(0.01)	1.00
성별	0.01(0.12)	1.01	0.01(0.12)	1.01	-0.11(0.16)	0.90
소득수준	0.02(0.04)	1.02	0.02(0.04)	1.02	0.02(0.05)	1.02
교육수준	-0.04(0.07)	0.96	-0.04(0.07)	0.96	0.00(0.09)	1.00
이념	-0.03(0.03)	0.97	-0.03(0.04)	0.97	-0.07(0.05)	0.94
서울	-0.54(0.36)	0.58	-0.51(0.36)	0.60	-0.47(0.37)	0.62
인천/경기	0.08(0.35)	1.09	0.07(0.36)	1.07	0.11(0.36)	1.11
부산/울산/경남	0.16(0.37)	1.18	0.13(0.37)	1.14		
대구/경북	0.26(0.38)	1.29	0.24(0.39)	1.28		
광주/전라	-0.07(0.38)	0.94	-0.06(0.39)	0.94		
대전/세종/충청	-0.76(0.39)**	0.47	-0.78(0.39)**	0.46	-0.77(0.39)**	0.46
상수	0.14(0.53)		0.86(0.63)		1.20(0.78)	
분석개체 수	1,175		1,172		739	
Log Likelihood	-796.17		-790.89		-492.07	

주: 1) * p < 0.1, ** p < 0.05
2) a. 회귀계수 및 표준오차를 소수 셋째 자리에서 반올림한 값; b. 응답편향제외모형은 광역 또는 기초단체장선거에서 새누리당 또는 새정치민주연합에서 후보자를 공천하지 않은 지역의 응답자를 분석에서 제외한 모형임.

내 후보자의 인적네트워크가 작용할 가능성이 높다는 주장에서 찾아볼 수 있다(김 욱, 2006). 지방선거에서 유권자가 경쟁후보 사이의 정책적 차별성보다는 후보자와의 친분 등을 중요하게 고려하는 경우 후보 간 정책에 대한 인식은 유권자의 정당일체감과는 별개로 이루어질 수 있는 것이다. 마지막으로 한국 유권자의 정당일체감의 성숙도를 고려해 볼 수 있을 것이다. 정당일체감이 일체감을 지닌 정당 후보들의 정책에 대한 선별적 인식과 소비과정에 영향을 미치는 반면, 경쟁정당 후보들의 정책에 대한 반감을 유발하지 않는 방식으로 기능하는 경우 경쟁후보자 간의 정책에 대한 이해에 유의미한 영향력을 미치지 않을 가능성이 존재하는 것이다.

〈표 3-3〉와 〈표 3-4〉의 결과가 '가설 2'를 지지하지 않고 있음에도 불구하고 분석을 통해 몇 가지 흥미로운 사실을 발견할 수 있다. 첫째, 지방선거의 역할에 대한 유권자의 평가가 후보 간 정책을 평가하는 데 유의미한 영향력을 지닌다는 점이다. 특히 6·4 지방선거가 박근혜 정부에 대한 심판을 위한 선거라는 주장에 동의할수록 광역단체장선거에서 경쟁하는 두 정당 후보 간 정책이 상이하다고 평가하고 있으며, 이와 달리 기초단체장선거의 후보 간 정책에 대한 평가는 6·4 지방선거가 지방 현안이 중요한 선거라는 점에 동의할수록 두 경쟁정당 후보의 정책이 상이하다고 평가하는 경향이 관찰된다. 이는 광역과 기초단위 선거의 역할에 대한 유권자의 인식에 차이가 있을 뿐 아니라 그러한 지방선거의 역할에 대한 인식의 차이가 각 행정단위의 선거에 출마한 경쟁후보 간 정책의 평가에 유의미한 영향을 미치고 있음을 의미한다.

둘째, 광역단체장선거의 경우 진보적인 이념을 지닐수록 경쟁후보 간 정책적 차이가 없다고 인식하는 경향이 관찰되는 반면 기초단체장선거의 경우 유권자의 거주지역이 경쟁후보 간 정책적 차이를 인식하는 데 유의미한 영향력을 보여준다. 이러한 발견은 결국 한국 선거 분석을 통해 지배적인 영향력이 있는 것으로 간주되었던 유권자 거주지역이 지방선거 후보자의 정책에 대한 인식에서 여전히 유의미한 영향력을 지니고 있음을 의미한다. 또한 광역과 기초단위 선거에서 경쟁하는 후보들의 정책에 대한 유권자의 인식이 상이한 변수로부터 영향을 받는다는 점을 고려할 때 동일한 날짜에 치러지는 선거임에도 불구하고 광역과 기초단위의 선거경쟁에 대해서 독립적으로 분석할 필요성이 있음을 함의한다.

5. 나가며

한국 선거 분석에서 유권자의 정당일체감은 최근 지역중심적 투표행태가 퇴조하면서 활발히 논의되고 있는 주제이다. 그러나 정당일체감 개념의 발전이 주요 양대 정당의 후보자를 중심으로 선거경쟁이 진행되는 미국적 정치맥락을 배경으로 하고 있다는 점에서 한국의 선거과정에서 유권자의 인식 및 행태를 설명하는 데 유의미한 변수인지에 대해서는 아직도 많은 연구가 필요한 실정이다. 본 연구는 이러한 문제의식에서 상대적으로 후보자 중심의 선거경쟁으로 알려진 지방선거에서 한국 유권자들의 정당일체감이 선거에 출마한 후보자 간 정책적 차별성을 인식하는 데 미치는 영향력을 규명하고자 하였다. 특히 2014년 제6회 지방선거의 광역단체장 및 기초단체장선거 후보자를 중심으로 유권자의 정당일체감이 동일한 정당의 공천을 받은 광역단체장과 기초단체장 후보 간, 그리고 광역단체장 및 기초단체장선거의 경쟁정당 후보 간 정책에 대한 유권자의 인식에 미치는 영향력을 살펴보았다.

본 선거 분석은 크게 3가지 측면으로 요약될 수 있다. 첫째, 한국 유권자의 정당일체감은 동일한 정당의 공천을 받은 광역단체장과 기초단체장 후보의 정책이 유사하다고 인식하는 데 유의미한 영향을 미친다. 새정치민주연합에 정당일체감을 지닌 유권자는 새정치민주연합의 광역단체장과 기초단체장 후보의 정책이 유사하다고 평가할 뿐 아니라 상대 정당인 새누리당의 광역단체장과 기초단체장 후보의 정책 역시 유사하다는 평가를 내리고 있었다. 반면, 새누리당에 정당일체감을 지닌 유권자는 새누리당의 광역단체장과 기초단체장 후보의 정책이 유사하다는 평가를 내리지만 상대 정당인 새정치민주연합 후보들의 정책을 평가하는 데 정당일체감이 유의미한 영향력을 지니지 않았다. 둘째, 한국 유권자의 정당일체감은 광역과 기초단위의 단체장선거에서 경쟁하는 정당 후보들 사이의 정책적 차별성을 인식하는 데 유의미한 영향력을 지니지 않았다. 광역단체장선거에 출마한 새누리당과 새정치민주연합 후보 간 또는 기초단체장선거에 출마한 새누리당과 새정치민주연합 후보 간의 정책적 차별성을 발견하는 데 한국 유권자의 정당일체감은 중요한 요인으로 작용하지 않은 것이다. 셋째, 광역과 기초단위의 단체장선거에서 경쟁하는 정당 후보들 사이의 정책적 차별성에 대한 유권자의 인식은 기존의 한국 유권자의 선거행태에 지배적인 영향을 미쳤던 거주지역 및 지방선거의 역할에 대한 유권자의 인식이 중요한 영향을 미친 것으로 나타났다. 특히 광역단체장선거에서 경쟁하는 후보들의 정책적 차별성에 대한 인식은 지방선거를 중앙정부를 심판하는 선거로 간주하는지의 여부가 유의미한 영향을 미치고 있는 반면, 기초단체장선거에서 경쟁하는 후보들의 정책적 차별성에 대한 인식은 지방선거를 지역 현안이 중요한 선거로 간주하는지의 여부가 유의미한 영향을 미치고 있었다.

결국 한국 유권자의 정당일체감은 동일한 정당의 공천을 받은 후보들의 정책이 유사할 것이라는 인식을 형성하는 데 긍정적인 효과를 발휘하고 있는 반면, 일체감을 지닌 정당의 후보와 경쟁정당 후보 간의 정책적 차이를 부각하는 효과를 발휘하고 있지 않다. 또한 유권자의 거주지역과 같은 전통적인 요인들뿐만 아니라 지방선거 자체의 선거환경적 요인이 지방선거 후보들의 정책에 대한 유권자 인식에 영향을 미치고 있다.

위와 같은 연구 결과는 한국 유권자의 정당일체감이 지방선거의 후보자 간 정책적 차별성에 대한 유권자의 인식에 일관되고 강한 영향력을 미치고 있다고 평가하기에는 시기상조임을 함의한다. 특히 한국의 지방선거가 대통령 및 국회의원선거와 비교 시, 상대적으로 후보자 중심의 선거경쟁이 이루어진다는 점을 고려할 때, 후보자에 대한 정보획득을 위한 지름길로써의 정당의 기능은 대통령 및 국회의원선거에서 더욱 낮아질 것으로 예상할 수 있다. 이러한 점을 고려할 때, 한국 사회의 대통령과 국회의원선거에서 정당일체감이 유권자의 투표행태에 미치는 효과를 검증하는 작업은 두 변수 사이의 인과관계에 대한 충분한 논의를 토대로 진행될 필요가 있다.

또한 유권자의 거주지역이 선거구별 경쟁후보들의 정책에 대한 이해 또는 후보 간 정책적 차별성에 대한 유권자의 인식에 유의미한 영향력을 지니고 있음을 보임으로써 한국 선거과정에서 거주지역의 영향력에 관한 논쟁에 시사점을 제공한다. 다시 말해 본 연구결과는 한국 선거에서 유권자의 거주지역의 영향력이 감소하고 있다는 최근의 주장에도 불구하고 정당일체감 및 이념, 세대 요인 등이 지역의 영향력을 완전히 대체하고 있지는 못하다는 점을 함의한다. 마지막으로 본 연구결과는 한국 지방선거에 대한 분석은 광역과 기초단위를 독립적으로 진행할 필요가 있음을 제기한다. 광역과 기초단위 후보들의 정책에 대한 유권자의 인식은 행정단위별로 상이한 요인에 따라 달라지기 때문이다. 특히 지방선거의 역할에 대한 유권자의 평가 및 이념, 지역과 같은 요인이 광역단체장선거의 경쟁후보 간 정책에 대한 인식과 기초단체장선거의 경쟁후보 간 정책에 대한 인식에 상이한 영향력을 발휘하고 있다.

참고문헌

강원택 (2010), 《한국 선거정치의 변화와 지속: 이념, 이슈, 캠페인과 투표참여》, 나남.

김 욱 (2006), "선거의 유형과 투표참여: 지방선거의 특성을 중심으로", 〈한국정치연구〉 15 (1): 99~121.

강명구·하세헌 (2014), "지역정당에 대한 정당일체감과 지방정치: 대구와 광주 사례를 중심으로", 〈한국정치학회보〉 48 (3): 55~77.

류재성 (2013), "중도 및 무당파 유권자 특성: 무태도인가 부정적 태도인가?" 〈대한정치학회보〉 20 (1): 101~127.

박원호 (2013), "정당일체감의 재구성", 박찬욱·강원택 편, 《2012년 대통령선거 분석》, 51~74쪽, 나남.

송진미·박원호 (2014), "이슈선점과 정당일체감: 제 18대 대통령선거를 중심으로", 〈한국정당학회보〉 13 (1): 5~31.

이현출 (2001), "무당파층 투표행태: 제 16대 총선을 중심으로", 〈한국정치학회보〉 34 (4): 137~160.

_____ (2005), "선거공약의 정치과정과 함의: 광역자치단체장선거를 중심으로", 〈지방행정연구〉 19 (1): 133~158.

장승진 (2012), "한국 유권자들의 정당에 대한 태도: 정당 지지와 정당 투표의 이념적, 정서적 기초", 박찬욱·강원택 편, 《2012년 국회의원선거 분석》, 175~204쪽, 나남.

한정훈(2012), "한국 유권자의 정당일체감: 정강, 정당지도자 및 정당활동가의 영
  향", 박찬욱·강원택 편, 《2012년 국회의원선거 분석》, 137~174쪽, 나남.
황아란(2008), "제17대 대통령선거의 투표선택과 정당태도의 복합지표 모형",
  〈현대정치연구〉 1(1): 85~110.
_____(2013), "2000년대 지방선거의 변화와 지속성: 현직효과와 중앙정치의 영
  향", 〈한국정치학회보〉 47(5): 277~295.
허석재(2014), "한국에서 정당일체감의 변화: 세대교체인가, 생애주기인가", 〈한
  국정당학회보〉 13(1): 65~94.

Aldrich, J. H. (2006), "Political Parties In and Out of Legislatures", In R. A. W.
  Rhodes, Sarah A. Binder, and Bert A. Rochman(Eds.), *The Oxford
  Handbook of Political Institutions*, Oxford University Press, pp. 555~576.
Campbell, A., Philip E. C., Warren E. M., & Stokes, D. E. (1960), *The
  American Voter*, Chicago: The University of Chicago Press.
Campbell, A., Converse, P. E., Miller, W. E., & Stokes, D. E. (1966), *Elections
  and the Political Order*, New York: John Wiley.
Downs, A. (1957), *An Economic Theory of Democracy*, New York: Harper and
  Row.
Erikson, R. S., MacKuen, M. B., & Stimson, J. A. (2002), *The Macro Polity*,
  Cambridge University Press.
Fiorina, M. P. (1981), *Retrospective Voting in American National Elections*, New
  Haver, Conn.: Yale University Press.
Franklin, C. H. & Jackson, J. E. (1983), "The Dynamics of Party Identification",
  American Political Science Review 77(4): 957~973.
Green, D. P. & Palmquist, B. (1994), "How Stable Is Party Identification?",
  Political Behavior 16: 437~466.
Green, D. P., Palmquist, B., & Schickler, E. (2002), *Partisan Hearts and
  Minds: Political Parties and the Social Identities of Voters*, New Haven: Yale
  University Press.
Hinich, M. J. & Munger, M. C. (1994), *Ideology and the Theory of Political Choice*,
  Ann Arbor: University of Michigan Press.
Jennings, K. M. & Niemi, R. G. (1966), "Party Identification at Multiple Levels

of Government", *American Journal of Sociology* 72(1): 86~101.

Linch, P. (2007), "Party System Change in Britain: Multi-Party Politics in Multi-level Polity", *British Politics* 2(3): 323~346.

Lupia, A. (1994), "Shortcuts Versus Encyclopedias: Information and Voting Behavior in California Insurance Reform Elections", *American Political Science Review* 88(1): 63~76.

Petrocik, J. (2006), "Party Coalitions in the American Public: Morality Politics, Issue Agendas, and the 2004 Election", In John C. Green and Daniel Correy(Eds.), *The State of the Parties*, 5th edn., Lanham, Md: Rowman & Littlefield.

Webb, P. (2000), *The Modern British Party System*, Sage Publications.

Whiteley, P. F. (1988), "The Causal Relationships between Issues, Candidate Evaluations, Party Identification and Vote Choice-the View From Rolling Thunder", *Journal of Politics* 50(4): 961~984.

Zaller, J. R. (1992), *The Nature and Origins of Mass Opinion*, Cambridge: Cambridge University Press.

04 지방선거와 분할투표
광역단체장과 광역의회선거를 중심으로*
윤광일

1. 들어가며

한국의 지방선거는 온 나라에서 한날에 치르는 선거를 통해 같은 임기이지만 서로 다른 수준과 조직의 지방정부를 구성한다. 이는 유권자에게 임기 차로 인해 서로 다른 날에 치르는 중앙정부 구성을 위한 선거와 구별되는 매우 복잡한 선택 기회구조를 제공한다. 예컨대, 유권자는 집행부에 해당하는 지방자치단체장과 입법부에 해당하는 지방의회선거에서 동일정당 대안을 선택해야 할지 이념적으로 유사한 또는 매우 다른 대안을 선택해야 할지 결정해야 한다. 동시에 그는(유권자) 지역구 후보와 정당명부에 독립적인 표를 행사하는 1인 2표 병립제(*parallel voting*)로 구성되는 지방의회선거에서도 동일정당 대안을 선택해야 할지 아니면 이념적으로 유사한 또는 매우 다른 대안을 선택해야 할지 결정해야 한다. 더욱이 그는 한 투표장에서 이와 같은 결정을 광

---

* 이 글은 〈한국정당학회보〉 제13권 제3호(2014년)에 게재된 논문을 일부 수정한 것입니다.

역과 기초단위의 지방선거를 두고 반복해야 하며, 아울러 정당추천은 아니지만 다른 지방선거에서 선택한 후보 또는 정당과 이념적으로 유사하거나 다른 교육감 후보를 선택해야 한다. 요컨대, 일반적으로 유권자는 전국동시지방선거에서 자신이 행사할 수 있는 7장의 투표권을 모두 같은 정당 또는 이념 대안으로 선택할 수도 있고 직위와 선거방식에 따라 유사하거나 매우 다른 이념의 정당 또는 후보를 선택할 수 있다.1

　유권자가 전국동시지방선거에서 직면한 기회구조와 선택결정 결과는 연구자로 하여금 다음과 같은 질문을 던지게 한다. 유권자는 어떤 상황에서 평소 자신이 가장 좋아한다고 믿는 후보나 정당이 있음에도 불구하고 막상 기표소에서는 다른 대안을 선택하게 되는가? 곧, 그는 어떤 조건에서 선거 전 생각하거나 드러낸 선호에 따라 투표하는 '순수투표'(sincere voting)를 하지 않고 다른 대안을 선택하는 '전략적 투표'(strategic voting)를 하게 되는가? 또한, 동시에 치러지는 선거에서 유권자가 상대다수제에 기초한 지역선거구 후보 투표와 비례대표제에 기초한 정당 투표의 2표를 행사하면서 서로 다른 정당후보 대안을 선택하는 이유는 무엇인가? 곧, 그는 어떤 이유로 정당 투표에서 자신이 선택한 지역구 후보의 소속 정당과 같은 정당을 선택하는 '일관투표'(straight voting)를 하거나 다른 정당을 선택하는 '분할투표'(split-ticket voting)를 하는가?2

　이 글은 2014년 6월 4일에 치러진 제 6회 전국동시지방선거 후 수집한

---

1 세종특별자치시 유권자는 기초와 광역자치단체가 통합되어 있어 1인 4표를, 제주특별자치도 유권자는 기초자치단체장과 의회 의원을 선출하지 않지만, 교육 의원을 선출하므로 1인 5표를 행사한다.

2 이 글에서 분할투표는 지역구 투표에서 무소속 후보를 선택하고 정당 투표에서 기권하지 않은 경우와 지역구 투표와 정당 투표 중 어느 한 선거에서만 기권한 경우를 포함한다.

설문자료를 이용하여 광역단체장과 광역의회선거에서 드러난 유권자 투표행태에 초점을 맞추어 그에 대한 답을 찾고자 한다. 이 같은 작업은 주로 2004년 1인 2표 병립제 도입 이후의 국회의원선거결과를 분석해 온 지금까지의 한국 분할투표 관련 연구(박찬욱, 2004; 김왕식, 2006; 조진만·최준영, 2006; 박찬욱·홍지연, 2009)의 지평을 국회의원선거와 동일한 선거방식을 채택하고 있는 지방의회선거와 이와 동시에 치러지는 지방자치단체장선거 분석에 확장시키는 데 의미가 있다. 또한 이 글은 분석대상을 서울 지역 광역 및 기초단체장선거에 한정하거나(강원택, 2010), 광역단체장과 광역의회비례선거에 한정한(지병근, 2011) 기존의 지방선거 분할투표 연구의 한계를 극복한다. 아울러 분할투표행위에 영향을 주는 선거제도와 제도적 유인에 반응하는 유권자의 다양한 동기(motivation)를 함께 고려함으로써 투표행태에 대한 체계적인 이해를 높이고자 한다.

이 글의 구성은 다음과 같다. 우선 분할투표에 관한 주요 선행 연구의 성과와 한계를 선거제도의 효과와 유권자의 분할투표 결정동기 요인을 중심으로 검토한다. 경험적 분석에서는 분할투표를 한 유권자의 정당 지지 조합과 분포에 대해 살펴본 후, 분할투표 결정요인 관련 선행 연구에 대한 검토에 바탕을 두고 이끌어 낸 이론적 가설을 2014 지방선거에 대한 국민의식조사 자료(지방선거 유권자조사 자료)3를 이용하여 통계적으로 검증한다. 결어에서는 경험적 분석 결과를 요약하고, 향후 분할투표 연구에 대한 시사점을 살펴본다.

---

3 이 설문조사 자료는 2014년 6월 25일부터 7월 17일까지 23일 동안 전국의 만 19세 이상 성인남녀를 대상으로 종이 설문을 이용한 대면면접조사를 통해 수집되었다. 표본 표집은 2014년 6월 주민등록인구현황에 따라 성별, 연령별, 지역별 비례할당 무작위추출 기법을 통해 이루어졌으며 총 응답자 수는 1,210명이었다. 최대허용 표집오차는 95% 신뢰구간에서 ±2.8%였다.

2. 분할투표에 대한 이론적 논의

유권자가 한 선거에서 선택한 정당과 다른 정당을 다른 종류의 선거에서 선택하는 분할투표행위는 투표 일시와 선출 직위의 두 차원에 따라 4가지 유형으로 나뉜다. 곧, 다른 정당을 선택하는 선거가 같은 날 동시에 치러지는지와 같은 선출 직위인지에 따라 ① 다수제와 비례대표제를 혼합하여 의원을 선출하는 혼합선거제도(*mixed-member electoral systems*)에서처럼 동시에 같은 선출직을 뽑는 선거에서 이뤄지는 '동시-수평적 분할투표', ② 같은 날 치러지는 서로 다른 선출직-예컨대 대통령과 의원-선거에서 이뤄지는 '동시-수직적 분할투표', ③ 미국 연방 상원의원선거처럼 같은 선출직이지만 다른 날 치러지는 다석 선거(*multi-member election*)에서 이뤄지는 '비동시-수평적 분할투표', ④ 대통령선거 외에 의회선거가 주가 되는 미국의 중간선거처럼 서로 다른 선출직선거를 다른 날에 치르는 경우에 이뤄지는 '비동시-수직적 분할투표' 등으로 나눌 수 있다(Burden & Helmke, 2009). 이 분류에 의하면 전국동시지방선거제도는 유권자에게 기본적으로 동시-수평적, 동시-수직적 분할투표의 기회를 부여하며, 중앙정부선거와 다른 날 치러지는 점을 고려하면 비동시-수직적 분할투표의 기회까지도 부여한다고 볼 수 있다. 그렇다면 유권자는 어떤 요인에 의해 이와 같은 분할투표의 기회를 실현시킬 것인가? 이하에서는 분할투표이론에 대한 선행 연구를 분석의 편의상, 선거제도적 접근과 유권자 동기이론으로 나누어 검토하고, 경험적 분석에서 검증할 이론적 가설을 제시한다.

1) 선거제도 효과이론

현재 지방선거에서 광역자치단체장은 소선거구 상대다수제 선거방식으로 광역의회 의원은 소선거구 상대다수제와 정당명부 비례대표제를 독립적으로 결합한 1인 2표 병립제 혼합선거제도로 선출한다. 광역자치단체장과 의회의 선거방식은 순수투표와 전략적 투표에 대한 이론적·경험적 연구의 검토를 불가피하게 하며, 이는 듀베르제의 선거제도의 효과에 대한 논의로부터 출발한다. 곧, '단순다수 1인 1표제(simple-majority single ballot system)는 양당제를 촉진'(Duverger, 1954: 217)하고 '단순다수 재투표제(simple majority system with second ballot)와 비례대표제는 다당제를 촉진'(Duverger, 1954: 239)한다는 '듀베르제의 법칙과 가설'(Riker, 1982)은 이후 60년 동안 선거제도의 정치적 효과에 주목한 연구자로 하여금 서구 민주주의 국가뿐만 아니라 후발 민주주의 국가의 축적된 선거 자료를 이용하여 순수투표와 전략적 투표에 대한 이론적 논의와 경험적 검증 연구에 몰두하게 했다(Riker, 1982; Cox, 1997; Clark & Golder, 2006; Kedar, 2011; Singer, 2013). 특히, 과반수가 아니더라도 다른 모든 후보에 비해 더 많은 표를 얻은 후보가 당선되는 단순다수제 선거제도 효과에 관한 듀베르제의 법칙은 거대 정당에게 유리하고 소수 정당에게 불리한, 곧 득표율과 의석점유율의 불비례성으로 인해 궁극적으로 정당 수의 감소를 초래하는 '기계적 효과'(mechanical effect)와 선거에서 경쟁력이 없는 정당을 지지하기보다는 두 선두 주자 중 그나마 선호하는 정당에게 투표하는 경향을 산출하는 '심리적 효과'(psychological effect)로 이루어져 있는데, 사표방지심리로 해석되는 후자의 효과가 좁은 의미에서 전략적 투표행위의 핵심 원인으로 논의되어 왔다. 이에 비해, 듀베르제의 가설은 단순다수제의 기계적·심리적 효과가 상대적으로 완화된 재투표제와 비례대표제가 유권자로 하여

금 자신의 진정한 선호에 따라서 투표하게 하는, 곧 순수투표를 장려하는 효과가 있음을 함의하며, 이후 연구는 이를 일반적으로 가정했다(Cox, 1997; Moser & Scheiner, 2009). 4

단순다수제의 양당제 산출 경향은 듀베르제가 기대한 대로 '진정한 사회학적 법칙'으로 입증되지는 못했지만, 양자 간에는 여타의 사회 현상에서는 보기 어려울 정도로 강한 상관관계가 있는 것으로 드러났다. 예컨대 1994~2008년까지 소선거구제를 채택하고 있는 53개 민주주의 국가의 6,758개의 지역구선거결과를 연구한 싱어에 의하면, 단순다수제에서는 두 선두 주자가 지역구 총득표의 90% 이상을 획득하는데, 이는 다른 선출방식에서는 거의 찾아보기 힘들다(Singer, 2013). 그렇다면 소선거구 단순다수제를 택하고 있는 광역단체장선거와 광역의회지역구선거에서는 일반적으로 새누리당과 새정치민주연합 소속 후보가 압도할 것으로 예측되며, 두 정당의 지지자는 어느 선거에서든 듀베르제 법칙에 근거한 사표회피의 전략적 투표를 할 이유가 없다. 또한, 전략적 투표를 할 것으로 기대되는 군소정당 지지자는 어느 선거에서든 두 주요 정당 중 자신의 선호와 상대적으로 가까운 정당을 선택할 것이므로 이들 역시 일관투표를 할 가능성이 높다. 따라서 광역단체장과 광역의회의 지역구선거에서 분할투표를 하는 유권자는 사표방지심리가 아닌 다른 동기가 작용했을 것으로 판단된다. 이에 대해서는 다음 절에 구체적으로 살펴볼 것이다.

분할투표와 관련하여 고려해야 하는 광역지방선거의 또 다른 제도적

---

4 한편, 칵스(Cox, 1997)는 'M+1 규칙'을 통해 소선거구 단순다수제든 비례대표제든 선거구의 크기가 5석보다 크지 않으면, 유권자는 자신의 선호가 선거구 크기, 곧 해당 선거구에서 당선 가능한 순위(M)에 있는지 또는 그다음 순위(M+1)에 있는지 비교를 통해 전략적 투표 여부를 결정한다고 주장했다.

특징은 광역의회의 혼합선거제도이다. 현행 1인 2표 병립제의 광역의회 선거방식은 1인 1표제의 지역구선거결과로 전국 차원의 정당득표율을 산정하여 전국구 비례대표선거결과를 결정해 온 국회의원선거방식이 2001년 헌법재판소로부터 민주주의 원리, 직접선거, 평등선거의 원칙을 위반했다는 논리로 위헌 판결이 내려진 후 다음 해 시행된 지방선거부터 도입되었다〔2001. 7. 19. 2000헌마91·112·134(병합)〕. 혼합선거제도는 선거구 대표 선출을 통해 선거구민에 대한 책임성을 높이는 소선거구제와 정당명부제를 바탕으로 다양한 정당선호를 반영하는 비례대표제를 결합한, 즉 양 제도의 장점만을 결합한 — 이른바 'The Best of Both Worlds' 명제 — 제도로 제시되어 1990년대 이전엔 독일 외엔 채택한 나라가 드물었으나 그 이후 도입한 민주주의 국가가 늘어나고 있다 (Shugart & Wattenberg, 2001). 한국의 혼합선거제도는 선거구 선출과 비례대표 선출방식이 독립적으로 이루어져 정당득표율과 의석점유율 차이를 줄이기 위한 추가적인 사후 보정 절차가 없는 2표 병립제 또는 혼합다수제(MMM: Mixed Member Majoritarian system)로서 두 선출방식을 연계(linkage)하여 사후 보정 절차를 둔 혼합비례제(MMP: Mixed Member Proportional system)와 구분된다.

광역의회의 혼합선거제도는 듀베르제의 법칙과 가설을 검증하는 동시에 분할투표 유권자가 주로 누구인지, 어떤 형태의 분할투표를 하는지 파악할 수 있는 독특한 기회를 제공한다. 다시 말해서, 소선거구 단순다수제 지역구선거에서 군소정당 지지자는 이 제도의 심리적 효과, 즉 사표방지심리로 인해 당선 가능성이 높은 대안 중 그나마 자신에게 나은 대안을 선택하는 전략적 투표를 할 것이며, 심리적 효과가 억제된 정당명부 비례대표제 선거에서는 자신의 원래 선호대로 군소정당을 선택하는 순수투표를 하게 되어 결과적으로 분할투표를 할 가능성이 높다. 그쉬벤트(Gschwend, 2007)는 혼합비례제를 채택하고 있는 독일 연방의회 선거에서 군소정당 지지자의 이와 같은 전략적 분할투표행태를 '사표방지전략'(wasted-vote strategy)으로 부른 바 있는데, 이를 한국의 지방의회선거에 적용한다면 통합진보당과 정의당 지지자는 지역구선거에서는 새누리당에 비해 자신의 정당과 상대적으로 가까운 정당으로 평가되는 새정치민주연합을, 정당명부 선거에서는 자신의 원지지 정당을 각각 선택하는 분할투표를 할 가능성이 높을 것으로 예측된다. 특히 두 제도가 연계되어 득표력과 상관없이 지역구에 후보를 배출한 정당이 정당명부 선거 득표에 유리한 혼합비례제에 비해 지역구선거와 정당명부 선거가 독립적으로 이루어지는 혼합다수제는 이와 같은 행태의 분할투표가 나타날 가능성 크다.5

요약하면, 선거제도의 효과에 바탕을 둔 분할투표행위에 대한 설명은 듀베르제의 법칙과 가설에 의존한다. 곧, 광역단체장선거와 광역의회지역구선거는 소선거구 단순다수제의 사표회피의 심리적 효과로 인해 주요 정당 지지자든 군소정당 지지자든 분할투표에 대한 이론적 예측을 어렵게 하지만, 광역의회의 혼합다수제는 군소정당 지지자를 중심으로 지역구에서는 전략적 투표를 통해 주요 정당 중 자신의 선호에 가까운 정당을 선택하고 정당명부 비례대표선거에서는 순수투표를 통해 원지지의 군소정당을 선택하는 형태의 분할투표를 예측하게 한다.

---

5 페더리코와 헤론(Federico & Herron, 2005)은 혼합비례제로 지역구와 정당명부 선거제가 연계되어 지역구 후보 투표행태가 정당명부 비례대표제 투표행태에 영향을 주는 것을 '오염효과'(contamination effect)로 표현한다.

2) 유권자 동기이론

선거제도 효과이론에 의하면, 혼합선거제를 채택하지 않는 한 분할투표의 동기를 설명하기 어려우며 혼합선거제의 분할투표행위도 군소정당 지지자에 한정되어 나타난다. 이는 듀베르제 법칙에서 상정하는 투표행태가 사표회피라는 한정된 동기에 기반을 둔 좁은 의미의 전략적 투표라는 사실에서 기인한다. 제도적 접근의 이와 같은 한계는 전략적 투표를 선거결과 전반에 영향을 미치는 행위로 정의하는, 합리적 선택이론을 배경으로 한 선거 연구성과를 통해 극복할 수 있다. 다시 말해, 넓은 의미의 전략적 투표는 유권자가 단순히 승자를 선택하는 사표회피뿐만 아니라 선거결과를 바탕으로 이루어지는 의회와 정부 구성 그리고 정책결정과정에 대해 자신의 기대효용을 극대화하는 방향으로 영향을 미치기 위해 전략적으로 대안을 선택하는 행위를 가리킨다(Alvarez & Nagler, 2000; Johnston & Pattie, 2002; Moser & Scheiner, 2005; Gschwend, 2007; Abramson *et al.*, 2010; Kedar, 2011). 이에 의하면 군소정당 지지자뿐만 아니라 주요 정당 지지자도 충분히 분할투표가 가능하며, 사표회피라는 단순한 동기 외에도 분할투표행위를 설명할 수 있는 개인의 다양한 심리적 변수를 고려하게 되어 투표행태 일반에 대한 이해를 높이게 된다. 일반적으로 유권자는 서로 다른 선거제도의 유인책에 대해 개인 특성과 심리적 동기에 따라 다르게 반응하기 때문에 분할투표 연구 또한 선거제도와 개인차원의 변수를 함께 고려해야 한다. 넓은 의미의 전략적 투표 개념은 이와 같은 통합적 연구를 가능하게 한다. 이하에서는 정당일체감 및 정당호감도 그리고 정당연합 선호를 중심으로 유권자의 분할투표 동기에 대한 기존 연구를 검토하고, 이론적 가설을 제시한다.

(1) 정당일체감과 정당호감도

서로 다른 정당에 투표하는 심리적 이유로 우선 유권자의 상충하는 사회정체성(*social identity*)에서 기인하는 '교차압력'(*cross-pressure*)을 들 수 있다(Lazarsfeld *et al.*, 1948; Berelson *et al.*, 1954). 다시 말해서 유권자는 자신이 소속감을 느끼는 복수의 집단이 서로 다른 정당의 전통적인 지지집단인 경우 정치적 선호와 투표결정에 있어서 내적 갈등을 느끼게 되고, 따라서 그렇지 않은 유권자에 비해 일관되지 않은 투표행태를 보일 가능성이 크다는 것이다. 이때 상충하는 사회정체성으로 심리적 갈등을 느낄 가능성이 높은 유권자는 정당에 대한 정서적 유대감이 약한 사람이다. 그는 심적 갈등을 해소하기 위해 단순히 정당이 제공하는 '단서'(*cue*)에 의존하지 않고 선택 대안에 대해 더 많은 정보를 수집하고 고려하여 신중한 결정을 내릴 가능성이 크다(Campbell & Miller, 1957; Campbell *et al.*, 1960: 198; Mulligan, 2011). 캠벨과 밀러에 의하면, 이 유권자는 '내적 갈등에 대한 타협적인 해결책'으로 분할투표를 할 가능성이 높은 사람이다(Campbell & Miller, 1957: 312). 반면 당파심(*partisanship*)이 강한 유권자는 이와 같은 내적 갈등을 느끼지 않을 것이며, 이의 해소를 위한 정신적인 노력 없이 정당 단서에 따라 일관된 투표행태를 보일 가능성이 크다. 이와 관련하여 그쉬벤트(2007)는 전략적 투표를 결정하는 개인적 차원의 '동기'요인으로 당파심을 제시하는데 그의 경험적 연구는 혼합비례선거제를 채택하고 있는 독일연방선거에서 다른 조건이 같다면 유권자의 당파심이 약할수록, 곧 교차압력에 직면하여 내적 갈등이 클수록 분할투표를 할 가능성이 높다는 사실을 밝혀냈다.6

---

6 그쉬벤트(2007)는 동기요인 외에 개인적 차원에서 전략적 투표를 결정하는 '능력'(*capacity*)요인으로 정치적 이해도(*political sophistication*)를 제시하는데, 이 둘을

특정 정당에 대한 감정적 애착심을 뜻하는 정당일체감(*party identi-fication*)은 미국 유권자의 정치 행태를 설명하는 데 있어 결정적인 요인으로 미시간 학파를 중심으로 이론적·경험적으로 확립되었다(Campbell *et al.*, 1960/1980; Green *et al.*, 2002). 정당일체감 또는 당파심은 정당 간 이합집산과 당명변경이 잦은 한국정치 상황에서도 대통령선거와 국회의원선거에서 유권자의 투표행태를 설명하는 데에 매우 유용한 개념으로 제시되었다(박원호, 2012; 장승진, 2012). 따라서 한국 유권자의 분할투표는 정당일체감이 약한 경우 나타나는 행태로 기대해 볼 수 있다. 리치(Rich, 2012)는 이 같은 예측을 2008년 국회의원선거 유권자 패널조사 자료분석을 통해 경험적으로 지지했다.

정당일체감과 관련해서 분할투표에 관한 한국의 선행 연구는 분할투표를 설명하는 또 다른 정당 관련 정서적 정향으로 정당호감도(선호도)를 제시해 왔다. 정당일체감이 특정 정당에 대한 장기적이고 안정적인 당파적 충성심이라면 정서적 호감도는 정국상황이나 선거운동에 의해 비교적 단기적으로 변동 가능한 대상 정당을 좋아하거나 싫어하는 감정으로 개념화할 수 있다. 그러나 기존의 연구는 정당일체감과 정당호감도의 분할투표행태에 대한 독립적인 영향력을 검증하기보다는 정당호감도의 영향력만을 측정했다. 예컨대, 조진만과 최준영(2006)은 2004년 국회의원선거 설문자료를 이용하여, 지병근(2011)은 2010년 지방선거 패널 설문 자료를 이용하여 정당호감도가 분할투표행태에 미치는 독립적인 영향을 분석했다. 이들은 특정 정당을 매우 싫어하거나 좋아하는 유권자가 다른 조건이 같다면 일관투표할 가능성이 높다는 사실을

합쳐 '전략적 투표성향'(*proclivity*)으로 부른다. 그에 의하면, 정치적 이해도가 높을수록 선택 대안을 구분하여 이해할 수 있는 동시에 자기 선택의 전략적 함의를 이해할 수 있기 때문에 전략적 투표를 행사할 가능성이 높다.

밝혀냈다. 다만, 저자들이 명확하게 밝히지 않았지만, 이는 한국정치 현실에서 정당일체감과 정당호감도의 구분이 어렵다는 사실을 고려한 것으로 보인다. 경험적 분석에서는 이들의 연구성과에 더하여 분할투표행태에 대한 정당일체감과 정당호감도의 상대적·독립적 영향력을 측정하고자 한다.

한편 약한 정당일체감과 정당호감도는 정치 전반에 대한 무관심으로, 궁극적으로 선거제도와 정치적 대안에 대한 무지로 이어질 가능성이 크기 때문에 분할투표에 미치는 이들의 상대적 영향력을 정확하게 분석하기 위하여 정치적 지식수준을 통제할 필요가 있다. 또한 분할투표는 정당일체감과 독립적으로 무관심과 무지의 산물일 수도 있고, 혹은 그 반대로 대안들을 구분할 수 있을 정도로 정치에 대한 관심이 높아 의식적으로 이루어질 수 있는 고도의 동기적 행위일 수 있기 때문이다 (Campbell & Miller, 1957; Gschwend, 2007; Rich, 2014).

같은 논리에서 투표결정시기의 독립적인 영향력도 고려해야 한다. 정당일체감과 정당호감도가 낮은 사람은 정당 단서에 의존하는 정당일체감과 선호가 강한 사람에 비해 전략적 투표결정에 필요한 정보를 더 많이 받아들이려 할 것이기에 투표결정시기가 상대적으로 늦을 가능성이 높다. 또한, 투표결정시기가 늦은 것은 정당선호와 독립적으로 무관심과 무지의 반영일 수도 있다. 예컨대, 리치(Rich, 2012)는 2008년 국회의원선거 패널 설문자료 분석을 통해 투표결정시기가 늦을수록 분할투표의 가능성이 커지며, 서로 이념적으로 거리가 먼 정당을 선택하는 '비합리적'(irrational) 분할투표의 가능성이 높다는 사실을 밝혀냈다. 그러나 그는 2012년 국회의원선거 후 설문자료를 이용한 분석에서는 투표결정시기의 독립적인 영향력을 찾아내지 못했다(Rich, 2014). 따라서 결정시기 영향력에 대한 추가적 검토가 필요하다.

요약하면 경험적 분석에서는 분할투표에 대한 정당일체감, 정당선호도, 정치적 지식, 투표결정시기의 독립적·상대적 영향력을 추정하고자 한다.[7]

(2) 정당연합 선호: 연합보장전략과 정당균형전략

분할투표행태와 관련하여 자신의 기대효용을 극대화하는 선거결과를 얻기 위해 전략적 선택을 하는 유권자가 취할 수 있는 대표적인 전략으로 '연합보장전략'(coalition insurance strategy)과 '정당균형전략'(party balancing strategy)을 들 수 있다. 전자는 혼합선거제도하에서 수평적 분할투표를 통해 특정한 형태의 연립정부 또는 정당 정책연합을 추구하는 전략이고, 후자는 수직적 또는 수평적 분할투표를 통해 집행부와 입법부를 구성하는 정당 간의 특정한 형태의 견제와 균형을 추구하는 전략이다. 두 전략 모두 한 정당의 단독 집권 또는 단독 정국운영보다는 정당 간의 연합과 타협을 통한 정부 구성과 정책 산출을 선호하는 것이기 때문에 정당연합 선호 동기에 의한 분할투표전략으로 묶어볼 수 있다. 이러한 동기 분류는 혼합선거제를 택하지만 대통령중심제 권력구조를 가진 나라에서는 연립정부 구성이 불가능하다는 이유에서도 적절하다.[8]

혼합선거제도에서 연합보장전략에 의한 분할투표는 주요 정당 지지

---

7 한 가지 특기할 만한 사항은 이들 변수 그 자체만으로는 다른 이론과 달리 분할투표의 유형, 곧 주요 정당과 군소정당 지지자의 분할투표 유형에 대해서 예측할 수 없다는 점이다.

8 피오리나(Fiorina, 1996)와 앨리시나와 로젠탈(Alesina & Rosenthal, 1995)이 유권자 정책균형(policy balancing) 이론을 제시한 이래로 정치학자들은 정책균형과 정당균형을 혼용해서 써왔다(Mulligan, 2011: 510). 이 글에서는 특정 정책균형선호의 이론적·경험적 검증의 어려움을 우회하고, 연합보장전략까지 포괄하기 위하여 정당연합전략으로 쓴다.

자가 지역구에서는 자신의 제1순위 선호에 따라 순수투표를 하고, 정당명부 비례대표선거에서는 연립정부 파트너가 되거나 입법과정에서 협조할 가능성이 높은 군소정당을 선택하는 '전략적 정당명부 투표'행태를 말한다(Gschwend, 2007; 박찬욱, 2004; 박찬욱·홍지연, 2009). 곧, 주요 정당 지지자로서 '선거사에 대한 대충의 지식'(election history heuristic)을 통해 누가 자신의 정당과 연합할 가능성이 높은지 알고 있고, 이 정당과 자신이 가장 선호하는 정당과의 선호차이가 전략적 정당명부 투표를 꺼리지 않을 만큼 작은 선호구조를 가진 유권자일수록 연합보장전략 투표를 할 가능성이 크다. 그가 전략적 정당명부 투표를 하게 되는 계기는 한 정당의 단독집권이 현실적으로 어렵고, 정당명부 비례선거에서 제2순위 선호 군소정당이 '의석확보 최소요건'(threshold)에 도달하지 못해 정당존립이 어려울 가능성이 큰 경우이다(Gschwend, 2007).

연합보장전략 투표 논의는 선거제도 효과이론에서 설명하기 어려운 주요 정당 지지자의 분할투표, 곧 '지역구 주요 정당-정당명부 군소정당' 분할투표행태에 대한 이해를 가능하게 한다. 예컨대 박찬욱은 대통령중심제 권력구조를 고려하여 정당명부 선거에서 이념 근접성과 정당 선호도를 기준으로 입법과정에서 정당 또는 정책연합-과반수 확보-협력자 가능성이 높은 정당을 선택하는 '한국형' 연합보장전략 투표 개념을 제시했는데, 그의 분석에 의하면 2004년 국회의원선거에서는 열린우리당(지역구)-민주노동당(비례대표) 투표자, 2008년 국회의원선거에서는 한나라당(지역구)-친박연대(비례대표) 투표자의 상당수가 이 같은 유형의 전략적 정당명부 투표를 했다(박찬욱, 2004; 박찬욱·홍지연, 2009). 또한 한국의 지방의회비례대표선거의 의석확보 최소요건은 유효투표총수의 5%(공직선거법 제190조의 2)로 3% 또는 지역구 5석 획득 이상의 국회의원비례선거 요건(공직선거법 제189조)보다 높다고 볼 수 있으며, 따라서 지방의회선거에서도 주요 정당 지지자의 연합보장전략 투표에 대한 기대를 가능하게 한다.

정당 간 연합과 타협, 그리고 견제를 통한 정당균형을 추구하는 유권자는 서로 다른 두 주요 정당을 동시 또는 비동시, 수직적 또는 수평적 분할투표의 행태로 선택할 수 있다. 다시 말해서 이 유권자는 대통령선거에서 승리한 정당의 독주를 막기 위해 국회의원선거나 지방선거에서 다른 유력정당을 지지하거나, 혼합선거제도에서 어느 한 정당의 완승을 막기 위해 서로 다른 주요 정당에 투표할 것이다. 예컨대 피오리나는 미국 분점정부 형성의 원인으로 정당일체감의 약화에 따른 분할투표가 아니라 정당 간 견제와 균형을 추구하는 온건한 유권자의 전략적 투표 행태를 제시했다. 그에 의하면 양대 정당이 이념적으로 극화되어 있을 때, 그 사이에 놓인 온건한 성향의 유권자들은 극단적 진보 또는 보수성향의 정책이 산출되는 것을 막기 위해 분할투표를 하게 된다. 투표선택의 공간모형(spatial model)에 바탕을 둔 피오리나의 정책균형 투표이론은 자신의 이념위치가 양당의 이념위치 사이에 있다고 지각한 유권자는 그렇지 않은 유권자보다 분할투표를 할 가능성이 높다고 전망한다. 또한 이 유권자는 자신의 이념위치가 양당 이념위치의 중간으로 갈수록 분할투표를 할 가능성이 높고, 양당이 이념적으로 극화되어 있다고 지각한 경우 그 가능성은 더욱더 높아진다(Fiorina, 1996).

정당균형 추구 전략적 분할투표이론에 의하면, 여타의 분할투표이론이 설명하기 어려운 주요 정당을 대상으로 한 분할투표를 이해할 수 있게 된다. 이를 이번 지방선거 분석에 적용하면, 다른 조건이 같을 때 자신의 이념위치가 새누리당과 새정치민주연합의 사이에 있고 두 정당의 이념적 거리가 멀다고 지각한 유권자가 이번 전국동시지방선거에서 수평적 또는 수직적 분할투표를 할 가능성이 높을 것으로 예측된다. 이와 같은 기대는 군소정당이 이념적으로 두 주요 정당 밖에 위치한다고 지각하거나 사표회피심리가 강한 유권자의 경우 더 현실적이다.

이상의 분할투표에 관한 이론적 논의에서 다루지 않았지만, 경험적 분석에 앞서 반드시 고려해야 할 유형으로 '필수 분할투표'(necessary split-ticket)가 있다. 이는 유권자가 지지하는 정당이 지역구에서 후보를 내지 못한 경우에 어쩔 수 없이 다른 정당에 투표할 수밖에 없는 상황을 말한다(Johnston & Pattie, 2002; Burden & Hemke, 2009). 경험적 분석에서는 선호도에 따라 선택할 대안이 단체장과 의회지역구 어느 한 선거에서라도 있는 경우, 곧 필수 분할투표를 하지 않아도 되는 경우에 지금까지의 이론적 논의에서 제시한 분할투표결정요인의 영향력이 어떻게 달라지는지 확인할 것이다.

3. 경험적 분석

1) 분할투표의 유형과 분포

한국의 유권자는 이번 지방선거에서 1995년 제1회 전국동시지방선거 이래로 6번째 지방단위 수직적 분할투표의 기회를 가졌으며, 정당명부식 비례대표제가 도입된 2002년 제3회 지방선거 이래로 4번째, 같은 방식의 혼합다수제가 도입된 2004년 이후의 국회의원선거까지 포함하면 총 7번의 수평적 분할투표의 기회를 가졌다. 또한 2006년 제4회 지방선거 이래로 기초의회선거에도 정당공천에 기초한 같은 방식의 혼합다수제가 도입되었기 때문에 유권자가 의도적으로 분할투표를 해볼 기회가 충분했던 것으로 보인다. 따라서 단순히 선거제도를 알지 못해

서로 다른 정당에 투표했다기보다는 어떤 동기에서든 의도를 가지고 분할투표를 한 유권자가 대부분일 것이라는 추론이 가능하다. 이처럼 분석에 의미가 있는 분할투표를 한 유권자의 후보 및 정당 선택은 어떻게 분포되어 있는가?

지방선거 유권자조사 자료에 의하면, 광역선거에서 투표했다고 응답한 유권자 중 수직적이든 수평적이든 분할투표를 했다고 밝힌 응답자는 약 18.8%에 달한다. 이를 광역의회선거에만 한정해서 보면 지역구와 정당명부 투표에서 서로 다른 정당 대안을 선택한(무소속과 기권 포함) 응답자는 유효응답자의 약 12.7%이며 이 비율이 단체장과 의회 지역구선거의 경우에 약 13.5%, 단체장과 의회비례대표의 경우에는 약 7.9%로 나타났다(〈표 4-1〉 참조).

이와 같은 분할투표의 규모는 설문조사 자료를 이용하여 추정한 이전 선거에서의 규모보다 낮은 편이다. 예컨대, 박찬욱(2004)은 제17대 국회의원선거에서 나타난 분할투표의 규모를 약 20.8%(KSDC 자료 이용)로 추정했으며, 제18대 국회의원선거에서는 그 규모를 약 27.3%(KSDC) 또는 약 36.2%(EAI)로 추정했다(박찬욱·홍지연, 2009).

지병근(2011)은 제5회 지방선거 패널조사 자료(EAI)를 이용하여 광역단체장과 비례대표의원선거에서 나타난 분할투표자의 규모를 약 35.4%로 추정했다. 이번 광역지방선거에서 분할투표의 규모가 이전

〈표 4-1〉 광역자치단체선거별 분할투표 규모

분할투표 기회	유효응답자 수*	분할투표자 수	비율(%)
단체장, 의회지역구 및 정당명부	922	173	18.8
의회지역구 및 정당명부	922	117	12.7
단체장과 지역구	866	117	13.5
단체장과 정당명부	866	68	7.9

주: * 기권과 무소속을 포함하여 투표결과를 밝힌 응답자 수.

선거보다 낮아진 이유로 정당대표 인물(박근혜와 안철수) 선호 강화 또는 이와 관련한 정당선호도 강화에 의한 일관투표 증가와 동시선거, 혼합선거제도의 정착으로 혼란과 무지에 의한 분할투표 감소 등을 생각해 볼 수 있겠다. 그렇다면 분할투표를 했다고 응답한 유권자의 정당지지 유형은 어떻게 분포되어 있는가?

〈표 4-2〉는 광역단체장과 광역의회지역구 및 비례대표에서 나타난 분할투표의 정당 선택 유형의 분포를 3원 교차분석표(3-way crosstab)로 보여준다. 9 이에 의하면, 우선 선거제도 효과이론에 근거해서 예측한 대로 두 주요 정당의 일관투표자가 군소정당의 일관투표자보다 상대적으로 더 많다는 것과 새누리당, 새정치민주연합, 통합진보당, 정의당 순으로 일관투표자가 많다는 사실을 알 수 있다. 예컨대 지역구와 비례대표선거에서 새누리당에 일관투표를 했다고 응답한 유권자 중 약 98.1%가 같은 당의 단체장 후보를 선택했으며, 새정치민주연합의 경우 이 같은 유권자는 약 94.0%에 달한다. 그러나 통합진보당과 정의당의 경우 이 비율은 약 79.2%로 떨어지는데 이는 군소정당 지지자가 분할투표를 할 가능성이 많다는 기존 연구의 관찰 결과를 지지하는 것으로 보인다. 또한 새누리당의 일관투표자가 새정치민주연합보다 많다(약 4%p)는 사실은 새누리당의 지도체제가 불과 선거 2달 남짓 전에 창당했고, 공동대표체제로 운영되었던 새정치민주연합보다 안정되어 있었기 때문으로 보인다.

〈표 4-2〉는 2010년 제5회 지방선거에서 나타난 분할투표의 분포(지

---

9 각 선거에서 기타 정당(노동당, 새정치국민의당, 한나라당 등)과 무소속에 투표한 응답자와 기권한 응답자는 제외되었다. 응답유권자의 95.9%(단체장), 94.3%(지역구), 95.7%(비례대표)가 국회 의석을 가진 네 정당 중 하나를 선택했으며, 무소속과 기권을 제외하면 각 선거 모두 약 99% 이상의 유권자가 이들 정당을 선택한 것으로 나타났다.

〈표 4-2〉 제6회 광역지방선거 분할투표 분포

단체장 (지역구)	새누리당				새정치민주연합				통합진보당/정의당				광역의회비례대표			
	새누리당	새정치연합	진보당/정의당	소계	새누리당	새정치연합	진보당/정의당	소계	새누리당	새정치연합	진보당/정의당	소계	새누리당	새정치연합	진보당/정의당	소계
새누리당	403	12	2	417	10	17	0	27	2	4	0	6	415	33	2	450
%	98.1	48.0	66.7	95.0	58.8	5.1	0.0	7.6	50.0	26.7	0.0	14.0	96.1	8.9	6.3	53.9
새정치연합	8	13	0	21	7	311	3	321	2	6	5	13	17	330	8	355
%	1.9	52.0	0.0	4.8	41.2	94.0	60.0	90.9	50.0	40.0	20.8	30.2	3.9	88.9	25.0	42.5
진보당/정의당	0	0	1	1	0	3	2	5	0	5	19	24	0	8	22	30
%	0.0	0.0	33.3	0.2	0.0	0.9	40.0	1.4	0.0	33.3	79.2	55.8	0.0	2.2	68.8	3.6
계	411	25	3	439	17	331	5	353	4	15	24	43	432	371	32	835
%	100.0	100.0	100.0	100.0	100.0	100.0	100.0	100.0	100.0	100.0	100.0	100.0	100.0	100.0	100.0	100.0

주: 각 칸 안에 위 숫자는 교차빈도이고, 아래 숫자는 열 기준 % 이다. 음영이 있는 칸은 일괄투표자의 빈도와 상대빈도를 나타낸다.

병근, 2011: 63)와 비교할 수 있도록 광역단체장과 광역비례대표선거에 한정한 분포도 보여준다. 이에 의하면 이번 선거에서 두 주요 정당의 일관투자자의 비율이 지난 지방선거에서보다 매우 높아졌음을 알 수 있다. 예컨대 2010년 단체장선거에서 새누리당의 전신인 한나라당에 투표한 응답자 중 77.7%가 일관투표를 했으며, 이 비율은 새정치민주연합의 전신인 민주당의 경우 66.1%로 나타났다. 이번 선거에서는 새누리당의 경우 약 92.2%, 새정치민주연합의 경우 약 92.9%로 모두 일관투표의 비율이 높아진 것으로 드러났다.[10] 이는 2010년 선거에서 군소정당(자유선진당, 민주노동당, 국민참여당 등)이 상대적으로 더 강세를 보였다는 사실과 앞서 추측한 바와 같이 두 유력정당에 대한 정당선호 강화와 관련 있어 보인다.

2) 분할투표 결정요인

한날에 치르는 광역자치단체장과 의회선거에서 유권자가 서로 다른 정당 대안에 투표하는 이유는 무엇인가? 이하에서는 앞서 분할투표에 대한 이론적 논의를 바탕으로 지방선거 유권자조사 자료를 이용하여 분할투표 요인의 독립적·상대적 영향력을 통계적으로 검증한다.

(1) 분석 모델과 조작적 정의
앞서 본 바와 같이 선행 연구는 개인차원에서 분할투표 여부에 미치는 독립변수로 교차압력이론에 근거한 정당일체감과 정당호감도, 이와

---

[10] 〈표 4-2〉에 의하면, 단체장선거에서 새누리당을 선택한 응답자 450명 중 415명이, 새정치민주연합을 선택한 응답자 355명 중 330명이 비례대표선거에서 같은 당을 선택했다.

관련하여 경험적 검증이 필요한 정치지식과 투표결정시기, 정당연합 선호를 반영한 비례대표선거 군소정당 투표, 정당균형선호도 등을 제시했다. 이 변수들이 같은 선거제도에서도 유권자 개인의 분할투표의 경향을 결정한다는 것이다. 따라서 경험적 분석의 핵심 모델은 다음과 같이 정식화할 수 있다.

분할투표 여부
= f(정당일체감, 정당호감도, 투표결정시기, 정치지식,
　비례대표선거 군소정당 투표, 정당균형선호도 - 통제변수)

구체적으로 유권자는 다른 조건이 같다면, 정당일체감이 없는 경우, 정당에 대한 호감도가 극단적이지 않은 경우, 곧 매우 싫어하거나 매우 좋아하지 않는 경우, 투표결정시기가 늦을수록, 정당균형을 선호할수록, 비례대표선거에서 군소정당을 지지한 경우 각 선거에서 서로 다른 정당에 투표할 가능성이 높은 것으로 예측된다. 정치지식의 영향에 의한 분할투표는 이론적으로 높은 수준(정치적 대안에 대한 고도의 판별 능력)과 낮은 수준(혼란과 무관심)에서 모두 가능하므로 경험적으로 추정해 보기로 한다.

　이 연구에서는 한국의 분할투표 결정요인에 대한 선행 연구(조진만·최준영, 2006; 지병근, 2011; Rich, 2012/2014)가 제시한 모델을 새로운 설문 자료로 검증하기 위해 정당호감도, 비례대표선거 군소정당 투표, 투표결정시기 등의 독립변수를 조합하여 4개의 모델(모델 1~모델 4)을 구축했으며, 한국의 기존 연구에서는 다루지 않았던 정치지식과 정당균형선호도, 그리고 기존 연구에서 정당호감도가 대신했던 정당일체감을 더하여 새로운 모델을 만들었다. 모델 5는 상기한 모든 독립변수를

이용한 것이다. 통제변수로는 한국의 선거에서 유권자의 선택에 결정적인 영향력을 미친 출신지역과 인구사회학적 변수(가구소득, 학력, 성별, 연령)를 사용했다. 또한 경험적 분석에서는 분할투표의 동기변수의 영향력을 보다 명확하게 파악하기 위하여 광역단체장 또는 의회지역구 선거에 군소정당 출마자가 있는 사례만으로 한정하여 같은 모델을 재추정한다.

각 변수는 다음과 같이 조작적으로 정의했다. 종속변수는 광역단체장, 광역의회지역구와 비례대표선거에서 무소속과 일부 기권을 포함하여 서로 다른 정당 대안을 선택한 경우는 1로, 어느 한 정당 대안을 일관되게 선택한 경우는 0으로 정의했다. 정당일체감은 '가깝게 느끼는 정당'에 대한 1차 설문 후, 지지 정당이 없는 경우 '조금이라도 더 선호하는 정당'이 있는지를 물어, 새누리당, 새정치민주연합, 통합진보당/정의당의 가변수로 측정했다.[11] 정당호감도는 각 정당에 대하여 '얼마나 좋아하거나 싫어하는지 0에서 100까지의 숫자'로 측정했는데, 설문 문항에서는 0점은 매우 부정적인 점수, 50점은 긍정적이지도 부정적이지도 않은 점수, 100점은 매우 긍정적인 점수로 각각 특정했다. 이 연구에서는 기존 연구가 0~10까지의 11점 척도를 사용한 점(조진만·최준영, 2006; 지병근, 2011)을 고려하여 원점수를 0~10점 척도로 축소 조정한 후, 이를 다시 극단적 선호도의 영향력을 측정하기 위해 0점을 긍정적이지도 부정적이지도 않은 기준점으로 삼아 -5(매우 부정적)부터 5(매우 긍정적)로 재조정하여 이의 제곱의 값을 사용했다.[12]

---

11 정당일체감 변수의 분포는 새누리당 38.3%(n = 462), 새정치민주연합 25.8%(n = 312), 통합진보당 2.1%(n = 25), 정의당 1.2%(n = 14), 기타 정당 0.7%(n = 8), 없음 31.9%(n = 386)이며, 적은 사례 수와 정당사를 고려하여 분석의 편의상 통합진보당과 정의당은 하나의 변수로 만들었다.

12 독립변수가 0의 값을 갖는 경우의 기울기에 대한 해석을 의미 있게 하려면 일반적

투표결정시기는 투표 당일, 투표 1~3일 전, 1주일 전, 2주일 전, 2~4주, 1달 이상 전 등으로 1부터 6까지의 변숫값을 가진다. 정치지식은 광역의회 의원 임기(4년)를 묻는 설문과 조사 당시 새정치민주연합 공동대표의 이름(김한길, 안철수)을 묻는 설문, 그리고 2014년 현재 중국의 최고지도자(시진핑)를 묻는 설문에 대한 정답 수, 곧 0~3의 척도로 측정했다. 광역의회비례대표에서 군소정당 지지 여부는 통합진보당 투표자(비례통진)와 정의당 투표자(비례정의)의 가변수로 측정했다.

마지막으로 정치지식과 함께 기존의 한국 연구에서는 포함하지 않았던 정당균형선호도는 뮬리간과 카시와 레이만의 연구에 의존하여 다음과 같이 조작적으로 정의했다.

정당균형선호 = $|RID - CID| - |RID - (SID + DID)/2|$
(단, RID = 응답자 이념위치, CID = 새누리당과 새정치민주연합 중 응답자 이념위치와 가까운 정당의 이념위치, SID = 응답자가 평가한 새누리당 이념위치, DID = 응답자가 평가한 새정치민주연합 이념위치)

정당균형선호도는 응답자가 평가한 자신의 이념위치와 이와 상대적으로 지각된 정당 간 이념적 극화(*polarization*) 정도의 함수로 측정되는데, 이는 응답자의 이념위치가 두 정당의 이념위치 사이에 놓일 때 균형선호가 보다 강해지며, 두 정당이 양극단에 있고 응답자의 이념위치가 한가운데일 때 균형선호가 가장 강해진다는 가정을 반영하고 있다 (Mulligan, 2011; Carsey & Layman, 2004). [13] 예컨대, 원설문은 각 정당

으로 각 값으로부터 평균을 빼는 중심화(*centering*) 조정이 필요하다. 이 글에서는 호감도의 중간값이 정해져 있으므로 평균 대신 이를 사용했다. 한편 평균중심화를 이용해도 결과에는 의미 있는 변화가 없다.

[13] 뮬리간(2011)은 카시와 레이만(2004)의 정책선호변수를 차용했다고 밝혔지만, 이

<표 4-3> 정당 및 응답자 이념평가

	n	평균	표준편차
새누리당	1,207	6.85	2.05
새정치민주연합	1,207	3.98	1.84
통합진보당	1,203	3.47	2.09
정의당	1,205	3.83	1.87
응답자 본인	1,206	5.01	1.77

주: 0(매우 진보), 2~8(중도), 10(매우 보수).

과 응답자 본인을 대상으로 0(매우 진보), 2~8(중도), 10(매우 보수)의 11점 척도로 각각의 이념적 위치를 가늠해 보게 했는데(〈표 4-3〉의 기술통계 참조), 정당균형선호 변수에 의하면 자신의 이념위치가 한가운데(5)라고 생각하는 응답자가 두 유력정당의 거리가 극단적으로 떨어져 있다고 판단한 경우 그의 정당균형선호는 최댓값인 5를 갖게 되며, 극단적인 어느 한 정당과 이념적 위치가 같다고 지각한 응답자가 상대 정당이 다른 이념적 극단에 있다고 생각한 경우에 그의 정당균형선호는 최솟값인 -5를 갖게 된다.

통제변수로 출신지역 변수는 '주로 성장하신 곳'에 대한 설문을 이용하여, 대구/경북, 부산/울산/경남, 호남의 가변수를 만들었으며, 성별 변수는 여성을 1로 하는 가변수로 측정했다. 또한 연령은 19세 이상부터 10세 단위로 구분하여 5개의 구간으로 측정했으며, 가구소득은 한 달 소득 기준 200만 원 미만, 200~299만 원, 300~499만 원, 500~699만 원, 700만 원 이상의 5개 구간으로 측정했다.

들과 달리 두 번째 절댓값 내의 이념평균 대신 정당 간 이념차이의 반, 즉 (SID-DID)/2를 쓰고 있는데, 이는 두 정당의 이념위치가 산출할 정책의 이념적 평균을 측정할 수 없기 때문에 실수로 보인다.

(2) 분석 결과

〈표 4-4〉는 이번 광역지방선거에서 적어도 어느 한 단위 선거(단체장, 지역구, 비례대표)에 투표한 응답자 모두를 대상으로 모델을 측정한 결과를 나타낸다. 모델 모두 종속변수가 분할투표 여부를 측정한 가변수이므로 로지스틱 분석(*logistic analysis*)으로 추정한 로지스틱 회귀계수를 통해 각 독립변수의 독립적 영향력을 측정했다. 또한 경험적 분석에서는 각 독립변수가 다른 변수를 통제한 가운데 통계적으로 의미 있는 수준에서 분할투표의 가능성을 높이거나 낮추는지에 초점을 맞추기 때문에 상대적 비교가 필요한 경우가 아니라면 구체적인 회귀계수의 추정치보다는 부호에 의미를 둔다.[14]

모델 1은 독립변수 중 정당일체감, 투표결정시기, 정치지식의 분할투표 여부에 대한 독립적 영향력을 추정하기 위해 만든 가장 단순한 모델이다. 예측한 대로 두 유력정당에 대해 가깝게 느끼는 유권자는 다른 조건이 같다면, 광역지방선거 모든 단위에서 같은 당을 지지할 가능성이 높은 것으로 나타났다. 다시 말해서 이론적 가설의 예측대로 두 유력정당에 대해 일체감이 없는 경우 분할투표의 가능성이 높은 것으로 드러났다. 예컨대 정당일체감 변수인 새누리당과 새정치민주연합의 추정된 로지스틱 회귀계수는 각각 -1.35와 -1.06으로 일관투표의 가능성이 높은 것으로 나타났고, 통계적으로도 매우 의미 있는 것으로 드러났다.[15] 두 변수는 유사 변수인 정당호감도를 포함하여 다른 독립변수를

---

[14] 〈표 4-4〉와 〈표 4-5〉의 로지스틱 회귀계수의 표준오차는 거주지 기준 17개 광역자치단체수준에서 군집화된 표준오차(*clustered robust standard errors*)이며, 이를 이용하여 관측된 유의수준(p-value)을 구해 통계적 유의성을 검정했다.

[15] 참고로 로지스틱 회귀계수를 자연상수(e)의 지수로 승산비(*odds ratio*)를 구할 수 있다. 예컨대, 새누리당 일체감이 있는 경우의 분할투표할 승산은 일체감이 없는 경우 승산의 약 $25.8 (= e^{-1.35} \times 100)$%에 불과하다.

<표 4-4> 분할투표 결정요인: 필수 분할투표 사례 포함

종속변수: 분할투표	모델 1 회귀계수 (표준오차)	모델 2 회귀계수 (표준오차)	모델 3 회귀계수 (표준오차)	모델 4 회귀계수 (표준오차)	모델 5 회귀계수 (표준오차)
새누리당	-1.35***	-0.95***	-0.94**	-1.00**	-0.99**
	(0.26)	(0.28)	(0.32)	(0.37)	(0.36)
새정치민주연합	-1.06***	-1.00**	-0.90***	-0.94**	-0.88**
	(0.31)	(0.33)	(0.25)	(0.32)	(0.30)
진보당/정의당	0.04	0.17	0.16	-0.99	-0.94
	(0.31)	(0.36)	(0.34)	(0.64)	(0.69)
투표결정시기	0.06	0.10	0.10	0.13	0.15+
	(0.06)	(0.07)	(0.07)	(0.09)	(0.08)
정치지식	0.17+	0.14	0.13	0.12	0.12
	(0.10)	(0.09)	(0.09)	(0.10)	(0.10)
가구소득	0.00	-0.00	-0.00	-0.05	-0.05
	(0.06)	(0.06)	(0.06)	(0.08)	(0.09)
학력	0.02	0.02	0.01	0.03	0.03
	(0.08)	(0.09)	(0.09)	(0.07)	(0.07)
연령	-0.19*	-0.18*	-0.19*	-0.20*	-0.20*
	(0.09)	(0.09)	(0.09)	(0.10)	(0.10)
여성	0.03	0.07	0.04	-0.04	-0.03
	(0.14)	(0.15)	(0.15)	(0.16)	(0.16)
호남	-0.06	-0.06	-0.07	0.03	0.01
	(0.37)	(0.35)	(0.36)	(0.40)	(0.41)
부산/울산/경남	0.09	0.03	0.00	0.16	0.19
	(0.57)	(0.56)	(0.55)	(0.58)	(0.60)
대구/경북	-0.17	-0.09	-0.10	0.01	0.03
	(0.15)	(0.16)	(0.16)	(0.17)	(0.17)
새누리당 호감도		-0.17*	-0.16*	-0.13	-0.14
		(0.09)	(0.08)	(0.09)	(0.09)
새누리당 호감도2		-0.07***	-0.06***	-0.05***	-0.06***
		(0.01)	(0.01)	(0.01)	(0.02)
새정치연합 호감도			-0.07	-0.12	-0.12
			(0.09)	(0.09)	(0.09)
새정치연합 호감도2			-0.03+	-0.04+	-0.04
			(0.02)	(0.02)	(0.02)

주: +p < 0.10, *p < 0.05, **p < 0.01, *** p < 0.001

〈표 4-4〉 분할투표 결정요인 : 필수 분할투표 사례 포함(계속)

종속변수: 분할투표	모델 1 회귀계수 (표준오차)	모델 2 회귀계수 (표준오차)	모델 3 회귀계수 (표준오차)	모델 4 회귀계수 (표준오차)	모델 5 회귀계수 (표준오차)
비례통진				1.85**	1.91**
				(0.67)	(0.64)
비례정의				2.86***	2.94***
				(0.35)	(0.35)
정당균형선호					0.10
					(0.10)
상수	−0.69	−0.58	−0.46	−0.76	−0.83
	(0.67)	(0.74)	(0.75)	(0.63)	(0.67)
N	915	915	914	873	868
Log Likelihood	−407.40	−397.78	−396.21	−337.07	−332.27
Chi-square	559.60	2476.61	4862.12	22959.00	7146.40
Pseudo R^2	0.08	0.10	0.10	0.15	0.16

주: $+p < 0.10$, $^*p < 0.05$, $^{**}p < 0.01$, $^{***}p < 0.001$

통제한 모델에서도 상대적으로 그 크기가 줄어들기는 했지만 여전히 통계적으로 의미 있는 수준에서 분할투표의 가능성을 낮추는 것으로 나타났다. 반면에 군소정당인 두 진보정당에 대한 일체감은 모델 1의 경우 예측한 대로 양의 계수(0.04)로 추정되었지만, 통계적으로는 의미가 없고 그 크기도 두 유력정당에 대한 일체감에 비해 매우 작은 것으로 나타났다. 통합진보당과 정의당에 대한 일체감은 다른 모델에서도 통계적으로 의미 없는 것으로 추정되었다. 투표결정시기는 모든 모델에서 기대한 대로 양의 계수로 추정되었지만, 모델 5를 제외하고는 대체로 통계적으로 의미가 없는 것으로 드러났다. 한편, 정치지식은 모델 1의 경우 통계적으로 의미 있는 수준에서 분할투표의 가능성을 높이는 것으로 나타났다(0.17). 그러나 다른 독립변수를 통제한 모델에서는 기대한 대로 양의 계수로 추정되었지만 통계적으로 의미는 없었다.

모델 2와 3은 모델 1의 정당일체감보다 비교적 단기적 상황변수 — 예컨대 지도자 호감도, 정국상황, 추문 등 — 에 의해 영향을 받는 것으로 가정되는 정당호감도를 추가하여 추정했다. 구체적으로 모델 2는 대통령선거 외에 모든 선거가 정부에 대한 중간평가적 성격을 띠는 한국정치의 현실을 고려하여 새누리당에 대한 호감도를 제곱하여 추가했고, 모델 3은 이에 대한 대안적 모델로 두 유력정당에 대한 호감도를 함께 통제하여 만들었다.16 앞서 밝힌 대로 모델 2와 3에서 각 정당호감도의 제곱항을 통제한 이유는 정당에 대한 극단적인 호감과 반감이 독립적으로 분할투표의 가능성을 낮출 것이라는 선행 연구의 이론적 논의를 수용했기 때문이다. 한편, 제곱한 독립변수가 들어가는 경우에는 이의 일차항도 통계적으로 의미가 없을지라도 모델에 반드시 포함시켜야 하기에(Faraway, 2005: 114~115) 각 모델에서는 정당호감도의 일차항도 통제했다.

모델 2의 추정 결과에 의하면, 예측한 대로 다른 조건이 같다면 집권 여당인 새누리당을 매우 싫어하거나, 매우 좋아하는 경우 통계적으로 매우 의미 있는 수준에서 분할투표의 가능성이 낮아지는 것으로 드러났다. 이와 같은 결과는 정당일체감이 통제된 모델 2(-0.07)는 물론이고 새정치민주연합 호감도가 더해진 모델 3(-0.06)과 군소정당 비례선거 투표 변수가 추가로 통제된 모델 4(-0.05), 그리고 정당균형선호도가 추가로 통제된 모델 5(-0.06)에서도 일관되게 나타났다. 새정치민주연합에 대한 호감도도 상대적으로 그 크기는 작지만, 새누리당과 유사한 형태의 영향을 미치는 것으로 드러났다. 예컨대 새정치민주연합을 아주 싫어하거나, 아주 좋아하는 경우 분할투표의 가능성이 낮아지며

---

16 두 정당호감도의 피어슨 상관관계 계수가 0.07에 불과하고 통계적으로도 의미가 없으므로 두 변수를 한 모델에서 통제해도 큰 문제는 없어 보인다.

(모델 3: -0.03, 모델 4: -0.04), 모델 5를 제외하고는 낮은 수준에서나마 통계적으로도 의미가 있었다.

모델 4는 선거제도 효과에 근거한 이론과 그쉬벤트의 연합보장전략 투표 이론에 근거한 예측대로 비례대표선거에서 군소정당을 투표한 경우 분할투표의 가능성이 높아진다는 가설을 지지하는 경험적 증거를 보여준다. 다른 변수를 통제한 가운데 비례선거에서 통합진보당이나 정의당에 투표한 경우 분할투표의 가능성은 다른 가변수의 추정회귀계수보다 클 정도로 높아지며, 통계적으로도 매우 의미 있다. 이 같은 결과는 정당균형선호도를 더한 모델 5에서도 나타난다. 선거제도 효과이론에 의하면 이는 군소정당 지지자의 광역단체장 또는 지역구에서의 사표회피 전략적 투표를 지지하는 증거로 해석될 것이며, 연합보장전략 투표 이론에 의하면 대정당 지지자의 비례선거에서 지지 정당과 선호 차가 크지 않은 군소정당에 대한 전략적 투표를 지지하는 증거로 해석될 것이다.

앞서 열거한 독립변수와 함께 정당균형선호도가 통제된 모델 5의 추정 결과에 의하면, 기대한 대로 양의 계수로 추정되었지만, 통계적으로는 의미가 없는 것으로 드러났다. 이 같은 결과가 지방선거가 정당 간 이념경쟁보다는 지방 이슈 중심으로 치러져 중앙정당의 이념균형 추구가 영향을 미치지 못하는 것을 시사하는 것인지 또는 지방선거가 중앙선거보다 중요성이 떨어지는 '2순위 선거'(second-order election)로 지방-중앙 대립 요인이 더 큰 영향을 미치는 것(Schakel, 2013: 635~637)인지 추후 검증이 필요해 보인다.

한편 이 글의 분석주제는 아니지만 통제변수와 관련하여 주목할 만한 사실이 2가지 있다. 첫째, 다른 조건이 같다면 연령대가 높을수록 통계적으로 의미 있는 수준에서 일관투표의 가능성이 높으며 이는 모든 모델에서 일관되게 나타난다. 이러한 현상이 젊은 세대가 이념과 당파심에서 자유로워 정치적 대안을 구분해서 선택하는 데 주저하지 않는 것을 반영하는지 이론적 검토가 필요하다. 둘째, 모든 모델에서 출신지역의 영향력이 통계적으로 의미 없는 것으로 드러났다. 지역정당에 대한 일체감과 호감도를 나타내는 독립변수를 통제했기 때문에 출신지역의 독립적인 효과가 나타나지 않았을 가능성이 크지만, 이 같은 추측에 대해 보다 체계적인 이론적·경험적 검토가 필요해 보인다.

그렇다면, 이와 같은 분할투표 결정요인에 관한 모델을 단체장 또는 지역구선거에 통합진보당이나 정의당 후보가 있어서 상대적으로 더 의도적인 분할투표가 가능했던 응답자만을 대상으로 재추정한다면, 그 결과는 어떻게 될 것인가? 〈표 4-5〉는 이에 대한 답을 담고 있다.

무엇보다 필수 분할투표 사례까지 포함하여 추정한 이전 분석 결과와 다르게 두드러진 사실은 비례대표선거 군소정당 지지 여부를 포함한 모델 4와 모델 5에서 통합진보당 또는 정의당 일체감은 다른 조건이 같다면, 통계적으로 의미 있는 수준에서 일관투표를 할 가능성을 다른 주요 정당에 대한 일체감보다 높인다는 점이다. 예컨대 모델 4와 5에서 통합진보당/정의당 일체감에 대한 추정 로지스틱 회귀계수는 각각 -2.02, -2.00으로, 새누리당 일체감(-0.79, -0.38)과 새정치민주연합 일체감 (-1.06, -1.06)보다 큰 것으로 나타났다. 이는 선택 대안이 있는 경우에는 비록 군소정당일지라도 지지자에게는 무시하지 못할 독립적인 영향력을 미쳐 사표회피심리를 억제할 수도 있다는 점을 시사한다. 또 한 가지 흥미로운 사실은 새정치민주연합에 대한 호감도가 이전 분석과는 다르게 분할투표 여부에 대해 통계적으로 의미 있는 영향을 미치지 못하는 것으로 나타난 점이다.

이외의 결과는 필수 투표 사례를 포함한 분석과 크게 다르지 않다. 다

<표 4-5> 분할투표 결정요인 : 필수 분할투표 사례 제외

종속변수: 분할투표	모델 1 회귀계수 (표준오차)	모델 2 회귀계수 (표준오차)	모델 3 회귀계수 (표준오차)	모델 4 회귀계수 (표준오차)	모델 5 회귀계수 (표준오차)
새누리당	-1.44***	-0.82**	-0.76*	-0.79*	-0.83*
	(0.31)	(0.27)	(0.34)	(0.40)	(0.41)
새정치민주연합	-1.01**	-1.02*	-1.00**	-1.06**	-1.06**
	(0.38)	(0.42)	(0.34)	(0.40)	(0.39)
통합진보당/정의당	0.04	0.19	0.15	-2.02*	-2.00*
	(0.43)	(0.47)	(0.44)	(0.91)	(0.92)
투표결정시기	0.01	0.05	0.05	0.06	0.07
	(0.08)	(0.09)	(0.09)	(0.11)	(0.11)
정치지식	0.23+	0.17	0.17	0.16	0.15
	(0.13)	(0.14)	(0.15)	(0.17)	(0.17)
가구소득	0.02	0.04	0.03	-0.04	-0.05
	(0.10)	(0.09)	(0.09)	(0.11)	(0.11)
학력	0.08	0.07	0.06	0.07	0.05
	(0.11)	(0.12)	(0.13)	(0.10)	(0.10)
연령	-0.21+	-0.21+	-0.21+	-0.20	-0.22+
	(0.12)	(0.12)	(0.12)	(0.13)	(0.12)
여성	0.05	0.11	0.09	-0.06	-0.03
	(0.21)	(0.22)	(0.22)	(0.25)	(0.24)
호남	-0.06	-0.09	-0.11	-0.12	-0.12
	(0.48)	(0.47)	(0.48)	(0.54)	(0.55)
부산/울산/경남	-0.28	-0.41	-0.42	-0.28	-0.25
	(0.55)	(0.53)	(0.52)	(0.57)	(0.56)
대구/경북	-0.03	0.09	0.08	0.13	0.18
	(0.20)	(0.20)	(0.19)	(0.19)	(0.17)
새누리당 호감도		-0.30**	-0.30**	-0.27*	-0.30*
		(0.10)	(0.11)	(0.13)	(0.14)
새누리당 호감도2		-0.09***	-0.08***	-0.07***	-0.08***
		(0.02)	(0.02)	(0.02)	(0.02)
새정치연합 호감도			-0.02	-0.06	-0.06
			(0.12)	(0.12)	(0.13)
새정치연합 호감도2			-0.02	-0.03	-0.03
			(0.02)	(0.03)	(0.03)

주: +p < 0.10, *p < 0.05, **p < 0.01, *** p < 0.001

<표 4-5> 분할투표 결정요인 : 필수 분할투표 사례 제외(계속)

종속변수: 분할투표	모델 1 회귀계수 (표준오차)	모델 2 회귀계수 (표준오차)	모델 3 회귀계수 (표준오차)	모델 4 회귀계수 (표준오차)	모델 5 회귀계수 (표준오차)
비례통진				2.73***	2.73***
				(0.50)	(0.50)
비례정의				3.29***	3.31***
				(0.77)	(0.76)
정당균형선호					-0.01
					(0.09)
상수	-0.95	-0.88	-0.80	-0.89	-0.75
	(0.79)	(0.87)	(0.87)	(0.77)	(0.84)
N	675	675	674	646	642
Log Likelihood	-274.98	-265.13	-264.65	-220.54	-216.83
Chi-square	305.56	639.42	667.57	136.12	1022.72
Pseudo R^2	0.10	0.13	0.13	0.20	0.20

주: +p < 0.10, *p < 0.05, **p < 0.01, *** p < 0.001

시 말해서 다른 조건이 같다면, 주요 정당에 대한 일체감은 분할투표의 가능성을 전 모델에 걸쳐 일관되게 낮추고 있으며 집권여당인 새누리당을 매우 싫어하거나 매우 좋아하는 경우 일관투표의 가능성이 높아지고, 비례대표선거에서 진보정당에 투표한 경우 분할투표의 가능성이 높아지는 것으로 나타났다. 또한 통제변수인 연령 추정회귀계수에 의하면 세대가 젊어질수록 분할투표의 가능성이 높아지는 것으로 드러났으며, 출신지역은 통계적으로 의미 있는 영향을 미치지 못하는 것으로 나타났다.

4. 나가며

지금까지 이 글에서는 분할투표행태 관련 선행 연구를 검토하고 이를 바탕으로 이론적 가설을 세운 후, 2014년 6월 4일 치러진 제6회 전국동시지방선거 관련 유권자 설문조사 자료를 이용하여 이 가설을 경험적으로 검증해 보았다. 광역단체장과 의회지역구선거에서 정당 선택 대안이 없어 필수 분할투표를 할 수밖에 없는 사례를 포함한 경우와 선택 대안이 있어 상대적으로 의도적인 분할투표가 가능한 사례에 한정한 경우로 나누어 분할투표 여부에 영향을 미치는 것으로 알려진 독립변수의 상대적·독립적 효과를 추정한 결과를 요약하면 다음과 같다. 첫째, 새누리당과 새정치민주연합에 대한 일체감은 일관되게 분할투표의 가능성을 낮추며, 통합진보당 또는 정의당에 대한 일체감의 이 같은 영향력은 비례선거에서 진보정당에 대한 투표 여부를 통제한 모델을 필수 분할투표를 제외한 사례에 한정하여 추정한 경우 나타났다. 둘째, 집권여당에 대한 극단적인 호감과 반감은 분할투표의 가능성을 일관되게 낮추는 것으로 나타났다. 셋째, 정치지식과 투표결정시기, 정당균형선호도의 영향력은 대체로 통계적으로 의미 없는 것으로 나타나 이에 대한 추후 이론적 논의 보강과 경험적 검증이 필요해 보인다. 넷째, 군소정당에 대한 비례선거에서의 투표는 군소정당 대안 유무와 상관없이 분할투표의 가능성을 일관되게 높이는 것으로 나타났다. 마지막으로 이론적 예측을 하지는 않았지만 연령대가 낮을수록 분할투표의 가능성이 통계적으로 의미 있는 수준에서 높은 것으로 드러난 사실과 출신지역 효과가 통계적으로 의미 없는 것으로 나타난 사실도 주목할 만한 점이다.

그렇다면 이 연구의 한계는 무엇인가? 우선 유권자의 분할투표 동기를 분석한 연구임에도 불구하고 분할투표의 의도를 직접 측정한 변수를 고려하지 못했다는 점을 들 수 있다. 따라서 선행 연구가 정의하고 분류한 전략적 투표행태가 과연 유권자가 의도한 행위인지 의도하지 않은 우연적 결과인지 엄밀하게 판단하기 어렵다. 구체적인 예를 들자면 광역단체장이나 지역구선거에서 새누리당 또는 새정치민주연합을 선택한 유권자가 비례대표선거에서 통합진보당이나 정의당을 선택한다고 해서 이를 선거제도 효과에 근거한 군소정당 지지자의 사표회피의 전략적 투표행위인지, 정당균형 동기를 가진 대정당 지지자의 연합보장을 위한 전략적 투표행위인지 명확하게 판별하기 어렵다는 것이다. 의도는 다를지라도 '관측상 동일한'(observationally equivalent) 투표행태이기 때문이다. 비록 대면 설문을 통해 의도를 측정하는 작업이 학문적·윤리적 난제를 초래해도 분할투표 이유에 대한 설문을 포함한 조사를 이용한 결과와 궁극적으로 불완전한 간접 정보를 잘 이용한 추측(informed speculation)에 불과한 기존 및 이 연구의 결과를 비교하여 서로의 한계를 보완해 나가는 것이 바람직해 보인다. 유권자에게 분할투표 이유를 물었던 설문조사가 전혀 없던 것도 아니므로(Rich, 2012) 후속 연구에서는 유권자 동기의 직접 측정을 적극 고려해야 한다.

이 연구의 또 다른 한계는 광역단체장 또는 지역구의 유력 후보에 대한 '인물투표'(personal vote)가 초래할 수 있는 분할투표행태를 검증하지 못했다는 점이다. 인물투표는 전통적으로 유권자의 투표행태에 결정적인 영향을 미치는 것으로 알려진 정당일체감, 인구사회학적 특성, 경제상황이나 집권여당의 정국운영 등과 구분되는 의회 후보자 개인의 특성, 능력, 업적 등에 근거한 투표이다(Cain et al., 1984). 이와 관련하여 황아란(2012/2013)은 지방선거에서 중앙정치의 정당 요인과 정권심판론에 독립적인 후보요인에 주목했는데, 그에 의하면 현직효과가 광역단체장선거와 기초의회선거에서 강하게 나타난다. 따라서 지방선거에서 현직후보로 인한 인물투표행태가 정당의 영향력을 완화시켜 분할투표의 가능성을 높일 것이라는 기대는 매우 현실적이다. 후속 연구에서는 현직을 포함하여 유력 후보에 대한 인물투표가 분할투표의 양상을 어떻게 변화시키는지 확인해야 할 것이다.

참고문헌

강원택(2010), "2010 지방선거에서의 분할투표: 서울 지역을 중심으로", 〈한국과 국제정치〉 26(4): 1~26.

김왕식(2006), "1인 2표제 도입의 정치적 효과", 어수영 편, 《한국의 선거 V》, 오름.

박원호(2012), "정당일체감의 재구성", 박찬욱·강원택 편, 《2012년 대통령선거 분석》, 나남.

박찬욱(2004), "제17대 총선에서의 2표 병립제와 유권자의 분할투표: 선거제도의 미시적 효과 분석", 〈한국정치연구〉 13(2): 39~85.

박찬욱·홍지연(2009), "제18대 국회의원 총선거에서 한국유권자들의 분할투표 행태에 관한 분석", 〈한국정치연구〉 18(1): 1~28.

장승진(2012), "한국 유권자들의 정당에 대한 태도: 정당 지지와 정당 투표의 이념적, 정서적 기초", 박찬욱·강원택 편, 《2012년 국회의원선거 분석》, 나남.

조진만·최준영(2006), "1인 2표 병립제의 도입과 유권자의 투표행태: 일관투표와 분할투표의 결정요인 분석", 〈한국정치학회보〉 40(1): 71~90.

지병근(2011), "6·2 지방선거에서 나타난 분할투표: 광역단체장선거와 광역비례대표의원 선거 사례를 중심으로", 이내영·임성학 편, 《변화하는 한국유권자 4: 패널조사를 통해 본 2010 지방선거》, 동아시아연구원.

황아란(2012), "지방선거와 현직효과: 2010년 지방선거를 중심으로", 〈지방행정연구〉 26(4): 3~26.

_____(2013), "2000년대 지방선거의 변화와 지속성: 현직효과와 중앙정치의 영향", 〈한국정치학회보〉 47(5): 277~295.

Abramson, P. R., Aldrich, J. H., Blais, A., Diamond, M., Diskin, A., Indridason, I. H., Lee, D. J., & Levine, R. (2010), "Comparing Strategic Voting Under FPTP and PR", *Comparative Political Studies* 43(1): 61~90.

Alesina, A. & Rosenthal, H. (1995), *Partisan Politics, Divided Government, and The Economy*, New York: Cambridge University Press.

Alvarez, R. M. & Nagler, J. (2000), "A New Approach for Modelling Strategic Voting in Multiparty Elections", *British Journal of Political Science* 30(1): 57~75.

Berelson, B. R., Lazarsfeld, P. F., & McPhee, W. N. (1954), *Voting: A Study of Opinion Formation in a Presidential Campaign*, Chicago: University of Chicago Press.

Burden, B. C. & Helmke, G. (2009), "The comparative study of split-ticket voting", *Electoral Studies* 28(1): 1~7.

Cain, B. E., Ferejohn, J. A., & Fiorina, M. P. (1984), "The Constituency Service Basis of the Personal Vote for U. S. Representatives and British Members of Parliament", *The American Political Science Review* 78(1): 110~125.

Campbell, A., Converse, P. E., Miller, W. E., & Stokes, D. E. (1960/1980), *The American Voter*, New York: John Wiley & Sons.

Campbell, A. & Miller, D. E. (1957), "The Motivational Basis of Straight and Split Ticket Voting", *The American Political Science Review* 51(2): 293~312.

Carsey, T. M. & Layman, G. C. (2004), "Policy Balancing and Preferences for Party Control of Government", *Political Research Quarterly* 57(4): 541~550.

Clark, W. R. & Golder, M. (2006), "Rehabilitating Duverger's Theory: Testing the Mechanical and Strategic Modifying Effects of Electoral Laws", *Comparative Political Studies* 39(6): 679~708.

Cox, G. W. (1997), *Making Votes Count: Strategic Coordination in the World's Electoral Systems*, Cambridge; New York: Cambridge University Press.

Crisp, B. F. (2007), "Incentives in Mixed-Member Electoral Systems: General Election Laws, Candidate Selection Procedures, and Cameral Rules",

Comparative Political Studies 40 (12)：1460~1485.

Duverger, M. (1954), *Political Parties*, Their Organization and Activity in the Modern State, London, New York：Methuen；Wiley.

Faraway, J. J. (2005), *Linear Models with R*, Boca Raton, Fla.：Chapman & Hall/CRC.

Ferrara, F. & Herron, E. S. (2005), "Going It Alone? Strategic Entry under Mixed Electoral Rules", *American Journal of Political Science* 49 (1)：16~31.

Fiorina, M. P. (1996), *Divided Government*, Boston, Mass：Allyn and Bacon.

Green, D. P., Palmquist, B., & Schickler, E. (2002), *Partisan Hearts and Minds：Political Parties and the Social Identities of Voters*, New Haven：Yale University Press.

Gschwend, T. (2007), "Ticket-splitting and strategic voting under mixed electoral rules：Evidence from Germany", *European Journal of Political Research* 46 (1)：1~23.

Johnston, R. J. & Pattie, C. J. (2002), "Campaigning and split-ticket voting in new electoral systems：the first MMP elections in New Zealand, Scotland and Wales", *Electoral Studies* 21 (4)：583~600.

Kedar, O. (2012), "Voter Choice and Parliamentary Politics：An Emerging Research Agenda", *British Journal of Political Science* 42 (3)：537~553.

Lazarsfeld, P. F., Berelson, B., & Gaudet, H. (1948), *The People's Choice：How the Voter Makes Up His Mind in a Presidential Campaign*, New York：Columbia University Press.

Moser, R. G. & Scheiner, E. (2005), "Strategic Ticket Splitting and the Personal Vote in Mixed-Member Electoral Systems", *Legislative Studies Quarterly* 30 (2)：259~276.

_____(2009), "Strategic voting in established and new democracies：Ticket splitting in mixed-member electoral systems", *Electoral Studies* 28 (1)：51~61.

Mulligan, K. (2011), "Partisan Ambivalence, Split-Ticket Voting, and Divided Government", *Political Psychology* 32 (3)：505~530.

Rich, T. S. (2012), "The Timing of Split-Ticket Voting Decisions in Mixed Systems：Evidence from South Korea", *Asian Journal of Political Science*

20(2): 203~220.

_____ (2014), "Split-Ticket Voting in South Korea's 2012 National Assembly Election", *Asian Politics and Policy* 6(3): 455~469.

Riker, W. H. (1982), "The Two-Party System and Duverger's Law: An Essay on the History of Political Science", *The American Political Science Review* 76(4): 753~766.

Schakel, A. H. (2013), "Congruence Between Regional and National Elections", *Comparative Political Studies* 46(5): 631~662.

Singer, M. M. (2013), "Was Duverger Correct? Single-Member District Election Outcomes in Fifty-three Countries", *British Journal of Political Science* 43(1): 201~220.

Shugart, M. S. & Wattenberg, M. P. (2001), *Mixed-Member Electoral Systems: The Best of Both Worlds*, New York: Oxford University Press.

05 | 2014년 교육감선거의 투표선택과 분할투표*

장승진

1. 들어가며

2014년 6월에 실시된 제6회 전국동시지방선거의 결과 중 가장 눈길을 끄는 것 중의 하나는 전국 17개 시·도교육청 중 13곳에서 진보성향의 교육감이 당선되었다는 점이다.1 이러한 결과는 불과 4년 전 제5회 지방선거에서 당선된 진보교육감의 수가 — 중도하차한 곽노현 교육감을 포함하여 — 6명에 그쳤다는 점과 비교하여 괄목할 만한 변화일 뿐만 아니라, 새누리당과 새정치민주연합이 8:9로 팽팽하게 대치한 광역단체장선거의 결과와도 명확한 대비를 이루고 있다. 이러한 교육감선거결과를 두고 대다수의 언론보도는 보수성향 교육감 후보는 난립한

---

* 이 글은 〈21세기정치학회보〉 제24권 제3호(2014년)에 게재된 논문을 일부 수정한 것입니다.

1 구체적으로 진보성향의 교육감이 당선된 곳은 서울, 인천, 광주, 세종, 부산, 경기, 충북, 충남, 전북, 전남, 경남, 강원, 제주이다. 반면에 보수성향의 교육감은 대구, 울산, 경북의 3곳에서만 당선되었고, 대전은 중도성향으로 분류되는 후보가 당선되었다.

반면 진보성향의 후보들은 단일화를 이뤄 표의 분산을 막았다는 점을 지적하고 있다. 이와 더불어 세월호 참사를 계기로 30~40대 학부모, 소위 '앵그리 맘'들이 현 정부의 교육정책에 대한 반발로 진보교육감을 대거 선택했다는 분석을 제시하기도 한다.

그러나 이번 교육감선거의 결과를 후보 단일화 여부라는 선거공학적 요인이나 혹은 소위 앵그리 맘이라는 무정형의(amorphous) 집단 영향력에 기대어 이해하는 것은 단편적인 설명에 그칠 수 있다. 무엇보다도 동시선거로 치러진 교육감선거의 결과를 이해하기 위해서는 교육감선거만을 따로 떼어 내어 분석하는 것이 아니라 함께 시행된 다른 공직에 대한 선거와의 연관성 속에서 분석할 필요가 있다. 특히 흥미로운 것은 — 비록 선출 대상이 되는 공직의 성격은 사뭇 다르기는 하지만 — 동일한 선거구에서 치러진 선거임에도 불구하고 광역단체장과 교육감선거가 전혀 다른 결과를 낳았다는 사실이다. 즉, 진보교육감을 선택한 유권자들 중 상당수는 광역단체장선거에서는 새누리당 후보에게 투표했음에도 불구하고 그런 선택을 내렸으며, 이는 당연히 상당수의 유권자들이 광역단체장과 교육감선거에서 일종의 분할투표(split-ticket voting)에 나섰다는 사실을 보여주고 있다.

물론 교육감선거에서는 정당공천이 금지되어 있다는 점에서 광역단체장선거와 교육감선거 사이에 유권자들이 내린 상이한 선택은 엄밀한 의미에서 — 서로 다른 '정당'의 후보에게 투표하는 — 분할투표라고 볼 수 없는 측면도 존재한다. 그러나 선거운동기간 내내 교육감선거에 출마한 후보들의 진보-보수 이념성향 및 그와 관련한 교육정책의 내용이 대다수의 언론보도와 유권자 관심의 초점이 되었다는 점에서, 그리고 2000년대 이후 한국 선거 정치의 핵심적인 균열로 대두한 진보-보수 이념성향이 현실정치에서 어떤 정당에 의해 대표되는지가 대부분의 유권자들에게 명확하게 인식되어 있는 상황에서 광역단체장선거에서는 새누리당 후보에게 투표하면서도 교육감선거에서는 진보성향의 교육감을 선택하는 — 혹은 그 역의 — 행위를 일종의 '유사'(quasi) 분할투표로 이해하는 것도 큰 무리는 없을 것이다.

이러한 맥락에서 본 연구의 일차적인 목적은 2014년 제 6회 지방선거 직후 실시된 유권자 설문 자료를 사용하여 과연 어떠한 요인이 광역단체장선거와 교육감선거 사이의 상이한 투표선택에 영향을 미쳤는지 살펴보는 것이다. 2007년 지방교육자치법 개정 이후로 2번의 동시선거와 몇 차례의 교육감 재보궐선거가 실시되었음에도 교육감선거에 있어서 한국 유권자의 투표선택에 대한 학술적인 분석이 시도된 예를 찾아보기 어렵다는 점에서도 본 연구의 의의를 찾을 수 있을 것이다. 2 그러나 본 연구의 분석은 특정한 선거에서 나타난 한국 유권자의 투표선택을 과학적으로 이해한다는 일차적인 목적 외에도 비교선거 정치(comparative electoral studies) 차원에서도 중요한 이론적 함의를 가진다. 무엇보다도 분할투표와 관련한 대부분의 기존 이론은 대통령선거와 의회선거라는 서로 다른 수준의 선거구 사이의 분할투표를 대상으로 발전했다. 한국의 경우에도 2004년 총선부터 1인 2표제가 도입된 이후 분할투표에 대한 학문적 관심이 증가했지만 이 역시 지역구 후보와 정당 투표라는 서로 다른 수준의 선거구 사이에서 나타나는 분할투표에만 초점을 맞추고 있다. 반면 본 연구의 분석은 동일한 선거구 안에서 동시에 실시된 광역단체장과 교육감선거 사이에서 발생하는 분할투표를 다룬다는 점에서 기

---

2 사회과학 분야에서 교육감선거를 다루는 대부분의 연구들은 선거제도 자체 — 교육감 직선제의 정치적 의미 혹은 그 대안 — 에 초점을 맞추고 있으며, 구체적으로 유권자들이 어떠한 기준에서 교육감선거에서 투표하는가에 대한 정치학적 분석은 서현진(2014) 정도가 유일하다.

존의 분할투표 연구와 홍미로운 대조점을 제공할 수 있을 것이다.

2. 교육감선거의 투표선택과 분할투표이론

복수의 공직자를 동시에 선출하는 경우 유권자가 동일한 정당 소속의 후보를 모두 선택하는 경우를 일관투표(straight-ticket voting)라고 한다면, 상이한 공직에 대해 서로 다른 정당 소속의 후보에게 투표하는 행위는 분할투표라고 한다. 그렇다면 과연 분할투표자는 누구이며 이들은 어떠한 이유에서 이러한 선택을 하는가?

많은 연구들이 분할투표가 발생하는 가장 중요한 배경으로 정당일체감의 약화를 지적하고 있다. 예를 들어 미국의 경우 1970년대 들어 정당일체감의 약화 및 무당파의 증가와 함께 대통령선거와 의회선거에서 각기 다른 정당의 후보에게 투표하는 분할투표가 눈에 띄게 증가했으며(Nie & Petrocik, 1976; Wattenberg, 1996), 반면 1980년대 후반 이후 정당 간의 이념적·정책적 양극화(polarization)가 강화되면서 유권자들 사이에서 정당일체감의 재강화와 정당에 기반을 둔 투표행태가 다시 증가했다(Bartels, 2000; Brewer, 2005; Hetherington, 2001). 그리고 미국뿐만 아니라 대부분의 서구 민주주의 국가에서 정당일체감이 약화되면서 분할투표가 증가하는 현상이 공통적으로 발견되고 있다(Dalton & Wattenberg, 2000). 정당일체감의 약화와 함께 선거가 후보자 중심으로 치러지면서 소속 정당과 상관없이 후보자 개인에 대한 지지(personal vote) 및 그로 인한 현직효과(incumbency advantage)가 투표선택 및 선거결과에 중요한 영향을 미치게 되면서 분할투표가 늘어나게 된 것이다(Ansolabehere, Snyder, & Stewart, 2000; Cain, Ferejohn, & Fiorina 1987; Desposato & Petrocik, 2003).

보다 구체적으로 유권자가 서로 다른 정당의 후보에게 투표하는 이유는 서로 다른 정책적 입장을 가진 정당 간의 균형을 통해 중도적 정책을 달성하기 위한 유권자의 의도적인 선택에서 찾을 수 있다(Alesina & Rosenthal, 1995; Fiorina, 1992). 이념적으로 중도성향의 유권자들은 자신이 선호하는 정책이 양대 정당 사이의 중간지대에 위치한다고 생각할수록, 그리고 두 정당이 이념적으로 양극화되어 있다고 인식할수록, 어느 한 정당에게 일방적인 지지를 보내기보다는 자신의 표를 전략적으로 분배한다는 것이다. 특히 대통령제에서는 정책이 입법부나 행정부 중 어느 한쪽에 의해서만 결정되는 것이 아니라 현실적으로 두 권력기구의 타협의 결과라는 점을 고려한다면, 대통령선거와 국회의원선거 사이의 분할투표는 분점정부(divided government)를 만들어냄으로써 정책적 균형을 달성하기 위한 유권자의 선택이라고 할 수 있다(Carsey & Layman, 2004; Gar& & Lichtl, 2000; Ingberman & Villani, 1993; Lewis-Beck & Nadeau, 2004; Mebane, 2000; Smith et al., 1999).

분할투표의 또 다른 원인으로는 지역구 투표와 정당 투표가 동시에 이루어지는 혼합형 선거제도에서 나타날 수 있는 유권자의 전략투표(strategic voting)를 들 수 있다(Bawn, 1999; Gschwend, 2007; Karp et al., 2002). 군소정당을 지지하는 유권자의 경우보다 비례적인 방식으로 의석이 배분되는 정당 투표에서는 자신이 선호하는 정당을 선택하는 반면, 다수제적인 방식으로 의석이 배분되는 지역구 투표에서는 당선 가능성을 고려하여 자신의 선호와는 다른 정당의 후보에게 투표하게 된다는 것이다. 실제로 한국의 국회의원선거가 1인 2표제에 의해 치러지기 시작한 이래로 상당한 숫자의 유권자들이 분할투표를 했으며, 이들 중 대부분은 사표방지심리로 인해 군소정당 지지자 혹은 무당파 유권자가 지역구 투표에서 양대 정당의 후보에게 투표한 결과라고 할 수 있다(강원택, 2004; 박찬욱, 2004; 박찬욱·홍지연, 2009; 조진만·최준영, 2006).

이상에서 살펴본 바와 같이 대통령선거 및 국회의원선거를 대상으로 분할투표의 원인과 유형을 분석한 기존 연구들은 대부분 무당파 혹은 중도적 이념성향을 기반으로 정치적으로는 세련된 유권자에 의한 합리적·전략적 선택을 강조하고 있다.3 그러나 한국의 전국동시지방선거에서 나타나는 분할투표에는 유권자의 합리적·전략적 선택만으로 설명하기 어려운 측면이 존재한다. 무엇보다도 동시에 7~8개에 달하는 다양한 수준의 공직에 대해 표를 던져야 하는 만큼 전체 선거결과 및 그에 따른 정책연합을 예상하여 투표하기에는 인지적 비용이 지나치게 크다고 할 수 있다. 따라서 한국 지방선거의 경우 합리적·전략적 판단에 기반을 둔 분할투표가 특정한 몇 개의 공직에 초점을 맞추어 일어날 가능성이 높으며, 결과적으로 어떤 공직에 초점을 맞추는가에 따라서 분할투표의 양상과 원인이 사뭇 다르게 나타날 수 있다. 예를 들어 지방자치단체수준에서 행정부와 입법부의 역할을 하는 자치단체장선거와 지방의회선거 사이의 분할투표에는 서로 다른 정책적 입장을 가진 정당 간의 균형을 도모하고자 하는 전략적 판단이 상당한 영향을 끼칠 수 있다(지병근, 2011). 반면 광역단체장과 기초단체장선거와 같이 유사한 성격을 가지는 공직이지만 선거결과가 초래할 수 있는 정치적 의미와 부담에 있어 현저한 차이가 나타나는 경우에는 분할투표가 정치적 불만을 표현하기 위한 저항투표(*protest voting*)의 의미를 가질 수 있다(강원택, 2010).

---

3 이와는 달리 일부 연구는 기존 연구가 지나치게 유권자의 합리적·전략적 선택을 강조한다고 비판하면서 실제로는 분할투표의 상당수는 우연의 산물이거나(Schoen, 1999), 혹은 후보자의 캠페인을 통해 전달되는 정보의 양에 따라 분할투표의 수준이 달라진다고(Johnston & Pattie, 2002) 주장하기도 한다.

이러한 관점에서 볼 때, 동일한 선거구에서 서로 다른 성격의 공직을 선출하는 교육감선거와 광역단체장선거 사이에서 나타나는 분할투표는 다른 선거와는 사뭇 다른 양상을 보일 것이라고 예상할 수 있다. 무엇보다도 교육감은 정당이 공식적으로 후보를 공천하지 않을 뿐만 아니라, 그 역할과 기능이 지방정부 운영을 감시하고 견제하는 광역의회와는 전혀 다른 성격을 가진다. 따라서 동일한 이념적·정책적 스펙트럼상에서 서로 다른 입장 사이의 균형을 위해 전략적으로 분할투표를 한다고 보기는 어려울 것이다. 대신 해당 광역자치단체의 교육정책을 총괄하는 교육감의 특수한 역할과 기능을 반영하여, 일반적인 정치적·경제적 쟁점과는 별개로 교육과 밀접한 관련을 가지는 사회적 쟁점에 대한 입장이 교육감선거의 투표선택에 큰 영향을 끼칠 수 있다. 특히 이번 2014년 지방선거의 경우 세월호 참사를 계기로 물질주의와 경쟁 위주의 교육에 대한 반성과 성찰이 대대적으로 제기되었다는 점에서 유권자가 이러한 사회적 쟁점, 즉 탈물질주의적 가치에 대해 어떤 태도를 가지는가가 더욱 중요한 역할을 했을 것이다.

　물론 탈물질주의적 가치가 교육감선거의 투표선택 및 광역단체장선거와의 분할투표에 영향을 끼쳤을 것이라는 예상이 교육감선거가 가지는 정치적 의미를 부정하는 것은 아니다. 비록 정당에 의해 공식적으로 공천되지는 않았지만 각 후보의 진보-보수 이념성향은 선거운동기간 내내 관심의 초점이었으며, 결과적으로 어느 후보가 어느 정당과 정치적 친화성을 가지는지는 대부분의 유권자들에게 명확하게 인식되어 있었다고 보아야 한다. 따라서 그동안 한국의 지방선거가 중앙정치의 영향력으로부터 자유롭지 않았다는 사실은(강원택, 2006; 김진하, 2010; 황아란, 2013) 교육감선거에서도 마찬가지로 적용될 수 있다. 보다 구체적으로 유권자의 지지 정당 및 이념성향, 그리고 박근혜 대통령의 국정운영에 대한 평가 또한 교육감선거의 투표선택 및 광역단체장선거와의 분할투표에 중요한 영향을 끼쳤을 것이라고 예상할 수 있다.

3. 기술적 분석

2014년 교육감선거의 투표선택과 광역단체장선거와의 분할투표에 영향을 끼친 요인을 분석하기 위해 본 연구는 서울대학교 한국정치연구소가 지방선거가 끝난 후 한국리서치와 공동으로 실시한 설문조사를 사용하였다.4 그러나 교육감선거의 투표선택을 분석하는 데 있어서 본 자료는 몇 가지 한계를 가진다. 첫 번째 문제는 응답자가 교육감선거에서 어떤 후보에게 투표했는지가 명확하게 특정되지 않았다는 점이다. 물론 구체적으로 투표한 후보의 이름을 물어보지 않고 어떤 정당의 후보에게 투표했는지 간접적으로 질문하는 것은 다양한 후보군을 포괄하는 전국적인 차원에서 이루어지는 설문에서 흔히 찾아볼 수 있는 방식이다. 그러나 교육감 후보는 정당에 의해 공천되지 않았기 때문에 소속 정당 대신에 어떤 이념성향의 후보에게 투표했는가를 통해 지지 후보가 측정되었다. 하지만 객관적으로 드러나는 소속 정당에 비해 후보의 이념성향은 응답자의 주관적인 평가가 개입될 여지가 크다는 점에서 측정의 신뢰성에 의문이 제기될 수 있다. 두 번째 문제는 어떠한 이념성향의 후보에게 투표했는지를 묻는 설문 문항에 '이념성향을 고려하지 않았다'라는 선택지가 함께 주어짐으로써 상당수의 응답자가 정확하게 어떤 이념성향의 후보에게 투표했는지 알 수 없다는 점이다.

---

4 이 조사는 전국의 19세 이상 성인남녀 1,210명을 대상으로 6월 25일부터 7월 17일까지 23일간에 걸쳐 대면조사를 통해 이루어졌다.

<표 5-1> 2014년 교육감선거의 투표선택

투표선택	%
보수성향 후보	23.04
진보성향 후보	36.30
중도성향 후보	10.65
이념성향을 고려하지 않음	30.00

　이러한 자료의 한계를 염두에 두고 〈표 5-1〉에서는 응답자들이 교육
감선거에서 어떤 후보에게 투표했는지를 보여주고 있다. 우선 진보성
향 후보에게 투표했다고 대답한 비율이 36.3%로서 보수성향 후보에게
투표했다고 대답한 비율과 중도성향 후보에게 투표했다고 대답한 비율
을 합한 것보다도 높았다. 다만 교육감 후보를 선택하는 데 있어서 이
념성향을 고려하지 않았다고 대답한 응답자의 비율이 30%에 달하는
것으로 나타났다. 설문의 한계로 인해 이들이 구체적으로 어떤 후보에
게 투표했는지는 불분명하지만, 현실적으로 이들 중 상당수는 진보성
향 후보에게 투표하지 않았을 것이라고 추측된다. 무엇보다도 거의 모
든 선거구에서 진보성향 후보는 단일화를 이루었다는 점을 고려한다면
이념성향을 고려하지 않고 투표했다는 대답은 사실상 보수 혹은 중도
성향 후보에 대한 지지를 의미할 가능성이 높다고 할 수 있다.
　그렇다면 과연 진보적인 유권자는 진보성향의 교육감 후보에게 투표
했으며 보수적인 유권자는 보수성향의 교육감 후보에게 투표했는가?
이를 알아보기 위해 〈표 5-2〉에서는 응답자의 이념성향에 따라 교육감
선거에서 투표한 후보가 어떻게 달라지는지 보여주고 있다. 비교의 목
적을 위해 광역단체장선거의 투표선택 또한 이념성향에 따라 보여주었
다. 광역단체장선거의 경우 부산의 오거돈 후보와 울산의 조승수 후보
의 경우 각기 무소속과 정의당 소속으로 출마하였으나 실질적으로 야권

<표 5-2> 이념성향에 따른 2014년 광역단체장선거와 교육감선거의 투표선택(%)

이념성향[1]	교육감선거			광역단체장선거		
	보수·중도 성향 후보	진보 성향 후보	이념성향 고려하지 않음	새누리당 후보	새정치민주연합 후보[2]	기타 정당/ 무소속 후보
진보	16.6	54.5	28.9	25.5	65.1	9.4
중도	31.7	36.3	32.0	49.0	44.6	6.4
보수	52.1	18.8	30.1	79.0	19.6	1.4

주: 1) 원래 변수는 매우 진보(0)부터 중도(5)를 거쳐 매우 보수(10)에 이르는 11점 척도였으나 논의의 편의를
   위해 이 표에서는 0~4를 진보, 5를 중도, 6~10을 보수로 재코딩했다.
  2) 부산의 오거돈 후보와 울산의 조승수 후보에게 투표한 응답자도 포함되었다.

단일후보였다는 점에서 새정치민주연합의 후보와 함께 고려하였다. 결과에 따르면 스스로를 진보적이라고 생각하는 응답자의 과반수가 교육감선거에서는 진보성향 후보를 그리고 광역단체장선거에서는 새정치민주연합을 비롯한 야당 후보를 선택하였다. 마찬가지로 보수적인 응답자는 보수적인 교육감 후보와 새누리당의 광역단체장 후보에게 투표하는 경향을 강하게 보였다. 흥미로운 것은 — 이념성향을 고려하지 않았다는 응답자를 제외하고 — 이념적으로 중도적인 유권자들이 광역단체장선거에서는 새누리당 후보에게 (야당 후보에 비해) 다소 높은 수준의 지지를 보낸 반면, 교육감선거에서는 진보성향 후보에게 (보수 혹은 중도성향의 후보에 비해) 다소 높은 지지를 보냈다는 점이다.

마지막으로 <표 5-3>은 광역단체장선거와 교육감선거 사이에서 발생한 분할투표의 수준을 살펴보기 위해 응답자가 광역단체장선거에서 어떤 정당의 후보에게 투표했는지에 따라 교육감선거의 투표선택을 구분하여 제시하였다. 결과에 따르면 광역단체장선거에서 야권 후보에게 투표한 응답자의 60%가 교육감선거에서도 진보성향 후보에게 투표했으며, 새누리당 광역단체장 후보에게 투표한 응답자 중 진보성향 교육감 후보에게 투표한 비율은 15.7%에 그쳤다. 즉, 2014년 지방선거에서

<표 5-3> 2014년 광역단체장선거의 지지 후보에 따른 교육감선거의 투표선택(%)

		교육감선거			사례 수[2]
		보수 · 중도 성향후보	진보 성향후보	이념성향 고려하지 않음	
광역 단체장 선거	새누리당 후보	51.6	15.7	32.7	471
	새정치민주연합 후보[1]	12.6	60.1	27.3	388
	기타 정당/무소속 후보	21.6	51.0	27.5	51

주: 1) 부산의 오거돈 후보와 울산의 조승수 후보에게 투표한 응답자도 함께 포함되었다.
2) 광역단체장선거와 교육감선거 모두에 참여한 응답자의 숫자를 의미한다.

진보성향 교육감들이 비록 정당에 의해 공식적으로 공천된 것은 아니지만 여전히 새정치민주연합을 비롯한 야당과 이념적·정책적 친화성을 가진다는 것을 대부분의 유권자들이 인식하고 있었으며, 결과적으로 두 투표선택 사이에는 상당한 상관관계가 존재한다는 것이다. 그러나 이와 동시에 교육감선거와 광역단체장선거 사이에서 상당 수준의 분할투표자가 발견되었다. 광역단체장선거에서는 새누리당 후보에게 투표했음에도 진보성향 교육감 후보에게 투표하거나 혹은 야권의 광역단체장 후보에게 투표했으면서도 교육감선거에서는 보수·중도성향의 후보에게 투표하거나 혹은 이념성향을 고려하지 않았다고 대답한 비율도 상당한 수준으로 나타났다.

4. 통계분석과 결과

보다 구체적으로 어떠한 요인이 2014년 교육감선거에서 나타난 한국 유권자들의 투표선택에 영향을 끼쳤는지 알아보기 위해 통계분석을 시행하였다. 교육감선거의 투표선택을 설명하기 위한 첫 번째 독립변수는 정당에 대한 태도이다. 일반적으로 정당에 대한 태도가 유권자의 투표선택에 끼치는 강력한 영향력에 대해서는 잘 알려졌지만, 과연 정당공천이 이루어지지 않는 교육감선거에서도 정당에 대한 태도가 마찬가지의 영향력을 행사할 것인가에 대해서는 정확히 알려지지 않았다. 정당에 대한 태도는 2가지 유형의 변수로 측정되었다. 첫 번째는 응답자의 지지 정당으로서 무당파를 중심으로 새누리당 지지자, 새정치민주연합 지지자, 그리고 진보정당 지지자를 나타내는 가변인(*dummy variables*)의 형태로 포함되었다. 두 번째로 양대 정당인 새누리당과 새정치민주연합에 대한 호감도를 11점 척도로 코딩하여 포함하였다.

두 번째 독립변수는 응답자의 이념성향이다. 이념성향과 관련하여 우선 일반적인 진보-보수성향으로서 '매우 진보'를 뜻하는 0부터 '중도'를 뜻하는 5를 거쳐 '매우 보수'를 뜻하는 10까지의 11점 척도를 사용하였다. 이와 더불어 일반적인 진보-보수성향과는 별개로 탈물질주의를 반영하는 사회적 쟁점에 대한 태도를 포함하였다. 구체적으로 탈물질주의적 가치에 대한 동의는 학교에서의 체벌 허용, 양심에 따른 대체복무제 허용, 사형제 폐지 등 세 쟁점에 대해 찬성하는 정도를 사용하여 측정되었으며, 값이 커질수록 보다 탈물질주의적인 태도를 가진다는 것을 의미한다.[5]

세 번째로 박근혜 정부에 대한 평가 및 심판론과 연관된 독립변수들을 고려하였다. 먼저 박근혜 대통령의 국정운영에 대한 평가와 "이번 선거는 박근혜 정부를 심판하는 선거였다"라는 질문에 동의하는 정도를 각기 4점 척도로 측정한 변수를 포함하였다. 그리고 이와 더불어 이번 지방선거를 앞두고 발생한 세월호 참사에 대한 태도를 반영하는 변

---

[5] 진보-보수의 이념성향과 3가지 사회적 쟁점을 사용하여 측정된 탈물질주의적 태도 사이의 상관관계는 0.1에 지나지 않는다.

수를 포함하였다. 세월호 참사에 대한 태도는 수습과정에서 나타난 박근혜 정부의 미숙한 대응으로 인해 지방선거에서 여당에 불리하게 작용할 것이라고 예상되었다. 더구나 세월호 참사로 인해 주로 고등학생들이 목숨을 잃었다는 점에서 교육감선거에서 그 영향력이 특히 컸을 것이라는 주장이 많이 제기되었다. 이러한 고려를 반영하여 "투표선택에 있어 세월호 참사가 얼마나 큰 영향을 끼쳤는가?"라는 질문에 대한 대답을 5점 척도로 측정하여 분석에 포함하였다.

마지막으로 응답자의 연령, 교육 및 소득수준, 자가주택 보유 여부, 성별 등과 같은 기본적인 사회경제적 배경 또한 통제되었다. 그런데 2014년 지방선거의 투표선택을 분석하는 데 있어 추가적으로 고려해야 할 것은 초·중·고등학교에 재학 중인 자녀를 둔 '앵그리 맘'의 역할이다. 이론적으로는 초·중·고등학교에 재학 중인 자녀가 있는가의 여부를 사용하여 응답자가 '앵그리 맘'에 속하는지의 여부를 판단해야겠지만, 본 연구에서 사용하는 자료에는 자녀 유무 및 자녀의 연령을 나타내는 정보가 존재하지 않는다. 따라서 불완전하게나마 이하의 분석에서는 결혼 여부와 성별을 결합하여 미혼 남성과 비교하여 기혼 여성이 특별히 진보교육감 후보에게 높은 지지를 보였는지 검증하고자 한다.

분석을 위한 종속변수는 진보성향의 교육감 후보에게 투표한 응답자를 1로 나머지 응답자를 0으로 코딩하였다. 앞 절에서도 논의했던 이유에서 교육감선거에서 후보의 이념성향을 고려하지 않았다는 응답 또한 보수·중도성향의 후보에게 투표한 응답자와 마찬가지로 0으로 코딩하였다. 그리고 교육감선거에서의 지지 후보 결정이 광역단체장선거의 선택에 따라 어떻게 달라지는지 살펴보기 위해 〈표 5-4〉에서 전체 응답자를 대상으로 한 분석 결과와 더불어, 광역단체장선거에서 새누리당 후보에게 투표한 응답자와 야당 및 무소속 후보에게 투표한 응답자를 구분하여 분석한 결과를 함께 제시하였다.

전체 응답자를 대상으로 한 분석에서 몇 가지 흥미로운 결과가 발견되었다. 먼저 유권자의 이념성향과 관련하여 보수적인 유권자일수록 진보성향의 교육감 후보를 지지할 확률이 유의미하게 감소하는 것은 쉽게 이해할 수 있다. 그러나 중요한 점은 진보-보수의 이념성향을 통제한 이후에도 유권자가 어떤 정당을 지지하는가가 여전히 교육감선거의 투표선택에 유의미한 영향을 끼치고 있다는 사실이다. 즉, 비록 정당이 공식적으로 공천하지는 않았지만, 유권자들은 자신의 선거구에 출마한 교육감 후보가 어떤 정당과 이념적 친화성을 가지는지를 명확하게 인식하고 이를 투표선택에 반영한다는 것이다. 다만 지지 정당과는 달리 새누리당과 새정치민주연합 등 주요 정당에 대한 정서적 호감도는 교육감선거의 투표선택에 그다지 영향을 주지 않았다. 즉, 야당에 대해 호의적이지 않은 유권자들도 진보성향의 교육감 후보를 지지하는 데 큰 거부감을 느끼지 않는다는 것이다. 6

이와 유사한 맥락에서 〈표 5-4〉는 정당공천이 이루어지지는 않았음에도 불구하고 교육감선거 역시 중앙정치의 영향에서 자유롭지 않다는 사실 또한 보여 주고 있다. 앞서 지적했듯이 유권자가 어떤 정당을 지지하는지 교육감 후보에 대한 선택에 유의미한 영향을 끼쳤을 뿐만 아니라, 박근혜 대통령의 국정운영에 대한 평가 또한 교육감선거의 투표선택에 반영되었다. 박근혜 대통령의 국정운영을 긍정적으로 평가하는 유권자일수록 진보성향의 교육감 후보에게 투표할 확률이 유의미하게

---

6 교육감선거의 투표선택에 초점을 맞추었기 때문에 보고하지는 않았지만, 동일한 독립변수들을 사용하여 광역단체장선거의 투표선택을 분석했을 때에는 응답자의 지지 정당뿐만 아니라 새누리당과 새정치민주연합에 대한 정서적 호감도 역시 통계적으로 유의미한 영향을 끼친 것으로 나타났다.

⟨표 5-4⟩ 2014년 교육감선거의 투표결정요인

	Coefficients(Robust Standard Errors)					
	전체 응답자		광역단체장선거의 투표선택			
			새누리당 후보		야당/무소속 후보	
새누리당 지지	−0.197	(0.235)	0.245	(0.173)	0.264	(0.382)
새정치민주연합 지지	0.421*	(0.149)	0.525	(0.354)	0.277	(0.176)
진보정당 지지	0.887*	(0.369)	1.313	(0.686)	0.510	(0.412)
새누리당 호감도	−0.059	(0.039)	−0.041	(0.032)	−0.009	(0.057)
새정치민주연합 호감도	0.016	(0.036)	0.004	(0.052)	−0.019	(0.034)
진보−보수 이념	−0.101*	(0.039)	−0.117	(0.066)	−0.110*	(0.049)
탈물질주의 태도	0.155	(0.110)	0.385*	(0.178)	0.069	(0.105)
박근혜 국정운영평가	−0.396*	(0.065)	−0.379*	(0.173)	−0.427*	(0.121)
박근혜 심판론 동의	0.056	(0.102)	0.171	(0.174)	0.003	(0.110)
세월호 고려	0.044	(0.076)	−0.009	(0.100)	0.074	(0.104)
20대(19세 포함)	0.185	(0.262)	0.352	(0.567)	−0.142	(0.253)
30대	0.088	(0.188)	0.306	(0.226)	−0.281	(0.215)
50대	−0.030	(0.226)	0.100	(0.344)	−0.387	(0.217)
60세 이상	0.015	(0.189)	−0.153	(0.253)	0.090	(0.288)
고등학교 졸업	0.280	(0.171)	0.101	(0.192)	0.514	(0.294)
대학교 재학 이상	0.362*	(0.150)	0.145	(0.267)	0.690*	(0.323)
월평균 가구소득	0.005	(0.014)	0.024	(0.021)	−0.007	(0.034)
자가소유 주택 거주	0.106	(0.105)	0.072	(0.184)	0.185	(0.111)
미혼 여성	−0.159	(0.270)	−0.580	(0.535)	−0.035	(0.444)
기혼 여성	0.259	(0.206	−0.164	(0.303)	0.448	(0.265)
기혼 남성	0.173	(0.235)	−0.381	(0.381)	0.348	(0.269)
지역 dummies	Yes		Yes		Yes	
Constant	−0.232	(0.504)	−1.001	(0.764)	0.121	(0.637)
Pseudo R^2	0.2671		0.2313		0.1445	
% correctly predicted	76.13		84.82		69.66	
N	909		461		435	

주: 1) 선거구의 특성을 통제하기 위해 서울이 각 광역자치단체를 나타내는 가변인의 모형에 포함되었으나 여기에서는 생략되었다. 이와 더불어 동일한 선거구에 속한 유권자들 사이의 상관관계를 감안하여 17개 광역자치단체수준에서 군집화된 강건표준오차(clustered robust standard errors)를 사용하였다.

2) * $p < 0.05$

하락하였다. 다만 야당이 제기한 박근혜 정부에 대한 심판론이나 세월호 참사에 대한 고려가 끼친 영향력은 미미했던 것으로 나타났다.

분석 결과에서 가장 흥미로운 발견은 탈물질주의적인 태도가 2014년 교육감선거의 투표선택에 끼친 영향력이다. 먼저 전체 유권자를 대상으로 한 분석에서는 탈물질주의적인 태도의 영향력이 통계적으로 유의미하지 않게 나타났다. 그러나 광역단체장선거에서 새누리당 후보에게 투표한 응답자들만을 고려했을 때에는 학교 체벌, 대체복무제, 사형제 폐지 등의 사회적 쟁점에 대해 진보적인 태도를 갖는 유권자가 진보성향 후보에게 투표할 확률이 유의미하게 증가하였다. 반면에 야당 및 무소속 후보를 지지한 응답자들 사이에서는 탈물질주의적 가치에 대한 태도가 교육감선거의 후보 선택에 별다른 영향을 끼치지 않았다. 즉, 광역단체장선거에서 새누리당 후보에게 투표한 유권자들 사이에서는 사회적 쟁점에 대해 진보적인 입장이 진보성향 교육감 후보에 대한 지지로 이어졌으며, 이는 결과적으로 교육감선거와 광역단체장선거 사이의 분할투표로 이어졌다는 것이다. 그러나 미혼 남성에 비해 기혼 여성이 특별히 진보성향의 교육감 후보에게 더 높은 지지를 보내지는 않았다는 점에서 드러나듯이, 탈물질주의적 태도의 영향력을 소위 '앵그리맘'이라는 집단의 역할을 의미하는 것이라고 볼 여지는 적다고 할 수 있다. 반면에 광역단체장선거에서 이미 야당 후보에게 투표한 유권자들 사이에서는 사회적 쟁점에 대해 진보적인 입장을 가진다고 해서 이것이 특별히 진보성향 교육감 후보에 대한 추가적인 지지로 이어지지는 않았다는 것이다.

〈표 5-4〉의 분석은 광역단체장선거의 지지 후보에 따라 교육감선거에서의 투표선택이 어떻게 달라지는지 직관적으로 보여준다는 장점은 있지만, 광역단체장 후보에 대한 선택이 교육감선거에서의 투표선택에

반드시 선행하지는 않는다는 점에서 '동시'지방선거에 임하는 유권자의 의사결정과정을 제대로 반영하고 있지는 않다. 이러한 점을 보완하기 위해 〈표 5-5〉에서는 일관투표의 두 유형 — 보수·중도성향 교육감 후보와 새누리당 광역단체장 후보의 조합과 진보성향 교육감 후보와 야당 광역단체장 후보의 조합 — 과 분할투표의 두 유형 — 진보성향 교육감 후보와 새누리당 광역단체장 후보의 조합과 보수·중도성향 교육감 후보와 야당 광역단체장 후보의 조합 — 의 총 4가지 선택지를 종속변수로 사용한 다항로짓(multinomial logit) 모형을 사용한 분석 결과를 제시하였다. 분석을 위한 기준범주(base category)는 일관투표의 첫번째 유형인 보수·중도성향 교육감 후보와 새누리당 광역단체장 후보의 조합이다.

서로 다른 통계 모형이 사용되었지만 〈표 5-5〉의 결과는 〈표 5-4〉의 결과와 대부분 일치하는 것으로 나타났다. 광역단체장선거에서는 새누리당 후보에게 투표했음에도 불구하고 교육감선거에서는 진보성향의 후보에게 투표하도록 이끈 중요한 요인은 탈물질주의와 관련한 사회적 쟁점에 대한 태도로 드러났다. 우선 정당에 대한 태도나 진보-보수 이념성향은 진보 교육감 후보와 새누리당 광역단체장 후보의 조합과 보수·중도 교육감 후보와 새누리당 광역단체장 후보의 조합 사이의 선택에 유의미한 영향을 끼치지는 않았다. 즉, 광역단체장선거에서 새누리당 후보에게 투표한 유권자들은 교육감선거에서의 선택과는 무관하게 정당에 대한 태도나 진보-보수의 이념성향에 있어서는 유사한 모습을 보이는 것이다. 반면에 이들 중 사회적 쟁점에 대해 진보적인 태도를 가진 유권자일수록 보수·중도성향 교육감 후보보다는 진보성향 교육감 후보에게 투표할 확률이 유의미하게 증가했다. 즉, 광역단체장선거에서 새누리당 후보를 지지한 유권자들 중에서 탈물질주의적 가치에 공감하

〈표 5-5〉 2014년 교육감선거와 광역단체장선거 사이의 분할투표 결정요인

	Coefficients(Robust Standard Errors)					
	분할투표 1 (진보 + 새누리당)		분할투표 2 (보수 · 중도 + 야당)		일관투표 2 (진보 + 야당)	
새누리당 지지	0.512	(0.319)	−1.478*	(0.447)	−1.048	(0.796)
새정치민주연합 지지	1.068	(0.549)	1.601*	(0.444)	2.065*	(0.407)
진보정당 지지	1.775	(1.010)	1.369	(0.785)	2.359*	(1.051)
새누리당 호감도	−0.089	(0.068)	−0.633*	(0.113)	−0.654*	(0.082)
새정치민주연합 호감도	0.060	(0.091)	0.489*	(0.114)	0.456*	(0.121)
진보-보수 이념	−0.196	(0.113)	−0.301*	(0.117)	−0.472*	(0.122)
탈물질주의 태도	0.731*	(0.271)	−0.431*	(0.217)	−0.335	(0.313)
박근혜 국정운영평가	−0.638*	(0.292)	−0.585	(0.333)	−1.219*	(0.337)
박근혜 심판론 동의	0.375	(0.286)	−0.157	(0.211)	−0.160	(0.234)
세월호 고려	−0.070	(0.196)	0.251	(0.133)	0.383*	(0.135)
20대(19세 포함)	0.981	(0.965)	1.444*	(0.699)	1.230*	(0.608)
30대	0.692	(0.377)	1.358*	(0.662)	0.974	(0.656)
50대	0.356	(0.579)	0.987	(0.619)	0.420	(0.695)
60세 이상	0.048	(0.517)	−0.159	(0.603)	−0.097	(0.419)
고등학교 졸업	0.010	(0.319)	0.071	(0.296)	0.908	(0.494)
대학교 재학 이상	0.131	(0.497)	−0.732	(0.563)	0.361	(0.488)
월평균 가구소득	0.034	(0.045)	0.038	(0.076)	0.015	(0.053)
자가소유 주택 거주	−0.116	(0.328)	−0.301	(0.407)	0.073	(0.473)
미혼 여성	−1.053	(0.921)	0.385	(0.558)	0.309	(0.781)
기혼 여성	−0.267	(0.527)	−0.255	(0.630)	0.506	(0.916)
기혼 남성	−0.524	(0.669)	0.204	(0.732)	0.782	(1.037)
지역 dummies	Yes		Yes		Yes	
Constant	−2.154	(1.573)	4.320*	(1.339)	4.399*	(1.518)
Pseudo R^2	0.4475					
N	899					

주: 1) 선거구의 특성을 통제하기 위해 서울이 각 광역자치단체를 나타내는 가변인의 모형에 포함되었으나 여기에서는 생략되었다. 이와 더불어 동일한 선거구에 속한 유권자들 사이의 상관관계를 감안하여 17개 광역자치단체수준에서 군집화된 강건표준오차를 사용하였다.

2) * $p < 0.05$

는 사람일수록 교육감선거에서는 진보성향의 후보에게 투표했다는 것이다.

2014년 광역단체장선거와 교육감선거에서 나타난 분할투표의 또 다른 형태인 보수·중도성향의 교육감 후보와 야당의 광역단체장 후보의 조합에 영향을 끼친 가장 중요한 요인 역시 탈물질주의적 가치에 대한 태도였다고 할 수 있다. 기준범주로 사용된 첫 번째 유형의 일관투표와 비교했을 때 새누리당이나 야당에 대한 지지 여부 및 호감도, 그리고 진보-보수의 이념성향이 끼치는 영향력은 두 번째 유형의 분할투표에나 진보성향의 교육감 후보와 야당의 광역단체장 후보를 선택하는 두 번째 유형의 일관투표에나 마찬가지로 나타났다. 즉, 야당을 지지하거나 진보적인 유권자일수록 광역단체장선거에서 야당 후보에게 투표했다는 것이다. 그러나 광역단체장선거에서 야당 후보에게 투표한 유권자들 중에서 교육감선거에서 보수·중도성향의 후보에게 투표한 사람들은 사회적 쟁점에 있어 유의미하게 보수적이었던 것으로 나타났다. 다시 말해서 보수·중도성향의 교육감 후보와 야당의 광역단체장 후보에게 분할투표한 유권자가 보수·중도성향의 교육감 후보와 새누리당 광역단체장 후보에게 일관투표한 유권자보다 사회적 쟁점에 대해 더욱 보수적인 입장을 가진다는 것이다.

새누리당의 광역단체장 후보와 보수·중도성향 교육감 후보를 지지하는 보수적인 성격의 일관투표와 비교하여 광역단체장선거에서는 새누리당 후보에게 투표했음에도 불구하고 교육감선거에서는 진보성향의 후보를 지지하게 되는 또 다른 이유는 박근혜 대통령의 국정운영에 대한 평가이다. 보수적인 일관투표자에 비해 광역단체장선거에서는 새누리당 후보에게 투표했으나 동시에 진보성향의 교육감 후보에게도 투표한 유권자들은 박근혜 대통령의 국정운영에 대해 유의미한 정도로 부정적인 평가를 내리고 있다. 이러한 현상은 강원택(2010)이 지적한 바와 같이 상당수의 — 새누리당 지지성향의 — 유권자들이 박근혜 대통령의 국정운영에 대한 불만을 광역단체장에 비해 상대적으로 정치적인 중요성이 덜하다고 인식된 교육감선거를 통해 표출하는 측면도 존재한다는 것이다.

마지막으로 〈표 5-5〉에서 또 한 가지 눈길을 끄는 것은 세월호 참사에 대한 태도가 가지는 영향력이다. 세월호 참사를 중요하게 여긴 유권자일수록 보수·중도성향의 교육감 후보와 새누리당의 광역단체장 후보에게 일관투표하기보다는 진보성향의 교육감 후보와 야당의 광역단체장 후보에게 일관투표를 할 확률이 유의미하게 증가하였다. 〈표 5-4〉의 분석에서나 2가지 유형의 분할투표에 대해서는 세월호 참사에 대한 태도가 별다른 영향을 끼치지 않았다는 점에서 2014년 지방선거에서 세월호 참사가 끼친 영향력은 교육감선거보다는 주로 광역단체장선거를 통해 드러났다고 볼 수 있다. 7 즉, 세월호 참사 및 그 수습과정에서 드러난 박근혜 정부의 미숙한 대응이 여당인 새누리당에게 불리하게 작용한 것은 사실이지만, 세월호 참사로 인해 주로 고등학생들이 목숨을 잃었다는 점에서 교육감선거에 특히 영향을 끼쳤을 것이라는 예상은 경험적인 근거가 약하다는 것이다.

---

7 이를 간접적으로 뒷받침하는 또 하나의 증거는 〈표 5-5〉에서 — 비록 일반적인 통계적 유의미성에 도달하지는 못했지만 — 세월호 참사를 중요하게 고려한 유권자일수록 보수·중도성향의 교육감 후보와 새누리당의 광역단체장 후보에게 일관투표하기보다는 보수·중도성향의 교육감 후보와 야당의 광역단체장 후보에게 투표하는 두 번째 유형의 분할투표에 나설 확률이 증가했다는 점이다(p = 0.058).

5. 나가며

2014년 제6회 지방선거는 세월호 참사와 같은 악재에도 불구하고 여당인 새누리당이 승리한 선거로 평가된다. 실제로 비록 광역단체장선거에서는 새누리당과 새정치민주연합이 8 : 9로 균형을 이루었지만, 그외 기초단체장선거나 광역·기초의회선거에서는 모두 새누리당이 승리를 거두었다. 그러나 새누리당의 전반적인 우세 속에서도 유독 교육감선거에서만은 진보성향의 후보들이 예상을 뛰어넘는 성과를 거두었으며, 이것이 의미하는 것은 다른 선거에서는 새누리당 후보를 선택한 유권자의 상당수가 교육감선거에서는 진보성향의 후보에게 투표하는 일종의 분할투표에 나섰다는 사실이다. 그렇다고 해서 진보성향 교육감 후보들이 거둔 성과를 다른 공직과는 달리 정당공천이 금지되어 있다는 것에 돌릴 수는 없다. 본 연구의 분석에서 보여주었듯이 교육감선거의 투표선택 역시 유권자의 지지 정당 및 이념성향, 그리고 박근혜 대통령의 국정운영에 대한 평가에 의해 크게 좌우되었기 때문이다.

본 연구의 분석에 따르면 새누리당의 광역단체장 후보에게 투표한 유권자가 교육감선거에서는 진보성향 후보를 선택한 이유는 탈물질주의적 가치에 대한 동의에서 찾을 수 있다. 학교에서의 체벌 허용, 양심에 따른 대체복무제 허용, 사형제 폐지 등 사회적 쟁점에 대해 진보적인 입장을 가진 유권자일수록 설사 광역단체장선거에서는 새누리당 후보를 지지했을지라도 교육감선거에서는 진보성향의 후보에게 투표하는 경향이 유의미하게 나타났다. 또 다른 형태의 분할투표인 광역단체장선거에서는 야당 후보를 지지했으면서도 교육감선거에서는 보수·중도성향의 후보에게 투표한 응답자의 경우에도 마찬가지로 이러한 사회적 쟁점에 대한 태도가 중요한 역할을 했다. 그리고 이와 같이 일반적인 정치적·경제적 쟁점과는 별개로 사회적 쟁점에 대한 태도가 교육감선거의 투표선택에 중요한 영향을 끼쳤다는 사실은 무엇보다도 교육정책을 담당하는 교육감의 특수한 역할과 기능을 반영하는 것으로 보인다.

결론적으로 본 연구의 분석은 기존의 분할투표이론으로는 교육감선거와 광역단체장선거 사이의 서로 다른 선택을 설명하는 데 한계가 있다는 것을 보여주고 있다. 기존의 분할투표이론은 대부분 서로 다른 수준의 선거구 사이에서 유권자가 내리는 전략적 선택에 초점을 맞추고 있다. 그러나 교육감선거와 광역단체장선거는 동일한 선거구에서 서로 다른 성격의 공직을 선출한다는 점에서 정책적 균형이나 사표방지심리에 기대어 설명하기 어려운 측면이 있다. 실제로 교육감선거와 광역단체장선거에서 서로 다른 선택을 한 유권자들이 특별히 무당파 혹은 이념적 중도성향의 유권자라고 볼 증거는 발견되지 않았다.8 결국 2014년 전국동시지방선거에서 한국 유권자들이 진보성향의 교육감들을 대거 당선시킨 이유는 지금까지의 교육정책에 대한 반성과 새로운 방향 설정에 대한 요구에서 찾을 수 있으며, 그럼에도 불구하고 광역단체장선거를 비롯한 다른 선거에서는 여당인 새누리당에게 실질적인 승리를 안겨 준 것은 이러한 반성과 요구가 아직까지는 교육이라는 특정한 영역에 국한되어 있을 뿐 사회 전반에 걸친 정치적 쟁점으로까지 확대되지는 못하고 있다는 것을 보여주고 있다.

---

8 예를 들어 〈표 5-4〉와 〈표 5-5〉의 분석에 진보-보수 이념성향의 제곱항을 포함하여 다시 분석하는 경우 제곱항의 계수는 통계적으로 전혀 유의미하지 않은 것으로 나타났다.

참고문헌

강원택(2004), "제 17대 총선에서 민주노동당 지지에 대한 분석", 〈한국정치연구〉 13(2): 143~165.

_____(2006), "2002년 지방선거의 정치적 의미: 중간평가 혹은 대선 전초전?" 〈한국정치연구〉 15(2): 61~83.

_____(2010), "2010 지방선거에서의 분할투표: 서울 지역을 중심으로", 〈한국과 국제정치〉 26(4): 1~26.

김진하(2010), "지방선거의 역사적 의미와 6·2 지방선거 분석: 서울시장 선거 사례 분석", 〈한국정당학회보〉 9(2): 5~32.

박찬욱(2004), "제 17대 총선에서 2표 병립제와 유권자의 분할투표: 선거제도의 미시적 효과 분석", 〈한국정치연구〉 13(2): 39~85.

박찬욱·홍지연(2009), "제 18대 국회의원 총선거에서 한국유권자들의 분할투표 행태에 관한 분석", 〈한국정치연구〉 18(1): 1~28.

서현진(2014), "동시선거로 실시된 2014 교육감선거의 유권자 투표행태에 관한 연구", 〈현대정치연구〉 7(2): 35~65.

조진만·윤상진(2012), "광역단체장선거와 교육감선거 동시 실시와 유권자의 투표선택: 경기도 사례에 대한 경험적 분석", 〈사회과학연구〉 20(2): 202~230.

조진만·최준영(2006), "1인 2표 병립제의 도입과 유권자의 투표행태: 일관투표 와 분할투표의 결정요인 분석", 〈한국정치학회보〉 40(1): 71~90.

지병근(2011), "6·2 지방선거에서 나타난 분할투표의 유형과 원인", 이내영·임성학 편, 《변화하는 한국유권자 4: 패널조사를 통해 본 2010 지방선거》, EAI.

황아란(2013), "2000년대 지방선거의 변화와 지속성: 현직효과와 중앙정치의 영향", 〈한국정치학회보〉 47(5): 277~295.

Alesina, A. & Rosenthal, H. (1995), *Partisan Politics, Divided Government, and the Economy*, New York: Cambridge University Press.

Ansolabehere, S., Snyder, J. M. Jr., & Stewart, C. III. (2000), "Old Voters, New Voters, and the Personal Vote: Using Redistricting to Measure the Incumbency Advantage", *American Journal of Political Science* 44(1): 17~34.

Bartels, L. M. (2000), "Partisanship and Voting Behavior, 1952-1996", *American Journal of Political Science* 44(1): 35~50.

Kathleen, B. (1999), "Voter Responses to Electoral Complexity: Ticket Splitting, Rational Voters and Representation in the Federal Republic of Germany", *British Journal of Political Science* 29(3): 487~505.

Brewer, M. D. (2005), "The Rise of Partisanship and the Expasion of Partisan Conflict within the American Electorate", *Political Research Quarterly* 58(2): 219~229.

Cain, B., Ferejohn, J., & Fiorina, M. (1987), *The Personal Vote: Constituency Service and Electoral Independence*, Cambridge: Harvard University Press.

Carsey, T. M. & Layman, G. C. (2004), "Policy Balancing and Preferences for Party Control of Government", *Political Research Quarterly* 57(4): 541~550.

Dalton, R. J. & Wattenberg, M. P. (2000), *Parties Without Partisans: Political Change in Advanced Industrial Democracies*, New York: Oxford University Press.

Desosato, S. W. & Petrocik, J. R. (2003), "The Variable Incumbency Advantage: New Voters, Redistricting, and the Personal Vote", *American Journal of Political Science* 47(1): 18~32.

Fiorina, M. P. (1992), *Divided Government*, New York: Macmillan.

Garand, J. C. & Lichtl, M. G. (2000), "Explaining Divided Government in the United States: Testing an Intentional Model of Split-ticket Voting", *British Journal of Political Science* 30(1): 173~191.

Gschwend, T. (2007), "Ticket-Splitting and Strategic Voting under Mixed Electoral Rules: Evidence from Germany", *European Journal of Political Research* 46(1): 1~23.

Hetherington, M. J. (2001), "Resurgent Mass Partisanship: The Role of Elite Polarization", *American Political Science Review* 95(3): 619~631.

Ingberman, D. & Villani, J. (1993), "An Institutional Theory of Divided Government and Party Polarization", *American Journal of Political Science* 37(2): 429~471.

Johnston, R. J. & Pattie, C. J. (2002), "Campaigning and Split-Ticket Voting in New Electoral Systems: The First MMP Elections in New Zealand, Scotland and Wales", *Electoral Studies* 21(4): 583~600.

Karp, J. A., Vowles, J., Banducci, S. A., & Donovan, T. (2002), "Strategic Voting, Party Activity, and Candidate Effects: Testing Explanations for Split Voting in New Zealand's New Mixed System", *Electoral Studies* 21(1): 1~22.

Lewis-Beck, M. S., & Nadeau, R. (2004), "Split-Ticket Voting: The Effects of Cognitive Madisonianism", *Journal of Politics* 66(1): 97~112.

Mebane, W. R. Jr. (2000), "Coordination, Moderation, and Institutional Balancing in American Presidential and House Elections", *American Political Science Review* 94(1): 37~57.

Nie, N. H., Verba, S., Petrocik, J. R. (1976), *The Changing American Voter*, Cambridge: Harvard University Press.

Schoen, H. (1999), "Split-Ticket Voting in German Federal Elections, 1953-1990: An Example of Sophisticated Balloting?", *Electoral Studies* 18(4): 473~496.

Smith, C. E. Jr., Brown, R. D., Bruce, J. M., & Overby, L. M. (1999), "Party Balancing and Voting for Congress in the 1996 National Election", *American Journal of Political Science* 43(3): 737~764.

Wattenberg, M. P. (1996), *The Decline of American Political Parties 1952-1992*, Cambridge: Harvard University Press.

06 동원이 선거참여에 미치는 영향
2012년 국회의원선거와
2014년 지방선거 비교*

김석호 · 한수진

1. 들어가며

선거참여, 즉 투표는 가장 일반적인 정치참여의 유형이다. 선거참여는 개인 입장에서는 약간의 노력으로 정치에 영향력을 행사할 수 있는 가장 손쉬운 정치참여이기도 하다(김석호, 2013). 따라서 선거를 통한 정치참여의 수준과 과정은 한 사회의 민주주의의 질을 가늠하는 척도로 사용된다. 투표의 결정요인, 즉 개인의 투표 과정에 대한 연구는 한국에서 조사자료의 수집을 통한 정치 행태와 의식 분석이 일반화된 1990년대 초반부터 활성화되었다(박찬욱 · 강원택, 2013). 그때부터 대통령선거와 국회의원선거에서 나타난 한국인의 투표행태에 대한 분석이 정당 지지, 후보자 선택, 선거 이슈, 선거 범죄 등 다양한 주제를 통해 이루어졌다. 그리고 1995년 지방선거가 실시됨에 따라 지방선거 국

---

* 이 글은 〈조사연구〉 제16권 제3호(2015년)에 "전국선거와 지방선거에서 유권자들은 다른 이유로 투표하는가?: 동원과 시민성의 선거참여에 대한 두 선거 간 차별적 효과"라는 제목으로 게재된 논문을 일부 수정한 것입니다.

면에서 드러난 투표행태의 특수성과 보편성에 대한 연구가 처음 수행되기 시작하였다(이남영 외, 1993; 이내영·임성학 외, 2011).

경험적 자료의 분석을 통한 기존 선거 연구가 한국인의 투표행태에 대한 유용한 정보를 제공하고 방법론적으로도 상당한 성과를 이룬 것은 부인할 수 없는 사실이다. 이제는 대통령선거, 국회의원선거, 지방선거 등이 치러질 때마다 여러 연구기관들이 단순 지지도조사보다 더 심층적인 선거참여 과정 및 지지 후보 선택과 관련된 세세한 정보를 수집해 선거 분석을 발표한다(박찬욱·강원택, 2012a; 박찬욱·강원택, 2013b; 이내영·서현진 외, 2013; 박찬욱·김지윤·우정엽 외, 2012). 그러나 기존 연구는 전국 단위의 대통령선거 및 국회의원선거와 지방선거의 투표행태에 대해 비슷한 설명방식을 적용함으로써 그 둘 간의 차이를 파악하는 데 소홀했던 것도 사실이다. 특히 기존 선거 연구에서 가장 활발하게 수행되어 온 선거참여(*voting turnout*)의 결정요인에 대한 분석에서 전국 단위의 선거와 지방선거 간 차별적인 접근이 이루어지지 않은 점은 한계로 지적된다(Oliver & Ha, 2007). 가령 동아시아연구원이 2010년 지방선거 패널 자료를 수집해 분석 결과를 발표한 연구에 포함된 주제들이 대통령선거나 국회의원선거에서 다루는 주제들과 대동소이하다(이내영·임성학 외, 2011). 오직 강원택(2010)이 천안함 사건과 지방선거 간 관계를 조명하며 당시 지방선거에서의 특수성이 유권자 선택에 미친 영향을 분석하고 있다.

결과적으로 우리는 대통령선거, 국회의원선거, 지방선거 각각에 대해 유권자들이 어떠한 생각을 가지고 어떠한 경로로 참여하게 되는가에 대한 지식을 축적하지 못하고 있을 뿐만 아니라 유권자의 선거참여 메커니즘은 선거유형에 관계없이 동일할 것이라는 무리한 가정에 의존해 연구를 수행하는 경향이 있다(Wood, 2002; Hajnal & Lewis, 2003; Oliver &

Ha, 2007; Carr & Tavares, 2014).

분명 한 개인이 선거참여를 결정하고 지지 후보를 선택하는 과정은 전국선거와 지방선거가 전혀 다를 수는 없다. 그리고 지방선거에서의 유권자 투표행태를 분석한다고 해서 그 주제들이 완전히 새로운 것일 수도 없다. 그럼에도 불구하고 기존 연구는 대통령선거, 국회의원선거와 같은 전국선거와 지방자치단체장선거, 지방의회선거와 같은 지방선거 간 본질적 차이와 그 차이가 초래하는 선거참여 및 지지 후보 선택 과정에 대한 차별적 결과에 대해 둔감하다. 지방선거 분석 시 정당정체성, 이념, 동원, 정치지식, 분할투표, 현직효과, 세대, 지역주의와 같은 친숙한 주제를 다루더라도 내용면에서는 차별적인 지방선거만의 특수성이 제시될 필요가 있는 것이다.

따라서 본 연구는 선거참여 과정에 대한 설명이 전국 단위의 선거와 지방선거가 다른 방식으로 이루어져야 한다는 입장을 기본적으로 견지한다. 그리고 한국의 지방선거 국면에서의 유권자 선거참여 과정에 대한 연구는 전국 단위의 선거에서 관찰되는 것들과는 차별적인 설명을 시도하는 방향으로 전개되어야 한다고 주장한다. 본 연구는 한국 유권자의 선거참여 과정에 대한 설명에 있어서 전국 단위의 선거와 지방선거 간 차이를 잘 드러낼 수 있는 요인들로 동원(mobilization)을 제시한다. 동원은 전국선거와 지방선거의 투표행태에 있어서의 차별성을 부각시켜 설명할 수 있기 때문이다. 즉, 동원의 영향력이 전국선거보다 지방선거에서 상대적으로 강한 영향력을 가지고 있을 것으로 가정한다. 한 도시 또는 지역을 중심으로 치러지는 지방선거에서는 지역 내의 후보자들을 직접 만날 수 있는 환경이 더 많이 제공될 뿐만 아니라 정치에 참여할 수 있도록 권유하는 동원이 효과적이다(Oliver et al., 2012). 물론 전국선거에서도 동원의 영향력은 유의미하다(김영태, 2012; 김석호 · 박바름, 2012). 그러나 전국선거와 지방선거의 특성을 고려했을 때, 지방선거의 경우 상대적으로 유권자 수가 적고, 지역적 범위가 좁아 후보자의 선거 조직을 통한 동원 및 득표 활동이 유권자의 선거참여에 강한 영향을 미칠 가능성이 높다.

아울러 본 연구는 동원이 선거참여에 미치는 영향에 있어서 지방선거와 전국선거의 차이를 만드는 데 중요한 역할을 하는 요인으로 시민성(*civility*)을 고려한다(Panagopoulos *et al.*, 2014). 동원의 선거참여에 대한 효과는 시민성이 투철하여 투표를 의무로 생각하고 있는 사람과 투표를 선택으로 인식하고 있는 사람 간에 차이가 존재하며, 이 차이는 전국선거와 지방선거에서 다르게 나타날 것이기 때문이다. 즉, 동원의 선거참여에 대한 효과가 두 선거에서 달라지는 하나의 메커니즘으로 시민성이 제시된다.

본 연구의 목적은 우선 지방선거와 전국선거에서 동원의 선거참여에 대한 차별적 영향력이 실제로 존재하는가를 살펴보는 것이다. 그런 후에 지방선거와 전국선거에서 동원의 선거참여에 대한 차별적 효과가 시민성에 의해 어느 정도 조절되는가를 파악하는 것이다. 본 연구는 서울대학교 한국정치연구소가 수집한 2012년 국회의원선거 자료와 2014년 지방선거 자료를 활용해 동원과 시민성의 선거참여에 대한 효과를 지방선거와 국회의원선거로 구분해 살펴보고자 한다. 이를 통해 기존 선거 연구들이 상대적으로 소홀하게 다루었던 전국 단위 선거와 지방선거 간 존재하는 투표행태의 차이를 드러내고자 한다. 이 연구가 동원과 시민성에만 초점을 두고 지방선거와 전국선거 간의 차이를 보여주고 있지만, 이 같은 시도는 향후 지방선거에 대한 새로운 접근을 촉진할 수 있는 시발점이 될 수 있을 것으로 기대한다.

2. 지방선거에서의 동원과 선거참여

동원이란 후보자, 정당, 운동원, 단체 등이 유권자들을 투표에 참여하도록 이끄는 과정이며, 이들의 노력으로 유권자가 투표에 참여할 가능성이 높아졌을 때, '동원되었다'라고 한다(Rosenstone & Hansen, 2003: 35~36). 투표참여와 지지 후보 선택을 권유하는 동원은 선거 후보자나 운동원 외에도 일상생활에서 가족이나 친척, 이웃이나 친구, 직장동료나 상사, 소속단체의 동료나 임원, 공무원 등 다양한 경로를 통해 이루어진다. 다양한 사람들로부터 지지 요청을 받을수록 선거와 후보자에 대한 정보가 많아지고, 정치에 대한 관심이 높아지는 계기가 되어 투표할 가능성이 높아진다(Huckfeldt *et al.*, 1995; Nickerson, 2008). 물론 동원하는 사람이 선거참여 자체를 요청하는 경우는 정부나 시민단체에 의한 선거참여 캠페인 말고는 없다. 동원은 항상 대상 선정(*selection*)과 설득(*persuasion*)의 두 단계를 거쳐, 후보 지지를 호소하고 궁극적으로 선거 참여 가능성을 높인다(Knoke, 1990a/1990b; Brady *et al.*, 1999; Nickerson, 2008).

다른 사회와 비교했을 때, 한국의 선거에서 동원의 영향력은 특별하다. 한국의 선거에서 사회적 관계에 의한 동원은 유권자의 정치적 정향, 정당정체성, 사회경제적 특성, 그리고 후보자의 자질 및 특성과 마찬가지로 유권자의 선거참여를 이끄는 가장 중요한 요인이다(박찬욱·강원택, 2012a). 이러한 동원의 특별함은 공적 관계와 사적 연고가 분명하게 구분되지 않는 한국의 문화적 특성과 밀접한 관련이 있는 것으로 보인다. 가령 김경동(1985)은 한국인의 전형적인 사회적 성격으로 위계적 권위주의, 집합주의, 연고주의, 온정주의, 도덕적 의례주의, 이분법적 사고, 현실과 이상의 괴리 등을 규정한다. 정수복(2007)은 이를 보다 세분화하여 한국인의 문화적 문법을 현세적 물질주의, 감정우선주의, 가족주의, 연고주의, 권위주의, 갈등회피주의, 감상적 민족주의, 국가중심주의, 속도지상주의, 근거 없는 낙관주의, 수단방법중심주의, 이중규범주의 등으로 구분한다. 사실 한국 사회의 문화적 특성에 대한 연구들이 공통적으로 지적하고 있는 것들 중 하나가 모든 영역에서의 사적 관계의 중요성 또는 온정에 기초한 공적 영역에서의 선택이다. 따라서 한국의 유권자들은 합리적 판단을 하는 행위자로 다루어지면서도 주변의 지인이나 친인척의 요청, 즉 동원에 의해 쉽게 영향을 받는 비합리적 행위자로 그려지는 다소 모순적인 존재로 이해되곤 한다(김석호 · 박바름, 2012).

동원이 한국인의 선거참여 과정에서 중요한 역할을 하는 것으로 인식되어 왔음에도 불구하고, 이를 선거참여나 후보자 선택과 연결시켜 분석한 연구는 소수에 지나지 않는다(이갑윤, 2011; 김영태, 2012; 김석호 · 박바름, 2012). 이는 동원의 유형과 과정에 대한 자료가 희귀하기 때문이기도 하고, 한국의 선거 연구가 기본적으로 정당정체성이나 회고적 투표와 같이 유권자의 심리적 특성, 후보자 요인, 이슈 등을 중요시하는 미국의 유권자 모델에 의존하는 경향이 강하기 때문일 것이다. 즉, 미국의 전국선거를 기준으로 구성된 유권자 모델이 한국의 전국선거에 그대로 적용되었고, 지방선거에서도 전국선거에서의 모델이 그대로 적용됨으로써 지방선거에서의 동원의 중요성에 대한 간과로 이어진 것으로 예상할 수 있다.

한국의 지방선거에서는 동원이 선거참여와 지지 후보 선택에 상대적으로 더 강한 영향력을 가지고 있음은 분명하다. 일반적으로 도시의 규모가 작을수록, 유권자들은 정치에 더 흥미를 가지며 정치정보를 잘 이해하는 경향이 있다. 따라서 선거의 후보자들을 보다 잘 지지할 수 있다. 또한 작은 도시는 지역 내의 후보자들을 직접 만날 수 있는 환경을 제공할 뿐만 아니라 정치에 참여할 수 있도록 권유하는 동원의 환경을 만든다(Oliver et al., 2012). 지방선거는 후보자들이 좁은 지역구에서 적은 수의 표를 두고 경쟁해야 하고, 적은 수의 득표만으로도 당선이 가능한 경우들이 많기 때문에 후보자 간 지역 내 경쟁이 전국 단위의 선거보다 더 치열할 수밖에 없다. 유권자는 지방선거에서 광역단체장부터 기초의원까지 여러 후보자를 동시에 선택해야 하기 때문에 선거과정에서 다양한 층위로부터 지지 요청을 받을 가능성도 높다(Oliver & Ha, 2007). 더욱이 지방선거에서의 동원은 국회의원선거에서의 동원과 비교해 동원하는 사람과 동원되는 사람 간 관계가 보다 사적인 연고에 기초하거나 가까울 가능성도 높다. 후보자 간 경쟁이 치열할 경우, 동원이 선거참여에 대해 갖는 효과는 더 강해지는 경향이 있으며(Arceneaux & Nickerson, 2009), 동원의 주체와 동원의 대상 간 관계가 친밀할 경우 동원이 선거참여를 촉진하는 데 효과적이다(김석호·박바름, 2012).[1]

종합하면, 전국선거와 비교해 지방선거에서 유권자가 동원에 노출될 가능성이 더 높다. 그리고 동원이 선거참여에 미치는 영향은 후보자간 경쟁이 더욱 치열하고 지지 요청이 사적 관계를 바탕으로 이루어질 가능성이 높은 지방선거에서 더 강하게 드러날 것으로 예상할 수 있다.

---

[1] 동원의 효과가 한국에서 항상 효과적으로 판명된 것은 아니다. 한국 사회과학데이터센터의 자료를 분석해 보면 1992년 이후 약 20년 동안 치러진 6번의 선거에서 정당원이나 선거운동원에 의한 동원이 선거참여에 영향을 미치는 경우는 1번밖에 없었다(이갑윤, 2011). 그러나 이를 토대로 동원의 효과가 존재하지 않는다고 결론내리는 것은 성급한데, 그 이유는 한국 사회과학데이터센터의 자료는 오직 정당원이나 선거운동원의 동원만을 측정하고 있기 때문이다.

3. 지방선거와 전국선거 간 동원 효과의 차이는 어떻게 발생하는가?

한국 선거의 특성상 유권자에 대한 정당 조직, 공식 단체, 모임 등을 통한 정보, 기회 및 감정의 동원이 활발하게 전개되고, 이러한 동원이 당락을 좌우하는 중요한 요인이라는 점에 이의를 제기할 사람은 없을 것이다(Kim, 1980; 정영국, 1993). 그렇다면 동원의 효과가 지방선거에서 더 강하게 작동하는 이유는 무엇일까? 우선 지방선거가 가진 지역적 범위나 제도적 특성 등 선거의 맥락적(contextual) 요인들을 들 수 있을 것이다. 이 밖에도 지역의 사회적·인구학적·경제적 특성(Caren, 2007), 인종적 다양성(Oliver et al., 2012), 후보자 간 경쟁(Holbrook & Weinschenk, 2013), 캠페인 비용(Holbrook, 2010), 정당정체성(Wood, 2002; Schaffner, Streb, & Wright, 2001)의 영향력 감소, 정치관심과 지식(Oliver & Ha, 2007)의 상승 등 다양한 요인들이 동원의 효과에서 지방선거와 전국선거의 차이를 초래할 것이다. 가령 기초의회선거에서는 후보자와 정당이 더욱 많은 유권자를 직접 상대할 수 있고 이 과정에서 지역의 구체적 사안이 논의되기 때문에 정치에 대한 유권자들의 관심과 주요 이슈에 대한 지식수준이 높으며, 결과적으로 유권자들은 동원에 민감하게 반응할 것이다. 반면, 대통령선거에서는 선거 캠프의 동원으로 직접 만날 수 있는 유권자들이 제한적이고 동원의 강도와 구체성 또한 지방선거와 비교해 미약하므로 그 영향력이 지방선거보다 못할 것이다.

그러나 이러한 설명 방식은 미국의 경험을 바탕으로 지방선거와 전국선거가 가진 일반적 특성에 초점을 둔 것으로 한국의 두 선거에 직접 적용하기에는 무리가 있어 보인다. 한국에서는 지방선거나 전국선거 모두에서 후보자와 정당은 조직을 통한 조직 선거에 자원을 집중하고 있고(박찬욱·강원택, 2012), 선거 각각을 놓고 보면 동원은 여전히 모든 선거에서 선거참여를 설명할 수 있는 가장 중요한 요인이다(김영태, 2012; 김석호·박바름, 2012).

그렇다면 한국의 지방선거에서 동원의 영향력이 더 막강할 수 있는 이유는 무엇인가? 본 연구는 한국의 지방선거에서는 동원의 효과가 더 강하게 작동하는 이유 중의 하나로 지방선거의 선거참여 과정에서 시민성의 낮은 영향력에 주목한다(Chang, 1991; Kim, 2011; 김석호, 2014). 시민성 또는 시민의식(*civic virtue*)은 호혜적 규범과 일반화된 신뢰(Fennema & Tillie, 1999; Putnam, 1993/1995)와 의사소통 기술이나 정치적 정향(Green & Brook, 2005)을 의미하며, 이는 보통 정치참여를 활성화한다(Frisco, Muller, & Dodson, 2004; Letki, 2004). 주관적 시민능력(*subjective civic competence*)이 높은 유권자들은 선거에 참여하는 것이 시민의 의무라는 생각을 가지고 있기 때문에 이를 통해 정치적 관여(*involvement*)가 촉진된다. 즉, 높은 시민성을 보유한 유권자들은 동원에 대한 노출 여부와 관계없이 선거에 참여할 가능성이 높다. 그리고 본 연구는 이러한 경향이 전국 단위의 선거에서 더 강하게 나타날 것이라고 예상한다.

한편, 한국의 지방선거와 전국선거 모두에서 동원은 일종의 상수(*constant*)이다. 그런데 전국선거에서 '투표는 국민의 의무'라는 시민성이 더 중요하게 작동할 것이기 때문에 동원의 선거참여에 대한 효과가 상대적으로 약하게 나타날 것이다. 즉, 동원이 지방선거와 전국선거 모두에서 선거참여 과정에 영향력을 가지지만 그 영향력의 수준은 시민성이 상대적으로 강하게 작동하는 전국선거에서는 낮고, 시민성이 약하게 작동하는 지방선거에서는 높을 것이다. 물론 시민성도 투표가 유권자의 의무라는 인식에 바탕을 두고 있기 때문에, 지방선거든 국회의원선거든 그것이 선거참여에 대해 갖는 영향력은 동일하게 유지되는 경향이 발견되기도 한다(Panagopoulos, 2010; Strachan, Wolf, & Shea, 2012; Degan, 2013).

그러나 본 연구는 동원의 영향력이 선거유형에 관계없이 일정할 것이라는 가정은 시민성이 지방선거와 전국선거에서 다르게 작동하는 한국의 선거에서는 유효하지 않을 것이라는 입장을 견지한다. 이를 한 마디로 정리하면, 선거참여에 대하여 동원과 시민성 간에 상호작용 효과가 존재한다. 즉, 선거에 따라서 동원의 효과는 시민성의 수준에 따라 강해지기도 하고 약해지기도 할 것이다(Panogopoulous, 2013). 즉, 동원이 모든 유형의 선거에서 선거참여에 유의미한 영향을 미치지만, 특히 시민성이 낮은 사람들 또는 투표를 시민의 의무로 생각하는 정도가 약해 후보 지지 요청이나 선거참여 부탁을 받지 않았으면 투표를 하지 않았을 사람들에게 더 강하게 나타날 것은 자명하며, 이러한 현상은 전국선거보다는 지방선거에서 더 빈번하게 관찰될 것이다. 만약 우리가 지방선거와 전국선거의 유권자들을 시민성이 높은 집단과 낮은 집단으로 구분할 수 있다면 선거참여에 대한 동원의 영향력이 가장 강하게 나타나는 집단은 지방선거의 시민성이 낮은 사람들일 것이며, 반대로 가장 약하게 나타나는 집단은 전국선거의 시민성이 낮은 사람들일 것이라는 도식적 추측이 가능할 것이다. 동원의 효과가 강한 지방선거에서, 동원이 선거참여에 미치는 영향이 시민성의 유무에 따라 좌우되는 정도가 클 것으로 예상된다. 구체적으로 지방선거에서 동원의 시민성이 높은 사람들을 선거참여로 이끄는 정도보다 시민성이 낮은 사람들을 선거참여로 유도하는 정도가 확연히 높을 것으로 기대하며, 전국선거에서는 이러한 상호작용 효과가 두드러지지 않을 것이다.

4. 연구방법

1) 연구자료

본 연구의 목적은 동원이 선거참여에 미치는 영향에 있어서 2014년 지방선거와 2012년 국회의원선거 간 공통점과 차이점을 살펴보는 것이다. 이를 위해 서울대학교 한국정치연구소가 2012년 국회의원선거와 2014년 지방선거 실시 후 각각 수집한 자료를 활용하였다.

2) 변수

(1) 종속변수

본 연구에서 사용할 종속변수는 '선거참여 또는 투표 여부'이다. 이 변수는 지방선거와 국회의원선거 각각에서 "귀하께서는 이번 지방선거에 투표하셨습니까?"와 "귀하께서는 지난 4월 11일의 제19대 국회의원선거에서 투표하셨습니까?" 등의 문항을 통해 측정되었다. 응답범주는 지방선거의 경우 '(1) 투표하지 않았다, (2) 보통 투표를 하는 편이나 이번 지방선거에서는 못 했다, (3) 사전투표했다, (4) 선거 당일 투표했다'로 구성되었으며 (1), (2)에 응답한 경우 '투표하지 않음'으로 '0'의 값을, (3), (4)에 응답한 경우 '투표함'으로 '1'의 값을 갖는 가변수(*dummy variable*)로 구성하여 종속변수로 활용하였다. 국회의원선거의 경우 '(1) 투표하지 않았다, (2) 이번에는 투표하려 했지만 하지 못 했다, (3) 늘 투표하지만 이번에는 사정상 하지 못 했다, (4) 투표했다'이며, '투표했다'에 '1'을, 그 외의 값에는 '0'의 값을 부여하여 마찬가지로 가변수로 구성하였다.

(2) 독립변수와 통제변수

본 연구의 핵심적 독립변수는 총 3가지로, 동원 경로의 다양성, 동원 경로, 그리고 시민성이다. 동원과 관련된 문항은 "귀하는 지난 지방선거 기간에(국회의원선거의 경우, 국회의원선거 기간 중) 다음의 사람 혹은 단체로부터 특정 후보나 정당을 지지해 달라는 권유를 개인적으로 받으신 적이 있습니까?"이며 이에 대한 응답범주는 '가족 및 친척', '이웃 사람 혹은 친구', '직장의 동료나 상사', '소속단체(시민운동단체, 종교단체, 노조, 직업조합, 동창모임, 친목단체, 문화단체 등)의 임원이나 동료', '공무원'(통장, 이장 포함), '후보자 혹은 후보자의 선거운동원'으로부터의 권유이다.[2]

각 항목에 대한 응답을 바탕으로 해당 집단으로부터 권유를 받은 경험이 있는 경우에 '1', 없는 경우에 '0'을 부여하여 가변수를 구성하였다. 이때 동원 경로의 다양성은 응답자별로 문항의 가변수를 합한 값, 즉 응답자가 권유를 받은 경로들의 수의 총합인 가산변수(count variable)로 구성하여 분석에 활용하였다. 동원 경로는 각 집단으로부터의 권유를 받은 경험 여부에 따른 가변수를 그대로 활용하여 분석에서 활용하였다.

시민성은 "어떤 사람들은 투표하는 것이 민주시민의 당연한 의무이며, 투표는 꼭 해야 한다고 믿습니다. 또 어떤 사람들은 투표하는 것은 선택이며, 투표를 해도 되고 안 해도 된다고 믿습니다. 귀하의 의견은

---

2 본 분석에서 활용된 2014년 지방선거 자료와 2012년 국회의원선거 자료는 기본적으로 그 설문 문항이나 응답범주가 동일하나, 동원을 측정하는 응답범주에서는 약간 차이가 있다. 2014년 지방선거의 경우 동원 경로를 총 7가지로 나누어 측정했는데 이 중에서 '소속단체(시민운동단체, 종교단체, 노조, 직업조합, 문화단체 등)의 임원이나 동료'와 '현재 활동 중인 모임(동창모임, 친목단체, 향우회 등)의 임원이나 동료'가 상호 배타적인 조건을 위배한다고 판단하여, 본 연구에서는 두 변수를 합하여 '소속단체'로 통합하여 분석에 활용하였다.

어느 쪽에 더 가깝습니까?"라는 문항과 그 응답범주인 '(1) 투표는 의무이다, (2) 투표는 선택이다'를 통해 측정되었으며, (1)에 응답한 경우에는 '1'을, (2)에 응답한 경우에는 '0'을 부여하여 가변수로 구성하였다.

지방선거 분석과 국회의원선거 분석에서 모두 응답자의 교육수준, 가구소득, 연령, 성별, 혼인상태, 직업 유무, 종교 유무, 주 성장지가 통제변수로 활용되었다. 교육수준은 '고졸 미만', '고졸', '초대졸/대졸 미만', '대졸 이상'으로, 가구소득은 '300만 원 미만', '300만 원 이상 400만 원 미만', '400만 원 이상 500만 원 미만', '500만 원 이상'으로 나누어 가변수로 구성하였다. 성별, 혼인상태, 직업 유무, 종교 유무는 각각 '여성', '기혼', '직업 있음', '종교 있음'이 '1'의 값을 갖는 가변수로 변환되어 분석에 이용되었고 주 성장지는 '서울', '경기/인천', '강원/충청', '호남/제주/기타 지역', '영남'으로 나누어 가변수로 구성하였다. 분석에 사용된 종속변수, 독립변수, 통제변수들에 대한 기술통계는 다음 〈부록 6-1〉에 제시되어 있다.[3]

(3) 분석모형

본 연구에서는 동원 경로의 합계, 동원 경로, 시민성, 그리고 동원과 시민성 간 상호작용이 지방선거와 국회의원선거참여(또는 투표 여부)에 미치는 영향을 살펴보고자 한다. 선거참여는 이진변수로 구성되었기 때문에 이항 로지스틱 회귀분석이 사용되었다.

---

[3] 주요 변수들의 기술통계는 〈부록 6-1〉을 참조할 것.

5. 분석 결과: 지방선거와 전국선거결과를 통해서 본 동원과 시민성의 변주

1) 지방선거와 국회의원선거에서의 동원수준

먼저 지방선거와 국회의원선거에서 어느 정도 동원이 이루어졌는가를 동원 경로의 수와 다양성을 통해 살펴보자. 얼마나 다양한 집단으로부터 지지 후보 선택 권유를 받았는지를 비교해 보면, 국회의원선거에서보다 지방선거에서 동원이 더 활발히 이루어졌음을 알 수 있다(〈그림 6-1〉). 국회의원선거에서 유권자들이 경험한 동원의 경로는 평균 0.65개인 데 반해, 지방선거에서는 평균 1.17개로 상대적으로 다양한 집단으로부터 지지 요청을 받았다. 지방선거에서는 3개 이상의 경로로부터 지지 요청을 받은 비율이 15.8%이지만, 국회의원선거에서는 동 비율이 8.7%에 지나지 않았다.

〈그림 6-2〉는 지방선거와 국회의원선거에서의 동원 경로의 분포를 보여준다. 그림은 모든 동원 경로에서 지방선거가 국회의원선거보다 높다는 사실을 드러낸다. 즉, '가족 및 친척', '이웃 및 친구', '직장동료/상사', '소속단체(모임)의 동료/임원', '공무원, 후보자' 등 모든 경로에서 지방선거에서의 동원이 더 활발히 이루어졌다. 특히 사적인 관계라 할 수 있는 '가족 및 친척', '이웃 및 친구'를 통한 동원이 이루어진 경우가 지방선거에서 월등히 많았다. 물론 지방선거에서도 동원이 가장 활발하게 이루어지는 경로는 공적인 관계라 할 수 있는 '후보자/선거운동원'으로부터이다.

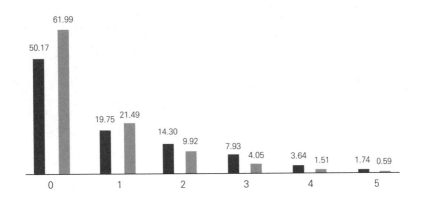

〈그림 6-1〉 지방선거와 국회의원선거에서의 동원 경로의 수(다양성)

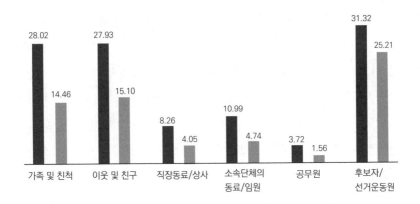

〈그림 6-2〉 지방선거와 국회의원선거에서의 동원 경로 유형

2) 지방선거와 국회의원선거에서 동원이 투표에 미치는 영향

(1) 동원 경로의 수(다양성)와 선거참여

지방선거와 국회의원선거에서 다른 사람 혹은 단체 및 모임으로부터 특정 후보를 지지해 달라는 요청을 받은 경험이 지방선거참여에 미치는 영향을 로지스틱 회귀분석 모델을 통해 살펴보았다. 교육수준, 소득, 연령, 성별, 혼인상태, 직장 여부, 종교 여부, 주 성장지와 같은 응답자의 사회인구학적 특성들이 선거참여에 미치는 영향을 살펴본 결과, 지방선거에서는 연령만이 유의미한 반면, 국회의원선거에서는 교육수준, 소득, 연령, 결혼 여부, 종교 등이 선거참여에 유의미한 영향을 미치고 있었다(〈부록 6-2〉참조). 특히 지방선거에서 연령의 영향력이 강력했는데, 최솟값(19세)에서 최댓값(85세)으로 변할 때, 선거참여 예측 확률은 약 35.1%p 증가하는 것을 알 수 있었다. 국회의원선거에서의 사회인구학적 특성별 선거참여 예측 확률을 추정해 보면, 교육수준은 '초대졸/대졸 미만'과 '대졸 이상'인 집단이 '고졸'인 집단에 비해 각각 약 8.6%p, 6.7%p 더 높다. 소득이 '500만 원 이상'인 집단은 '300만 원 미만'인 집단보다 선거참여 확률이 약 '9.9%p' 더 높다. 기혼자 집단은 미혼자 집단보다 약 7.4%p 높으며, 종교가 있는 집단은 무교인 집단에 비해 선거참여 확률이 약 4.7%p 더 높다. 연령은 최솟값인 19세에서 최댓값인 88세로 증가할 때 선거참여 확률이 총 62.1%p 증가한다. 4

---

4 본 연구에서 제기하고 있는 투표 예측 확률의 변화는 기타 변수들을 중앙치(*median*)에 고정시킨 상태에서 추정된 것으로, 구체적으로 다음과 같다. 교육수준은 '고졸', 소득은 '300만 원 미만'(지방선거의 경우 '300만 원 이상 400만 원 미만', 연령은 '45세', 성별은 '여성', 혼인상태는 '기혼', 직장 유무는 '직장 있음', 종교 유무는 '종교 있음', 주 성장지는 '서울'(지방선거의 경우, '경기/인천')이다. 동원종류(합계)는 동

〈그림 6-3〉은 지방선거와 국회의원선거에서 동원 경로의 수(다양성)가 선거참여(투표)에 미치는 영향을 보여준다. 지방선거에서 동원을 권유받은 경로의 총 개수의 영향력을 살펴보면, 사회인구학적 변수들이 통제된 상태에서도, 다양한 사람 또는 집단으로부터 특정 후보 지지 요청을 받은 경험이 많을수록 선거에 참여할 확률이 증가하는 것으로 나타났다. 동원 경험의 다양성에 따른 투표 예측 확률을 추정해 보면, 선거참여 및 지지 후보 요청을 받은 경험이 없는 경우(최솟값 0)에서 여러 집단으로부터 동원을 받은 경우(최댓값 6)로 변할 때, 투표참여 예측 확률은 약 12.3%p 증가한다. 국회의원선거에서는, 특정 후보에 대한 지지 요청을 받은 경험이 없는 경우(최솟값 0)에서 여러 집단으로부터 동원을 받은 경우(최댓값 6)로 변할 때, 투표참여 예측 확률은 약 12.7%p 증가한다. 다시 말해, 동원 경로의 수(다양성)가 선거참여에 미치는 영향은 지방선거와 국회의원선거 모두에서 유의미하며, 그 수준도 비슷한 것으로 드러났다.

(2) 동원 경로의 유형과 선거참여

다음으로 여러 동원 경로의 유형이 각각 선거참여에 미치는 영향을 로지스틱 회귀분석 모델을 적용해 지방선거와 국회의원선거를 살펴보았다. 이는 특정 정당이나 특정 후보를 지지해 달라는 요청이 개인이나 집단에 따라 선거참여에 미치는 영향력이 다를 수 있다는 점을 확인하기 위해서이다. 가령, 지방선거는 국회의원선거에 비해 가족이나 친척의 지지 요청이 다른 동원 경로 유형보다 선거참여에 미치는 영향을 확인하는 경향이 높다.

원받은 경험이 없는 경우인 '0'이고 동원 유형 역시 모두 권유받지 않은 '0'값에 고정시켜 계산하였다.

〈그림 6-3〉 지방선거와 국회의원선거참여에 대한
동원 경로 수(다양성)의 효과 추정

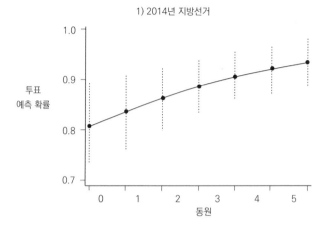

1) 2014년 지방선거

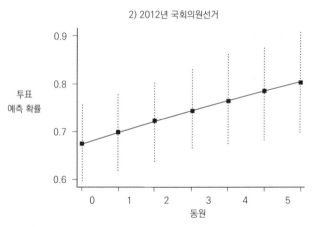

2) 2012년 국회의원선거

주: 1) 그래프에서 점은 동원 경로의 수에 따른 투표 예측 확률을, 점선은 델타방식으로 산출된 95%의 신뢰구간
을 나타냄.
2) 이때 '동원 경로' 수(다양성)의 영향력은 기타 변수들을 중앙치에 고정시킨 상태에서 산출됨.

〈그림 6-4〉는 2014년 지방선거와 2012년 국회의원선거에서의 동원 경로의 유형에 따른 선거참여 확률을 추정한 결과를 보여준다. 그림에서 보이는 것처럼, 두 선거 모두에서 직장동료와 상사의 지지 요청을 제외한 모든 유형의 동원 유형에서 동원을 받은 경우가 동원을 받지 않은 경우보다 투표할 가능성이 높은 것을 확인할 수 있었다. 함께 일하는 동료와 상사가 특정 정당이나 후보에 대한 지지를 요청할 때 오히려 투표를 하지 않을 가능성을 높인다는 결과는 흥미로우면서도 보다 심층적인 분석을 요구하는 부분이다.

도출된 계수를 바탕으로 지방선거에서의 동원 경로 유형에 따른 투표 예측 확률 변화를 통계적으로 유의미한 결과를 중심으로 살펴보면, '후보자 및 선거운동원'으로부터 특정 정당이나 후보의 지지를 권유받은 사람은 그렇지 않은 사람에 비해 투표할 예측 확률이 약 6.2%p 증가한다. 지방선거에서 '직장동료/상사'로부터 지지 후보 선택을 권유받은 사람은 그렇지 않은 사람에 비해 투표 예측 확률이 19.3%p 낮아진다. 〈그림 6-4〉의 결과는 거의 모든 동원 경로 유형이 지방선거참여에 긍정적인 영향을 미치지만 '후보자 및 선거운동원'과 '직장동료/상사'를 제외하면 유의미한 영향을 미치는 동원 유형이 없다는 점이 드러난다. 이러한 결과를 〈그림 6-2〉의 동원 유형의 다양성과 연결시켜 해석해 보면, 지방선거에서 '가족과 친척'이나 '이웃과 친구' 등 사적 연고로 맺어진 관계로부터의 동원이 이루어지지만 실제 선거참여로 이어지는 동원 유형은 공식적 관계일 수 있는 '후보자 및 선거운동원'이다. 그렇다고 이 결과를 지방선거에서 공식적 동원이 더 효과적이라고 해석할 수는 없는 것으로 보인다. 왜냐하면 지역적 범위가 좁고 여러 층위의 선거가 동시에 치러지는 지방선거에서는 '후보자 및 선거운동원'이 동시에 '가족 및 친척'이나 '이웃 및 친구'일 가능성이 높기 때문이다(〈부록 6-3〉 참조).

<図 6-4> 지방선거와 국회의원선거참여에 대한 각 동원 경로 유형의 효과

1) 2014년 지방선거

■ 권유받은 적 없다　■ 권유받은 적 있다

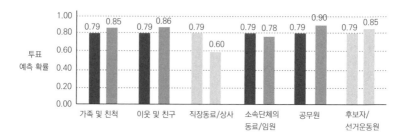

2) 2012년 국회의원선거

■ 권유받은 적 없다　■ 권유받은 적 있다

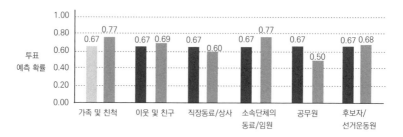

주: 1) 통계적으로 유의미한 영향력을 가지는 변수는 막대그래프에서 가장 옅은 회색으로 처리함(유의수준 95%).

　　2) 각 동원 경로 유형의 영향력은 기타 변수들을 중앙치에 고정시킨 상태에서 산출됨.

국회의원선거에서도 '직장동료/상사'로부터 특정 후보 지지 요청을 받은 사람은 그렇지 않은 사람에 비해 투표를 하지 않을 가능성이 높다는 점이 드러났다. 즉, 직장동료/상사로부터의 동원은 선거에 참여할 확률을 16%p 낮춘다. 국회의원선거에서 투표할 확률을 유의미하게 높이는 동원 유형은 '가족과 친척'으로부터의 특정 후보에 대한 지지 요청이다. 이는 후보자 및 선거운동원으로 인한 직접동원의 효과가 높았던 지방선거와는 달리 국회의원선거에서는 사적인 관계를 통해 이루어지는 동원이 더 영향력을 발휘함을 의미한다. 이 경우에도 국회의원선거가 '가족 및 친척'과 같은 사적인 관계로부터의 동원에 더 노출된다거나 이러한 유형의 동원이 선거결과를 결정한다고 해석해서는 안 될 것이다. 오히려 사적인 관계가 영향력을 발휘하는 것은 지방선거와 비교해 국회의원선거에서는 전반적으로 동원이 덜 활발하고, 선거 쟁점에 대한 유권자의 이해도가 떨어지기 때문에 주변의 중요한 사람들의 권유가 선거참여에 유의미한 영향을 미치게 만들었을 것이다(〈부록 6-4〉참조).

〈그림 6-4〉의 결과는 지방선거와 국회의원선거에서 모두 동원의 다양성과 유형이 선거참여에 유의미한 영향을 미치고 있다는 사실을 드러낸다. 예상한 바이기는 하지만, 동원이 선거참여에 미치는 영향에 있어서 지방선거와 전국선거(국회의원선거) 간의 확연한 차이가 동원의 다양성과 유형을 통해 확인되지는 않았다. 오히려 사적인 관계의 선거참여에 대한 효과가 전국선거인 국회의원선거에서 더 확연히 드러나기도 했다. 우리는 이 결과가 앞에서 제시된 연구가설을 부정하는 것이 아니라 선거유형에 관계없이 동원이 한국의 선거에서 여전히 유권자의 선거참여를 결정하는 요인들 중 하나라는 점을 확인시켜 주는 것으로 해석하였다. 그리고 한국의 지방선거와 국회의원선거에서 이루어지는

동원의 수준과 내용에 연결하여 이해하고자 노력하였다. 이 같은 해석이 타당하더라도 여전히 의문은 남는다. 동원의 효과가 지방선거와 국회의원선거에서 차별적으로 나타나는 이유는 무엇인가? 이제 이에 대한 답변을 위해 보다 심층적인 분석과 해석이 필요해 보인다.

(3) 시민성에 따른 동원의 선거참여에 대한 차별적 영향력:
   지방선거와 국회의원선거

동원이 선거참여에 미치는 영향이 지방선거와 국회의원선거 간에 같을 수 없다는 점을 밝히고 그 메커니즘을 설명하기 위해 본 연구는 동원과 시민성이 선거참여에 대해 갖는 상호작용 효과에 주목하였다. 상호작용 효과를 살펴보기에 앞서, 지방선거와 국회의원선거에서 시민성이 투표에 미치는 영향을 각각 살펴보면, 지방선거에서는 투표를 시민의 의무라고 생각하는 사람이 투표를 선택이라고 생각하는 사람에 비해 투표할 확률이 약 22.8%p 더 높은 것으로 추정되었으며, 국회의원선거에서는 그 확률이 약 23.7%p 더 높은 것으로 나타났다. 이 경우에도 위에서 예상한 것처럼 국회의원선거에서 시민성이 투표에 미치는 영향이 지방선거에서보다 더 강하기는 하지만 두 선거 간의 차이가 확연히 드러난 것은 아니었다(〈부록 6-5〉와 〈부록 6-6〉 참조).

이제 선거참여에 대해 갖는 동원과 시민성의 상호작용 효과가 지방선거와 국회의원선거에서 다르게 나타나는가를 살펴보자. 〈그림 6-5〉는 다른 모든 독립변수들과 통제변수들의 효과가 고려된 상태에서 추정된 선거참여에 대한 동원과 시민성의 상호작용 효과를 보여준다. 지방선거에서, '투표는 시민의 선택'이라고 응답한 집단의 경우 동원 받은 경험이 없는 경우(최솟값 0)와 다양한 경로에서 동원 받은 경험이 있는 경우(최댓값 6) 간의 선거참여 확률의 차이는 29.7%이고, '투표는

〈그림 6-5〉 지방선거와 국회의원선거참여에 대한 동원과 시민성의 상호작용 효과

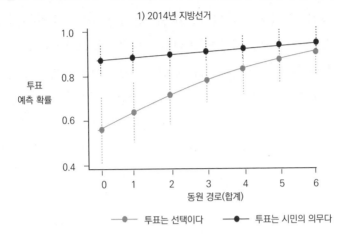

1) 2014년 지방선거

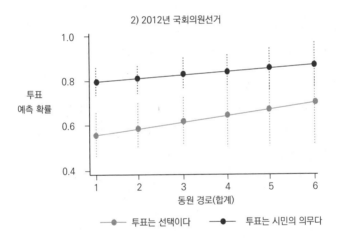

2) 2012년 국회의원선거

주: 1) 점선은 델타방식으로 산출된 95%의 신뢰구간을 나타냄.
   2) 이때 투표에 대한 시민의 태도와 동원 경로의 다양성의 상호작용 효과는 기타 변수들을 중앙치에 고정시
      킨 상태에서 산출됨.

시민의 의무이다'라고 응답한 집단의 경우, 그 차이는 약 10.1%p 정도 였다.[5] 이는 동원 경로의 다양성이 지방선거참여에 대해 갖는 영향력 이 시민성의 수준에 따라 확연히 다르게 나타남을 의미한다. 즉, 투표 에 대한 의무감과 시민성이 낮은 집단에서 동원이 선거참여에 미치는 영향이 더 강하다는 것이다. 국회의원선거의 경우, 동원과 시민성의 상호작용 효과는 통계적으로 유의미하지는 않았다. 이는 지방선거와 달리 국회의원선거에서는 동원의 다양성이 투표에 미치는 영향이 시민 성, 즉 투표에 대한 태도에 따라 유의미하게 달라지지 않음을 나타낸 다. 즉, 국회의원선거에서는 유권자가 여러 경로를 통해 특정 후보 지 지 요청을 받는다고 해서 시민성의 유무에 따라 투표를 할 확률이 급격 히 증가하지는 않는다. 반면, 지방선거에서는 동원에 노출되지 않았다 면 투표를 하지 않을 가능성이 높고 시민성이 낮은 집단의 투표 확률이 동원 노출에 의해 급격히 높아짐을 알 수 있다. 지방선거와 국회의원선 거에서 유권자들을 투표에 대한 시민의 의무감이 강한 집단과 약한 집 단으로 구분했을 때, 이들 중 동원의 효과가 가장 두드러지는 집단은 지방선거에서의 시민성이 낮은 집단임이 확인되며, 이 결과는 위의 이 론적 논의를 통해 도출한 결론과 일치한다.

6. 나가며

지금까지 우리는 한국의 기존 투표행태 연구들이 지방선거와 전국선 거 간에 존재하는 본질적 차이와 그 차이로 인한 선거참여 및 지지 후보

---

[5] 투표에 대한 시민의 태도, 상호작용의 영향력은 기타 변수들을 중앙치에 고정시킨 상태에서 산출됨.

선택 과정에 있어서의 차별적 결과에 대해 무관심하다는 점을 지적하면서, 선거참여 과정에 대한 설명은 전국 단위의 선거와 지방선거가 다른 방식으로 이루어져야 한다고 주장하였다. 이 주장에 설득력을 더하기 위해 우리는 지방선거와 전국선거 간 차이를 잘 드러낼 수 있는 전략으로 동원과 시민성이 선거참여와 맺는 관계를 분석하였다.

구체적으로 본 연구의 목적은 지방선거와 전국선거에서 동원과 시민성의 선거참여에 대한 차별적 영향력이 실제로 존재하는가를 확인하는 것과 동원의 선거참여에 대한 차별적 효과가 시민성에 의해 선거 종류별로 감소 또는 증가하는가를 파악하는 것이었다. 분석 결과, 동원과 시민성 모두 지방선거와 국회의원선거에서 선거참여 확률을 유의미하게 높이고 있었으며, 동원의 선거참여에 대한 효과가 시민성의 높낮이에 따라 달라지는 정도는 지방선거와 국회의원선거 간 차이가 분명하다는 사실을 밝힐 수 있었다.

우리는 지방선거와 국회의원선거 간 존재하는 투표 과정에 대한 차별적 접근이라는 시도가 '절반의 성공'이라고 자평한다. 예상과 달리 동원의 선거참여에 대한 효과가 두 선거에서 차이가 분명하게 드러나지 않았지만, 그 효과가 시민성에 따라 달라지는 정도는 선거마다 다르게 나타났기 때문이다. 우리는 '절반의 성공'보다는 '절반의 실패'에 더 주목해야 한다고 생각한다. 사실 우리는 동원 경로의 다양성과 유형으로 측정된 동원에 대한 노출이 예상과 달리 지방선거와 국회의원선거에서 거의 비슷한 수준으로 선거참여의 확률을 높인다는 사실 앞에서도 우리의 가설이 기각된다는 결론을 내리지 않았다. 그 이유는 우리가 사용한 자료가 동원 유형별 내용, 강도, 횟수, 다양성, 중요성 등 동원의 객관적 및 주관적 측면에 대한 측정을 제대로 하지 못한다는 판단 때문이었다. 비록 분석 결과는 동원의 다양성과 유형이 지방선거와 국회의원선거에서 동일하게 중요한 요인으로 판명되었지만 이 효과를 분해할 수 있다면 두 선거 간 차이가 명확하게 드러날 것이라는 확신이 있기 때문이었다. 따라서 동원의 선거참여에 대한 효과와 관련된 향후 연구에서는 이에 대한 보다 세밀한 측정이 요구된다. 시민성에 대한 측정도 마찬가지이다. 우리가 사용한 시민성 변수도 기존 연구에서 유효한 것으로 판명되기는 하였어도 가장 단순화된 형태의 측정으로부터 얻은 것이다. 즉, 동원과 시민성의 선거참여에 대한 상호작용 효과가 우리가 예상한 것과 일치하는 방향으로 드러났지만 이 결과를 보다 높은 수준에서 일반화하기 위해서는 시민성의 다양한 측면에 대한 측정이 필요해 보인다.

이 연구가 가진 여러 가지 한계에도 불구하고, 우리는 이 연구가 한국의 지방선거와 전국선거 간 투표행태에 있어서의 차이를 보여주는 이론적 및 경험적 접근의 시발점이 될 수 있으리라 믿는다. 선거종류에 관계없이 유권자의 선거참여와 후보자 선택 과정이 일정할 것이라는 가정은 끊임없는 도전을 받아야 하며, 특히 지방선거와 전국선거에서 다르게 작동하는 메커니즘에 대한 심층적 접근은 계속되어야 한다.

참고문헌

강원택(2010), "천안함 사건은 지방선거의 변수였나?", EAI 오피니언 리뷰, 동아시아연구원(201006~01).
김경동(1985), 《한국 사회 증후군》, 서울대학교 출판부.
김석호(2013), "투표와 정치참여", 통계청 편, 《한국의 사회동향, 2013》, 통계청 통계개발원.

_____ (2014), "시민사회에 대한 경험적 접근", 서울대학교 사회발전연구소 발표.

김석호·박바름(2012), "동원의 투표참여와 지지 후보 선택에 대한 차별적 효과", 박찬욱·강원택 편, 《2012년 국회의원선거 분석》, 나남.

김영태(2012), "정당의 정치적 동원과 투표참여: 19대 총선을 중심으로", 〈한국 정치연구〉 21(3):45~69.

박찬욱·강원택 외(2012), 《2012년 국회의원선거 분석》, 나남.

_____ (2013), 《2012년 대통령선거 분석》, 나남.

박찬욱·김지윤·우정엽 외(2012), 《한국 유권자의 선택 1, 2012 총선》, 아산정책 연구원.

이갑윤(2011), 《한국인의 투표행태》, 후마니타스.

이남영(1993), 이남영 편, 《한국의 선거》, 나남.

이내영·임성학 외(2011), 이내영·임성학 편, 《변화하는 한국유권자 4: 패널조 사를 통해 본 2010 지방선거》, 동아시아연구원.

이내영·서현진 외(2013), 《변화하는 한국유권자5-패널조사를 통해 본 2012 총 선과 대선》, 동아시아연구원.

정수복(2007), 《한국인의 문화적 문법》, 생각의 나무.

정영국(1993), "국회의원선거과정의 체계론적 분석", 이남영 편, 《한국인의 선거》, 나남.

Arceneaux, K. & Nickerson, D. W. (2009), "Who Is Mobilized to Vote? A Re Analysis of 11 Field Experiments", *American Journal of Political Science* 53(1): 1~16.

Brady, H. E., Schlozman, K. L., & Verba, S. (1999), "Prospecting for participants: Rational expectations and the recruitment of political activists", *American Political Science Review*, pp. 153~168.

Caren, N. (2007), "Big city, big turnout? Electoral participation in American cities", *Journal of Urban Affairs* 29(1): 31~46.

Carr, J. B. & Tavares, A. (2014), "City Size and Political Participation in Local Government Reassessing the Contingent Effects of Residential Location Decisions Within Urban Regions", *Urban Affairs Review* 50(2): 269~302.

Chang, Y. S. (1991), "The personalist ethic and the market in Korea", *Comparative Studies in Society and History* 33(1): 106~129.

Degan, A. (2013), "Civic duty and political advertising", *Economic Theory* 52 (2) : 531~564.

Fennema, M. & Tillie, J. (1999), "Political participation and political trust in Amsterdam: civic communities and ethnic networks", *Journal of Ethnic and Migration Studies* 25 (4) : 703~726.

Frisco, M. L., Muller, C., & Dodson, K. (2004), "Participation in Voluntary Youth Serving Associations and Early Adult Voting Behavior", *Social Science Quarterly* 85 (3) : 660~676.

Green, M. C. & Brock, T. C. (2005), "Organizational membership versus informal interaction: Contributions to skills and perceptions that build social capital", *Political Psychology* 26 (1) : 1~25.

Hajnal, Z. L. & Lewis, P. G. (2003), "Municipal institutions and voter turnout in local elections", *Urban Affairs Review* 38 (5) : 645~668.

Holbrook, T. M. (2010), "Do Campaigns Really Matter?", *In The Electoral Challenge: Theory Meets Practice*, edited by Stephen Craig and David Hill, 2nd ed., 1-20, Thousand Oaks, CA: CQ Press.

Holbrook, T. M. & Weinschenk, A. C. (2013), "Campaigns, Mobilization, and Turnout in Mayoral Elections", *Political Research Quarterly* 67 (1) : 42~55.

Huckfeldt, R., Beck, P. A., Dalton, R. J., & Levine, J. (1995) "Political environments, cohesive social groups, and the communication of public opinion", *American Journal of Political Science*, pp. 1025~1054.

Kim, C. L. (1980), "Political Participation and Mobilized Voting", *In Political Participation in Korea*, edited by Kim., pp. 119~141, Santa Babara: ClioBooks.

Kim, S. (2011), "Voluntary Associations, Social Inequality, and Participatory Democracy in the United States and Korea", *Korean Journal of Sociology* 45 (3) : 125~154.

Knoke, D. (1990), "Networks of political action: Toward theory construction", *Social Forces* 68 (4) : 1041~1063.

_____ (1990), *Organizing for Collective Action: The Political Economies of Associations*, Hawthorne, NY: Aldine de Gruyter.

Letki, N. (2004), "Socialization for participation? Trust, membership, and democratization in East-Central Europe", *Political Research Quarterly* 57 (4) : 665~679.

Nickerson, D. W. (2008), "Is voting contagious? Evidence from two field experiments", *American Political Science Review* 102 (1) : 49~57.

Oliver, J. & Ha, S. E. (2007), "Vote choice in suburban elections", *American Political Science Review* 101 (3) : 393~408.

Oliver, J. E. , Ha, S. E. , & Callen, Z. (2012), *Local Elections and the Politics of Small-Scale Democracy*, Princeton University Press.

Panagopoulos, C. (2010), "Affect, social pressure and prosocial motivation: Field experimental evidence of the mobilizing effects of pride, shame and publicizing voting behavior", *Political Behavior* 32 (3) : 369~386.

_____(2013), "Positive Social Pressure and Prosocial Motivation: Evidence from a Large Scale Field Experiment on Voter Mobilization", *Political Psychology* 34 (2) : 265~275.

Panagopoulos, C. , Larimer, C. W. , & Condon, M. (2014), "Social Pressure, Descriptive Norms, and Voter Mobilization", *Political Behavior* 36 (2) : 451~469.

Putnam, R. D. (1995), "Turning In, Turning Out: The Strange Disappearance of Social Capital in American", *Political Science and Politics* 28: 664~683.

_____(1993), *Making Democracy Work: Civic Traditions in Modern Italy*, Princeton: Princeton University Press

Rosenstone, S. J. & Hansen, J. M. (2003), *Mobilization, Participation, and Democracy in America*, New york: Longman.

Schaffner, B. F. , Streb, M. , & Wright, G. (2001), "Tearns Without Uniforms: The Nonpartisan Ballot in State and Local Elections", *Political Research Quarterly* 54 (1) : 7~30.

Wolf, M. R. , Strachan, J. C. , & D. M. (2012), "Incivility and Standing Firm: A Second Layer of Partisan Division", *Political Science and Politics* 45 (3) : 428~434.

Wood, C. (2002), "Voter turnout in city elections", *Urban Affairs Review* 38 (2) : 209~231.

부록 6-1

주요 변수들의 기술통계

변수	2014년 지방선거			2012년 국회의원선거		
	사례 수	평균(%)	표준편차	사례 수	평균(%)	표준편차
투표	2,016	0.71		1,206	0.77	
동원 경로(합계)	2,016	0.65	1.05	1,206	1.10	1.48
가족 및 친척	2,016	0.14		1,206	0.28	
이웃 및 친구	2,016	0.15		1,206	0.28	
직장동료/상사	2,016	0.04		1,206	0.08	
소속단체의 동료/임원	2,016	0.05		1,206	0.11	
공무원	2,016	0.02		1,206	0.04	
후보자/선거운동원	2,016	0.25		1,206	0.31	
시민성(투표에 대한시민의 태도)	2,016	0.65		1,206	0.75	
교육수준						
고졸 미만	2,016	0.18		1,206	0.19	
고졸	2,016	0.39		1,206	0.42	
초대졸/대졸 미만	2,016	0.18		1,206	0.10	
대졸 이상	2,016	0.25		1,206	0.29	
소득수준						
300만 원 미만	2,016	0.37		1,206	0.34	
300~399만 원	2,016	0.24		1,206	0.24	
400~499만 원	2,016	0.19		1,206	0.19	
500만 원 이상	2,016	0.19		1,206	0.23	
연령	2,016	45.17	15.06	1,206	45.74	15.91
여성	2,016	0.50		1,206	0.51	
기혼	2,016	0.72		1,206	0.68	
직장 있음	2,016	0.70		1,206	0.70	
종교 있음	2,016	0.50		1,206	0.50	
주 성장지						
서울	2,016	0.17		1,206	0.18	
경기/인천	2,016	0.19		1,206	0.17	
강원/충청	2,016	0.18		1,206	0.18	
호남/제주	2,016	0.17		1,206	0.18	
영남	2,016	0.30		1,206	0.30	

동원 경험이 지방선거참여에 미치는 영향(이항 로지스틱 회귀분석)

	모형 1		모형 2		모형 3	
	회귀계수	표준오차	회귀계수	표준오차	회귀계수	표준오차
독립변수						
동원종류(합계)			0.197*	0.057		
동원(가변수)						
가족 및 친척					0.388	0.215
이웃 및 친구					0.451	0.238
직장동료/상사					-0.932	0.337
소속단체의 동료/임원					-0.058	0.324
공무원					0.848	0.594
후보자/선거운동원					0.429	0.188
통제변수						
교육수준(고졸 = 1)						
고졸 미만	0.295	0.308	0.352	0.310	0.326	0.313
초대졸/대졸 미만	-0.231	0.233	-0.277	0.236	-0.239	0.239
대졸 이상	0.332	0.174	0.311	0.175	0.296	0.176
소득(300만 원 미만 = 1)						
300~399만 원	0.365	0.221	0.436	0.224	0.400	0.226
400~499만 원	-0.008	0.223	0.078	0.227	0.092	0.229
500만 원 이상	-0.036	0.217	0.024	0.220	0.019	0.222
연령	0.046	0.008	0.046*	0.008	0.046*	0.008
여성	0.060	0.155	0.012	0.157	-0.042	0.159
기혼	0.140	0.193	0.111	0.195	0.107	0.196
직장 있음	0.032	0.173	-0.025	0.175	0.030	0.176
종교 있음	0.176	0.153	0.178	0.154	0.189	0.155
주 성장지(1 = 서울)						
경기/인천	0.038	0.234	-0.019	0.235	0.009	0.237
강원/충청	-0.339	0.241	-0.424	0.244	-0.395	0.247
호남/제주	0.397	0.263	0.332	0.265	0.386	0.269
영남	0.087	0.216	0.107	0.217	0.190	0.220
상수	-1.194	0.368	-1.332*	0.373	-1.416*	0.379

주: * p < .05, ** p < .01, *** p < .001

동원 경험이 지방선거참여에 미치는 영향[이항 로지스틱 회귀분석(계속)]

	모형 1		모형 2		모형 3	
	회귀계수	표준오차	회귀계수	표준오차	회귀계수	표준오차
사례 수	1206		1206		1206	
Log-Likelihood	−580.31		−573.66		−566.62	
LR χ^2	139.19***		152.49***		166.57***	
Pseudo R^2	0.1071		0.1173		0.1281	

주: * $p < .05$, ** $p < .01$, *** $p < .001$

동원 경험이 국회의원선거참여에 미치는 영향(이항 로지스틱 회귀분석)

	모형 1		모형 2		모형 3	
	회귀계수	표준오차	회귀계수	표준오차	회귀계수	표준오차
독립변수						
동원종류(합계)			0.112*	0.054		
동원(가변수)						
가족 및 친척					0.515**	0.183
이웃 및 친구					0.081	0.174
직장동료/상사					−0.326	0.299
소속단체의 동료/임원					0.471	0.312
공무원					−0.699	0.463
후보자/선거운동원					0.029	0.133
통제변수						
교육수준(고졸 = 1)						
고졸 미만	0.118	0.206	0.124	0.207	0.097	0.208
초대졸/대졸 미만	0.446**	0.156	0.440**	0.157	0.471**	0.158
대졸 이상	0.338*	0.140	0.330*	0.140	0.337*	0.141
소득(300만 원 미만 = 1)						
300~399만 원	0.233	0.144	0.237	0.144	0.229	0.145
400~499만 원	0.054	0.152	0.054	0.153	0.033	0.154
500만 원 이상	0.520**	0.162	0.501**	0.163	0.468**	0.164
연령	0.057***	0.006	0.056***	0.006	0.057***	0.006
여성	−0.159	0.114	−0.158	0.114	−0.178	0.115
기혼	0.328*	0.140	0.311*	0.140	0.321*	0.140
직장 있음	−0.021*	0.125	−0.021	0.125	0.014	0.127
종교 있음	0.216	0.109	0.210	0.109	0.218*	0.109
주 성장지(1 = 서울)						
경기/인천	−0.104	0.172	−0.110	0.173	−0.084	0.174
강원/충청	−0.094	0.180	−0.080	0.181	−0.045	0.182
호남/제주	0.096	0.187	0.089	0.187	0.114	0.188
영남	−0.054	0.160	−0.039	0.160	−0.003	0.161
상수	−2.097***	0.295	−2.139***	0.296	−2.217***	0.300

주: * p < .05, ** p < .01, *** p < .001

동원 경험이 국회의원선거참여에 미치는 영향[이항 로지스틱 회귀분석(계속)]

	모형 1		모형 2		모형 3	
	회귀계수	표준오차	회귀계수	표준오차	회귀계수	표준오차
사례 수	2017		2017		2017	
Log-Likelihood	-1078.73		-1076.48		-1071.21	
LR χ^2	284.17***		288.66***		299.20***	
Pseudo R^2	0.1164		0.1182		0.1225	

주: * p < .05, ** p < .01, *** p < .001

지방선거참여에 대한 동원과 시민성의 상호작용 효과(이항 로지스틱 회귀분석)

	모형 4		모형 5		모형 6		모형 7	
	회귀 계수	표준 오차	회귀 계수	표준 오차	회귀 계수	표준 오차	회귀 계수	표준 오차
독립변수								
시민성 (투표에 대한 의무감)	1.455***	0.158			1.510***	0.161	1.700***	0.199
동원종류(합계)			0.197	0.057	0.240***	0.060	0.345***	0.090
시민성*동원종류							-0.193+	0.116
통제변수								
교육수준(고졸 = 1)								
고졸 미만	0.220	0.321	0.352	0.310	0.293	0.324	0.302	0.326
초대졸/대졸 미만	-0.188	0.246	-0.277	0.236	-0.259	0.249	-0.277	0.250
대졸 이상	0.266	0.181	0.311	0.175	0.238	0.183	0.240	0.183
소득(300만 원 미만 = 1)								
300~399만 원	0.330	0.232	0.436	0.224	0.427+	0.235	0.434+	0.236
400~499만 원	-0.127	0.234	0.078	0.227	-0.013	0.238	-0.013	0.239
500만 원 이상	-0.094	0.226	0.024	0.220	-0.010	0.230	-0.003	0.231
연령	0.043***	0.008	0.046***	0.008	0.044***	0.008	0.044***	0.008
여성	0.045	0.163	0.012	0.157	-0.015	0.166	-0.004	0.167
기혼	0.150	0.201	0.111	0.195	0.110	0.204	0.111	0.204
직장 있음	0.110	0.182	-0.025	0.175	0.047	0.184	0.045	0.185
종교 있음	0.048	0.161	0.178	0.154	0.044	0.162	0.034	0.163
주 성장지(1 = 서울)								
경기/인천	0.028	0.245	-0.019	0.235	-0.043	0.247	-0.044	0.247
강원/충청	-0.294	0.255	-0.424	0.244	-0.384	0.257	-0.385	0.258
호남/제주	0.366	0.275	0.332	0.265	0.286	0.277	0.288	0.278
영남	0.049	0.227	0.107	0.217	0.082	0.229	0.097	0.230
상수	-1.963***	0.394	-1.332***	0.373	-2.176***	0.403	-2.305***	0.413
사례 수	1,206		1,206		1,206		1,206	
Log-Likelihood	-537.86		-573.66		-529.144		-527.778	
LR χ^2	224.10***		152.49***		241.53***		244.26***	
Pseudo R^2	0.172		0.117		0.186		0.188	

주: + < .1 * p < .05, ** p < .01, *** p < .001

국회의원선거참여에 대한 동원과 시민성의 상호작용 효과(이항 로지스틱 회귀분석)

	모형4		모형5		모형6		모형7	
	회귀계수	표준오차	회귀계수	표준오차	회귀계수	표준오차	회귀계수	표준오차
독립변수								
시민성	1.111***	0.111			1.112***	0.111	1.122***	0.129
동원(합계)			0.112*	0.054	0.114*	0.055	0.123	0.081
시민성*동원							−0.016	0.110
통제변수								
교육수준								
고졸미만	0.131	0.211	0.124	0.207	0.135	0.211	0.135	0.211
초대졸/대졸 미만	0.342*	0.161	0.440***	0.157	0.336	0.161	0.336*	0.161
대졸 이상	0.265+	0.145	0.330*	0.140	0.257	0.145	0.257	0.145
소득(300만 원 미만 = 1)								
300~399만 원	0.106	0.149	0.237+	0.144	0.110	0.149	0.110	0.149
400~499만 원	−0.052	0.157	0.054	0.153	−0.053	0.158	−0.053	0.158
500만 원 이상	0.391*	0.167	0.501**	0.163	0.371*	0.168	0.371	0.168
연령	0.051***	0.006	0.056***	0.006	0.051***	0.006	0.051***	0.006
여성	−0.210	0.118	−0.158	0.114	−0.208	0.118	−0.207+	0.118
기혼	0.313	0.144	0.311*	0.140	0.295*	0.145	0.295*	0.145
직장 있음	0.047	0.129	−0.021	0.125	0.047	0.129	0.047	0.129
종교 있음	0.185	0.112	0.210+	0.109	0.179	0.112	0.179	0.112
주 성장지(서울 = 1)								
경기/인천	−0.042	0.178	−0.110	0.173	−0.049	0.178	−0.049	0.178
강원/충청	−0.090	0.185	−0.080	0.181	−0.076	0.185	−0.076	0.185
호남/제주	0.094	0.193	0.089	0.187	0.086	0.193	0.085	0.193
영남	−0.054	0.164	−0.039	0.160	−0.036	0.165	−0.036	0.165
상수	−2.405***	0.305	−2.139***	0.296	−2.451***	0.307	−2.456***	0.308
사례 수	2,016		2,016		2,016		2,016	
Log-Likelihood	−1,027.443		−1,076.48		−1,025.236		−1,025.226	
LR χ^2	386.040***		288.660***		390.453***		390.47***	
Pseudo R^2	0.158		0.118		0.160		0.160	

주: + < .1 * p < .05, ** p < .01, *** p < .001

07 부동층은 누구인가?
2012년 총선 및 대선, 2014년 지방선거 비교분석*
류재성

1. 들어가며

부동층 유권자(*late deciders* 혹은 *floating voters*)는 선거 캠페인의 주요 타깃이며, 선거 승패를 좌우하는 결정적인 유권자 집단으로 간주된다. 한국 정당 정치와 선거 정치에서처럼 정당과 유권자 간의 연계가 상대적으로 약하고 유동적인 경우, 즉 정당 요인의 선거 결정력이 떨어지는 경우, 선거 캠페인 과정에서 우발적으로 일어나는 변수의 영향력이 커질 수밖에 없다. 정당 지지자를 주요 기반으로 하면서 지지자의 외연 확대를 위해서는 선거운동기간 중의 캠페인을 통해 아직 지지를 결정하지 못한 유권자, 즉 부동층의 흡수가 선거 승리를 위해 필수적이다.

그러나 선거결과를 결정하는 중요한 투표 집단인 부동층에 대한 연구는 비교적 최근에 들어서 진행되고 있다. 주로 부동층의 인구 통계적 특성과 정치 성향에서의 특징을 중심으로 이루어진 선거 분석에 따르

---

* 이 글은 〈평화연구〉 제22권 제2호(2014년)에 게재된 논문을 일부 수정한 것입니다.

면, 부동층 유권자는 대체로 여성, 젊은 층, 고학력 유권자이며, 무당파이거나 지지 정당에 대한 선호가 약한 유권자들이다(조성대, 2013). 다른 연구에서 부동층 유권자는 대체로 젊은 층의 무당파 유권자들이며, 이들은 성, 학력, 소득수준, 정치지식에 있어서 비(非)부동층 유권자와 구별되지 않는다(류재성, 2012). 이상의 두 연구는 모두 2012년 제19대 국회의원선거(총선)를 분석 대상으로 한 것이지만, 부동층의 특성에 대한 분석 결과는 일치하지 않는다. 조성대(2013)의 연구에서 성과 학력이 부동층과 비부동층을 구분하는 변인으로 분석되지만 류재성(2012)의 연구에서는 그러한 차이가 발견되지 않는다는 것이다.

본 연구는 최근 3번의 선거, 즉 2012년 국회의원선거 및 대통령선거와 2014년 전국동시지방선거에서 나타난 부동층 유권자에 대한 분석을 통해 그들의 특성을 밝히고, 선행 연구에서 발견된 부동층 유권자의 특성에 대한 불일치에 대해 보다 정밀한 분석을 시도한다. 더불어 본 연구는 다음의 질문에 답하고자 한다. 첫째, 부동층 유권자의 규모는 어느 정도인가? 부동층 유권자의 규모는 선거가 경쟁적이고, 정당 요인보다 후보자 요인의 영향력이 커질수록 증가하는 것으로 알려져 있다. 본 연구에서는 총선과 대선 및 지방선거에서 나타난 부동층의 규모를 측정하고, 비교분석을 통해 부동층 규모를 결정하는 변수들의 영향력을 평가한다.

둘째, 부동층 유권자는 어떤 특성을 갖는 유권자인가? 전술했듯이 한국 부동층 유권자의 특성에 대한 경험적 연구는 이제 막 시작되었고, 부동층 유권자에 대한 개념 규정이나 그들의 특성에 대한 일치된 혹은 합의된 견해는 존재하지 않는다. 본 연구에서는 기존 연구에서 나타난 이러한 불일치에 대한 경험적 검증을 시도한다.

셋째, 부동층 유권자의 투표선택의 기준은 무엇인가? 즉, 부동층 유권자의 투표선택 기준은 선거 캠페인이 시작되기 전에 이미 투표를 결정한 유권자, 즉 기결정자(*partisan deciders* 혹은 *precampaign deciders*)와 어떻게 다른가에 대해 분석한다. 일반적으로 부동층 유권자는 투표선택의 장기 요인인 정당일체감이나 정치이념에 따른 투표선택보다는 단기적 요인, 즉 후보자 요인이나 정책에 대한 선호를 중심으로 투표선택을 하는 유권자로, 이들이 지지 결정을 유보 혹은 연기하는 이유는 정보부족으로 인한 것인지 아니면 보다 신중한 지지 결정을 내리는 합리적이고 세련된 유권자(*rational, sophisticated voters*)이기에 그러한 것인지 검증한다.

마지막으로, 부동층 유권자들은 결과적으로 어떤 정당을 지지했는가? 이들은 진보성향의 야당 지지 숨은 표인가, 아니면 보수성향의 여당 지지 숨은 표인가? 더불어 부동층 유권자의 투표선택은 기결정자와 어떻게 다른가? 부동층 유권자들은 일정한 이념적 성향을 갖거나 특정 정당에 대한 선호를 갖는 것이 아니라 단기적인 캠페인 요인에 의해 정당 지지를 결정하는 유권자인가를 3번의 선거를 대상으로 비교분석한다.

이상의 연구를 위해 본 연구에서는 서울대학교 한국정치연구소가 조사한 2012년 총선 및 대선, 2014년 지방선거 설문조사 데이터를 분석한다.

2. 기존 이론 검토

부동층 유권자는 다음의 두 차원에서 정의될 수 있다. 우선 키(V. O. Key, Jr., 1966)에 따르면 '일련의 선거'에서 지지 정당을 바꾸는 유권자(*inter-election party changers* 혹은 *swing voters*)이거나, 다른 한편으로는 컨버스(Phillip Converse, 1962/1966)가 제시하듯 '단일 선거'에서 지지할 정당이나 후보자를 선거 캠페인이 진행되는 과정에서 결정하는 유권자

(*campaign deciders*) 혹은 지지 정당이나 후보를 유지하지 못하고 바꾸는 유권자(*intra-election party changers*)이다. 전자의 대척점에는 습관적인 정당 투표자(*habitual partisan voters*)가 존재하며, 후자의 대척점에는 조기 투표자(*early voters*)가 존재한다.

컨버스(Converse, 1966)에 따르면, 단일 선거에서 지지 정당을 바꾸거나 투표일이 임박한 시점에서 지지 후보를 결정하지 못하는 경우는 매우 강력한 단기 요인, 즉 캠페인 효과에 비례하고, 유권자 개인이 갖는 정치정보(혹은 지식)의 총량에 반비례하여 증가한다(류재성, 2012: 228 재인용). 이들은 정치에 대한 무관심과 정책 이슈에 대한 무지로 지지 정당 및 후보에 대한 안정적 지지를 형성하지 못한 유권자로서 단기적 요인인 선거 캠페인 메시지에 따라 지지를 결정할 가능성이 높다(Hayes & McAllister, 1996; Mair, 2006). 즉, 이들이 투표결정시점을 연기하는 이유는 안정적인 정당선호를 형성하고 있지 못하기 때문이며 따라서 추가적인 정보를 획득할 수 있는 캠페인 기간 동안, 정보에 의존하는 경향이 강하다.

반면 키는 지지 정당의 전환은 정책 이슈에 대한 선호의 변화에 따른 결과라고 언급한다. 이들 지지 정당 전환자(*party switchers*)는 정책 이슈에 대한 그들의 선호와 합치되는 정당으로 지지 정당을 전환한다. 요컨대 지지 정당을 결정하는 결정적 변수는 정책 이슈에 대한 선호이며, 후자의 변화가 전자의 전환을 이끌어 낸다. 이처럼 정책 이슈에 대한 선호를 기준으로 단위 선거에서 지지 후보 및 정당을 선택하는 정책 이슈 공중(*issue publics*)이 존재하며, 이들 정책 이슈 공중의 존재는 정당들의 정책을 중심으로 한 경쟁과 책임성을 강화하는 기반이 된다. 키에게 있어 이들 지지 정당 전환자와 지지 정당 고수자(*party stand patters*) 모두는 정책 이슈를 중심으로 지지 정당을 결정한다는 점에서 정치적 관심이나 정치지식 등의 정치 정향에 본질적인 차이가 없다(류재성, 2012: 228~229 재인용).

부동층 유권자의 특징에 대한 규정은 후속 연구에서도 여전히 대립적이다. 매칼리스터(McAllister, 2002)에 따르면 부동층 유권자의 일부만이 컨버스가 규정하는 부동층 유권자의 특징을 나타낼 뿐이며, 다른 일부는 키가 주장하는 것처럼 정치관심도나 미디어 소비에 있어 기결정자와 구별되지 않는다. 즉, 부동층 유권자의 정보나 정치지식의 수준이 기결정자에 비해 낮다는 경험적 증거가 없다는 것이다. 다른 연구에 따르면 부동층 유권자가 선택을 위해 적극적으로 정보 획득의 노력을 한다는 증거는 없지만 적어도 이들이 다른 유권자들의 선택을 고려하면서 자신들의 최종 선택 시점을 연기하고 있다고 주장한다(Cox, 1984; Blais & Nadeau, 1996; Irwin & Holsteyn, 2008). 니어와 드럭만(Nir & Druckman, 2008)에 따르면 부동층 유권자는 선거운동기간 동안 접하는 매우 경쟁적인 양가적(*ambivalent*) 정보에 노출되어 선호 후보 결정을 유보한 유권자들로 파악된다. 따라서 선거 구도가 경쟁적일수록, 선거 캠페인의 메시지가 동등한 설득력을 가지고 있을수록 부동층 유권자의 규모는 커진다.

부동층 유권자의 최종적인 투표선택에 있어서도 차피와 채(Chaffee & Choe, 1980) 및 위트니와 골드만(Whittney & Goldman, 1985)은 이들이 기결정자와 동일한 유형의 투표선택, 즉 정당일체감을 중심으로 한 투표선택을 하는 것으로 보고한 반면, 휘니어 외(Fournier *et al.*, 2004)에 따르면 부동층 유권자의 투표선택은 정당일체감과 관련 없이 캠페인 과정에서의 사건들에 영향을 받으며 무작위에 가까운 투표(*a near-random fashion in casting votes*) 성향을 보인다.

한국의 부동층 유권자에 대한 연구 역시 부동층은 과연 어떤 종류의 유권자인지, 즉 부동층 유권자는 선거와 정치에 대해 관심을 가지고 있으며 '정확한' 혹은 '좋은' 투표선택을 하는 신중하고 합리적인 유권자인지 아니면 선거와 정치에 대해 무관심하고 무지하여 투표일 직전에도 투표결정을 내리지 못하는 무태도(nonattitudes) 유권자인지에 대한 상이한 분석 결과를 보인다.

류재성(2012)은 한국의 부동층 유권자는 정치 일반과 선거에 대한 무지와 무관심 및 무태도를 특징으로 하는 컨버스(Philip Converse) 류의 미국 부동층 유권자의 특성을 보이지 않는다고 주장한다. [1] 즉, 한국의 부동층 유권자에서는 미국의 부동층 유권자의 특성인 저학력과 저소득, 낮은 정치지식수준 등의 특징이 발견되지 않는다는 것이다. 나아가 류재성(2012)은 제19대 총선에서의 부동층은 선거의 특수적인 환경으로부터 일종의 교차압력을 받은 유권자들이라고 주장한다. 즉, "무당파, 중도성향의 청장년 유권자 가운데 (적어도) 반MB적이지 않으며, 친기업적 선호를 가진 유권자가 제19대 총선에서의 부동층 유권자들이다"라는 주장이다(류재성, 2012: 248). [2]

---

1 한국의 부동층 유권자는 컨버스 부류의 무지와 무관심을 특징으로 하는 유권자가 아니다. 학력이나 소득수준, 정치지식수준 등이 부동층과 비부동층을 구분하는 데 있어 아무런 영향력이 없다는 분석 결과는 결국 부동층의 학력, 정치지식, 소득수준 등이 비부동층의 그것보다 높거나 낮지 않다는 것이며, 이들 기준에서 두 집단 사이에는 의미 있는 차이가 없다는 것이다. 요컨대 한국의 부동층 유권자가 무지와 무관심을 특징으로 하는 유권자 집단이라는 주장은 경험적으로 검증되지 않았다(류재성, 2012: 245).

2 "무당파, 중도성향의 청장년 유권자가 MB에 대해 긍정적으로 평가하고 비정규직 노동자 문제에 대해 친기업적 성향을 갖는 것은 모순적(oxymoron)이다. 따라서 이들은 여론의 일방적인(혹은 지배적인) 반MB 및 경제민주화 프레이밍으로부터 상당한 정도의 심리적 압박을 느꼈을 가능성이 높다. 지배적인 여론과는 상이한 정치적 선호를 가진 데서 오는 압박이다. 자신의 선호와 상반되는 정보에 노출되어 압박을 느끼는 개인이 지지 결정을 유보, 연기하는 것은 일반적이다(Nir & Druckman, 2008). 이들은 선거 캠페인 기간 동안 집중적으로 전달되는 새로운 정보를 획득하고 처리함으로써

반면 조성대(2013)는 정치관심을 기준으로 부동층을 적극적 부동층과 소극적 부동층으로 구분하고,3 전자의 경우는 고학력 유권자인 반면 후자의 경우는 여성과 젊은 층 유권자들로서, "소극적 부동층은 선거쟁점에 대해 명확한 가치판단을 내리지 못하고 있는 데 반해, 적극적 부동층은 교차압력에 의한 양가적 태도로부터 상대적으로 자유롭다"고 주장한다(조성대, 2013: 109). 다르게는 기결정자와 부동층 일반, 즉 소극적 부동층과 적극적 부동층 모두를 비교하면 여성, 젊은 층, 고학력으로 갈수록 부동층 비율이 증가한다.

　　두 연구에서의 차이를 정리하면 〈표 7-1〉과 같다. 먼저 부동층 전체를 기결정자를 준거로 분석한 로지스틱 회귀분석 결과에서 조성대(2013)와 류재성(2012)의 경우에는 모델에 포함된 여러 다른 변수들을 제외하면 큰 차이가 없다. 특기할 점은 조성대의 연구에서만 여성이 부동층에 머물 가능성이 높은 것으로 나타났을 뿐이다. 그 외의 변수, 즉 정당일체감, 정치이념강도, MB 정부평가 등의 변수는 모두 부동층을 결정하는 유의미한 변수로 두 연구 모두에서 공통으로 확인되었다. 즉, 두 연구 모두에서 부동층 유권자는 젊은 층, 무당파, 낮은 정치이념강도를 갖고 있으며 MB 정부를 긍정적으로 평가한 유권자들이며, 이들의 소득이나 학력수준에서의 차이는 발견되지 않았다.

　　조성대의 연구는 적극적 부동층과 소극적 부동층 유권자를 기결정자

이러한 압박에서 벗어나려 노력했다고 판단할 수 있다"(류재성, 2012: 248).

3 "… 부동층을 적극적 부동층과 소극적 부동층으로 구분하기 위해 선생님께서는 평소 정치에 대하여 얼마나 관심이 있으십니까?"라는 설문에 '① 아주 많다'와 '② 어느 정도 있는 편이다'라고 응답한 유권자들은 적극적 부동층으로 정의하고 '③ 별로 없는 편이다'와 '④ 전혀 없다'라고 응답한 유권자들은 소극적 부동층으로 구분했다. 아울러 '모름/무응답'으로 처리된 응답자를 제외하고는 최종적인 종속변수로 조작했다(조성대, 2013: 116). 분석 대상 전체 유권자 가운데 기결정자는 61.4%며, 적극적 부동층과 소극적 부동층은 각각 19.4%와 19.2%이다.

<표 7-1> 기존 연구에서의 부동층 특성

변수	조성대(2013)[4]			류재성(2012)
	적극적 부동층 ①/ 기결정자	소극적 부동층 ②/ 기결정자	부동층 ① + ②/ 기결정자	부동층/기결정자
성	×	○	○	×
연령	×	○	○	○
학력	×	×	×	×
소득	×	×	×	×
정당일체감	○	○	○	○
정치이념강도	×	○	○	○
MB 정부평가	○	○	○	○
정치지식	–	–	–	×

주: ○–통계적으로 유의미한 변수; ×–통계적으로 유의미하지 않은 변수.

를 준거로 분석하는데, 분석 결과 소극적 부동층은 여성, 젊은 층, 낮은 정치이념강도를 갖는 유권자일 가능성이 높고, 적극적 부동층은 이상의 변수에 의해 영향을 받지 않는다. 결국 적극적 부동층은 무당파 유권자로서 MB 정부를 긍정적으로 평가한 유권자들이다. 그러나 이러한 적극적 부동층에 대한 규정은 그들이 왜 투표결정을 연기 혹은 유보하고 있는가에 대한 충분한 설명을 제공하지 못한다. 더욱이 적극적 부동층이 소극적 부동층에 비해 양가적 태도에서 오는 교차압력으로부터 자유롭다고 한다면, 이들이 왜 부동층으로서 선호 결정을 연기 혹은 유보하고 있는가에 대한 설명력은 더욱 떨어질 수밖에 없다. 말하자면 적극적 부동층의 규모가 더 크고 정확한 정보를 획득하여 선호 결정을 위한 노력을 하고 있다고 추론할 수 있지만 조성대의 연구에서는 그에 대한 검증이 이루어지지 않았다.

본 연구는 이상의 선행 연구를 바탕으로 다음과 같은 연구 설계를 통

---

4 본 표는 조성대(2013: 126)의 <표 7-1> 부동층 결정요인에 대한 로지스틱 회귀분석 결과 중 '정당부동층 결정모형'에 근거해 작성하였다.

해 부동층의 규모 및 특성, 부동층 형성의 원인, 부동층의 투표결정에서의 특징에 대해 분석할 것이다.

3. 연구 설계

본 연구는 최근 3번의 선거를 분석한다. 2012년 총선과 대선, 2014년 지방선거가 대상이다. 이를 위해 서울대학교 한국정치연구소가 각 선거에서 실시한 설문조사 자료를 분석한다.

분석 대상의 확장은 다음과 같은 장점을 제공한다. 먼저 부동층 유권자의 존재와 그들의 상대적 규모의 차이가 선거 특수적으로 변화하는가에 대해 답할 수 있을 것이다. 대통령선거와 같이 고관여선거와 지방선거와 같이 저관여선거, 그리고 그 중간에 위치할 것으로 추정되는 국회의원선거는 정보환경, 유권자의 정보획득 및 처리에 대한 관심과 열의, 투표선택을 위한 기준(예컨대 정당이냐 인물이냐), 선거의 중요성에 대한 유권자 인지 등이 상이할 것이다. 추정컨대 정보의 양과 유권자의 선거관심 등을 고려하면 대통령선거에서의 부동층 유권자가 총선이나 지방선거에 비해 적을 것이다. 같은 맥락에서 총선에서의 부동층 유권자는 지방선거에서보다 적을 것이다.

각급 선거에 대한 비교 연구는 부동층 규모와 더불어 부동층 형성 요인에 대한 보다 종합적이고 정밀한 분석을 가능하게 한다. 일반적으로 한국 선거에서 선거 구도가 갖는 중요성이 강조되어 왔지만, 이는 단지 후보자들의 당락을 결정짓는 요소일 뿐 아니라 그것을 결정짓는 다른 요인, 즉 부동층의 형성과 그들의 선호 후보 결정에 영향을 미친다. 그럼에도 불구하고 현재까지의 부동층 연구는 단일 선거에서의 선거 구도에서 형성된 부동층을 분석했을 뿐, 여러 선거에서 형성된 부동층을 비교 연구하지 못했다. 류재성(2012)에 따르면 부동층 유권자는 특정한 통시적 특성을 갖지만 그 발현 강도는 선거 특수적이며, 관련 변수는 미디어 정보환경 및 캠페인 메시지의 구조 및 특성이다. 예컨대 유권자의 결정을 돕는 미디어 정보환경 및 캠페인 메시지가 부재하거나 매우 경쟁적인 메시지 환경이라면 많은 유권자가 서로 다른 정당으로부터 교차 지지 압력을 받게 되며 그 결과 부동층 유권자는 늘어날 수밖에 없다(류재성, 2012: 227~228). 본 연구는 최근 치러진 3번의 선거로 분석 대상을 확장하고 이를 통해 선거에 따른 부동층 규모 변화의 정도와 이유를 탐색한다.

다른 한편, 조성대(2013)는 기존 연구의 한계를 지적하면서 이를 극복하기 위한 연구 설계가 필요함을 지적한다. 첫째는 부동층에 대한 분석이 선거 이전에 조사된 데이터를 이용할 경우 분석의 정확도를 높일 수 있다는 것이다. 말하자면 사후조사는 응답자의 과거 기억을 강제하는 것이어서 어느 방향으로든 과장된 응답을 초래할 가능성이 있다고 주장한다(조성대, 2013: 112). 그러나 사후조사에 대한 이러한 주장은 사실 근거 없는 이야기이다. 과장된 응답 가능성으로 언급된 캠페인 효과나 각종 편승 효과가 무엇을 지칭하는지 명확하지 않을 뿐 아니라 선호 후보 선택 시점에 대한 질문의 응답에서 어떤 방식의 캠페인 효과나 편승 효과가 발생하는지 역시 불분명하다. 다만 선거 전 여론조사에서 아직 지지할 정당이나 후보를 결정하지 않은 응답자를 부동층으로 분류하고 분석하는 것은 사후조사에 비해 정확한 분석을 유도할 가능성이 크다. 그러나 조성대(2013)의 연구에서 부동층은 선거 20일 전 실시한 설문조사를 근거로 하고 있는데, 선거 20일 전 시점은 공식선거운동이 시작되기 전이기 때문에 지지 정당이나 후보를 결정하지 못한 유권자가 다수 존재할 수밖에 없으며, 부동층을 공식선거운동기간 이후의 지지 후보 미결정자보다 더욱 앞의 시점으로 규정하는 것은 부동층의 과도한 확장이라고 할 수 있다.

둘째는 부동층을 선거에 대한 관심 정도를 기준으로 적극적 부동층(선거 및 정치 일반에 대해 관심이 많은 부동층 유권자)과 소극적 부동층(선거 및 정치 일반에 대해 관심이 없거나 적은 부동층 유권자)으로 구분해야 한다는 문제의식이다. 적극적 부동층과 소극적 부동층으로 구분할 경우, 전자의 유권자는 정책에 대한 양가적 태도를 가지고 있으며 선택에 필요한 정보 습득과 처리에 적극적이고 합리적이며 세련된 유권자인 반면, 후자의 유권자는 후보 선택의 판단 기준을 가지지 못한 무태도의 유권자일 가능성이 높다는 것이다.

부동층 유권자가 단일한 특성의 유권자 집단일 가능성은 낮다. 즉, 부동층 유권자 중에는 정확하고 다양한 정보를 기초로 후보자를 선택하려는 신중한 유권자가 존재할 수 있고, 다르게는 후보자 선택을 위한 정보나 지식을 결여하여 선택할 능력이 없는 무태도의 유권자 역시 존재할 수 있다. 따라서 이들을 정치관심도를 기준으로 구분하는 것도 의미 있는 작업일 수 있다. 그러나 문제는 분석 결과에 대한 해석이다. 부동층을 분화하게 되면 분석의 정밀함은 얻을 수 있지만 분석 결과의 해석이 복잡해 질 수밖에 없다. 더욱이 이러한 복잡한 분석과 해석의 결과로 나타나는 적극적 부동층의 특성은 기결정자와 특별한 차이를 보이지 않는다.

4. 분석 결과

1) 부동층 규모: 2012년 총선, 대선, 2014년 지방선거

2012년 4월 11일 실시된 제 18대 국회의원선거에서의 공식선거운동은 3월 29일 시작되었으므로, 공식선거운동기간은 13일 간이었다. 〈표 7-2〉에 따르면 선거일 한 달 이상 전에 선호 후보를 결정했다는 응답자가 50.0%였으며, 투표 1주일 전부터 투표 당일 사이에 선호 후보를 결정했다는 응답자는 34.1%인 것으로 조사되었다. 설문 선택지가 투표 한 달

〈표 7-2〉 선거별 투표선택 시점 및 부동층

총선/지방선거 응답지	대선 응답지	2012년 대통령선거[5]		2012년 국회의원선거[6]		2014년 지방선거[7]	
		빈도	%	빈도	%	빈도	%
투표 당일	선거 당일	26	2.4	103	7.2	90	9.6
투표 1~3일 전	–	–	–	133	9.2	153	16.4
투표 1주일 전	선거 1주일 전 (여론조사 마지막 공표일, 2012년 12월 12일)	62	5.8	254	17.7	153	16.4
투표 2주일 전	선거 2주일 전 (안철수 선거운동 지원 개시, 2012년 12월 6일)	120	11.3	–	–	114	12.2
이상 부동층 유권자		208	19.5	490	34.1	510	54.6
투표일 2~4주 전	선거 26일 전 (안철수 사퇴, 2012년 11월 23일)	194	18.3	229	15.9	134	14.4
투표 한 달 이상 전	주요 3 후보 (박근혜, 문재인, 안철수 출마확정, 2012년 9월 19일)	346	32.5	720	50	288	30.9
–	총선 직후	315	29.6	–	–	–	–
합계		1,063	100.0	1,439	100.0	933	100.0

이상 전부터 투표 당일까지의 시간 간격 모두를 포괄해야 했으나, 본 설문은 투표 1주일 전부터 투표 2주일 전까지의 기간이 공백으로 남아 있다. 따라서 이 기간 동안 선호 후보를 결정한 응답자가 있었다면 그들에겐 선택지가 주어지지 않은 셈이다. 따라서 실제 부동층, 즉 선거 캠페인이 시작되고 난 이후 선호 후보를 결정한 응답자는 최소 34.1%이며 실제 부동층 규모는 이를 상회했다고 추론할 수 있다.

2012년 12월 19일 실시된 대통령선거에서의 선호 후보 결정 시점에 대한 설문 응답 결과이다. 안철수의 선거운동 지원 개시일인 2012년 12월 6일을 기준으로 하면 이 기간은 선거 13일 전 시점이 된다. 이 시점 이후에 선호 후보를 결정한 응답자는 19.5%로 조사되었다. 달리 말하면 2012년 대선에서 공식선거 캠페인이 시작되기 전에 지지 후보를 결정한 유권자는 전체 투표참여자의 80.5%인 것이다.

2014년 6월 4일 실시된 전국동시지방선거에서 투표일 2주 전부터 투표 당일까지 선호 후보를 결정한 응답자는 54.7%인 것으로 조사되었다. 6·4 지방선거의 공식선거운동은 5월 22일 시작되었으므로 공식선거운동기간은 14일 간이었다. 말하자면 공식선거운동기간 중 지지 후보를 결정한 유권자가 투표한 유권자의 54.7%로 조사되었다.

동일한 기준, 즉 공식선거운동이 시작된 이후 시점에서의 선호 후보 결정을 적용하여 부동층 유권자를 개념화하고 데이터를 조작화하였지만 부동층 유권자의 규모는 선거에 따라 매우 상이하게 나타났다. 대략 선거일 2주 전 시점을 기준으로 2012년 대선에서의 부동층 규모는 19.5%,

---

5 설문 문항은 다음과 같다: 그렇다면 귀하께서는 투표할 후보자를 언제 결정하셨습니까?

6 설문 문항은 다음과 같다: 그렇다면 귀하께서는 찍을 후보자를 언제 결정하셨습니까?

7 설문 문항은 다음과 같다: (투표를 하신 분만) 귀하는 이번 지방선거에서 누구를 찍을지 언제 결정하셨습니까?

2012년 총선에서는 (최소한) 34.1%, 2014년 지방선거에서는 54.7%로 나타났다. 2012년 총선과 대선의 부동층 비율과 비교할 때 2014년 지방선거의 부동층 비율이 큰 폭으로 상승했다.

2012년 대선에서의 부동층이 19.5%에 이른 것은 결과적으로 이들의 선택이 후보들의 당락을 결정한 셈이다. 주요 두 후보의 득표수와 득표율은 각각 15,773,128과 51.6% 및 14,692,632와 48.0%였다. 이들의 득표수와 득표율 차이는 1,080,496과 3.6%p였으므로, 부동층으로 추산되는 5,840,823명(두 후보의 득표수 30,465,760의 19.5%)의 결정이 박근혜 후보의 당선을 가져왔으며, 다르게 표현하면 선거운동기간 중에 이루어진 유권자들의 지지 후보 결정이 선거결과의 관건이었다. 대선에서의 이러한 결과는 정당일체감이나 정치이념과 같은 장기적인 차원에서의 정치정향(*political predisposition*)적 요인보다 후보 간 경쟁 구도나 후보의 자질 및 능력, 혹은 정책과 공약 등이 선거운동기간 얼마나 효과적으로 유권자에게 전달되고 수용되느냐가 선거 승리를 위해 필수적이었음을 보여준다.

대선과의 대척점에 지방선거가 존재한다. 무려 54.6%가 공식선거운동이 시작되기 이전 시점에 지지 후보를 선택하지 못했(않았)다고 응답했다. 전체 투표자의 과반이 넘는 수치이다. 이처럼 지방선거에서 부동층 유권자가 많은 까닭은 직접적으로는 (제주특별자치도와 세종특별자치시를 제외하고) 각급 단위의 7명의 후보를 선택해야 하는 데서 오는 어려움 때문일 것이다. 게다가 지방선거에 대한 주민의 관심은 총선이나 대선에 비해 낮은 것으로 알려져 있다(강원택, 1999). 나아가 '중앙당에 의한 선거 이슈의 전국화로 지방적 성격이 약화된 점이나 한 당의 독점적인 지방정부의 권력구도, 정당 지지의 지역성'(황아란, 2006: 129)으로 대표되는 지방선거의 특성은 정당 지지자에게는 일괄투표(*strait-ticket voting*) 방식의 '쉬운' 선택을 유도하지만 무당파 유권자들에게는 각급 단위의 개인 후보들에 대한 분할투표(*split-ticket voting*) 방식의 '어려운' 선택을 요구한다. 결국 54.6%의 지방선거 부동층 규모는 한 당의 독점적 지방권력구조 및 정당 지지의 지역성이 가져온 역설(*paradox*)이다. 쉬운 선택 구조에서 어려운 선택을 할 수 밖에 없는 유권자가 상당수 존재한다는 의미이다. 결국 지방선거에서 상당수의 유권자가 정당일체감에 따른 자동적인 선택이 아닌 선거운동기간의 '구체적인' 정보에 기초하여 후보자 및 정당을 선택했음을 보여준다.

총선에서의 부동층 규모는 34.1%로 조사되었다. 류재성(2012)의 지적처럼, "… 부동층 유권자는 지지 후보 및 정당 결정 시점이 늦은 것일 뿐, 결국 선거에 기권하지 않고 투표에 참여한 유권자들로서 선거 불참자들과 다르다. 달리 표현한다면 부동층 유권자는 정치 불신 및 부정적 태도를 가진 유권자일 가능성은 매우 높지만 선거참여를 통한 의사 표현을 포기하지 않은 유권자이며 결국 특정 정당 및 후보 지지를 결정한 유권자들이다"(류재성, 2012: 245). 류재성(2012)에 따르면, 2012년 총선에서의 부동층이 선거에 무관심한 유권자가 아니며, 후보 선택 시점의 연기는 자신의 선호와 상반된 정보로부터의 교차 압력 때문이다. 보다 구체적으로 이들은 선거 캠페인 기간 동안 집중적으로 전달되는 새로운 정보를 획득하고 처리함으로써 이러한 압박에서 벗어나려 노력했다고 판단할 수 있다(류재성, 2012: 248).

부동층의 존재는 일반적인 현상이지만 그 규모는 선거의 특성에 따라 상이한 규모로 존재한다는 것이 검증된 셈이다. 일반적으로 선거의 중요성을 인지하고 그에 따라 선거에 대한 관심도가 증가할수록 부동층의 규모는 줄어든다고 할 수 있다. 더불어 대선의 경우 총선이나 지방선거에 비해 많은 양의 정보가 제공되고 따라서 유권자는 정보를 획득하기 쉬운 환경에 있었던 셈이다. 결국 대선보다는 총선, 총선보다는 지방선거에서 부동층 유권자가 높은 비율로 증가하는 것은 유권자에게 선호 후보 선택에 대한 정보가 얼마나 충실하고 효과적으로 전달되느냐에 따른 결과일 수 있다.

더불어 선거에 따른 부동층 규모의 변화는 정치 및 선거에 대한 부동층 유권자의 무지와 무관심 때문은 아니라는 방증이다. 무지와 무관심의 무태도 유권자가 19.5%에서 34.1%, 54.6%까지 상대적으로 짧은 시간에 증가하는 것은 거의 불가능하다. 그렇다면 부동층 유권자는 기본적으로 개인적 특성이지만 선거의 특성 및 구도, 정보환경 등에 따라 결정된다고 할 수 있다.

2) 누가 부동층인가?

(1) 인구 통계적 특성

〈표 7-3〉은 부동층의 인구 통계적 특성을 성, 연령, 학력, 소득수준을 기준으로 분석한 결과이다. 2012년 대선과 총선, 2014년 지방선거에서의 부동층 유권자는 동일한 인구 통계적 특성을 보인다. 3번의 모든 선거에서 부동층은 고학력의 젊은 층이었으며, 성이나 가구소득에 따른 특성은 없었다. 이러한 결과는 이전의 연구 결과와 완전히 일치하는 것은 아니다. 조성대(2013)의 연구에서는 여성, 젊은 층, 고학력 유권자가 부동층인 것으로 조사되었고, 류재성(2012)의 연구에서는 젊은 층 유권자가 부동층일 가능성이 높은 것으로 조사되었다. 본 연구의 분석 결과는 가구소득에 따른 구분은 유의미하지 않았고, 조성대(2013)의 연구와 달리 성에 따른 구분은 유의미하지 않았다. 그리고 류재성(2012)의 연구와 달리 학력에 따른 구분은 유의미한 것으로 나타났다.

<표 7-3> 부동층 비율(단위 : %)

		2012년 대통령선거	2012년 국회의원선거	2014년 지방선거
성별	남자	17.78	31.67	52.21
	여자	21.30	36.45	57.08
	F(유의확률)	2.085(.149)	3.663(.056)	2.230(.136)
연령	19~29세	35.48	54.29	69.53
	30~39세	21.53	39.00	62.20
	40~49세	18.18	37.27	56.99
	50~59세	17.73	30.34	50.97
	60세 이상	10.55	21.62	43.15
	F(유의확률)	9.934(.000)	16.550(.000)	7.606(.000)
학력	중졸 이하	11.67	26.28	40.58
	고졸	15.54	33.94	58.93
	전문대 재학 이상	25.14	37.94	58.57
	F(유의확률)	7.931(.000)	53.999(.003)	10.962(.000)
가구소득	100만 원 미만	15.94	32.09	–
	100~199만 원	12.50	29.93	45.26
	200~299만 원	15.63	38.92	54.36
	300~399만 원	23.02	32.56	57.97
	400~499만 원	22.33	35.23	57.33
	500만 원 이상	20.95	33.33	56.52
	F(유의확률)	1.690(.120)	1.337(.246)	2.147(.058)

(2) 정치정향적 특성

〈표 7-4〉는 지지 정당 유무, 정치이념 및 그에 따른 강도, 선거관심을 기준으로 부동층 유권자의 특성을 분석한 결과이다. 3번의 선거 모두에서 지지 정당 유무와 정치이념은 부동층과 기결정자를 구분하는 유의미한 기준인 것으로 나타났다. 지지 정당이 없는 무당파 유권자는 정당 지지자에 비해 2012년 대선에서 16.82%p, 2012년 총선에서는 14.82%p, 2014년 지방선거에서는 15.67%p만큼 더 많은 유권자가 부동층인 것으로 나타났다.

<표 7-4> 정치정향에 따른 부동층 비율(단위: %)

		2012년 대통령선거	2012년 국회의원선거	2014년 지방선거
지지 정당	있음	15.28	32.55	50.85
	없음	32.10	47.37	66.52
	F(유의확률)	37.553(.000)	13.373(.000)	17.447(.000)
정치이념	진보	21.79	32.11	59.64
	중도	22.49	39.77	59.38
	보수	16.38	29.58	44.59
	F(유의확률)	2.579(.076)	6.351(.002)	9.183(.000)
정치이념 강도	5 = 0(강한 진보) ~10(강한 보수)	14.81	23.68	33.33
	4 = 1&9	14.29	22.50	55.56
	3 = 2&8	12.50	28.40	37.84
	2 = 3&7	18.60	30.35	50.30
	1 = 4(약한 진보) ~6(약한 보수)	23.67	35.44	60.08
	0 = 5(중도)	22.79	39.77	59.38
	F(유의확률)	1.854(.100)	3.788(.002)	4.626(.000)
선거관심[8]	있음	24.0	31.0	30.6
	없음	76.0	69.0	66.3
	F(유의확률)	4.410(.036)	39.705(.000)	5.154(.023)

정치이념 역시 부동층과 기결정자를 나누는 유의미한 기준이었다. 다만 2012년 대선에서는 정치이념이 부동층과 기결정자를 나누는 통계적으로 유의미한 기준은 아니었다(F = 2.579, p < .076). 2012년 대선과 총선에서 중도성향 유권자 중 부동층이 가장 많았으며(각각 22.49% 및 39.77%), 3번 선거 모두에서 보수성향 유권자 중 부동층 비율이 가장 낮은 것으로 조사되었다. 특기할 점은 보수성향 유권자 중 부동층 비율이

---

8 2012년 대선의 경우 설문 문항은 다음과 같다. "귀하께서는 일반적으로 선거나 정치적 사안에 대해 주위 사람들과 얼마나 자주 이야기 하십니까?" 선택지는 다음과 같다. '① 거의 매일, ② 일주일에 3~4번, ③ 일주일에 1~2번, ④ 일주일에 한 번 미만, ⑤ 전혀 하지 않는다.' 이 중 ①~③을 선거관심이 '있다'로 코딩하고, ④, ⑤를 선거관심이 '없다'고 코딩하였다.

진보나 중도성향 유권자보다 낮다는 것이다. 보수성향 유권자는 다른 이념 집단에 비해 선거운동이 시작되기 전 선호 후보를 결정할 가능성이 가장 높은 것으로 나타났다.

정치이념강도 역시 2012년 대선을 제외하고, 2012년 총선과 2014년 지방선거에서 부동층과 기결정자를 나누는 통계적으로 유의미한 기준이다. 중도성향 유권자 중에 부동층 비율이 가장 높았으며 이념성향이 강할수록 부동층 비율이 낮았다. 선거관심은 부동층과 기결정자를 가르는 통계적으로 유의미한 기준인 것으로 나타났다. 2012년 대선과 총선, 2014년 지방선거 모두에서 선거에 관심이 없는 응답자 중에는 부동층의 비율이 높았는데 그 비율은 각각 76.0%, 69.0%, 66.3%로 나타났다.

요컨대 최근 3번의 선거에서 나타난 부동층의 정치정향적 특징은 무당파, 중도성향의 유권자이며, 이념적 성향과 선거에 관심이 낮을수록 부동층일 가능성이 높은 것으로 나타났다. 이러한 분석 결과는 이전 연구 결과와 대체로 일치한다.

3) 무엇이 부동층을 만드는가?

이상에서 연령, 학력, 선거관심 유무, 지지 정당 유무, 중도 이념성향이 부동층 형성의 주요 변수임을 확인했다. 젊은 층, 고학력자, 선거관심이 낮은 중도성향의 무당파 유권자 중에서 부동층의 비율이 높았다.

언급한 다섯 변수의 상대적 영향력을 검증하기 위해 이들 변수를 독립변수로 하고 부동층 유권자를 종속변수로 한 로지스틱 회귀분석 결과에 따르면(〈표 7-5〉), 연령과 지지 정당 유무가 3번의 선거 모두에서 통계적으로 유의미한 영향력을 보였다. 중도 이념성향 유권자는 2012년 총선에서만 선호 후보 선택 시점을 선거운동기간으로 연기했으나,

<표 7-5> 부동층에 대한 로지스틱 회귀분석 결과

	2012년 대통령선거	2012년 국회의원선거	2014년 지방선거
연령	-.281**	-.387**	-.205**
	(.070)	(.058)	(.061)
학력	-.026	-.183	.084
	(.103)	(.104)	(.108)
무당파	.734**	.337**	.447**
	(.176)	(.137)	(.169)
중도	.121	.305**	.148
	(.168)	(.119)	(.143)
선거관심	.405*	.761**	.120
	(.186)	(.137)	(.154)
-2 로그 우도	933.326	1730.789	1230.740
Nagelkerke R^2	.084	.104	.060

주: * p < .05, ** p < .01, 괄호 안 숫자는 표준오차.

2012년 대선과 2014년 지방선거에서는 그렇지 않았다. 선거에 대한 관심 유무가 2012년 대선과 총선에서는 부동층과 기결정자를 나누는 유효한 기준이었으나 2014년 지방선거에서는 그렇지 않았다.

3번의 선거에서 공통적으로 나타난 부동층 형성 원인은 정당 요인이다. 즉, 지지 정당이 없는 무당파의 젊은 층 유권자들이 선호 후보를 선택하는 데 어려움을 겪은 것이다. 컨버스(Converse, 1962)의 주장처럼 한국의 부동층 유권자의 가장 큰 특징은 정당을 기준으로 투표선택을 하지 못하고 있는 것이다. 그러나 한국의 무당파 유권자를 미국의 무당당파 유권자처럼 정치 일반과 선거에 대한 무지와 무관심, 무태도를 가진 유권자 집단이라고 볼 수 없다. 미국처럼 양당체계가 오랫동안 안정적으로 이루어진 체제에서의 무당파 유권자와 한국처럼 정당체계가 지속적으로 변화하면서 유권자들에게 안정적인 선택의 기준을 제공하지 못하는 경우의 무당파 유권자의 특성이 같을 수 없는 것이다. 달리 말하면, 한국의 무당파 유권자는 정당에 대한 무태도를 가진 집단이 아니라 정당에 대한 부정적 태도(negativity)를 가진 집단으로서 정당을 기준으로 한 후보 선택을 할 수 있는 능력이 없는 유권자 집단이 아니라 그것을 의식적으로 거부하는 집단이다(류재성, 2013).

정당 상표(party label)를 기준으로 투표선택을 하지 않는 유권자들은 선거운동기간 중에 획득 가능한 여러 가지의 다른 정보에 의존할 수밖에 없다. 즉, 이들 부동층 유권자는, 키(V. O. Key, Jr.)가 주장하듯, 후보자 개인에 대한 정보나 정책 공약에 대한 정보를 주요 기준으로 선호 후보를 결정하는 이슈 공중일 가능성이 높다.

〈표 7-6〉은 3번의 선거에서 나타난 선호 후보 결정 시, 고려사항을 보여준다. 기결정자와 비교할 때 부동층 유권자는 후보자의 소속 정당을 선호 후보를 결정하는 데, 덜 중요한 고려사항으로 간주한다. 2012년 대선에서 후보자의 소속 정당에 대한 '매우 큰 영향을 주었다'(10점)와 '전혀 영향을 주지 않았다'(0점)의 평가에서 기결정자는 평균 6.21점이었던 반면 부동층 유권자는 5.79점이었다. 기결정자가 후보자 소속 정당을 더 중요하게 고려한 것이다. 2012년 총선과 2014년 지방선거 역시 기결정자의 38.4%와 42.2%가 정당을 주요 고려사항이라고 응답한 반면, 부동층의 32.4%와 23.7%만이 정당을 주요 고려사항이라고 응답했다.

특기할 점은 2012년 대선에서는 기결정자와 부동층 모두에게 소속 정당은 후보 선택 시 가장 중요한 요인은 아니었고, 후보자 개인의 도덕성과 후보 능력이 주요한 고려사항이었다. 반면 2012년 총선에서는 기결정자의 38.4%와 부동층의 32.4%가 정당이 가장 중요한 고려사항이라고 응답했으며, 2014년 지방선거에서는 기결정자의 42.2%가 정당이 가장 중요한 고려사항이라고 응답했고, 부동층의 경우 23.7%만이 정당이 가장 중요한 고려사항이라고 응답했다. 그 외 40.4%는 정책・공약을 가장 중요한 고려사항이라고 응답했다.

<표 7-6> 후보 선택 시 고려사항

	2012년 대통령선거[9]		2012년 국회의원선거[10]		2014년 지방선거[11]	
	기결정자	부동층	기결정자	부동층	기결정자	부동층
소속 정당	6.21	5.79	38.4	32.4	42.2	23.7
정책·공약	7.83	8.08	11.5	17.8	28.4	40.4
후보 능력	8.05	8.12	31.6	28.6	17.8	22.9
도덕성	8.19	8.24	15.7	18.2	6.2	7.8
이념성향	7.99	7.83	–	–	–	–
당선 가능성	7.43	7.65	–	–	–	–
출신지역	–	–	2.1	1.2	1.9	1.4
기타	–	–	0.6	1.8	3.6	3.7
전체	–	–	100.0%	100.0%	100.0%	100.0%

　　부동층 유권자에게 있어 후보자의 소속 정당은 3번의 선거 모두에서 정책·공약이나 후보 능력에 비해 중요한 고려사항이 아니었다. 이러한 경향은 기결정자와 부동층 모두에게 있어 공통적이지만 부동층 유권자에게서 더욱 두드러진다. 2014년 지방선거에서 정책·공약과 후보능력을 가장 중요한 고려사항이라고 응답한 부동층 유권자는 63.3%인 반면, 기결정권자는 46.2%였다. 또한 소속 정당을 가장 중요한 요인으로 꼽은 부동층은 23.7%인 반면, 기결정자의 경우 42.2%로 높은 비율을 차지했다. 이처럼 부동층과 기결정자의 후보 선택 고려사항은 극명한 대조를 이룬다. 2012년 총선에서 역시 정책·공약과 후보능력을 가장 중요한 고려사항이라고 응답한 부동층의 비율은 46.4%로 기결정자의

---

9 설문 문항은 다음과 같다. "(투표한 사람만) 그렇다면 (앞에서 응답하신 후보에 대해) 귀하께서 투표한 후보를 결정할 때 다음의 사항들이 얼마나 영향을 주었습니까?" 선택지는 다음과 같다. '0 = 전혀 영향을 주지 않았다, 1~10 = 매우 큰 영향을 주었다.'

10 설문 문항은 다음과 같다. "그렇다면 귀하께서는 투표한 후보자를 결정할 때 어떤 점을 가장 많이 고려하셨습니까?"

11 설문 문항은 다음과 같다. "(투표를 하신 분만) 귀하는 후보를 택할 때 어떤 점을 가장 많이 고려하셨는지 중요한 것 2가지만 골라 주십시오."

비율 43.1%보다 높았다. 2012년 대선에서도 부동층 유권자는 기결정자에 비해 정책·공약과 후보능력 및 도덕성에 더 높은 점수를 주었다.

요컨대 부동층은 기결정자에 비해 선거운동기간에 획득 가능한 정보를 중요한 고려사항으로 간주하고 그에 기반을 두고 후보자를 선택할 가능성이 높은 유권자들이다. 부동층 유권자의 지지 결정의 일정한 유보 혹은 연기가 정보 부족에 따른 것인지 아니면 보다 신중한 지지 결정을 하는 합리적이고 세련된 유권자이기에 그러한 것인지에 대한 직접적인 검증이 이루어지지 않았지만,12 이들이 선거운동기간 중의 정책·공약이나 후보자에 대한 정보의 중요성을 인지하고 있다는 것은 확인되었다.

4) 부동층은 어느 정당 후보에 투표하는가?

부동층 유권자는 기결정자에 비해 야당(비새누리당) 지지 확률이 높은 것으로 나타났다. 이러한 경향은 3번의 선거 모두에서 공통적이다 (〈표 7-7〉 참조). 2012년 대선에서 부동층 유권자 중 야당 투표자는 48.8%인 반면 기결정자 중 야당 투표자는 43.1%에 불과했다. 기결정자에 비해 부동층 유권자가 5.7%p로 지지율이 더 높았다. 2012년 총선 역시 부동층 유권자의 야당 후보 투표자는 53.7%로 기결정자의 51.1%를 상회한다. 비례대표 정당 투표의 경우에도 부동층 유권자의 54.0%가 야당에 투표했고, 기결정자는 49.6%만이 야당에 투표했다. 2014년 지방선거에서 광역단체장선거에서 야당을 지지한 부동층 유권자는 51.5%인 반면 기결정자 중 야당 지지 유권자는 44.8%에 불과했다. 광역비례대표 정당 투표 역시 부동층 유권자의 51.4%가 야당을 지지했

---

12 본 연구에서 사용한 설문조사에는 미디어 이용 정도에 대한 설문이 포함되어 있지 않아 미디어를 통한 정보 취득에 대한 분석을 할 수 없었다.

<표 7-7> 부동층 및 기결정자의 투표선택(단위 : %)

	2012년 대통령선거		2012년 국회의원선거		2014년 지방선거	
	부동층	기결정자	부동층	기결정자	부동층	기결정자
여당 투표자	51.2	56.9	46.3[1]	48.9	48.5[3]	55.2
야당 투표자	48.8	43.1	53.7[1]	51.1	51.5[3]	44.8
	t = 1.479, p = .139		t = .925, p = .355		t = 2.010, p = .045	
비례대표 여당 투표자	–	–	46.0[2]	50.4	48.6[4]	53.6
비례대표 야당 투표자	–	–	54.0[2]	49.6	51.4[4]	46.4
	–		t = 1.571, p = .116		t = 1.513, p = .131	

주: 1) [1] 지역구 후보 투표, [2] 비례대표 정당 투표, [3] 광역단체장 투표, [4] 광역비례대표 정당 투표
    2) 여당 = 새누리당, 야당 = 비새누리당.

고, 기결정자의 46.4%가 야당을 지지한 것으로 나타났다.

그러나 부동층의 이러한 야당 지지 성향은 2014년 지방선거의 광역단체장 투표를 제외하고는 기결정자와 비교하여 통계적 유의미성은 없었다. 그럼에도 불구하고 최근 3번의 선거 모두에서 부동층의 후보 선택은 기결정자의 후보 및 정당 선택과 비교할 때 일관되게 친야당적인 성격을 띠었다. 이러한 결과는 앞서 분석했듯이 기결정자들이 정당을 주요한 선택 기준으로 한 정당 투표성향이 강한 반면, 부동층 유권자는 정당보다는 정책 공약이나 후보자에 대한 개별 정보에 기초한 평가를 더 중요한 요인으로 간주했기 때문으로 보인다.

부동층 유권자가 기결정자에 비해 야당을 지지할 가능성이 높은 까닭은 야당 지지자들의 견고성이 약하기에 이들의 표의 결집을 위한 시간이 여당 지지자들에 비해 오래 걸리기 때문일 수 있다. 이 경우의 부동층은 언론이 지칭하는 소위 '은폐형' 부동층이다. 야당을 지지하지만 지지의 강도가 강렬하지 않거나 다른 이유로 투표결정을 연기하고 있다가 실제 투표에서는 자신의 정당 지지 성향에 따라 야당을 지지하는 경우이다.

다른 한편으로 부동층 유권자 중 상당 부분을 차지하는 무당파 유권

자들이 정당에 대한 아무런 선호를 가지지 않거나 정당에 대해 부정적인 인식을 가진 상태에서 지지 결정을 연기하고 선거운동기간에 정책과 이슈, 후보자 개인 특성을 중심으로 투표선택을 하는 경우이다. 결국 성공적인 선거 캠페인을 전개한 정당과 후보자가 부동층 유권자를 설득 흡수한 결과이다. 다만 선거 캠페인의 성공 여부를 판단할 수 있는 객관적인 지표가 존재하지 않기 때문에, 결국 이러한 유형의 부동층 유권자, 즉 선거운동기간 중의 정보를 중심으로 선호 후보를 결정하는 유권자가 기결정자에 비해 야당을 지지할 확률이 높은 이유를 구체적으로 설명할 수 없다. 이상의 설명을 위해서는 추가적인 분석과 데이터가 필요하다.

다만 이 분석 결과는 선거운동이 시작되기 전 발표되는, 즉 적극 투표 참여 의지를 밝힌 유권자를 중심으로 이루어진 여론조사 결과로 여당 표에 대한 과대평가, 야당 표에 대한 과소평가가 발생한다고 할 수 있다.

5. 나가며

정당 간 경쟁이 안정적으로 이루어지고 유권자에 대한 정당의 영향력이 충분히 크다면 부동층의 선택이 선거결과를 결정하는 데 있어서 그 영향력은 감소할 테지만, 그 반대의 경우라면 부동층의 규모는 커질 수밖에 없고 그들의 결정에 따른 선거 유동성 역시 증가할 것이다. 선거에서의 경쟁 구도 역시 부동층의 규모를 결정하는 변수이다. 경쟁적인 선거가 이루어지고 후보들 간의 승리가 쉽게 예측될 수 없다면 유권자들의 선호 후보 선택을 위한 숙고의 시간은 길어질 수밖에 없을 것이다. 더불어 대선과 같이 유력한 양대 정당의 후보가 경쟁하는 단순한 구도에서 치러지는 선거에 비해 여러 명의 후보를 선택해야 하는 지방선거의 경우는 선택에 필요한 정보가 더욱 많이 필요할 수밖에 없고, 따라서 지지 결정 시점을 연기하는 부동층 유권자의 수는 증가할 것이다. 본 연구는 이러한 일반적인 부동층 규모에 대한 추론을 2012년 대선과 총선, 2014년의 지방선거를 통해 경험적으로 입증했다.

본 연구는 연령, 학력, 선거관심 유무, 지지 정당 유무, 중도 이념성향이 부동층 형성의 주요 변수임을 확인했다. 젊은 층, 고학력자, 선거관심이 낮은 중도성향의 무당파 유권자 중에서 부동층의 비율이 높았다. 다만 이들 변수의 상대적 영향력을 평가한 결과로는 이들 변수 중에서도 연령과 지지 정당 유무가 가장 안정적으로 부동층의 특성을 보여주는 지표였으며, 학력이나 선거관심 유무, 중도 이념성향 등은 선거에 따라 상이한 정도의 영향력을 미치는 것으로 분석됐다.

부동층 유권자의 후보 선호 및 후보 선택에 있어 후보자의 소속 정당은 3번의 선거 모두에서 정책·공약이나 후보 능력보다 중요한 고려사항이 아니었다. 부동층은 기결정자에 비해 선거운동기간에 획득 가능한 정보를 중요한 고려사항으로 간주하고 그에 기반을 두고 후보자를 선택할 가능성이 높은 유권자들이다. 이들은 선거운동기간 중의 정책·공약이나 후보자에 대한 정보의 중요성을 인지하고 있으며 그에 따라 후보자를 선택하는 경향이 기결정자에 비해 강한 것이 확인되었다.

부동층 유권자는 기결정자에 비해 비새누리당 후보에게 투표할 확률이 높았다. 대선과 총선, 지방선거 모두에서 이러한 경향이 확인되었다. 다만 두 집단 사이의 이러한 투표성향의 차이가 통계적으로 유의미할 정도로 큰 것은 아니었다. 따라서 공식선거운동이 시작되기 직전까지의 여론조사 결과는 야당 득표가 과소평가되었음을 고려할 필요가 있다.

본 연구의 한계는 다음과 같다. 먼저 부동층의 특성을 어느 정도 확인했지만 이들이 선거운동기간에 어느 정도로 혹은 어떻게 유용한 정보획득과 처리를 위해 행위 하는지 확인하지 못했다. 관련 설문 문항이 존재하지 않았기 때문이다. 정보획득을 위한 미디어 이용과 관련한 설문 문항이 조사에 포함되어야 할 필요가 있다.

참고문헌

강원택(1999), "지방선거에 대한 중앙정치의 영향: 지방적 행사 혹은 중앙정치의 대리전?", 조중빈 편, 《한국의 선거 3》, 푸른길.
류재성(2012), "부동층은 누구인가? 지지 후보 결정시점의 요인에 관한 연구", 박찬욱·강원택 편, 《2012년 국회의원선거 분석》, 나남.
_____(2013), "중도 및 무당파 유권자 특성: 무태도(non-attitudes) 인가 부정적 태도(negativity) 인가?", 〈대한정치학회보〉 20(1): 101~127.
조성대(2013), "부동층에 관한 연구", 〈한국정치학회보〉 47(3): 109~129.
황아란(2006), "정당경쟁과 한국 지방선거의 구조화", 〈한국과 국제정치〉 22(2): 1~28.

Brox, B. & Giammo, J. (2009), "Late Deciders in US Presidential Elections", *The American Review of Politics* 30: 333~355.
Campbell, J. E. (2001), "When have presidential campaigns decided election outcomes?", *American Politics Research* 29(5): 437~460.
Chaffee, S. H. & Choe, S. Y. (1980), "Time of decision and media use during the Ford-Carter campaign", *Public Opinion Quarterly* 44(1): 53~69.
Chaffee, S. & Rimal, R. N. (1996), "Time of vote decision and openness to persuasion", In Mutz, D., Sniderman, P., Brody, R. (Eds.), *Political Persuasion and Attitude Change*, University of Michigan Press, Ann Arbor, MI, pp. 267~291.
Converse, P. E. (1962), "Information Flow and the Stability of Partisan Attitudes", *Public Opinion Quarterly* 26(4): 578~599.

Converse, P. E. (1966), "Information Flow and the Stability of Partisan Attitudes", In Angus Campbell *et al.* (Eds.), *Elections and the Political Order*, New York: John Wiley and Sons.

Fournier, P. (2004), "Time-of-Voting Decision and Susceptibility to Campaign Effects", *Electoral Studies* 23: 661~681.

Fournier, P., Nadeau, R., Blais, A., Gidengil, E., & Nevitte, N. (2004), "Time-of-Voting Decision and Susceptibility to Campaign Effects", *Electoral Studies* 23: 661~681.

Hayes, B. C. & McAllister, I. (1996), "Marketing politics to voters: late deciders in the 1992 British election", *European Journal of Marketing* 30(10/11): 127~139.

Henderson, M. & Hillygus, D. S. (2014), "Changing the Clock: The Role of Campaigns in the Timing of Vote Decision", 출판 전 수고.

Irwin, G. A. & Van Holsteyn, J. J. (2008), "What are they waiting for? Strategic information for late deciding voters", *International Journal of Public Opinion Research* 20(4): 483~493.

McAllister, I. (2002), "Rational or Capricious? Late Deciding Voters in Australia, Britain and the United States", In D. Farrell and R. Schimitt-Beck(Eds.), *Do Political Campaigns Matter? Campaign Effects in Elections and Referendums*, London: Routeledge, pp. 22~40.

_____(2002), "Calculating or Capricious? The New Politics of Late Deciding Voters", *In Do Political Campaigns Matter?*, David M. Farrell and Rüdiger Schmitt-Beck(Eds.), London: Routledge.

Nir, L. (2005), "Ambivalent Social Networks and Their Consequences for Participation", *International Journal of Public Opinion Research* 17: 422~442.

Nir, L. & Druckman, J. N. (2008), "Campaign mixed-message flows and timing of vote decision", *International Journal of Public Opinion Research* 20(3): 326~346.

Whitney, D. C. & Goldman, S. B. (1985), "Media Use and Time of Voting Decision: A Study of the 1980 Presidential Election", *Communication Research* 12: 511~529.

08 정당선호의 감정적 기반
세월호 사건과 지방선거를 중심으로*
박원호 · 신화용

1. 들어가며

윗세대로부터 물려받고 아랫세대로 상속되는 한 공동체의 집합적 기억(*collective memory*)이라는 것이 있다면, 세월호 침몰 사건이 우리의 집합적 기억에 남긴 상흔의 깊이는 비할 바 없이 심원한 것이었다. 대재앙을 비교하는 우를 잠시 범한다면, 미국인들로 하여금 '더 이상 동일한 세상을 살지 않는 것'으로 느끼게끔 한 9·11 테러사건이나 일본인들이 겪은 2011년의 대쓰나미를 상기할 수 있을지도 모른다. 그런데 좀더 정치적으로 적실한 측면에 주목한다면, 세월호의 집합적 경험이 우리의 공적 여론(*public opinion*)에 미친 영향이란 것은 외부로부터의 테러공격이었던 9·11이나 천재지변으로 시작된 일본의 핵 누출보다 더 강력한 것일 가능성도 있다. 왜냐하면 사건의 발단, 전개와 수습의 전 과정을 통해 공동체를 이끄는 정부의 무기력함이 이토록 극명하게,

---

* 이 글은 〈한국정치학회보〉 제48집 제5호(2014년)에 게재된 논문을 일부 수정한 것입니다.

서서히 침몰하는 배와 함께, 슬로우 모션으로 시민들의 눈앞에서 적나라하게 드러난 유례가 없었기 때문이다.

정치적으로 적실한 측면에 주목한다는 의미는 공동체의 정치적 결정권과 책임을 위임받은 정부에 대한 시민들의 정치적 반응에 주목한다는 것이다. 전통적으로 정치학 문헌은 이러한 정부에 대한 성과평가 (*performance evaluation*) 과정을 매우 합리주의적인 입장에서 바라본다고 말할 수 있다. 경제 상황이나 전망이 여당의 유불리를 좌우한다는 경제투표모형 (Lewis-Beck, 1990) 이나 국가적인 재난 상황에서 현 지도자의 국정지지율이 상승한다는 '애국결집효과' 〔*rally round the flag* (Baum, 2002)〕등의 논의는 대단히 합리적이고 이성적인 시민상(像) 을 전제로 하고 있기 때문이다. 그러나 세월호 사건이 우리 정치와 사회에 미치는 파장이 이러한 방식으로 전개되지 않았고 또 그렇지 않을 것임은 비교적 자명하다. 오히려 그것은 슬픔이나 분노, 좌절 등의 형태로 생성되고, 공동체가 공유하는 집합적인 감정으로 구성되어 공적 여론의 중요한 흐름이 될 수 있을 것이다. 이러한 공적 여론의 흐름은 정치적으로 유의미한 에너지로 승화될 수도 있겠지만, 동시에 시간의 흐름에 무화되고 모두가 정치적 일상성으로 회귀하는 과정에 지나지 않을지도 모른다.

세월호 사건 자체에 대한 규범적인 분석이나 비평, 그리고 실천적 지침들에 대한 논의는 이 글의 범위를 벗어난다. 오히려 이 글은 세월호 사건에 투영된 한국 시민들의 집합적 인식론에 대한 탐구이며, 세월호 사건이라는 외재적 충격을 통해 우리의 공적 여론과 투표행태를 더 깊이 이해하려는 시도이다. 만약 한국의 공적 여론과 투표선택을 연결하는 일반적인 상수항들이 존재한다면, 세월호 사건은 이러한 정태적인 시스템에 불어 닥친 돌발적이고 외재적인 충격이라고 생각할 수 있을 것이다. 이 글은 외재적 충격에 대응하는 시스템의 동태적인 반응을 통해 상수는 무엇이고 변수는 무엇인지를 살펴려 하며, 이를 통해 궁극적으로는 우리의 유권자들과 민주주의, 그리고 선거에 대해 재음미하려고 한다.

정치적 삶 속에서 일반 시민들이 느끼는 '감정'은 본 연구의 중핵을 이룬다. 희생자와 유족에 대한 공감이었건 정부에 대한 분노와 좌절이었건, 세월호 사건이 한국인들의 정서적 심연을 그 근저에서부터 뒤흔들었다는 사실을 부인할 사람은 아무도 없기 때문이다. 그러나 이것이 명확하게 어떤 정치적인 의미를 띠는지, 특히 선거에서 어떤 함의를 지니는지에 대한 정확한 가늠은 어렵다. 정치현상 속에서 감정의 역할 또는 작동기제에 대한 고민과 이해가 충분히 진행되지 않은 채 우리는 세월호 사건과 지방선거를 맞이했기 때문이다. 좀더 정확하게 이야기한다면, 세월호 사건을 통해 우리는 시민들이 느끼는 감정의 정치적 함의에 대해 더 깊이 이해할 수 있는 계기를 맞이하게 된 것이다. 그런 의미에서 이 글이 시민들의 정치적 태도와 관련하여 한국정치학이 감정에 대한 본격적인 논의를 시작하는 계기가 될 것을 희망한다.

정치학 문헌이 감정보다는 이성 혹은 합리성에 천착했던 이유는 쉽사리 짐작할 수 있다. '이성적으로 계산하는 시민'이 '감정에 좌우되는 시민'보다 근대적 민주주의에 더 적합하다고 생각되어 왔기 때문이다. 또한, 손에 잡히지 않고 이유를 설명하기 어려운 감정이라는 요소가 경험적 연구에 상당한 난점을 준다는 사실도 분명하다. 그러나 '공감하는 시민' 또한 민주주의적 과정에 그만큼 필요하다는 것, 또한 선거를 포함한 정치과정에 감정의 역할은 늘 임박성(*immediacy*)을 지녔다는 것을 이곳에서 지적하고자 한다.

따라서 이 글이 대답하려고 하는 질문들은 다음의 두 갈래로 정리된다. 첫째, 세월호 사건이 대중 사이에 불러온 감정은 그들의 마음속에 존재하는 정치적 선호의 구조에 어떤 파형을 일으켰는가? 좀더 구체적으로, 유권자들이 정당을 내면화하는 방식으로 알려진 정당일체감(*party identification*)과 정당호감도(*feeling thermometer*)에 세월호 사건은 어떤 영향을 미쳤는가? 이러한 질문들을 통해 우리는 정당에 대한 공적 여론의 특징을 엿볼 수 있을 것이다.

둘째, 이렇게 변화된 공적 여론이 지방선거에서의 투표선택에 어떤 영향을 미쳤는가? 세월호 사건에 대한 사람들의 인식과 감정, 그리고 정당에 대한 내면화가 이들의 선거에서의 선택에 어떤 영향을 미쳤는가? 앞서의 질문들이 유권자들의 내면적 태도에 관한 질문이라면, 이 질문들은 유권자들의 행위와 관련된 질문이며, 민주주의적 책임정치와 직결된 질문이기도 하다.

이 글의 구성은 다음과 같다. 우선 제2절에서는 기존 문헌이 이해하는 일반 대중이 정당에 대해 갖는 감정적 태도들에 관한 이론적 논의를 검토한다. 제3절에서는 정당일체감과 정당호감도가 중장기적으로 — 지난 2012년 대통령선거로부터 2014년 지방선거에 이르는 1년 반여의 기간 동안 — 얼마나 어떻게 변화했는지를 패널 자료를 통해서 검토한다. 제4절에서는 2014년 지방선거 전후로 실시된 두 차례의 조사에 포함된 실험 문항을 분석하여 〈그림 8-1〉의 왼쪽 화살표들의 작동기제, 즉 외적 충격인 세월호 사건이 정당일체감과 정당호감도에 어떤 영향을 미쳤는지를 보다 집중적으로 검토하고 단기적 충격에 대한 2가지 태도의 속성을 밝힌다. 제5절에서는 이러한 정당에 대한 2가지 감정적 태도에 기반한 공적 여론이 2012년 대통령선거 및 2014년 전국동시지방선거의 투표선택에 어떻게 작용했는지, 즉 〈그림 8-1〉에서 오른쪽 화살표들의 작동기제를 밝힐 것이다.

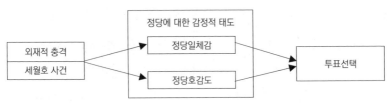

2. 이론적 자원: 정당일체감과 정당호감도

정당은 시민들이 정치현상을 통해 정치적 태도를 형성할 때 가장 주목하게 되는 대상 중 하나이다. 수많은 행위자가 상호작용하며 여러 사건이 동시다발적으로 발생하는 복잡한 정치현상 속에서 정당에 대한 태도는 유권자들의 전반적인 정치적 태도 형성의 기준 또는 관점(perceptual screen)으로 작동하기도 하고, 복잡한 정치세계를 쉽게 이해할 수 있는 형태로 단순화하는 정보 습득의 지름길(information shortcut)을 제공하기도 한다. 즉, 정당에 대한 태도는 한 사람의 정치적 정향의 가장 기본적인 구성요소이며 개별 유권자의 거의 모든 정치적 판단과 행동에 정당에 대한 태도가 반영되어 있다고 해도 과언이 아니다.

시민들이 정당을 바라보는 태도가 어떻게 구성되고 변화하는지에 대한 이론적 논의는 매우 길고 풍부한 논쟁을 거쳐 왔는데, 이곳에서 주목하고자 하는 부분은 정당일체감과 정당호감도의 대조이며, 양자를 유권자의 감정적 태도 차원에서 어떻게 이론적으로 자리매김할 것인가 하는 문제이다. 특히 정당일체감에 대한 논쟁의 지반에서 이 글이 차지하는 위치를 좀더 명확하게 할 필요가 있을 것이다.

정당일체감은 캠벨 등(Campbell et al., 1960)을 중심으로 한 미시간 학파가 투표선택 등 정치적 행태의 강력한 결정요인으로 지목하면서 정치학 연구에 본격적으로 등장했다. 이들에 따르면 정당일체감은 어린 시절 부모의 영향을 받아 형성되는 심리적인 애착심 (*psychological attachment*)으로, 한 번 형성되고 나면 쉽게 변하지 않으면서 여타 정치적 시각과 행태에 지속적으로 영향을 미치는 '움직이지 않는 동인' (*unmoved mover*)이다. 즉, 정당일체감은 각종 정치적 성향에 영향을 미치는 독립변수로 처음 제시되었으며, 투표선택을 비롯한 각종 정치적 행태 및 태도를 형성하는 강력한 요인이라는 것이다 (Bartels, 2002; Gerber *et al.*, 2010).

이러한 전통주의적 입장에 의하면 정당일체감은 매우 안정적이며 장기적인 지속성을 지닌다. 정당일체감은 일생에 걸쳐 유지되면서 개인의 정치적 성향을 구성하며 (Campbell *et al.*, 1960; Converse, 1964; Sears & Funk, 1999), 개인수준에서 뿐만 아니라, 사회 전체 수준에서도 정당일체감의 분포는 세대에 걸쳐 안정적으로 유지된다 (Jennings & Niemi, 1975; Converse & Markus, 1979; Green *et al.*, 2004).

정당일체감의 안정성을 강조하되 '감정적 애착'에 보다 주목한 연구의 갈래로는 상징정치 (*symbolic politics*) 논의가 있다. 이에 따르면 사람들은 어린 시절부터 정치적 상징들에 대하여 비용 또는 혜택에 대한 계산 없이 안정적인 감정적 선호인 상징적 태도를 갖게 되고, 이는 이후의 각종 정치적 태도에 지속적으로 영향을 미친다 (Sears *et al.*, 1979; Lau & Heldman, 2009). 이때 가장 대표적인 정치적 상징이자 태도대상 (*attitude object*)이 바로 정당이며, 그에 대해 형성된 감정적 태도가 정당일체감이다.

반면 수정주의적 입장에 따르면 정당일체감은 외부 요인의 영향을 받아 반응하는 가변적인 속성을 지니며, 회고적 평가 또는 전망적 이익에 대한 예측과 같은 인지적인 평가에 기반하여 새롭게 수정 (*update*)되는 유동적인 정치적 태도이다(Fiorina, 1981; Achen, 1992; Franklin & Jackson, 1983; Erikson *et al.*, 2002). 정당일체감의 인지적(*cognitive*)・평가적(*evaluative*) 측면을 강조한 수정주의 입장에서 정당일체감은 정치현상 속에서 '수시로 업데이트되는 선호의 총합'(*readily updated sum of preferences*)이라는 특성을 갖는다(Johnston, 2006: 329).

정당일체감의 속성에 관한 논쟁은 한국적 맥락에서 그 논의가 한층 더 복잡해진다. 미국을 배경으로 탄생한 정당일체감의 안정성 여부뿐만 아니라, 정당체계가 여전히 불안정하여 이합집산을 거듭하면서 유권자와의 연계 등 사회 내에서 제 역할을 다하지 못하고 있다는 지적을 피해가기 어려운 한국의 정당들(강원택, 2007; 곽진영, 2009; 윤종빈 외, 2014)에 대하여, 과연 한국 유권자들이 정당일체감을 형성할 수 있는가에 대한 근본적인 의문까지 제기될 수 있는 것이다. 이와 관련하여 정당일체감을 종속변수로 두고 그 형성배경을 밝히려는 연구들도 제시되었으나(한정훈, 2012; 허석재, 2014), 보다 구체적인 차원에서 경험적으로 한국에 정당일체감이 안정적으로 존재한다는 것을 설득력 있게 밝히고, 그 존재 여부에 대한 개념적 논쟁에서 벗어나 다음 차원의 생산적인 논의로 넘어갈 필요가 있다는 것이 이 글의 문제의식이다.

세월호 사건이 유권자의 정치적 태도에 미친 영향은 인지와 감정의 어느 한 측면만을 포괄할 것이라 볼 수 없다. 따라서 만약 한국 유권자들의 정당일체감이 수정주의적 모델과 가까워서 단기적 평가에 좌우된다면, 정부・여당에 대한 처벌기제를 통해 정당일체감이 체계적인 영향을 받을 것이기 때문에 이들의 정당일체감은 세월호 사건과 같은 외재적 충격에 매우 직접적으로 반응할 것이다. 반면, 만약 한국 유권자들의 정당일체감이 전통주의자들이 주장하는 것처럼 오랜 시간에 걸쳐 구성되고 단련된 심리적 애착심이라면 우리는 세월호 사건의 충격에도 불구하고 일관되고 안정된 정당일체감의 패턴을 보게 될 것이다.

정당일체감과 대별되는, 특히 단기적인 감정적 태도를 측정하는 흥미로운 또 다른 척도는 정당호감도이다. 이는 정당을 포함하여 정치인이나 정부기관과 같은 정치적 대상을 시민들이 얼마나 싫어하는지 또는 좋아하는지의 정도를 0℃에서 100℃까지 스스로 고르게 하는 척도로서 감정온도계(feeling thermometer)로 직역1될 수 있다. 미국의 경우 CPS(Center for Political Studies, University of Michigan)의 선거 연구에서 1968년부터 사용되었고, ANES(American National Election Studies)에서는 1979년 파일럿 연구를 시작으로 구체적인 측정방식의 정밀화가 시도되었다(Weisberg & Miller, 1979). 방법론적으로 연속변수라는 장점이 있으면서도 극단적인 값들(0℃ 또는 100℃)과 중심값(50℃)으로 응답자들이 쏠리는 문제가 지적되기도 하였으나(Alwin, 1997; Pasek & Krosnick, 2010), 정당호감도는 특히 투표선택에 관한 기존문헌에서 강력한 투표결정요인으로 지목되어 왔으며, 이념성향이나 후보자 지지와도 매우 긴밀한 상관관계를 갖는 것으로 알려져 왔다(Miller et al., 1991; Wilcox et al., 1989).

투표선택에 대한 예측력은 정당일체감과 정당호감도 모두 높다는 것이 알려져 있고, 특히 한국적 맥락에서 후보자에 대한 호감도가 매우 높은 예측력을 보인다(박원호, 2013). 연구자에 따라서는 정당호감도를 정당일체감의 개념과 혼용하거나, 일체감 역시 호감과 반감으로 구성되므로 결국에는 호감도와 크게 다르지 않다고 보면서, 개념적 명확성이나 척도의 용이성 등의 이유로 호감도를 선호하여 사용하기도 한다(장승진, 2012). 본 연구는 두 개념을 혼용하거나 호감도만을 선호하는

---

1 한국 문헌에서 호오도(好惡度)로 번역되기도 했는데, 특정 정당에 대한 호감뿐 아니라 비호감도 해당 측정치에 포함된다는 의미에서 호오도가 더 정확한 개념적 번역이다.

입장과의 대척점에 서 있으며, 정당일체감이 유권자들이 지속적으로 보유하는 내면화되고 구조화된 애착심이라면, 정당호감도는 단기적인 이슈나 정세에 비교적 민감하게 반응하는 정당에 대한 감정적 태도라는 가설에 기반한다.

　주요한 고려사항은 앞서 논의된 정당일체감과 정당호감도가 한국적 맥락에서 어떻게 구분되는가 하는 질문이다. 이곳에서는 정당에 대한 유권자들의 감정적 태도를 다면적으로 검토하기 위해 첫째, 정당일체감, 둘째, 정당호감도, 셋째, 세월호 사건 분노지수를 구분하여 측정한다. 〈그림 8-2〉에 나타난 것과 같이, 정당일체감은 장기적인 정치적 상징인 정당에 대한 안정적인 정향으로, 정당에 대한 감정 중 가장 정적(stock)인 속성을 지닌다. 반면 정당을 얼마나 좋아하는지 또는 싫어하는지를 반영하는 호감도는 보다 동적(flow)인 특성을 지니며, 특정 정치적 국면, 이를테면 세월호 사건과 관련해 표출되는 부정적 감정의 강도를 포착한 분노지수는 3가지 감정적 구성물 중 가장 유동적이라고 할 수 있을 것이다. 이를 통해 이 글은 정당에 대한 '감정적' 태도가 외생적 사건에 반응하며 구성되는 과정 및 질적 속성, 그로부터 투표선택이라는 정치적 판단에까지 이르는 일련의 관계를 관찰한다.

　이처럼 공적 여론을 구성하는 감정의 정치적·사회적 의미에 대하여 기존 정치학 문헌은 상이한 입장을 보였다. 우선, 일군의 학자들은 감

〈그림 8-2〉 속성에 따른 정당에 대한 감정적 태도

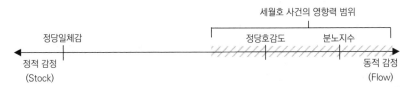

정보다는 이성의 능력을 강조하면서, 수치화된 계산이나 이성적 사고에 기반하여 정치적 판단을 내리는 정치적 관여 방식에 초점을 두어 정치현상을 이해한다(Downs, 1957; Riker & Ordeshook, 1968; Shapiro & Page, 1988). 더 나아가 감정이 사회분열을 초래하거나 신중한 정치적 판단에 방해가 될 수 있으므로 공적 여론에서 감정의 역할을 억제해야 한다고 보았던 견해도 있으며(Madison, 1787; Almond, 1950), 정치현상에 대해 감정적 반응은 보이나 — 예컨대 정당일체감은 보유하지만 — 인지적 세련도가 낮은 경우 비일관적이거나 의견이 없는 대중이라는 비판도 제기된다(Converse, 1964).

반면 정치적 삶을 이해하는 데 있어서 사람들의 생각과 행동의 근원적인 동인이 되는 감정을 이해해야 한다는 입장 또한 짧지 않은 전통을 가진다(Hobbes, 1651; Hume, 1738). 더 나아가 '감정적인 시민'이 감정적 반응을 통해 사회와 긴밀한 관계를 맺는 바람직한 시민상에 가까울 수 있다는 논의도 제시된다. 예컨대 공감 또는 연민의 감정이 개인을 사회와 연결시켜 주고 공동체 지향적인 관념 확산의 동인이 된다거나(Nussbaum, 1996; Hunt, 2008), 사회에 대한 불안 또는 열정과 같은 감정이 사회현상에 대한 관심, 정보 습득, 나아가 정치참여를 촉진한다는(Brader, 2005; Valentino et al., 2008) 연구들도 존재한다. 나아가, 앞서 보았던 상징정치 논의(Sears et al., 1979)는 정당일체감과 같은 장기적 감정태도가 일관적이고 안정적인 정치적 태도의 기반이 될 수 있다는 것 역시 시사한다.

후자의 전통과 연관된 맥락에서, 이 글은 장기적인 정치적 대상에 대한 정적 감정태도(정당일체감)가 매우 일관적이고 안정적일 수 있음을 보이고, 그에 대비되어 동적 감정태도(정당호감도 및 분노지수)에 반영된 단기적 사건에 대한 감정적 반응을 통해 시민들이 정치사회와 관계를 맺고 있다는 것을 보이고자 한다.

3. 정당일체감과 정당호감도의 중장기적 안정성 여부: 대통령선거에서 지방선거까지

앞서 논의된 바와 같이, 정당일체감에 관한 가장 중요한 질문 중 하나는 과연 유권자들이 내면화하고 있는 정당에 대한 감정적 애착심이 시간의 흐름에 따라 지속되는지, 즉 이것이 안정성을 가지고 있는지에 관한 물음이다. 주지하는 것처럼 정당일체감과 관련된 논의는 서구, 특히 미국적인 맥락에서 정의되고 연구된 것이기 때문에, 위와 같은 의문은 적어도 수십 년의 역사를 자랑하는 외국의 정당들과는 달리 명멸하는 한국 정당에 대해 유권자들이 지속적인 애착심을 지닐 수 있는지에 대한 정당한 문제제기이기도 하다. 하지만 이에 대한 반론 역시 가능하다. 정당의 이름이 바뀌거나 정치인들이 이합집산한다고 해서 한국의 유권자들이 '자신의 정당'을 찾는 데 실패한 적은 과히 없었기 때문이다. 어떤 의미에서는 정당에 대한 유권자의 비교적 일관된 선호가 존속하기 때문에 — 그것이 지역주의에 기초한 것이든 계층에 기초한 것이든 — 정치엘리트들의 잦은 정당명 변경이 가능한 것일지도 모른다.

이러한 정당일체감의 안정성 여부를 경험적으로 검증하는 것은 생각처럼 간단한 일은 아니다. 우선 첫 번째로 측정(measurement)의 문제가 존재한다. 어떤 문항을 통해 정당에 대한 유권자들의 애착심을 측정하는가에 따라 당파심 응답에 많게는 20~30%의 차이[2]가 나는 것이 경험

---

[2] 가장 간단하게는 "다음 중 가깝게 느끼는 정당을 고르라"라는 단문형 문항과 "가깝게 느끼는 정당이 있는지"의 여부를 확인한 후 그 정당이 어느 정당이며 지지하는 정도를 여러 차례에 걸쳐 묻는 표준적 NES 타입의 문항이 있는데, 후자가 전자에 비해 무당파층을 더 과대추정하는 것으로 알려져 있다. 물론 전자의 경우에 '지지하는 정당 없음'을 보기로 주는지의 여부도 결과에 매우 큰 영향을 미치며, '가깝게 느끼는 정당'으로 묻는지, '지지하는 정당'으로 묻는지에 따라서도 결과에 큰 영향

적으로 알려져 있기 때문이다(박원호·송정민, 2012). 따라서 상이한 설문 문항에 기반한 정당일체감을 서로 비교하기에는 많은 어려움이 존재할 수밖에 없다. 더 중요하게는 둘째, 상이한 표본을 대상으로 한 통시적 비교가 집합수준에서는 가능할 수도 있지만, 이는 개인수준에서의 변동을 놓칠 수 있다. 예를 들어 동일한 수의 유권자들이 양당에서 이탈하여 반대당으로 이동하는 경우, 집합수준에서는 완벽하게 안정적으로 보일 수 있지만 실제로는 정당일체감의 상당한 변동이 개인수준에서 존재하기 때문이다.

본 연구에서 사용된 자료는 서울대학교 정치커뮤니케이션센터에서 2012년 대통령선거와 2014년 동시지방선거에 걸쳐 실시한 온라인패널 설문조사 자료로, 개인수준의 정당일체감의 변동과 안정성을 장기간에 걸쳐 살펴볼 수 있다는 장점을 가지고 있다. 지난 대통령선거 조사에 참여한 동일한 응답자들의 상당수를 최근의 지방선거 국면에서 다시 조사한 '긴 패널' 자료이기 때문이다. 이를 통해 과연 지난 1년 반여의 기간 동안 정당일체감에 어떤 유의미한 변화가 개인수준에서 나타났는지 살펴볼 것이다. 이 기간은 세월호 사건을 포함한 박근혜 정부 집권 이후의 정치상황이 반영되어 있다는 점에서 특히 더 주목할 만하다.

〈표 8-1〉에 따르면 개인수준에서 정당일체감 변화의 정도가 그렇게 크지 않다는 사실을 알 수 있다. 정당일체감의 7점 척도 스케일에서, 2012년 대통령선거 시기의 응답과 2014년 지방선거에서의 응답 간의 '거리'를 이탈의 정도로 생각할 수 있다면, 표에서 보이는 것처럼 83%의 응답자들이 1점 이내에서만 움직였으며, 96%의 응답자들이 2점 이내에서만 이탈한 것으로 나타났다. 또한, 이러한 이동거리의 평균은 약 0.77

을 주는 것으로 알려져 있다.

〈표 8-1〉 정당일체감의 '이탈거리': 대통령선거에서 지방선거까지

이탈거리	-6	-5	-4	-3	-2	-1	0	1	2	3	4	5	6	합계
응답자 수	2	0	8	4	38	134	393	169	70	11	2	4	1	836
비율(%)	0.2	0.0	1.0	0.5	4.6	16.0	47.0	20.2	8.4	1.3	0.2	0.5	0.1	100

정도였다. 표에서 직접적으로 드러나지는 않지만 2012년 대통령선거 시기에 특정 정당에 대해 가깝다고 느꼈던 응답자가 2014년 6월 지방선거 시점에는 반대편 정당에 대해 가깝다고 응답한 비율은 1.9%에 불과했으며, 이 범위를 넓혀 특정 정당에 대한 '편향적'(leaning) 무당파가 다른 정당에 대한 편향적 무당파로 변화한 것까지 포함시킨다고 해도 그 비율은 전체 응답자의 4.2%에 불과했다. 지난 대통령선거 이후 1년 반여의 기간 동안 각종 정치적 사건들이 발생했고 다양한 변화를 경험했지만, 한국 유권자들의 정당에 대한 내면화는 여전히 비교적 견고하게 유지되어 왔던 것이다.

한편, 이곳에서 상이한 개념적 구성체로 상정하는 정당일체감과 정당호감도의 분포 변화의 양상이 시간의 흐름에 따라 어떻게 상이한지를 살펴보면 〈표 8-2〉와 같다. 앞서 살핀 정당일체감의 안정성에 대한 검토를 동일하게 적용하면 새누리당에 대한 호감도가 호감(51점 이상)에서 비호감(49점 이하)으로 혹은 그 반대로 변화한 응답자의 비율은 13.8%였고, 민주당의 경우에는 무려 20.3%에 육박하였다. 이러한 정당호감도의 평균 이동거리는 100점 척도에서 새누리당에 대하여 13.5, 민주당/새정치민주연합(이하 새정치연합)에 대하여 14.7이었다. 정당일체감에 비해 정당호감도에서 이탈의 비율 및 정도가 더 크게 나타났으며 이러한 모습은 여당과 야당 모두에 대해 공히 발견된다.

상이한 척도와 개수의 문항으로 측정된 정당일체감과 정당호감도를 직접적으로 비교하기에는 물론 많은 난점이 있다. 보다 넓은 범위인 0

<表 8-2> 정당호감도의 변화 : 대통령선거에서 지방선거까지

		지방선거						지방선거			
		비호감	중립	호감	합계			비호감	중립	호감	합계
대통령선거	비호감	47.97	4.31	6.58	58.85	대통령선거	비호감	40.31	4.55	7.18	52.03
	중립	4.90	2.63	2.27	9.81		중립	3.95	3.59	2.03	9.57
	호감	7.18	2.39	21.77	31.34		호감	13.16	4.90	20.33	38.40
	합계	60.05	9.33	30.62	100		합계	57.42	13.04	29.55	100
		새누리당 호감도						민주당/새정치연합 호감도			

주: 비호감(49 이하) ; 중립(50) ; 호감(51 이상), 응답자 수＝836.

에서 100까지의 연속 스케일에서 측정된 호감도는, 서너 개의 문항을 이용하여 7점 척도로 구성된 정당일체감에 비해 그 변화의 폭이 일반적으로 더 넓을 것이라 예측할 수 있기 때문이다. 동시에 '중립'인 50점이나 '매우 싫음'인 0점을 습관적으로 택하는 응답자들이 확연히 많은 호감도의 측정상 특징을 고려하면 변화의 진폭이 오히려 더 작을 것이라는 예측 역시 근거가 있다.

이에 대하여 본 연구는 다음의 2가지 전략을 통한 접근에 기반하여 양자의 안정성 여부를 검토한다. 하나는 비모수적인 커널 분포 추정(kernel density estimation)을 통해 그 관계의 강도를 거칠게나마 질적으로 비교해 보는 것이고, 또 다른 하나는 다음 절에서 시도하는 것처럼 본격적인 실험설문을 이용하여 정당일체감과 정당호감도의 안정성을 비교하는 전략이다.

우선 첫 번째 전략인 커널 분포 추정에 따라 구현된 <그림 8-3>에 제시된 세 개의 그래프를 볼 때, 공히 X축은 첫 번째 시점인 대통령선거 조사에서의 정당일체감과 정당호감도를 지칭하며, Y축은 두 번째 시점인 지방선거 조사에서 측정된 해당 변수들을 지칭한다. 그 위로 보이는 체적은 커널 분포 함수를 추정한 것인데, 이를테면 높은 봉우리는 보다 많은 유권자들이 몰려 있는 지점으로 이해할 수 있다.

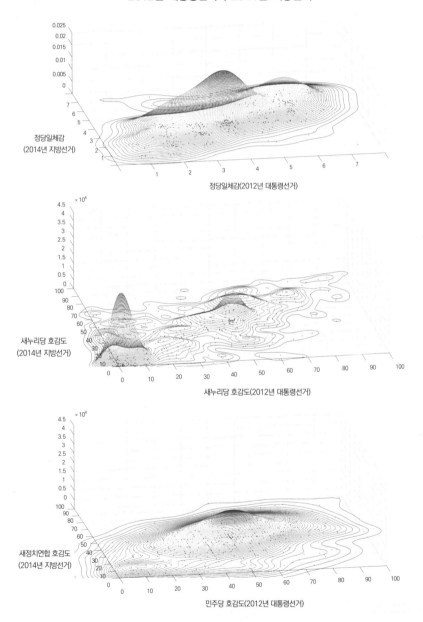

〈그림 8-3〉 정당일체감과 정당호감도의 변동 :
2012년 대통령선거와 2014년 지방선거

우선 정당일체감 그래프에 주목하면, 양대 선거에서 동일한 응답을 했음을 의미하는 45도 선 위쪽으로 능선이 형성되어 솟아 있는 것을 볼 수 있다. 반면 정당호감도의 경우에는 대통령선거 당시 호감도와 지방선거 시기의 호감도 사이의 상관성이 상당히 낮아 보인다. 새누리당 호감도의 경우— 온라인 패널의 속성상 그러한 특징이 더 강조된 면이 있지만— 상당한 수의 응답자들이 대통령선거와 지방선거 두 시기 모두 새누리당에 대해 최저점인 0점을 부여하였고, 이것은 두 번째 그림에서 원점 위로 형성된 높은 봉우리로 드러난다. 매우 많은 응답자들이 50점이라는 중립3을 선택한 것도 매우 전형적인데, 이러한 0점과 50점의 경우를 제외한다면, 특별히 중장기적으로 '안정적'이라 부를 만한 호감도의 구조가 보이지 않는 것이 사실이다. 야당(민주당/새정치연합)의 경우에는 새누리당과는 달리 매우 싫어하는 감정(0점)을 가졌던 사람이 그리 많지 않지만, 동시에 호감도의 시점 간 불안정성이 매우 큰 것으로 나타났다.

이와 같이 2012년 대통령선거 시기에서부터 2014년 지방선거 직후까지 약 1년 반 이상의 기간 사이에 발생한 유권자들의 정당일체감과 정당호감도의 변화를 그림으로 나타내 보았다. 박근혜 정부의 출범과, 그에 뒤따른 정치 일정에서의 지지율 하락, 그리고 세월호 사건으로 대표되는 격랑의 시간을 거치는 동안 한국 유권자들이 보여준 변화상을 요약하면 다음과 같다.

첫째, 정당으로부터의 '이탈'은 상당한 수준에 이르며, 이는 집권여당인 새누리당에 국한된 것이 아니라 야당인 민주당/새정치연합으로부터의 이탈로도 나타났으며, 특히 야당이 더 큰 타격을 입은 것으로 보인

---

3 '50점'의 의미는 정치적인 중립이라는 의미 외에도, '잘 모름'의 선택지가 없었기 때문에 정치적 무관심이나 응답회피 등을 모두 함의할 것이다.

다. 둘째, 이러한 이탈은 정당일체감보다는 정당호감도라는 보다 단기적으로 유동적인 감정태도의 층위에 작용하는 방식으로 나타났다. 상대적으로 유동적인 정당호감도의 하락은 세월호 사건이 유권자들의 정당에 대한 감정적 태도에 집중적인 영향을 미쳤다고 보았던 가설과 부합한다. 이하에서는 보다 미시적이고 엄밀한 실험설문을 통해 세월호 사건이 어떤 경로를 따라 정당일체감과 정당호감도에 영향을 미쳤고 각각의 안정성은 어떠했는지를 살펴본다.

4. 정당일체감과 정당호감도의 단기적 안정성 여부: 세월호 사건의 환기

1) 세월호 사건 실험설문

세월호 사건에 대한 기억의 환기가 정당에 대한 태도에 미친 영향을 관찰하기 위한 실험설계는 다음과 같이 구성되었다. 2014년 지방선거 이전과 이후에 두 차례에 걸쳐 실시한 설문조사에 참여한 모든 응답자를 대상으로, 우선 지방선거 이전에 시행된 1차 조사에서 정당일체감과 정당호감도를 측정하였다. 지방선거 종료 이후의 2차 조사에서는 응답자 표본을 무작위로 절반으로 나누어, 절반의 응답자에 대해서는 별다른 자극 없이 1차와 동일한 방식으로 정당일체감과 정당호감도를 측정했다. 반면 나머지 절반에게는 먼저 세월호 사건을 상기시키는 일련의 실험 문항에 응답하도록 한 뒤, 뒤따르는 후속 문항에서 정당일체감과 정당호감도 응답을 하도록 했다.

2차 조사에서 실험집단을 대상으로 세월호 사건에 대한 기억을 상기

〈표 8-3〉 실험설문 설계

	1차 조사(지방선거 전)	2차 조사(지방선거 후)	
실험집단 (N = 1,331)	정당일체감 측정 정당호감도 측정	세월호 사건 상기 (책임과실, 부정적 감정)	정당일체감 측정 정당호감도 측정
통제집단 (N = 1,336)		없음	

시키기 위해 사용된 문항은 다음과 같다. 첫째, 세월호 사건에 연루된 여러 정치적 주체들의 책임 및 과실의 정도를 평가하도록 하였다.[4] 둘째, 정치적 주체들 각각에 대해 느꼈던 분노, 좌절감, 실망감, 불안감 등 부정적 감정의 강도를 표시하도록 하였다.[5] 이러한 설문 방식은 단순히 응답자가 세월호 사건을 피상적으로 떠올리고 지나치는 데 그치지 않고 관련된 행위자들(대통령, 새누리당, 새정치연합, 안전행정부, 해양경찰청, 지방정부, 해운업계)을 구체적으로 떠올리면서 그들 각각에 대한 평가를 내리고, 더 나아가 관련 주체들에 대한 자신의 감정 상태를 들여다보도록 유도하는 과정 속에서 세월호 사건에 대한 기억이 응답자들의 머릿속에서 보다 또렷하게 떠오르도록 만드는 것을 의도했다.

　이하에서는 2차 조사에서 세월호 실험 문항을 제공받은 실험집단과 제공받지 않은 통제집단을 비교하여, 세월호 기억 상기 여부에 따라 집단 간에 정당일체감과 정당호감도 응답에 차이가 있는지 검토할 것이다. 또한 외적 충격에 대한 상이한 반응을 나타내는 정당일체감과 정당호감도의 질적 특성의 차이, 그리고 세월호 사건이 유권자의 정당에 대

---

4 "세월호 사건의 발생 및 미흡한 대응과정에서 다음에 제시된 각 주체의 책임 및 과실의 정도에 대한 귀하의 판단을 표시해 주세요."〔매우 낮음(0) ~보통(5) ~매우 높음(10).〕

5 "세월호 사건 이후 각 주체에 대해 느꼈던 분노, 좌절감, 실망감, 불안감 등의 강도를 표시해 주세요."〔전혀 느끼지 않았다(0) ~매우 강하게 느꼈다(10).〕

한 태도에 현실적으로 어떤 타격을 입혔는지를 알아본다. 더불어, 수많은 변수들이 상호작용하여 인과관계가 불분명한 사회과학연구에서 실험집단과 통제집단의 차이를 통해 관심 있는 변수들 간의 인과관계를 명확히 밝히는 실험연구의 가치와 가능성도 타진해 보고자 한다.

2) 정당일체감의 견고성과 정당호감도의 유동성

이곳에서는 세월호 사건이라는 외생적 충격이 유권자의 정당에 대한 감정적 태도에 미친 영향을 검토하기 위해, 정당일체감과 정당호감도에 주목하여 분석을 진행하며, 특히 두 유형의 감정적 태도가 세월호 기억에 의해 어떠한 반응을 보이는지에 주목한다. 또한, 지지 정당에 따라 유권자 특성이 상이하므로 새누리당 지지층, 새정치연합 지지층, 무당파층의 세 집단으로 구분하여 세월호 사건에 대한 태도와 반응을 비교할 것이다.

첫 번째로 단일 시점을 기준으로 실험집단과 통제집단 간에 정당일체감 및 정당호감도의 차이가 있었는지를 살펴보면 다음과 같다. 〈그림 8-4〉는 실험집단과 통제집단이 2차 설문조사에서 응답한 정당일체감과 양대 정당에 대한 호감도 평균값을 보여준다. 2012년 대통령선거 시기와 2014년 지방선거 시기 사이의 기간에 정당일체감은 안정적으로 유지되었던 반면, 정당호감도의 변동성은 높았다는 앞 절의 장기적 추세에 관한 발견과 일관되게, 단기적 자극에 대해서도 역시 정당일체감이 정당호감도에 비해 더 높은 안정성을 보였다.

세월호 사건을 상기했던 실험집단의 정당일체감 평균은 3. 97이었고, 세월호 사건에 대한 어떠한 단서도 제공받지 않았던 통제집단의 정당일체감 평균은 3. 99였으며, 이들의 평균은 통계적으로 다르지 않았다. [6]

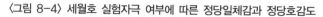

〈그림 8-4〉 세월호 실험자극 여부에 따른 정당일체감과 정당호감도

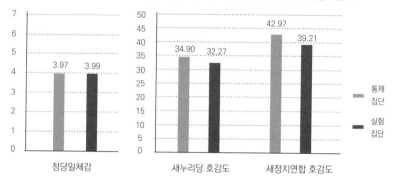

주: 1) 정당일체감: 1(강한 새정치연합), 2(약한 새정치연합), 3(새정치연합 편향), 4(무당파),
  5(새누리당 편향), 6(약한 새누리당), 7(강한 새누리당)
  2) 정당호감도: 0(매우 부정적) ~ 50(부정적이지도 긍정적이지도 않음) ~ 100(매우 긍정적)
  3) 정당일체감의 경우 통계적으로 유의미한 차이가 나지 않으며 호감도의 경우에는 모두 통계적으로
  유의미한 차이가 있음.

즉, 정당일체감은 세월호 사건 상기라는 단기적 영향에 대해 비교적 견
고하게 유지되었던 것이다. 반면, 정당호감도는 세월호 사건의 기억을

---

6 두 집단의 평균이 통계적으로 차이가 없으므로 정당일체감이 외적 충격에 대해 더
 견고하다는 이상의 주장에 대하여, 정당일체감 척도의 특성상 양방향으로의 수치가
 서로를 상쇄하여 집단 간 평균이 비슷할 수 있다는(예컨대, 실험집단은 세월호 자극
 으로 인해 응답자들이 무당파 쪽으로 몰리고, 통제집단은 강한 일체감 쪽인 양극단
 에 몰려 있는 경우에도, 집단 간 평균값은 결국 비슷하므로 평균값만으로 정당일체
 감이 세월호 자극에 대해 더 견고하다고 볼 수 없다는 논리) 반론이 제기될 수 있다.
 하지만 다음의 표에 나타나듯, 통제집단과 실험집단은 모든 수준의 정당일체감에
 대해 응답비율이 비슷했다. 이는 실험집단에서 세월호 자극에 의해 정당일체감이
 요동치지 않았으며, 결국 정당일체감에는 세월호 자극 여부에 따른 차이가 없었음
 을 다시금 확인해 준다.

	강한 새정치연합	약한 새정치연합	새정치연합 편향	무당파	새누리당 편향	약한 새누리당	강한 새누리당	응답자 수
통제 집단	3.59	12.45	16.69	40.19	9.66	12.74	4.69	1,366 (100%)
실험 집단	2.78	11.42	17.36	42.07	9.62	12.25	4.51	1,331 (100%)

되살리는 것만으로도 상당히 저하되는 것으로 나타났는데, 통제집단에 비해 실험집단의 새누리당 호감도 평균이 2.81만큼 낮았고, 새정치연합 호감도는 3.61만큼 낮은 유의미한 차이를 보였다. 이로부터 안정적인 구조로서의 정당일체감이 일시적이고 가변적인 정당호감도와는 별개로 존재하며, 외생적 사건에 의해 쉽게 요동치는 것은 정당일체감이 아닌 정당호감도라는 것을 알 수 있다.

두 번째로, 지방선거 전후 두 시기 사이의 집단별 정당일체감 및 정당호감도의 변동 검토를 위해 시기 간 평균값 변화 추이를 〈그림 8-5〉와 같이 구성하였다. 추세선이 점선인 경우 두 시기 사이의 평균값에 유의미한 변화가 없었음을 의미하고, 실선인 경우에는 두 시기 사이의 평균값이 통계적으로 유의미하게 변화했음을 의미한다. 이하의 발견에 따르면, 세월호 사건 상기 자극 여부에 따라 변동 양상은 집단별로 상이하게 나타났으며, 정당일체감과 정당호감도가 질적으로 상이한 속성을 갖고 있다는 것이 다시금 확인된다.

첫째, 정당일체감은 통제집단과 실험집단에서 거의 동일한 양상의 변화를 보였다. 통제집단의 경우 선거 전후 시기 사이에 새누리당 지지층과 무당파층에서는 정당일체감의 유의미한 변화가 나타나지 않았고, 새정치연합 지지층에서만 새정치연합 방향으로 정당일체감의 유의미한 강화가 있었다. 이러한 추세는 실험집단에서도 동일하게 나타났다. 세월호 기억을 상기시켰을 때에도 새누리당 지지층과 무당파층의 정당일체감 평균은 거의 동일하게 유지되었고, 새정치연합 지지층의 정당일체감 강화 추세도 여전히 유지되었다. 즉, 세월호 사건에 대한 기억을 상기시키는 자극에도 불구하고 정당일체감은 방향성이나 강도 측면에서 타격을 입지 않았던 것이다.

둘째, 정당일체감과 달리 새누리당 호감도는 세월호 사건 자극에 유동적으로 반응했다. 세월호 사건 상기 자극이 없었을 때, 모든 집단에서 새누리당 호감도가 선거 이전과 이후 사이에 거의 동일하게 유지되었다. 반면 세월호 자극을 받은 경우, 새누리당 지지층과 무당파층의 새누리당 호감도가 유의미하게 하락하여 실험집단과 통제집단 간의 차이가 명확히 나타났다.

셋째, 새정치연합 호감도 역시 세월호 사건을 떠올리게 하는 단서로

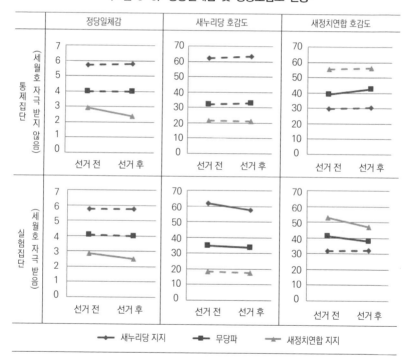

〈그림 8-5〉 정당일체감 및 정당호감도 변동7

주: 점선은 두 시기 사이에 유의미한 변화가 나타나지 않은 경우이고, 실선은 두 시기 사이에 유의미한 변화가 나타난 경우를 의미한다.

---

7 정당일체감 문항 응답 시 새누리당, 새정치연합, 무당파 외의 기타 정당을 선택한 응답자(265명)는 분석에서 제외되었다.

인해 가변적으로 변동했다. 세월호 자극이 없었던 경우 지지 정당이 있는 사람들 사이에서 새정치연합 호감도가 유의미한 변화를 보이지 않았고 무당파층 사이에서만 호감도가 상승했던 것과 달리, 세월호 자극이 주어지자 무당파층과 새정치연합 지지층에서 호감도가 유의미한 수준으로 하락했다.

정당호감도 변동에서 한 가지 주지할 만한 사항은 지지 정당이 있는 경우 상대편 정당에 대한 호감도는 세월호 자극에 의한 특별한 변동을 보이지 않았다는 점이다. 세월호 사건을 상기시킨 실험집단에서 새누리당 지지층의 새정치연합 호감도는 거의 변하지 않았고, 새정치연합 지지층의 새누리당 호감도 역시 유의미한 변화를 보이지 않았다. 흥미롭게도 세월호 사건에 대한 상기는 오히려 자신이 지지하는 정당에 대한 호감도를 강력하게 악화시켰다. 즉, 세월호 사건에 대한 기억의 상기는 애초부터 별다른 기대가 없었던 상대 정당보다는 지지하는 정당에 대한 기대감을 가라앉게 만들었던 것이다.

5. 공적 여론의 구성과 투표선택

1) 분노 대상으로서의 정당

이번 절에서는 실험설문의 세팅에서 벗어나, 현실에서 세월호 사건이 정당일체감과 정당호감도라는 2가지 감정적 태도에 어떻게 반영되었는지에 관한 보다 확장된 논의를 이어간다. 세월호 사건 발생 이후 대중 사이에서 세월호 사건에 직간접적으로 연루된 주체들에 대한 분노와 원망, 실망감이 표출되었다. 서서히 가라앉는 세월호만큼이나 사람들이 느꼈던 좌절감은 걷잡을 수 없이 바닥을 치고 있었고, 질타의 대상에는 대통령뿐만 아니라 양대 정당인 새누리당과 새정치연합도 포함되어 있었다. 그럼에도 불구하고 세월호 사건 자극에 대하여 정당일체감이 안정적으로 유지되었던 이유는 무엇이며, 정당호감도가 정당지지층을 중심으로 요동쳤던 이유, 더 나아가 집권당에 대해서뿐만 아니라 야당에 대해서도 감정적 악화가 두드러졌던 원인을 실험설문에 사용되었던 문항에 대한 응답의 분석을 통해 알아볼 것이다.

〈표 8-4〉는 실험자극으로 제공되었던 "세월호 사건 이후 각 주체들에 대해 느꼈던 분노, 좌절감, 실망감, 불안감 등의 강도를 표시해 주세요"라는 물음에 대한 응답의 평균을 보여준다. 이 값들을 우리는 세월호 사건 관련 주체들에 대한 '분노지수'라고 부를 수 있을 것이며,[8] 어떤 의미에서는 정치적 대상들에 대한 가장 단기적이고 직접적인 감정적 반응으로 볼 수 있다.

우선 전체 응답자의 분노지수 평균을 살펴보면, 사람들이 세월호 사건과 관련하여 가장 높은 수준의 분노를 표출한 대상은 안전행정부, 해양경찰청, 해운업계였다. 반면 흥미롭게도 대통령, 새누리당, 새정치연합, 지방정부에 대한 분노지수는 상대적으로 더 낮았다. 비록 사회

---

8 유권자가 세월호 사건을 맞닥뜨리면서 느끼는 감정은 분명히 매우 복합적이었기 때문에 분노, 좌절감, 실망감, 불안감과 같은 다양한 감정 상태를 실험 문항에서 언급하였다. 구체적인 개별 감정 상태가 상이한 속성을 가질 수 있는 데도 '분노지수'라고 포괄하여 명명할 수 있는지에 대한 반론이 제기될 수 있으나, 신경과학(*neuroscience*) 분야에서 뇌의 구조상 감정이 긍정적 감정과 부정적 감정의 두 차원으로 촉발된다는 것이 발견되었으며(Davidson, 1988), 감정이 크게 긍정적 감정과 부정적 감정의 두 차원으로 구성되며 분노, 좌절감, 실망감, 불안감은 부정적 감정차원에 함께 속하는 감정 유형(Watson *et al.*, 1988; Marcus, 1988)이라는 것이 요인분석 등의 통계적 검증을 통해 심리학 및 정치학 연구에서 확인되었다. 따라서 세월호 사건에 대해 느낀 부정적 감정들을 포괄하여 '분노지수'라고 명명하는 것에 무리가 없다.

<표 8-4> 대상별 분노지수 평균

	대통령	새누리당	새정치연합	지방정부	안전행정부	해양경찰청	해운업계
새누리당 지지	4.47	5.34	6.31	7.00	7.89	8.27	8.80
무당파	7.09	7.26	7.02	7.34	8.20	8.30	8.58
새정치연합 지지	8.62	8.63	7.35	7.70	8.93	9.13	9.02
전체평균	7.07	7.35	7.01	7.35	8.41	8.58	8.80

전반에서 대통령과 여당, 야당의 무능력에 대한 비난 여론이 일었지만, 대중의 사고 속에서 상대적으로 사건과 보다 밀접한 연관관계에 놓인 대상은 안전행정부, 해양경찰청, 해운업계였던 것이다.

세월호 사건 관련 주체들에 대한 분노지수를 지지 정당에 따라 집단별로 비교하면 또 다른 흥미로운 점들이 발견된다. 우선, 세월호 사건과 관련하여 전반적으로 가장 높은 수준의 분노를 표출한 집단은 새정치연합 지지층이었다. 이들은 세월호와 밀접한 관련을 갖고 있는 안전행정부, 해양경찰청, 해운업계에 대해서 다른 집단에 비해 압도적으로 더 높은 수준의 분노지수를 나타내었고, 대통령, 새누리당, 지방정부뿐 아니라 자신들이 지지하는 정당인 새정치연합에 대해서도 다른 집단에 비해 더 높은 수준의 분노를 표출하였다. 이는 새누리당 지지자들이 대통령과 새누리당에 대해 상대적으로 매우 낮은 수준의 분노지수를 보인 것과는 대비되는 것으로, 세월호 사건에 의한 감정적 타격은 비단 여당과 현 정부뿐 아니라 야당에게도 비교적 컸으며, 여타 집단보다도 야당을 지지하는 새정치연합 지지층 사이에서 그 정도가 심했던 것으로 나타난다.

이와 더불어, 정당에 대한 분노지수와 대통령에 대한 분노지수를 비교하면 유권자들의 지방선거 투표선택에 대한 함의도 도출된다. 이는 다음 절의 투표선택 논의와도 밀접한데, 새누리당 지지층과 새정치연합 지지층 간의 분노지수 격차가 새누리당에 대해서는 3. 29, 새정치연합에 대해서는 1. 04였던 반면, 대통령에 대해서는 4. 15로 가장 크게 나타났다. 즉, 어느 정당을 지지하는지에 따른 감정적 타격의 차이가 정당보다는 대통령에 대해 더 뚜렷하게 존재했던 것이다. 이러한 현상에 대한 보다 자세한 설명은 다음 절에서 투표선택과 세월호 사건을 연결 짓는 과정에서 논의할 것이다.

이상의 논의를 통해 일반 대중의 기억에 강렬한 감정적 타격을 남긴 세월호 사건이 실제 현실정치에서 어떻게 유권자의 정당에 대한 감정적 태도에 반영되었는지 알아보고자 했다. 첫째, 대상별 분노지수에서 나타났듯 세월호 사건과 관련하여 정당이 가장 직접적인 비난과 분노의 대상으로 인식되지는 않았다. 이는 정당일체감이 분노, 좌절감, 실망감, 불안감 등의 감정적 반응과 기억을 이끌어 내는 자극에 의해 요동치지 않고 기존의 특성을 유지할 수 있었던 요인 중 하나로 작용했던 것으로 보인다. 둘째, 그럼에도 불구하고 전반적으로 매우 높은 분노지수에 반영되어 있듯 세월호 사건은 매우 감정적인 사건으로 대중의 뇌리에 강렬한 기억으로 남아 있으며, 그 부정적 영향을 정당이 피해갈 수는 없었다. 세월호 사건에 대한 기억을 자극하는 것만으로도 정당에 대한 호감도가 가라앉을 정도로 세월호 사건은 유권자들의 정당에 대한 감정적 태도에 커다란 영향을 미쳤으며, 특히 이러한 감정적 타격은 새정치연합 지지층 사이에서 강력하게 나타났다.

2) 정당에 대한 감정과 투표선택

앞 절에서 유권자들의 정당에 대한 감정적 태도가 장기적 기간에 걸쳐, 그리고 외생적 충격에 대한 반응으로서 어떻게 구성되는지를 살펴보았다면, 이하에서는 시간의 흐름에 따라 공적 여론이 어떻게 구성되었으며, 이것이 투표선택으로 어떻게 이어졌는지에 주목하려 한다. 특히 가장 핵심적인 부분은 이러한 공적 여론의 구성과 투표선택의 과정에서 이전에 존재하는 구조와 새로운 변화의 경향이 어떻게 경합하는가 하는 점이다. 이곳에서는 2012년 대통령선거에서부터 2014년 지방선거에 이르기까지 시간적 격차를 두고 반복 측정된 변수들을 이용하여 첫째, 정당일체감, 정당호감도 및 분노지수가 어떻게 다르며 어떻게 구성되는지에 대한 전체적인 그림을 보이고, 둘째, 이들이 투표선택에 어떠한 영향을 미치는지를 살펴볼 것이다.

〈표 8-5〉는 2012년 대통령선거와 2014년 지방선거의 투표선택을 기준으로 그룹을 나누어 집단별 당파심의 변화와 세월호 사건과 관련된 분노지수의 평균을 나타낸 것이다. 가장 주요한 발견은 정당일체감보다는 정당호감도와 분노지수가 지난 대통령선거와 이번 지방선거의 투표선택을 일관되게 설명해 준다는 점이다. 단기적 투표의 이탈과 변화에 주목한다면, 정당일체감의 설명력은 낮고 호감도나 분노지수 등의 단기적 감정요인이 더 설명력이 높다는 것은 앞서의 결과와 연장선상에 있다.

〈표 8-5〉 정당에 대한 감정적 태도와 투표선택

대통령선거 → 지방선거	응답자 수		정당일체감 변화*	새누리당 호감도 변화*	야당 호감도 변화*	분노지수 (대통령)	분노지수 (새누리당)
박근혜 → 새누리당	229	(26.9%)	-1.50	3.86	-3.37	4.56	5.23
박근혜 → 새정치연합	92	(10.8%)	-1.03	-4.77	0.36	6.39	6.46
박근혜 → 기타	28	(3.3%)	-1.08	-0.86	-6.89	6.35	6.65
문재인 → 새정치연합	390	(45.7%)	-0.14	0.03	-6.17	8.49	8.66
문재인 → 새누리당	53	(6.2%)	-0.02	4.11	-8.74	7.79	7.96
문재인 → 기타	61	(7.2%)	-0.04	-1.54	-7.57	9.06	9.13
전체	853		-0.68	0.65	-5.00	7.17	7.45

주: * 지방선거 시기(2014년 6월) 측정치와 대통령선거 시기(2012년 10월) 측정치의 차이.

이를테면 새누리당 이탈자들(*defectors*: 박근혜 → 새정치연합)은 새누리당 호감도의 현격한 감소(-4.77)와 맞물려 있으며, 이는 새누리당 일관투표자(*straight-ticket voters*: 박근혜 → 새누리당)들에서 나타난 현격한 호감도 상승(3.86)에 비하여 질적으로 다른 변화라고 할 수 있다. 야당(민주당/새정치연합)에 대한 호감도의 변화에 있어서도 새누리당 일관투표자들은 야당을 더 싫어하게 된 데(-3.37) 반해 새누리당 이탈자들의 야당 호감도는 소폭 증가하였다. 새누리당 이탈자들은 또한 대통령과 여당에 대한 분노지수가 일관투표자들에 비해 현격하게 높았다.

더 흥미로운 부분은 정당일체감의 변화가 이러한 새누리당 이탈자들을 설명하지 못한다는 사실일 것이다. 정당일체감이 높을수록 강한 새누리당 지지자임을 상기한다면, 일관투표자들의 일체감 약화(-1.50)에 비해 이탈자들의 일체감 약화는 그 정도가 오히려 덜하다(-1.03). 다시 말해, 정당일체감은 새누리당 지지자들의 단기적 투표 전환을 설명하지 못한다. 정당일체감은 장기적인 투표의 경향을 설명하는 데에는 매우 적절하지만, 이러한 단기적 이탈은 설명하지 못한다는 것이다. 좀더 정확하게 말하자면, 유권자들은 정당일체감의 큰 변화 없이도 지지하던 정당으로부터 이탈하여 투표할 수 있었다.

지난 대통령선거에서 문재인 후보에게 투표를 하고 이번 지방선거에서 새누리당이나 기타 후보로 '이탈'했던 민주당 이탈자들의 경우에도 그 스토리는 대동소이하다. 야당을 이탈하여 여당을 지지한 유권자들은 새누리당을 더 좋아하게 되었고(4.11), 야당은 더 싫어하게 되었으며(-8.74), 일관투표자들에 비해 대통령이나 새누리당에 대한 분노지수가 더 낮았다. 양 집단 사이에 정당일체감 변화의 차이는 거의 없는 것으로 나타나 정당일체감의 설명력이 없다는 점도 새누리당 이탈자의 경우와 동일하다.

이러한 문제의식을 좀더 일반화시킨 것이 〈표 8-6〉의 분석이다. 만약 정당에 대한 유권자의 감정이 미묘하게 변화한다면, 해당 선거에서의 투표선택을 가장 잘 설명하는 것은 무엇인가? 어제의 정당호감도보다 오늘의 정당호감도가 오늘의 투표선택을 더 잘 설명하는가? 동시에, 앞에서 보인 것처럼 상대적으로 장기적이고 안정적인 것으로 나타난 정당일체감 같은 감정도 그것이 단기적인 변화를 겪을 때 투표선택에 어떠한 영향을 미치는가? 이곳에서는 이상의 물음에 답하기 위한 보다 일반적인 모델을 제시한다.

〈표 8-6〉은 지방선거에서의 투표선택을 정당일체감과 정당호감도를 통해 설명하려는 다중 로지스틱 모델의 추정 결과이다. 순차적 로짓 (sequential logit)이라 이름 붙인 것은 동일한 독립변수들을 이용하여 대통령선거에서의 선택을 모델로 추정한 후, 응답자를 두 집단(박근혜 투표자와 문재인 투표자)으로 나누어 이들이 지방선거에서 선택한 투표(광역단체장)를 순차적으로 추정하였기 때문이다. 강조할 점은 〈표 8-6〉이 종합적이고 일반적인 투표선택을 설명하는 모델이 아니라 정당일체감과 정당호감도의 '현재성' 혹은 '단기적 임박성'을 살펴보는 모델이라는 것이다. 정당일체감 및 정당호감도라는 동일한 개념을 여러 시기에 걸쳐 반복적으로 측정한 변수들을 일부러 중첩하여 독립변수로 사용[9]한 것은 어느 시점의 정당선호가 투표선택을 결정하는지를 알아보기 위함이다.

〈표 8-6〉에서 음영으로 강조된 부분은 각 선거 당시의 정당선호를 표시한 것으로, 만약 단기적 정당선호의 변화가 해당 선거에 고유한 영향

---

[9] 정당일체감이나 정당호감도의 반복된 측정치들 간의 상관관계가 높음에도 불구하고 이들을 동시에 독립변수로 사용하는 것은 다중공선성(multicollinearity)을 생각한다면 모델로서는 좋은 선택이 아닐 수 있다. 그러나 이곳에서의 목적은 중첩되는 영향력을 서로 통제한 상태에서 각 시기 변수들의 상이하면서도 고유한 영향을 구별하는 것이기 때문에 이러한 방식의 모델 구축은 불가피한 것이다.

〈표 8-6〉 대통령선거와 지방선거에서의 투표선택 : 순차적 로짓 모델

	대통령선거 투표선택 (박근혜 투표)			지방선거 투표선택 (박근혜 이탈)			지방선거 투표선택 (문재인 이탈)		
	계수	표준편차	p-값	계수	표준편차	p-값	계수	표준편차	p-값
정당일체감 (2012. 12.)	0.07	0.09	0.435	-0.10	0.10	0.313	-0.01	0.11	0.912
정당일체감 (2014. 6.)	0.39*	0.16	0.012	-0.48**	0.16	0.003	0.23	0.16	0.140
새누리당 호감도 (2012. 10.)	0.01	0.01	0.474	-0.02	0.01	0.158	0.01	0.01	0.350
새누리당 호감도 (2012. 11.)	0.03	0.01	0.012	0.02	0.01	0.289	0.00	0.01	0.722
새누리당 호감도 (2012. 12.)	0.09**	0.01	0.000	0.00	0.01	0.989	0.01	0.01	0.256
새누리당 호감도 (2014. 6.)	0.01	0.01	0.122	-0.04**	0.01	0.000	0.02	0.01	0.053
민주당 호감도 (2012. 10.)	0.00	0.01	0.876	0.02	0.01	0.068	-0.01	0.01	0.622
민주당 호감도 (2012. 11.)	-0.02	0.01	0.127	0.01	0.01	0.647	0.01	0.01	0.267
민주당 호감도 (2012. 12.)	-0.07**	0.01	0.000	-0.01	0.01	0.249	0.00	0.01	0.936
새정치연합 호감도 (2014. 6.)	-0.01	0.01	0.168	0.03**	0.01	0.003	-0.02**	0.01	0.010
경북	0.44	0.48	0.351	1.02*	0.40	0.011	0.38	0.49	0.433
호남	0.72	0.54	0.185	2.17	1.19	0.069	-0.19	0.44	0.664
연령	0.02	0.01	0.237	-0.02*	0.02	0.326	0.02	0.01	0.168
교육	-0.29	0.20	0.141	0.11	0.21	0.579	0.07	0.19	0.726
소득	-0.06	0.06	0.326	0.13	0.07	0.064	0.05	0.06	0.423
절편	-2.58	1.25	0.038	1.73	1.25	0.169	-2.82	1.25	0.024
	응답자 수 829 Pseudo R^2 = .69			응답자 수 313 Pseudo R^2 = .37			응답자 수 311 Pseudo R^2 = .30		

주: 1) 음영 처리된 부분은 각 선거 당시 정당선호(정당일체감과 정당호감도)에 해당함.
    2) ** p < 0.01, * p < 0.05

을 미쳤다면 해당 변수는 유의미하게 예측된 방향의 영향관계를 보여야 할 것이다. 예를 들어, 대통령선거 투표선택을 추정한 첫 모델을 보면, 다른 시기의 정당호감도는 유의미한 영향을 미치지 않았고, 오직 2012년 12월의 새누리당 호감도와 민주당 호감도만이 투표선택에 유의미한 영향을 미쳤다. 이것은 10월, 11월과는 구별되는 12월 시점만의 정당에 대한 고유한 단기적 호감도가 존재한다는 것, 그리고 이 고유성이 12월 대통령선거에서의 선택에 결정적인 영향을 미쳤다는 사실을 보여준다. 반면 정당일체감의 경우에는 이와는 달리 대통령선거 당시의 일체감이 대통령선거 시기의 투표선택을 잘 설명해 주지 못한다. 이것은 정당일체감의 투표선택에 대한 설명력이 약하다는 것을 의미하는 것이 아니라, 첫째, 정당일체감이 잘 변화하지 않으며, 둘째, 변화한다고 하더라도 그것이 단기적으로 투표선택에 직결되는 것은 아니라는 점을 보여줄 따름이다.

지방선거로 가면 이러한 패턴은 보다 더 두드러지는데, 지방선거 당시의 호감도가 그 이전에 세 차례나 측정된 호감도 항목들을 통제하고 난 이후에도 여전히 지방선거에서의 광역단체장 투표에 유의미10한 영향을 미친다는 점이 확인되었다. 흥미롭게도 지방선거에서 해당 시기의 단기적 정당일체감은 '박근혜 이탈자'들에게는 통계적으로 매우 유의미한 영향이 있었던 것으로 나타난 반면, '문재인 이탈자'들의 경우에는 영향이 없었던 것으로 드러났다.

이상의 결과에서 보이는 것처럼, 가장 중요한 발견은 투표선택에 있어 정당호감도는 매우 직접적이고 단기적인 영향을 미친다는 사실이다. 대통령선거의 경우에는 예외 없이 그 이전도 이후도 아닌 2012년

---

10 하나의 예외가 문재인 이탈자들에 대한 새누리당 호감도인데, 이 경우에도 p-값은 거의 .05에 근접하는 것을 보여준다.

12월 당시의 새누리당과 민주당에 대한 호감도가 투표선택에 가장 강한 영향을 미쳤고, 지방선거에서도 마찬가지로 오직 2014년 6월 지방선거 당시에 조사된 호감도만이 투표선택에 유의미한 영향을 미친 것으로 나타났다. 호감도의 시계열적 상관관계가 상당히 높음에도 불구하고 해당 시기의 호감도만이 투표선택에 통계적으로 유의미한 영향을 미쳤다는 것은, 다른 시점과는 차별되는 해당 시점 호감도만의 고유한 특성이 투표선택에 주요한 영향을 미쳤다는 점을 보여준다.

6. 나가며

세월호 사건이 한국 사회에 남긴 상흔의 깊이와 명징성에 반하여 그 정치적 함의를 총체적으로 가늠하는 것은 쉽지 않은 일이며, 그것이 지방선거에 미친 미묘한 영향을 밝히는 것은 더더욱 어려운 일이다. 이곳에서는 앞서 세월호 사건이라는 거울을 통해 비추어 졌던 시민들의 정당선호의 구조와 특징을 통해 드러난 몇 가지 주요 발견들과 함의를 반추하고자 한다.

세월호 사건 국면에서 맞이한 지방선거는 통상적인 대의제적 책임정치, 회고적 평가, 그리고 합리적 과정으로서의 선거라는 모델과는 달리 슬픔, 분노, 좌절 등의 집합적 감정이 어떻게 한국정치과정에 접합되는지를 보여주었다. 시민들이 세월호 사건을 생각하고 그 책임을 묻는 과정이 정부와 여당으로만 향했던 것은 아니었으며, 어떤 면에서는 오히려 야당이 여당보다도 더 많은 분노와 비호감을 누증했던 것으로 드러났다. 승자와 패자가 반드시 도출되는 지방선거 국면에서 이러한 정치권에 대한 전반적인 불신과 불만은 새누리당의 승리라는 선거평가를 가능하게 했지만, 그 내용성에 있어서는 여전히 정치 전반에 대한 분노와 불신이었다.

그럼에도 불구하고, 한국 유권자들이 지니는 정당선호의 상수항이 존재한다는 것 또한 사실로 보인다. 세월호 사건 국면에서 정당에 대한 단기적인 호불호가 매우 심하게 유동했지만, 시민들이 정치사회화 과정의 초기부터 형성하고 지속시켜 온 특정 정당에 대한 내면화 ─ 그것을 소속감이라 부르건 일체감이라 부르건 ─ 는 매우 안정적으로 지속되는 것으로 드러났다. 세월호 사건 국면에서 이것이 확인된 것은 정당일체감의 존재와 안정성에 대한 매우 강력한 증거이며, 이는 한국 선거 연구문헌에 대해 다음과 같은 함의를 갖는다. 첫째, 서구정당과는 달리 명멸과 이합집산을 거듭하는 한국의 정당에 대해 유권자들이 안정된 일체감을 지닌다는 역설이 발견된다. 예를 들어 민주당이 새정치연합으로 합당하는 과정에서 정당명이나 지도자가 어떻게 바뀌는지는 부차적인 문제이며, 이 야당을 '나의 정당'으로 느끼는 것은 매우 안정적으로 지속되는 선호라는 것이다. 이는 한국적 형태의 정당일체감이라 할 만하다. 둘째, 정당일체감을 정부 성과 및 정책 평가의 움직이는 총합으로 이해하는 수정주의적 모델이 적어도 한국적 상황에는 적실하지 않다는 점이다. 세월호 사건이 시민들 사이에 일으킨 감정의 단기적 파동과는 무관하게 정당일체감이 '나의 정당'에 대한 장기적인 심리적 애착심으로 존재한다는 것을 확인할 수 있었다. 새누리당이 세월호 사건에도 불구하고 지방선거에서 유리한 점이 있었다면 아마도 이 지점이 아니었나 보인다.

이로부터 감정의 정치 (politics of emotion) 가 지닌 한계와 가능성을 다시금 돌이켜 보게 된다. 선거를 통해 공동체를 이끌 정부를 구성한다는 것, 그리고 그 다음 선거에서 그 정부를 끌어내리거나 지속시킬 결정을 한다는 것은 대의민주주의의 요체이지만, 이 과정이 잘 움직이지 않는 감정 혹은 애착심(정당일체감)과 단기적으로 쉽게 요동치는 감정(정당 호감도, 분노지수)에 의해 좌우된다면 정책과 내용의 정치가 설 자리가 없기 때문이다. 세월호 사건의 문제를 숙고하고 파악하는 과정, 그리고 그것을 정치가 천천히, 그러나 확실하게 극복해 나가는 사회적 합의의 과정이 이토록 어려운 현실도 바로 감정의 정치가 지니는 근본적인 어려움과 직결되는 것이다.

그러나 감정의 정치가 지닌 가능성이 확인되는 것도 사실이다. 시민들은 감정적 반응을 통해 정당과 정치적 대상들에 대한 비판을 끊임없이 수행하고 있으며, 선거의 단기적 국면에서 업데이트된 감정적 태도를 선거에서 정치적 판단을 내리는 데 적극적으로 사용한다는 것은 정부와 정치에 대해 매우 강력한 시그널로 작용할 것이기 때문이다. 요컨대, 정부에 대한 시민들의 평가의 칼날이 정밀한 책임성의 궤적을 그리는 것은 아니지만 그것이 매우 날카롭고 어디로 향할지 예측하기 어렵다는 사실은 오히려 정부와 정당의 책임성을 강화시킬 수 있을 것이다.

더 나아가, 세월호 사건이 전개되는 과정에서 우리가 목격했던 것처럼, 시민들이 공동체의 다른 구성원들과 공감하고 연민하는 장면, 그리고 이러한 감정적 과정을 통해 개인들이 사회와 더 긴밀하게 연결될 수 있고, 공동체로서의 정체성을 확인할 수 있었던 경험도 지적되어야 할 것이다. 만약 사회에 대한 이러한 감정적 관여가 정치적 관심과 정보 습득, 토론과 숙고, 그리고 정치참여로 이어질 수 있다면, 무기력한 시민과 책임성 없는 정부로 요약되는 현대 민주정치의 문제를 푸는 실마리로서 감정의 정치를 이제 적극적으로 사고해야 할 때가 된 것이다. 이것이 바로 세월호가 한국정치와 한국정치학에 던진 새로운 가능성이자 숙제인지도 모른다.

참고문헌

강원택(2007), "민주화 20년의 정당 정치: 평가와 과제", 〈경제와사회〉 74: 66~83.

곽진영(2009), "한국 정당의 이합집산과 정당체계의 불안정성", 〈한국정당학회보〉 8(1): 115~146.

박원호(2013), "정당일체감의 재구성", 박찬욱·강원택 편, 《2012년 대통령선거 분석》, 51~73쪽, 나남.

박원호·송정민(2012), "정당은 유권자에게 얼마나 유의미한가?: 한국의 무당파층과 국회의원 총선거", 〈한국정치연구〉 21(2): 115~143.

윤종빈·정희옥·김윤실(2014), "한국 정당의 유권자 연계 수준과 정당 정치 만족도", 〈한국정당학회보〉 13(2): 31~62.

장승진(2012), "제 19대 총선의 투표선택: 정권심판론, 이념 투표, 정서적 태도", 〈한국정치학회보〉 46(5): 99~120.

한정훈(2012), "한국 유권자의 정당일체감: 정강, 정당지도자 및 정당활동가의 영향", 박찬욱·강원택 편, 《2012년 국회의원선거 분석》, 137~174쪽, 나남.

허석재(2014), "한국에서 정당일체감의 변화: 세대교체인가, 생애주기인가", 〈한국정당학회보〉 13(1): 65~93.

Achen, C. H. (1992), "Social Psychology, Demographic Variables, and Linear Regression: Breaking the Iron Triangle in Voting Research", *Political Behavior* 14(3): 195~211.

Almond, G. A. (1950), *The American People and Foreign Policy*, New York: Harcourt, Brace.

Alwin, D. F. (1997), "Feeling Thermometers Versus 7-Point Scales Which are Better?", *Sociological Methods and Research* 25(3): 318~340.

Bartels, L. M. (2002), "Beyond the Running Tally: Partisan Bias in Political Perceptions", *Political Behavior* 24(2): 117~150.

Baum, M. A. (2002), "The Constituent Foundations of the Rally-Round-the-Flag Phenomenon", *International Studies Quarterly* 46(2): 263~298.

Brader, T. (2005), "Striking a Responsive Chord: How Political Ads Motivate and Persuade Voters by Appealing to Emotions", *American Journal of Political Science* 49(2): 388~405.

Converse, P. E. (1964), "The Nature of Belief Systems in Mass Publics", *In Ideology and Discontent*, edited by David Apter. New York:: Wiley.

Converse, P. E. & Markus, G. B. (1979), "Plus ca Change ⋯ : The New CPS Election Study Panel", *The American Political Science Review* 73(1) : 32~49.

Davidson, R. J. (1988), "Affect, Cognition and Hemispheric Specialization", *In Emotions, Cognition, and Behavior*, edited by Carroll E. Izard, Jerome Kagan, and Robert B. Zajonc. Cambridge: Cambridge University Press.

Downs, A. (1957), *An Economic Theory of Democracy*, New York: Harper and Row.

Erikson, R. S., Mackuen, M. B., & Stimson, J. A. (2002), *The Macro Polity*, New York: Cambridge University Press.

Fiorina, M. P. (1981), *Retrospective Voting in American National Elections*, New Haven: Yale Univ Press.

Franklin, C. H. & Jackson, J. E. (1983), "The Dynamics of Party Identification", *The American Political Science Review* 77(4) : 957~973.

Hobbes, T. (1968), *Leviathan*, Edited by C. B. Macpherson. Baltimore: Penguin Books(Original work published in 1651).

Hume, D. (1896), *Treatise of Human Nature*, Edited by L. H. Selby-Bigge. Oxford: Clarendon(Original work published in 1738).

Hunt, L. (2008), *Inventing Human Rights: A History*, New York: W. W. Norton.

Green, D., Palmquist, B., & Schickler, E. (2004), *Partisan Hearts and Minds*, New Haven: Yale University Press.

Jennings, M. K. & Niemi, R. G. (1975), "Continuity and Change in Political Orientations: A Longitudinal Study of Two Generations", *The American Political Science Review* 69(4) : 1316~1335.

Johnston, R. (2006), "Party Identification: Unmoved Mover or Sum of Preferences?", *Annual Review of Political Science* 9(1) : 329~351.

Lau, R. R. & Heldman, C. (2009), "Self-Interest, Symbolic Attitudes, and Support for Public Policy: A Multilevel Analysis", *Political Psychology* 30(4) : 513~537.

Lewis-Beck, M. S. (1990), *Economics and Elections: The Major Western Democracies*, Ann Arbor: University of Michigan Press.

Madison, J. (1787), "The Federalist, No. 10", in Readings *In American Politics: Analysis and Perspectives*, edited by Ken Kollman. 2010. New York: W. W.

Norton&Company. pp. 47~57.

Marcus, G. E. (1988), "The Structure of Emotional Response: 1984 Presidential Candidates", *The American Political Science Review* 82(3): 737~761.

Miller, A. H., Wlezien, C., & Hildreth, A. (1991), "A Reference Group Theory of Partisan Coalitions", *The Journal of Politics* 53(4): 1134~1149.

Nussbaum, M. (1996), "Compassion: The Basic Social Emotion", *Social Philosophy and Policy* 13(1): 27~58.

Pasek, J. & Krosnick, J. A. (2010), "Optimizing Survey Questionnaire Design in Political Science: Insights From Psychology", In *Oxford Handbook of American Elections and Political Behavior*, edited by Jan E. Leighley. Oxford: Oxford University Press. pp. 27~50.

Riker, W. H. & Ordeshook, P. C. (1968), "A Theory of the Calculus of Voting", *American Political Science Review* 62(1): 25~42.

Sears, D. O. & Funk, C. L. (1999), "Evidence of the Long-Term Persistence of Adults' Political Predispositions", *The Journal of Politics* 61(1): 1~28.

Sears, D. O., Hensler, C. P., & Speer, L. K. (1979), "Whites' Opposition to 'Busing': Self-Interest or Symbolic Politics?", *The American Political Science Review* 73(2): 369~384.

Shapiro, R. Y. & Page, B. I. (1988), "Foreign Policy and the Rational Public", *The Journal of Conflict Resolution* 32(2): 211~147.

Valentino, N. A., Hutchings, V. L., Banks. A. J., & Davis, A. K. (2008), "Is a Worried Citizen a Good Citizen? Emotions, Political Information Seeking, and Learning via the Internet", *Political Psychology* 29(2): 247~273.

Watson, D., Clark. L. A., & Tellegen, A. (1988), "Development and Validation of Brief Measures of Positive and Negative Affect: The PANAS Scales", *Journal of Personality and Social Psychology* 54(6): 1063~1070.

Weisberg, H. F. & Miller, A. H. (1979), "Evaluation of the Feeling Thermometer: A Report to the ANES Board Based on Data from the 1979 Pilot Study Survey", *ANES Pilot Study Report*, No. nes002241.

Wilcox, C., Sigelman, L., & Cook, E. (1989), "Some Like It Hot: Individual Differences in Responses to Group Feeling Thermometers", *Public Opinion Quarterly* 53(2): 246~257.

세월호 사건 상기 실험 문항

1. 세월호 사건의 발생 및 미흡한 대응과정에서 다음에 제시된 각 주체들의
   책임 및 과실의 정도에 대한 귀하의 판단을 표시해 주세요.

	매우 낮음				보통					매우 높음
	0	1	2	3	4	5	6	7	8	9	10
1) 대통령											
2) 새누리당											
3) 새정치민주연합 (구 민주당)											
4) 해양경찰청											
5) 안전행정부											
6) 지방정부											
7) 해운업계											

2. 세월호 사건 이후 각 주체에 대해 느꼈던 분노, 좌절감, 실망감, 불안감
   등의 강도를 표시해 주세요.

	전혀 느끼지 않았다									매우 강하게 느꼈다
	0	1	2	3	4	5	6	7	8	9	10
1) 대통령											
2)새누리당											
3) 새정치민주연합 (구 민주당)											
4) 해양경찰청											
5) 안전행정부											
6) 지방정부											
7) 해운업계											

09 인터넷, 태도극화, 그리고 지방선거*

이상신

1. 들어가며

이 연구는 2014년 6월 제 6회 지방선거 이후 시행된 여론조사 데이터를 분석하여 인터넷이 한국정치과정에 어떠한 영향을 미치고 있는가를 살펴보는 것을 목적으로 한다. 이 글은 크게 2가지의 질문에 답하려고 한다. 첫 번째 질문은 근본적인 질문으로, 인터넷을 통한 소통이 좀더 관용적이고 열린 공론장의 기능을 하고 있는가 하는 문제이다. 혹은 같은 맥락에서 인터넷은 동일한 의견을 가진 사람들끼리 모여 같은 대화만 반복하다가 결국에는 기존의 태도를 강화하는 '메아리 방'(echo chamber)의 역할만 하는 것은 아닌지에 대해 점검한다(Gruzd & Roy, 2014; Prior, 2013). 두 번째 질문은 한국의 선거 현실에 대한 인터넷의 구체적 영향력을 묻는 것이다. 지금까지 많은 연구는 인터넷 매체, 특히 SNS 사용자들은 진보적이며, 상대적으로 투표에서도 진보적 정당을 선호하는

---

* 이 글은 〈아태연구〉 제 21권 제 4호(2014년)에 게재된 논문을 일부 수정한 것입니다.

경향을 보인다고 주장했는데, 이러한 진보편향성이 제6회 지방선거에서도 확인되는가 하는 문제이다.

언급된 2가지 주제는 그동안 국내외에서 인터넷의 정치적 영향력을 연구하는 많은 학자들이 꾸준히 제기해 온 질문이기도 하다. 그러나 또 다시 이 질문들을 제기하는 것은 인터넷과 이에 기반을 둔 새로운 미디어들이 너무나 빨리 변하고 있으며 그것에 반응하는 정당과 정치인, 그리고 시민들의 행태도 그만큼 빠른 속도로 진화하고 있기 때문이다. 각종 선거가 치러질 때마다 인터넷과 뉴미디어가 선거과정에서 어떤 역할을 했는지에 대한 논의가 활발히 이루어졌으며, 지금까지 쌓인 연구도 상당한 분량이다. 그러나 인터넷과 뉴미디어의 빠른 변화 때문에, 현상을 고찰한 뒤 일반화하여 이론을 만들어야 하는 연구자들은 이 변화로부터 한발 뒤처지고 있다.

인터넷이 대중적으로 보급되기 시작한 것은 90년대 후반이다. 그러나 한국정치에 본격적인 영향력을 행사하기 시작한 것은 2002년 대통령선거에서 '노무현을 사랑하는 모임'(노사모)이 노무현의 당선에 큰 역할을 한 이후로 보아야 할 것이다(강원택, 2004a; 김용호, 2004; 김용철·윤성이, 2000; 윤성이, 2003). 이 같은 인터넷 정치참여는 2000년대 중반 이후 이른바 웹 2.0과 UCC(User Created Contents)에 대한 관심으로 이어졌고, 이를 통해 특히 2008년의 촛불시위를 설명하려는 노력들이 있었다(김용철, 2008; 송경재, 2008/2009; 이상신, 2012). 촛불시위 이후 인터넷의 정치과정에 대한 영향력을 연구하는 연구자들의 관심을 가장 최근까지 받은 주제는 역시 트위터와 페이스북으로 대표되는 소셜 네트워크 서비스(이하 SNS)였다. 특히 2011년 재보궐선거에서 트위터의 적극적인 활용이 선거의 결과를 좌우했다는 연구들이 주목을 받았다(김윤실·윤종빈, 2012; 박상호, 2012; 허재현, 2011).

그러다 지난 2012년 대선부터는 스마트폰에 기반을 둔 메신저 서비스, 즉 카카오톡 등을 사용한 선거운동이 연구자들의 주요 관심사가 되었다. 특히 그동안 인터넷을 이용한 지지자 동원에 항상 수동적이고 방어적인 입장을 취했던 새누리당이 카카오톡을 이용한 적극적인 선거운동에 나서면서 인터넷에서의 정치세력 지형을 성공적으로 개편했다는 평가를 받고 있다. 카카오톡에 기반을 둔 선거 캠페인은 사용자들의 사적인 통신을 이용한다는 특징 때문에 데이터 수집 및 분석에 많은 어려움이 있어 아직 이에 관련한 본격적인 경험적 연구는 나오지 않은 상태이다. 그러나 새정치민주연합에서 제출한 보고서에 따르면 "특히 '세월호 정국'과 6·4 지방선거 그리고 7·30 재보궐선거에서는 보수집단이 카카오톡을 정치선전의 도구로 십분 활용했고, 이를 통해 여론지형을 뒤집었다"(박연주, 2014)고 기록되어 있다.

이렇게 변화하는 인터넷과 미디어 환경에 맞추어 인터넷이 유권자의 의식과 선거과정에 어떠한 영향을 미치고 있는가라는 질문은 계속 제기될 수밖에 없다. 이러한 문제의식을 갖고 지난 제6회 지방선거 직후 수집된 데이터를 분석한 결과, 인터넷에 정치정보를 의존하는 유권자들은 좀 더 극단화된 태도, 즉 태도극화(attitude polarization)의 경향이 있다는 점이 발견되었다. 이는 이른바 강화이론(reinforcement theory)의 주장과 일치하는 결론이다(나은영, 2006; 노정규·민 영, 2012; 이상신, 2013; Baum & Groeling, 2008; Farrell, 2012; Stroud, 2010). 또한 지방선거에서의 새누리당 및 새정치민주연합에 대한 일관투표(straight-ticket voting) 경향을 비교해 본 결과, 인터넷 사용이 새누리당에 대한 지지를 약화시킨 것은 사실이지만, 그렇다고 해서 야당의 지지를 확대하는 방향으로 작용한 것도 아니라는 결론을 얻을 수 있었다. 이는 인터넷에 대한 접근성이 고연령층과 저소득, 저학력층에게도 확산되고 있는 현실과 새누리당의 적극적인 온라인 캠페인 대응 정책의 성공을 보여주고 있는 것이라고 해석할 수 있다.

우선 기존 연구들을 검토하여 이 글을 뒷받침하는 이론을 확인하고 가설을 소개할 것이다. 이어서 분석에 사용된 데이터와 변수들을 소개하고, 회귀분석을 통해 가설을 검증하는 순서로 이 글을 구성하였다.

2. 이론과 가설

로드와 그 동료들은 실험을 통해 사형제도에 대한 태도 변화를 연구했다(Lord *et al.*, 1979). 그들은 사형제도를 찬성하는 집단과 반대하는 집단에게 사형제도의 장단점을 모두 나열한 동일한 연구 결과를 보여준 후, 이 피실험자 집단의 태도가 어떻게 변화했는지를 측정했다. 흥미롭게도 같은 내용의 글을 읽었음에도 불구하고 양쪽 집단 모두 기존의 태도가 강화되는 현상이 발견되었다. 즉, 사형제도 찬성파들은 사형제도에 대한 믿음이 더욱 깊어졌으며, 똑같은 내용을 읽은 반대파들은 마찬가지로 사형제도에 더욱 반대하게 되었다. 로드와 그 동료들은 이러한 변화, 즉 기존에 개인이 가지고 있던 태도가 어떤 계기로 인해 더욱 강화되는 현상을 태도극화라고 정의했다(Lord *et al.*, 1979: 2099; Miller *et al.*, 1993: 561). 그 후 어떠한 조건하에서 태도극화가 일어나는가에 대해서도 많은 연구성과가 축적되었다. 예를 들어 개인이 자신의 태도에 대해 숙의할 때, 그리고 자신의 태도를 다른 사람 앞에서 표현하게 될 때, 기존 태도가 강화되는 현상이 일어난다는 연구들이 있다(Fazio *et al.*, 1982; Wojcieszak, 2011).

이 태도극화 현상은 민주적 정치 숙의과정에서 매우 중요한 함의를 갖는다. 민주주의 공론장에서 시민들은 필연적으로 자신의 기존 견해와 상충하는 이견에 노출될 수밖에 없다. 이상적인 정치적 숙의과정에서 이성적 민주시민들은 다른 사람들과의 대화와 토론 속에서 자신의 견해를 분석하고 반성할 것을 요구받는다. 이러한 공론장 속에서의 숙의는 궁극적으로 사회적 결속을 더욱 강화시키는 방향으로 작용할 것이라고 기대되었다(Gutmann & Thompson, 1996). 그러나 심리학에 기반을 둔 경험적 연구들은 그 반대의 경향을 예측한다. 사람들은 이견에 노출될 때 자신의 견해를 반성하는 것보다는 기존의 태도를 강화하고 극단화하는 방향으로 나아간다는 것이다(Nickerson, 1998; Wojcieszak & Mutz, 2009; Wojcieszak et al., 2010; Wojcieszak, 2011).

이 태도극화의 이론은 인터넷의 등장으로 사람들의 강화이론을 설명하는 심리적 기제이다. 강화이론에 따르면 인터넷을 통한 소통은 개인이 가지고 있는 생각과 이념, 주의, 주장을 더욱 강화시키는 경향이 있다고 한다(이준한, 2014; Davis, 1999; Xenos & Moy, 2007). 인터넷에서의 태도극화는 인터넷이 매체로서 갖는 특징, 즉 쌍방향성 때문에 일어난다. TV나 신문 등의 전통적인 매체에 비해 인터넷은 사용자가 적극적으로 자신이 원하는 정보를 취사선택할 수 있다. 그리고 수동적인 정보 수용자의 입장에서 벗어나 자신의 견해와 생각을 타인에게 적극적으로 전달할 수 있는 길도 열려 있다. 이러한 쌍방향성의 특징은 인터넷 이용자들이 자신의 견해와 충돌하는 정보를 손쉽게 회피하는 선택적 노출(selective exposure)의 가능성을 높인다(Iyengar & Hahn, 2009; Prior, 2013; Stroud, 2010; Sunstein, 2007). 게다가 인터넷의 특성은 이러한 가능성을 더욱 강화시킬 것이다. 최근의 많은 연구들은 인터넷이나 기타 뉴미디어를 통한 정치적 소통에서 태도극화와 선택적 노출의 효과를 분석하고 있다(김승수 외, 2008; 김은미·이준웅, 2006; 나은영,

2006/2012; 최윤정·이종혁, 2012; Baum & Groeling, 2008; Lawrence *et al.*, 2010; Muhlberger, 2003; Stroud, 2010).

이렇게 인터넷 사용이 태도극화를 심화시킨다는 것은 최근의 한국 여론 연구에서도 지속적으로 제기되고 있는 주장이다. 조성대는 페이스북과 트위터 사용자들에 대한 여론조사 결과를 분석하여, SNS를 교류의 폭을 넓히는 도구로 사용하는 사람은 다양하고 이질적인 정보에 스스로를 노출시킬 가능성이 높음을 밝혔다(2013). 이러한 '네트워크의 교차성'은 좀더 활발한 정치참여와 정치인들과의 온라인 교류, 그리고 정치숙의의 가능성을 높이는 등의 효과는 있지만, 광범위한 네트워크를 지닌 개인이라도 결국 정치정보 및 숙의활동은 '끼리끼리'적 성격을 지닐 수밖에 없다는 선택적 노출효과를 발견하기도 했다(조성대, 2013: 180).

또, 이상신의 연구는 SNS 사용 및 정치적 대화에 대한 빈번한 참여가 대통령 후보 평가에 대한 태도극화 현상에 정적 상관관계가 있음을 보인 바 있다(2013). 즉, SNS를 자주 사용할수록 그리고 주변 사람들과 정치에 대해 자주 이야기를 나눌수록 관대하고 열린 사고를 갖게 되는 대신 오히려 대선 후보에 대한 기존 태도가 강화되는 경향을 띠었다. 이러한 이론적 맥락에서 이 연구의 인터넷 사용이 개인의 기존 태도를 강화시킨다는 첫 번째 가설을 도출할 수 있다.

이 연구에서 두 번째로 주목하고자 하는 질문은 이른바 '변화가설'(*change hypothesis*)과 '정상화가설'(*normalization hypothesis*)을 재검증하는 것이다. 변화가설은 인터넷의 쌍방향적 특징과 낮은 정보비용 등의 특징이 선거에 있어 소수 정당 및 열세후보에 새로운 기회를 제공할 것이라고 본다(윤성이, 2007; 조희정·박설아, 2012; 윤성이, 2001; Grossman, 1995; Rash, 1997). 이에 비해 정상화가설은 인터넷 보급 초기에는 소수 정파가 인터넷을 적극적으로 활용하면서 우세를 점할 수 있으나, 기술적 혁신과 컴퓨터와 인터넷의 보편적인 확산 등으로 인해 결국에는 풍부한 자원을 가진 다수 정파 또한 인터넷에서의 수세를 극복할 수 있다고 보는 관점이다(김용철·윤성이, 2005; 조희정·박설아, 2012).

한국적 상황에서 온라인의 여론은 진보정당 및 후보에 유리하다는 것이 지금까지의 연구들의 일관된 결론이었다. 예를 들어, 장덕진 (2011)은 2010년 지방선거와 2011년 재보궐선거 기간의 트위터 상황을 분석하여 당시 한나라당의 많은 노력에도 불구하고 트위터의 여론은 보수정당에 매우 비판적이었음을 밝힌 바 있다. 당시 한나라당의 정치인들도 트위터를 통해 소통하려는 노력을 했지만, 이들의 팔로워 수나 리트윗 개수는 진보정당의 정치인들에 비교해 현저히 떨어졌다. 트위터의 팔로워 수를 비교했을 때 한나라당에 비해 진보신당은 21.4배, 민주노동당은 4.89배, 민주당은 2.36배로 많았다. 당시 압도적인 자원과 여당으로서의 우월한 입지에 있었음에도 불구하고 트위터 공간에서는 진보적인 목소리가 우세했던 것이다. 트위터에서 소통되는 내용에 있어서도 정부를 비판하는 내용이 압도적으로 많았다(장덕진·김기훈, 2011). 트위터의 영향력의 효과에 대해 특히 거론되는 선거 중 하나가 2011년 서울시장 재보궐선거였는데, 이 선거와 관련하여 박원순 시장의 당선에 트위터의 적극적인 활용이 매우 중요한 역할을 했다는 연구들이 있다(김윤실·윤종빈, 2012; 박상호, 2012).

이와 관련, 한국적 맥락에서 트위터의 정치적 동원기능에 대한 연구에서 박창문은 트위터 네트워크의 이념적 성향은 심각한 '친야·반여'의 편향성을 가지고 있다고 주장한다(2013: 215). 이러한 정치적 편향성은 한국 사회의 갈등을 심화시킬 가능성이 있다는 우려도 존재한다. 정일권은 SNS를 통한 정치참여가 '이견(異見)에 귀 기울이지 않고 자기 주장만을 표현하는 일방적인 측면'이 강하며, 이러한 편향성을 자신의 정치적 이익을 위해 동원하는 분파적 정치인들이 득세할 수 있다는 우려를 표명한다(2012: 57).

　마찬가지로 이준한의 연구에서도 뉴미디어의 진보적 성향을 입증하는 경험적 근거가 발견되었다(이준한, 2014). 2012년 대통령선거에서의 유권자 동원과 투표선택을 연구한 이 글에서 이준한은 인터넷이나 스마트폰의 사용, SNS의 이용이 유권자의 투표참여를 증가시킨다는 증거는 찾지 못했으나 인터넷 사용자들은 당시 박근혜 대통령 후보에 대한 투표 확률이 낮았다고 주장한다.

　그러나 온라인에 대한 보수정당의 반격도 결코 만만치 않다. 윤성이(2007: 21)는 2002년 대선과정에서 노사모의 활약과 2004년 탄핵사태 이후 충격을 받은 보수진영이 온라인 공간으로의 진출을 2000년대 중반부터 적극적으로 시도했다고 지적한다. 이미 2007년 대선 시점에 이르러 '인터넷은 곧 진보'라는 공식은 깨진 지 오래되었고, 많은 우익 웹사이트들이 온라인에 진출하면서 힘의 균형이 변화하기 시작했다는 것이다(윤성이, 2007: 21). 따라서 새누리당이 카카오톡을 적극적으로 이용하여 2012년 대선과 2014년의 지방선거 및 재보궐선거에서 성공적인 결과를 거둔 것은 오랜 시간 보수진영이 온라인에서의 입지를 회복하기 위해 노력한 결실이라고 봐야 할 것이다(박연주, 2014; 정용인, 2012). 여기에 인터넷의 대중화로 새누리당의 전통적인 지지층인 노년층도 적극적으로 인터넷 사용에 동참하는 추세라는 것도 이러한 변화된 온라인 정치지형에 영향을 주었을 것이다. 2013년 인터넷 이용실태조사 보고서에 따르면 50대의 인터넷 이용률은 80.3%에 달했고, 60대의 인터넷 이용률도 41.8%로 상당히 높았으며 이는 여전히 증가하는 추세이다(한국인터넷진흥원, 2014).

　이렇게 인터넷과 뉴미디어가 빠르게 변화하고 있고, 이에 대응하여 각 정당과 유권자 또한 변화한 모습을 보이고 있기 때문에, 인터넷 사용이 진보정당에게 유리하고 보수 집권여당에게 불리하게 작용할 것이라는 변화가설이 2014년의 지방선거에서도 적용될 수 있는지에 대해 다시 평가할 필요가 있다.

지금까지 설명한 이론적 배경을 바탕으로, 이 연구에서 살펴보려고 하는 두 가설을 정리하면 다음과 같다.

가설 1.
인터넷 사용이 태도극화를 심화시킨다.

이 연구에서는 각 정당에 대한 태도의 차이를 기준으로 태도극화를 조작적으로 정의한다. 인터넷과 각종 뉴미디어를 통해 주요 정치적 정보를 얻는 사람들이 그렇지 않은 사람들보다 더 심한 태도극화를 보일 것이라고 예측할 수 있다. 또, 정치적 목적 이외에도 일반적으로 인터넷 접속 빈도가 높은 사람들의 태도극화 역시 높을 것인지 살펴볼 것이다.

가설 2.
인터넷 사용은 새누리당 지지를 약화시키고 새정치민주연합에 대한 지지를 강화시킬 것이다.

앞에서 설명한 것처럼, 지금까지 온라인 및 SNS 공간은 상대적으로 진보정당과 정치인들이 우세를 점하고 있다는 평가가 대부분이었다. 이 연구에서는 지방선거에서의 일관투표 정도를 종속변수로 하여, 인터넷 사용이 보수정당과 진보정당에 대한 지지에 어떠한 영향을 미치는가를 측정하여 이 가설을 검증할 것이다.

3. 데이터 및 변수

이 연구의 분석을 위해 서울대학교 한국정치연구소의 '2014년 지방
선거에 대한 국민의식 조사'의 데이터를 사용하였다. 이 조사는 전국의
만 19세 이상 성인남녀를 모집단으로 하여 총 1,210명의 표본을 상대로
실시되었으며, 조사기간은 지방선거 약 3주 후인 2014년 6월 25일에서
7월 17일, 총 23일간이었다. 표본추출방법은 성별, 연령별, 지역별 비
례할당 후 무작위 표본추출을 하였고, 구조화된 설문지를 이용한 대면
면접조사 방식을 사용하였다.

1) 태도극화와 일관투표

(1) 태도극화

정당에 대한 선호를 기준으로 태도극화를 측정했다. 우선, 제19대 국
회에서 원내에 의석을 갖고 있는 각 당들(새누리당, 새정치민주연합, 통합
진보당, 정의당)에 대한 선호를 100점 만점으로 측정했다(0: 매우 부정적,
50: 중립, 100: 매우 긍정적). 각 당의 평균 선호도 및 표준편차는 〈표 9-
1〉에 기술된 바와 같다. 선호점수가 가장 높은 당은 새누리당이었고, 가
장 낮은 당은 정의당이었다. 각 당의 선호점수 차이는 모두 통계적으로
유의미했다(p < 0.001).

응답자가 가장 선호하는 정당의 선호점수에서 가장 싫어하는 정당의
선호점수를 빼는 방식으로 태도극화 변수를 계산했다. 예를 들어 한 응
답자가 가장 선호하는 새누리당에 60점을 주고, 가장 싫어하는 통합진
보당에 20점을 주었다면 이 응답자의 태도극화 점수는 40점이 된다. 무
응답을 제외한 전체 1,209명의 태도극화 평균은 36.93이었으며 표준편

<표 9-1> 정당별 선호점수 및 표준편차

	새누리당	새정치민주연합	통합진보당	정의당
평균	47.45	42.69	27.40	25.65
표준편차	25.44	20.51	21.01	21.09

차는 24.70이었다.

〈표 9-2〉에서는 인구학 변수의 집단 간 태도극화 차이를 일원분산분석을 통해 비교하였다. 우선 태도극화에서 남녀 성별에 따른 차이는 관찰되지 않았다. 그러나 그 외의 다른 인구학 변수 집단에서는 모두 통계적으로 유의미한 차이가 발견되었다. 학력별로는 중졸 이하 학력의 응답자들의 태도극화가 45.39로 가장 높아서 학력이 낮을수록 태도극화가 높아지는 것으로 나타났다. 반면, 연령과 태도극화는 선형적 상관관계를 갖고 있음이 드러난다. 60세 이상의 노년층의 태도극화가 가장 심해서 46.88이었고, 나이가 어릴수록 태도극화 점수가 낮았다. 전통적인 유교적 관념에서는 나이가 많을수록 경험이 쌓이고 이에 따라 좀더 관대하고 중용에 가까운 태도를 갖는다고 생각하는 경향이 있지만, 최소한 정치적 태도에 있어서는 한국의 노년층은 젊은 세대보다 호오가 훨씬 분명했다. 이렇게 연령 혹은 세대와 태도극화의 상관관계는 지난 2012년 대선과 관련된 태도극화 연구에서도 발견된 바 있다(이상신, 2013: 232)

월 소득으로 측정한 경제력에 따라서도 집단별로 태도극화 차이가 나타났다. 대체로 저소득층의 태도극화가 높았으며, 700만 원 이상의 고소득층의 태도극화 점수가 상대적으로 가장 낮았다. 또한 응답자의 현 거주지를 중심으로 태도극화를 비교하여 지역주의와 태도극화의 상관관계를 살펴보았다. 의외로 태도극화가 가장 낮은 지역은 광주/전라 권역이었다. 부산/울산 및 경북 권역의 태도극화가 각각 37.36과 38.41로 상대적으로 호남 출신 응답자들보다 높았지만, 서울(35.87)이나 인천/

경기(40.54)와 비교했을 때 큰 차이가 난다고 보기는 힘들었다. 뿌리 깊은 지역주의가 한국의 선거결과를 결정짓는 가장 중요한 변수이긴 하지만(강원택, 2003/2008/2012; 박상훈, 2001/2013), 최소한 정당에 대한 태도를 기준으로 태도극화를 측정하였을 경우에는 영남이나 호남 출신의 사람들이 다른 지역보다 더 큰 태도극화를 보인다고 말할 근거는 찾기 힘들었다. 이것은 2012년 대선에서의 태도극화 연구와 비교했을 때 차이가 나는 부분이다(이상신, 2013: 235). 이 연구에서는 태도극화를 대

〈표 9-2〉 인구학 변수별 태도극화 분산분석(ANOVA)

변수		평균	표준편차	빈도	F
성별	여성	36.56	24.31	613	0.28
	남성	37.31	25.12	596	
학력	중졸 이하	45.39	23.06	226	16.76***
	고졸	35.23	24.86	507	
	전문대 이상	34.74	24.48	476	
연령	19~29세	29.24	24.98	218	24.46***
	30~39세	29.39	23.62	234	
	40~49세	36.66	23.53	257	
	50~59세	40.86	23.88	243	
	60세 이상	46.88	23.10	257	
월 소득	200만 원 미만	43.01	24.71	214	5.91***
	200~299만 원	39.18	24.85	198	
	300~499만 원	34.80	23.79	517	
	500~699만 원	35.88	25.34	210	
	700만 원 이상	30.54	26.02	67	
지역	서울	35.87	26.41	240	5.23***
	인천/경기	40.54	25.34	351	
	대전/세종	37.02	21.68	129	
	광주/전라	26.58	21.51	125	
	부산/울산	37.36	22.70	127	
	대구/경북	38.41	24.44	189	
	강원/제주	35.63	26.17	48	

주: * p < 0.05, ** p < 0.01, *** p < 0.001

선에 출마한 후보들에 대한 평가를 비교하는 방식으로 — 즉, 박근혜 후보와 문재인 후보에 대한 평가를 이용하여 — 측정하였는데, 태도극화 결정요인을 회귀분석한 결과 경북 지역 응답자들이 다른 지역 응답자들보다 태도극화가 높은 것으로 조사되었다. 이 대선 연구와 본 연구에서의 결과 차이는 아마도 태도극화의 측정방식에 따른 것으로 짐작된다. 당시 박근혜 대통령 후보는 경북 지역에서 절대적인 지지를 받았는데, 이것이 그 지역 출신 응답자들의 태도극화로 이어졌을 것이다. 그러나 후보가 아닌 정당선호로 태도극화를 측정하는 경우에는 이러한 태도극화의 지역별 차이는 그다지 크다고 할 수 없었다.

태도극화가 지역주의와는 큰 관계가 없었지만 정당일체감 및 이념과의 일원분산분석에서는 상당한 차이를 보였다. 〈표 9-3〉에 정리된 것처럼, 표본 수가 적은 통합진보당과 정의당 그리고 기타 정당 지지자들을 제외하면 새누리당 지지자들의 태도극화가 상대적으로 높았다. 그 다음이 새정치민주연합 지지자들이었으며, 선호정당이 없다고 답한 응답자들의 태도극화가 가장 낮은 편이었다.

〈표 9-3〉 정당일체감 및 이념별 태도극화 분산분석(ANOVA)

변수		평균	표준편차	빈도	F
정당일체감	새누리당	48.73	22.74	462	74.41***
	새정치민주연합	39.96	22.84	312	
	통합진보당	38.48	25.20	25	
	정의당	42.93	22.67	14	
	기타 정당	29.38	25.13	8	
	선호정당 없음	20.40	18.64	386	
이념	진보	38.06	25.26	209	35.4***
	중도	33.30	23.79	787	
	보수	48.95	23.53	209	

주: * p < 0.05, ** p < 0.01, *** p < 0.001

이러한 상관관계는 응답자들의 이념과 태도극화 사이에서도 비슷하게 나타났다. 태도극화가 가장 낮은 응답자는 중도 유권자인 반면, 스스로를 보수라고 답한 응답자들이 태도극화가 가장 높았고, 그 다음이 진보 유권자들이었다.

(2) 일관투표

기존의 분할투표 혹은 일관투표 연구는 대부분 전략적 투표로서의 분할투표를 국회의원 지역구선거와 비례대표선거에서 각기 다른 당에게 투표하는 것으로 조작적 정의하고 측정했다(강원택, 2004b/2010; 경제희·김재한, 1999; 김형철, 2012; 박찬욱, 2004; 조진만·최준영, 2006; 한상익, 2014). 이렇게 측정할 경우에는 결국 이진변수(*binary variable*)로 분할 혹은 일관투표를 계측하게 된다.

이 연구에서는 각급 지방선거에서 얼마나 일관되게 하나의 정당에 투표하였는가를 기준으로 측정하여 등간척도(*ordinal scale*)의 특성을 갖는 일관투표 변수를 생성하였다. 즉, 광역단체장, 광역의회지역구, 광역의회비례대표, 기초단체장, 기초의회지역구, 기초의회비례대표 등 6개의 선거에서 얼마나 일관되게 하나의 정당을 지지했는지를 측정했다. 일반적인 선거 연구에서는 각 당에 대한 지지를 이진변수로 작성하여 유권자들이 특정 정당에 대해 투표했는지의 여부를 확률로 비교하게 된다. 그러나 이 연구에서처럼 등간척도를 사용하여 각 당에 대한 지지를 측정하면 지지에 대한 특성과 결정요인을 좀더 정밀하게 분석할 수 있다는 장점이 있다.

이러한 원칙을 바탕으로 여당 지지를 기준으로 한 새누리당 일관투표 변수와 야당 지지를 기준으로 한 새정치민주연합 일관투표 변수를 만들었다. 두 변수는 모두 최솟값이 0이며 최댓값이 6이다. 즉, 6개의 선거에서 모두 새누리당을 찍었다면 새누리당 일관투표 변수의 값은 6, 한 번도 새누리당을 찍지 않았다면 0이 된다. 전체 응답자의 30.7%인 372명이 6개의 선거 모두에서 새누리당에 투표한 반면 새정치민주연합에 모두 일관투표한 응답자도 268명(22.2%)이었다. 이를 합하면 총 응답자의 52.9%인 640명이 새누리당 혹은 새정치민주연합에 일관투표한 것으로 조사되었다.

〈표 9-4〉와 〈표 9-5〉에서는 이 두 일관투표 변수의 집단별 차이를 일원분산분석을 통해 살펴보았다. 인구학 변수 집단별로 새누리당 일관투표를 비교한 〈표 9-4〉는 〈표 9-2〉의 태도극화 일원분산분석과 매우 비슷한 분포를 보인다. 우선 새누리당 일관투표에 있어서 여성과 남성의 차이는 발견되지 않았다. 그러나 저학력, 저소득, 고연령층에서 새누리당에 일관투표하는 경향이 상대적으로 강하게 나타났다. 특히 세대별 차이는 매우 큰 것으로 나타났다. 60세 이상 응답자 집단에서 6개 지방선거 중 새누리당 후보에 투표한 평균 숫자는 3.91인 반면, 20대에서는 0.95에 불과했다. 이는 연령에 따른 새누리당에 대한 지지도 차이 때문이기도 하지만 상대적으로 젊은 층에서 좀더 전략적인 분할투표를 하고 있는 점도 반영되었다고 보아야 할 것이다. 물론 지역별 편차도 컸는데, 경북 지역에서 일관투표율이 3.03에 그친 반면 부산/울산 지역의 새누리당 일관투표는 오히려 이보다 큰 3.73을 기록했다($p < 0.05$). 이는 노무현 정권 이래로 경남 지역에 대한 야당의 꾸준한 노력에도 불구하고 오히려 새누리당에 대한 경남 유권자의 충성도가 흔들리지 않고 있다는 증표이기도 하며, 경남 출신이라는 점을 중요한 대선 경쟁력으로 내세우고 있는 문재인·안철수 의원의 실제 이 지역에서의 득표 가능성에 의구심을 품게 만드는 부분이기도 하다.

새정치민주연합에 대한 투표를 기준으로 일관투표를 측정했을 때에

<표 9-4> 인구학 변수별 새누리당 일관투표 일원분산분석

변수		평균	표준편차	빈도	F
성별	여성	2.34	2.76	614	1.17
	남성	2.17	2.69	596	
학력	중졸 이하	3.86	2.68	227	
	고졸	2.12	2.67	507	56.93***
	전문대 이상	1.64	2.50	476	
연령	19~29세	0.95	2.03	218	
	30~39세	1.40	2.36	234	
	40~49세	1.80	2.52	257	57.01***
	50~59세	2.99	2.78	243	
	60세 이상	3.91	2.69	258	
월 소득	200만 원 미만	3.23	2.81	214	
	200~299만 원	2.43	2.74	199	
	300~499만 원	1.99	2.65	517	9.79***
	500~699만 원	1.86	2.61	210	
	700만 원 이상	1.97	2.65	67	
거주지	서울	1.99	2.66	241	
	인천/경기	2.13	2.67	351	
	대전/세종	2.19	2.62	129	
	광주/전라	0.28	1.11	125	23.05***
	부산/울산	3.73	2.78	127	
	대구/경북	3.03	2.83	189	
	강원/제주	2.96	2.77	48	
전체		2.26	2.73	1210	

주: * p < 0.05, ** p < 0.01, *** p < 0.001

도 그 집단 간 차이는 새누리당 일관투표에서 발견된 것과 크게 다르지 않았다. 먼저 성별 간 차이는 유효하지 않았으며, 학력, 연령, 지역 등에서 새정치민주연합에 대한 일관투표의 유의미한 차이가 발견되었다. 그러나 새누리당의 경우와 달리, 월 소득에 따른 새정치민주연합 일관투표의 차이는 없었다. 또한 고학력일수록 새정치민주연합에 일관투표할 확률이 높았다. 하지만 연령에 따른 효과는 큰 편이라고 할 수 없는

<표 9-5> 인구학 변수별 새정치연합 일관투표 일원분산분석

변수		평균	표준편차	빈도	F
성별	여성	1.87	2.55	614	0.11
	남성	1.82	2.54	596	
학력	중졸 이하	1.35	2.3172178	227	
	고졸	1.73	2.5027727	507	9.62***
	전문대 이상	2.20	2.65	476	
연령	19~29세	1.77	2.49	218	
	30~39세	2.30	2.68	234	
	40~49세	2.19	2.64	257	6.06***
	50~59세	1.61	2.44	243	
	60세 이상	1.36	2.38	258	
월 소득	200만 원 미만	1.67	2.48	214	
	200~299만 원	1.66	2.50	199	
	300~499만 원	1.96	2.58	517	1.66
	500~699만 원	2.06	2.66	210	
	700만 원 이상	1.39	2.22	67	
거주지	서울	2.02	2.61	241	
	인천/경기	1.77	2.52	351	
	대전/세종	1.73	2.41	129	
	광주/전라	4.26	2.40	125	30.92***
	부산/울산	0.50	1.48	127	
	대구/경북	1.29	2.28	189	
	강원/제주	1.27	2.19	48	
전체		1.84	2.55	1210	

주: * $p < 0.05$, ** $p < 0.01$, *** $p < 0.001$

데, 60세 이상에서 새정치민주연합 일관투표가 가장 낮고 30대에서 가장 높았지만 그 차이가 새누리당 일관투표의 경우처럼 큰 편은 아니었다($p < 0.001$).

2) 인터넷 이용

(1) 인터넷 정치정보

인터넷 정치정보 변수는 응답자들이 정치적 결정을 내리는 과정에서 어떤 매체를 통한 정보에 가장 의존하는가에 대한 변수이다. 응답자들이 선거에서 투표할 후보자 정당을 결정할 때 의존하는 중요한 정치정보 매체를 2순위까지 선택하도록 한 후, 이 중 '인터넷'(포털, 블로그)이나 'SNS'(트위터, 페이스북), 혹은 '메신저'(카카오톡, 라인, 밴드)를 중요 매체로 뽑은 사람들을 기준으로 이진변수를 작성하였다(1 = 인터넷 정치정보 이용, 0 = 기타 매체 정치정보 이용).

〈표 9-6〉에 나타난 것처럼 전체 응답자 중 32.5%가 인터넷을 중요한 정치정보 매체 중 하나로 평가했다. 여전히 가장 중요한 정치정보 매체는 지상파 TV로, 응답자 거의 대부분인 84.4%가 지상파 TV를 통해 얻은 정보를 선거의 판단기준으로 사용하고 있었다. 종편 TV의 영향력도 만만치 않아서 인터넷보다도 높은 52.5%였다. 신문을 중요한 정치정보 매체로 꼽은 사람은 20.9%에 그쳐 신문의 영향력이 계속 줄고 있다는 기존의 연구와 같은 결과를 보여주고 있다(Iyengar, 2011: 116).

(2) 인터넷 이용빈도

인터넷 정치정보 변수가 인터넷을 정치정보 매체로 이용하고 있는가

〈표 9-6〉 매체별 정치정보 의존도

	인터넷	지상파 TV	종편 TV	신문
이용	32.5%(393)	84.4%(1021)	52.5%(635)	20.9%(253)
비이용	67.5%(817)	15.6%(189)	47.5%(575)	79.1%(957)
전체	100%(1210)	100%(1210)	100%(1210)	100%(1210)

를 측정하는 이진변수라면, 인터넷 이용빈도는 정치적 목적 이외에도 일반적으로 인터넷을 사용하는 빈도를 측정하는 변수이다. 평소에 인터넷을 얼마나 자주 사용하는가를 묻고 이를 인터넷 이용빈도 변수로 사용하였다.

〈표 9-7〉에 나타난 것처럼 전체 응답자 중 인터넷을 전혀 이용하지 않는다고 답한 사람들의 비율은 29.8%였다. 이는 한국인터넷진흥원이 매년 발간하고 있는 인터넷 이용실태조사에서 인터넷 이용률을 82.1%로 발표한 것을 감안하면 좀 높은 편이다(2014: 23). 그러나 인터넷 이용실태조사에서 모집단을 만 3세 이상 인구로 잡고 있는 점 그리고 젊은 층에서 인터넷 및 컴퓨터 사용률이 대단히 높다는 점을 감안하면 이러한 차이는 이해될 만한 수준이다.1 인터넷을 전혀, 혹은 거의 이용하지 않는다고 답한 응답자의 비율은 41.6%였다. 반면 하루에 2~3시간 혹은 3시간 이상을 인터넷에 사용한다고 답한 사람들의 비율도 16.9%에 달해 낮은 비율이라고 할 수 없었다.

〈표 9-7〉 인터넷 사용 빈도

빈도	빈도	비율
전혀 이용하지 않는다	361	29.8%
거의 이용하지 않는다	141	11.7%
일주일에 1~2일	149	12.3%
일주일에 3~4일	90	7.4%
매일 1시간 이하	264	21.8%
매일 2~3시간 정도	107	8.8%
매일 3시간 이상	98	8.1%
전체	1,210	100.0%

---

1 3~9세 사이의 집단에서는 이용률이 80.1%, 10대의 인터넷 이용률은 99.7%에 달했다(한국인터넷진흥원, 2014: 26).

3) 정치변수

이용자들의 정치성향을 보기 위해서 정치변수로 이념과 정당일체감을 측정하였다. 우선 이념은 응답자의 자기보고식 척도(*self-report scale*)이며 11점 척도로 구성되었다(0 = 매우 진보, 5 = 중도, 10 = 매우 보수). 약 40.9%의 응답자가 중도 이념이라고 답하여 진보와 보수보다는 역시 중도에 상당히 많은 응답자들이 모여 있었다.

정당일체감은 2단계로 나누어 측정했다. 첫 번째 문항에서 "귀하는 우리나라에 있는 정당 중 가깝게 느끼는 정당이 있습니까?"를 묻고, 이 중 있다고 답한 응답자에게 다음 단계 문항에서 어느 정당을 지지하는지에 대해 물었다. 첫 번째 문항에서 지지 정당이 없다고 답한 응답자에게도 "그렇다고 해도 귀하께서 조금이라도 더 선호하는 정당이 있습니까?"라는 질문을 하여 좀더 정확한 정당일체감을 측정할 수 있도록 했다.

지지 정당이 있는가를 물은 처음 문항에서 전체 응답자의 55.0%가 지지 정당이 없다고 답했는데 이를 통해 정당 정치에 대한 뿌리 깊은 불신을 다시 한 번 확인할 수 있었다. 그러나 이후의 필터링 과정을 거쳐 선호정당이 없다고 답한 이들의 비율을 32.0%까지 줄일 수 있었다. 이

〈표 9-8〉 정당일체감 분포

정당일체감	백분율	빈도
새누리당	38.3%	462
새정치연합	25.9%	312
통합진보당	2.1%	25
정의당	1.2%	14
기타 정당	0.7%	8
선호정당 없음	32.0%	386
전체	100.0%	1,207

런 과정을 통해 측정된 응답자들의 정당일체감 분포는 〈표 9-8〉와 같다. 새누리당 지지자는 전체의 38.3%, 새정치민주연합 지지자는 25.9%였고 통합진보당과 정의당 지지자는 모두 합쳐도 3.2%에 그쳤다.

이렇게 측정한 정당일체감 변수를 기준으로 새누리당 지지자와 새정치민주연합 지지자를 표시하는 2개의 이진변수를 작성하였다.

4) 통제변수

이 밖에 통제변수로 응답자의 연령, 교육수준, 소득, 성별, 지역주의 변수를 사용하였다. 연령 변수는 응답자들의 만 연령을 사용하여 코딩하였으며, 교육수준은 무학부터 대학원 박사과정 이상까지 8점 척도로 나누어 측정했다. 소득은 함께 살고 있는 가족의 월수입을 기준으로 코딩하였는데, 200만 원 미만에서 850만 원 이상까지 15점 척도로 측정하여 코딩했다. 성별은 이진변수로 남성은 1, 여성은 0의 값을 갖는다. 지역주의 변수는 응답자의 거주지역을 기준으로 작성하였는데, 영남 및 호남 지역 거주를 표시하는 이진변수 2개를 만들었다. 〈표 9-9〉에선 지금까지 설명한 변수들의 개요를 정리하였다.

4. 분석

1) 태도극화와 인터넷

인터넷 사용이 응답자들의 태도극화에 어떤 영향을 미치는가를 분석하기 위해, 태도극화를 종속변수로 하는 회귀분석을 실시하였다.

<표 9-9> 변수 일람

	설명	평균	표준편차
태도극화	최고 선호정당 ~ 최저 선호정당	36.93	24.7
새누리당 일관투표	6개 지방선거 중 새누리당 지지 숫자	2.26	2.73
새정치민주연합 일관투표	6개 지방선거 중 새정치민주연합 지지 숫자	1.84	2.55
인터넷 정치정보	인터넷을 중요한 선거 정보 매체로 이용 여부	1 = 이용함, 0 = 이용하지 않음	
인터넷 이용빈도	인터넷 사용시간(7점 척도)	3.39	
이념	0 = 매우진보, 5 = 중도, 10 = 매우 보수	5.01	
새누리당 지지	새누리당 지지 이진변수	0 = 기타, 1 = 새누리당 지지	
새정치민주연합 지지	새정치민주연합 지지 이진변수	0 = 기타, 1 = 새정치민주연합 지지	
연령	응답자 만 연령	45.74	
교육	8점 척도(1 = 무학, 3 = 중학교, 8 = 대학원 박사과정 이상)	4.41	
소득	동거 가족의 월평균 소득 (1 = 200만 원 미만, 15 = 850만 원 이상)	5.14	
성별	1 = 남성; 0 = 여성		
영남	1 = 영남 거주; 0 = 기타		
호남	1 = 호남 거주; 0 = 기타		

이 회귀분석 결과에 따르면 인터넷 정치정보와 인터넷 이용빈도, 두 변수 모두 태도극화를 증가시키는 것으로 나타났다. 이는 가설 1에서 예측한 것과 부합하는 내용이다. 즉, 인터넷으로 정치정보를 얻고 이를 선거의 중요 판단자료로 활용한다고 답한 사람일수록 자기가 지지하는 정당과 지지하지 않는 정당에 대한 평가 차이가 클 확률이 높았다. 이는 꼭 인터넷을 정치정보 습득의 중요 매체로 사용하는 사람에게만 해당하는 것은 아니었다. 다른 조건이 동일하다면 인터넷을 자주 사용하는 사람일수록 정당에 대한 평가가 극단적일 가능성이 높았다.

이 밖에 태도극화에 통계적으로 유의미한 범위에서 영향을 주는 결정요인은 새누리당 및 새정치민주연합 지지, 그리고 호남과 연령이었다. 자신의 지지 정당을 밝힌 비율은 전체 응답자의 64.1%였는데, 이

<표 9-10> 태도극화 결정요인 회귀분석

변수	비표준화계수(표준오차)	표준화계수
인터넷 정치정보	3.74* (1.58)	0.07
인터넷 이용빈도	0.85* (0.4)	0.07
새누리당 지지	23.43***(1.65)	0.46
새정치민주연합 지지	17.37*** (1.67)	0.31
이념	0.05(0.39)	0
영남	-2.64(1.45)	-0.05
호남	-4.82**(1.88)	-0.07
성별	1.47(1.27)	0.03
연령	0.32*** (0.06)	0.21
교육	-0.37(0.58)	-0.02
소득	-0.02(0.2)	0
N	1,200	
Adj R^2	0.24	
F	35.22***	

주: 1) 상수는 생략.
   2) * $p < 0.05$, ** $p < 0.01$, *** $p < 0.001$

렇게 지지 정당이 확실한 경우에는 선호정당이 없다고 밝힌 32.0%의 무당파에 비해 태도극화가 강하게 나타나는 것은 당연한 현상이라 할 것이다. 마찬가지로 연령이 높을수록 태도극화가 강한 것으로 드러났다. 이 밖에 이념이나 성별, 교육, 소득 변수는 태도극화에 별다른 영향을 끼치지 못했다.

통제변수 중 흥미로운 결과를 보여준 것은 지역주의 변수였다. 지역주의가 강한 영남이나 호남 출신 유권자일수록 정당일체감이 강하게 나타났고, 따라서 태도극화 역시 강할 것이라고 예측할 수 있으나 이 회귀분석 결과에 따르면 오히려 그 반대였다. 영남 지역 유권자들의 태도극화수준은 다른 지역 유권자들과 사실상 큰 차이가 없었으며, 호남 지역 유권자들의 태도극화는 오히려 다른 지역보다 4.82 정도 낮은 것으로 나타났다. 〈표 9-11〉의 태도극화 일원분산분석을 보면 호남 유권자의 태도극화 점수는 상당히 낮고, 영남 유권자의 태도극화 점수는 수도권이나 충청권의 경우와 비슷한 수준이다. 따라서 이 일원분산분석 결과가 회귀분석에서도 동일하게 나타나고 있다고 결론지을 수 있다.

표준화계수를 중심으로 각 독립변수의 종속변수에 대한 영향력을 비교할 수 있다. 인터넷과 관련된 2개의 변수 모두 표준화계수는 0.07로 비슷한 수준이다. 이는 호남 지역 변수의 영향력과 비슷한 정도이다. 반면 태도극화에 가장 큰 영향을 주는 것은 정당일체감 변수였으며, 이를 제외하면 연령 변수가 상당한 정도의 영향을 주고 있는 것으로 보인다. 즉, 정당일체감을 제외한 다른 변수 중 가장 영향력이 큰 것은 연령 변수이며, 나머지 유의미한 세 변수 — 인터넷 정치정보, 인터넷 이용빈도, 그리고 호남 — 는 비슷한 수준의 영향력을 갖고 있었다.

2) 일관투표결정요인 분석

〈표 9-11〉에서 새누리당과 새정치민주연합에 대한 일관투표를 설명하는 회귀분석의 결과를 정리했다. 가설 2에서는 인터넷 이용이 일관투표에 영향을 줄 것이라고 예측했다. 새누리당 일관투표 모델은 이 가설의 예측을 만족시킨 반면, 새정치민주연합 모델에서는 별다른 인과관계가 발견되지 않았다. 우선 새누리당 모델에서 인터넷 정치정보는 일관투표의 가능성을 감소시키는 것으로 나타났다. 반면 인터넷 이용빈도 변수는 새누리당 및 새정치민주연합 모두에서 유의미한 영향력을 보이지 않았다. 즉, 일반적으로 인터넷을 자주 이용한다고 해서 새누리당이나 새정치민주연합에 대한 지지에 영향을 주는 것은 아니었다. 그러나 인터넷을 통해 정치정보를 습득하고 이를 선거에서의 판단에 주요 자료로 사용하는 사람들은 새누리당에 대한 지지가 상대적으로

<표 9-11> 일관투표결정요인 회귀분석

	새누리당 일관투표		새정치민주연합 일관투표	
	비표준화계수 (표준오차)	표준화계수	비표준화계수 (표준오차)	표준화계수
태도극화	0.01***(0)	0.1	0(0)	0.01
인터넷 정치정보	-0.36***(0.14)	-0.06	0.22(0.14)	0.04
인터넷 이용빈도	-0.04(0.03)	-0.03	0.06(0.03)	0.04
새누리당	2.56***(0.15)	0.46	-1.43***(0.15)	-0.27
새정치민주연합	-0.8***(0.15)	-0.13	2.43***(0.15)	0.42
이념	0.17***(0.03)	0.11	-0.12***(0.03)	-0.08
영남	0.45***(0.12)	0.08	-0.24(0.13)	-0.04
호남	-0.47***(0.16)	-0.06	0.86***(0.16)	0.12
성별	-0.14(0.11)	-0.03	-0.02(0.11)	0
연령	0.02***(0.01)	0.1	0.02***(0.01)	0.15
교육	0(0.05)	0	0.09(0.05)	0.05
월수입	0(0.02)	0	-0.01(0.02)	-0.02
N	1,200		1,200	
Adj R^2	0.54		0.47	
F	117.61		89.56	

주: 1) 상수는 생략.
   2) $*P < 0.05$, $**P < 0.01$, $***P < 0.001$

약한 것으로 분석되었다. 그러나 이들이 새정치민주연합에 대해 더 큰
지지를 보인다는 증거는 발견되지 않았다.

태도극화가 새누리당에 대한 일관투표에 유의미한 영향을 끼친 것은
새누리당 지지자들의 태도극화가 다른 정당 지지자들에 비해 상대적으
로 높기 때문인 것으로 생각된다(〈표 9-3〉 참조). 따라서 태도극화가 높
은 사람들은 새누리당에 대한 일관투표도 더 많이 하는 경향을 보였다.

정당일체감과 이념 변수는 모두 일관투표에 유의미한 영향을 끼쳤
다. 보수 이념을 가진 사람들은 새누리당에, 진보 이념을 가진 사람들
은 새정치민주연합에 일관투표하는 경향이 있었다. 역시 지역주의 변
수도 양당에 대한 일관투표에 영향을 주었는데, 다만 영남 지역 변수는

새정치민주연합 일관투표와는 유의미한 관계가 발견되지 않았다. 영남 출신이라고 해서 특별히 새정치민주연합에 대한 일관투표의 확률이 낮은 것은 아니었다.

성별, 연령, 교육, 소득 등 인구학 변수 중에서는 연령만이 양당에 대한 일관투표에 영향력을 미치고 있는 것으로 확인되었다. 연령이 높을수록 양당 모두에 대한 일관투표 가능성이 높아지는 것으로 나타났다. 새누리당 지지자라고 밝힌 응답자들의 평균 연령은 53.5세(표준편차 14.7)인 반면 새정치민주연합 지지자의 경우는 42.6세(표준편차 14.6)로 새누리당 지지자들에 비해 상대적으로 젊었다($p < 0.001$). 따라서 연령 변수의 경우 새누리당 일관투표 모형에서는 정방향의 관계를, 새정치민주연합 모형에서는 역방향의 관계를 가질 것이라 생각할 수 있지만 이러한 추측과 달리 새정치민주연합 모형에서도 연령이 증가함에 따라 일관투표 가능성도 높아지는 것으로 분석되었다.

5. 나가며

이 연구에서 밝히고자 한 것은 크게 2가지 질문이다. 첫째, 인터넷 사용이 태도극화에 어떠한 영향을 미치는가 하는 질문과 둘째, 인터넷 사용자들이 보수정당에는 비판적이고 진보정당에는 우호적이라는 일반적 평가가 2014년 지방선거에서도 받아들여질 수 있는가 하는 질문이었다.

먼저 인터넷 사용은 태도극화를 강화하는 방향으로 영향을 끼친다는 것이 앞의 분석을 통해 확인되었다. 그런데 정치정보 사용을 기준으로 응답자를 두 집단으로 나누고, 이 집단의 태도극화 점수를 단순비교했을 때는 인터넷 사용집단의 평균이 34.2, 비사용집단의 평균이 38.3으로 오히려 비사용집단의 태도극화 점수가 높았다($p < 0.001$). 그러나 태도극화에 영향을 주는 다른 요인들을 통제하여 비교한 〈표 9-10〉의 회귀분석에서는 그 영향이 반대로 드러난 것이다.

이러한 결과는 인터넷 사용이 연령층에 따라 큰 차이를 보이기 때문이 아닌가 생각된다. 노년층, 특히 60세 이상의 응답자에서 태도극화가 상당히 높게 나타났는데(〈표 9-2〉 참조), 이들이 인터넷 정치정보 비사용자집단으로 포함되는 경향이 높았기 때문에 이 집단의 태도극화 평균이 높아진 것이라고 생각된다. 실제로 인터넷 정치정보 사용집단의 평균연령은 34.5세인 반면 비사용집단은 51.1세로 16.6세의 차이가 났다($p < 0.001$). 따라서 회귀분석을 통해 연령과 정당일체감을 통제한 결과, 나이가 비슷하고 지지하는 정당이 같다면 인터넷을 자주 사용하고 인터넷의 정치정보에 의존하는 사람들이 태도극화가 높다는 결론을 내릴 수 있다. 이러한 결과는 지난 2012년 대선 이후의 여론조사 자료를 분석한 연구의 결론과도 일치한다. 당시 연구에서는 정치대화에 빈번하게 참여하고 SNS를 자주 사용하는 유권자들의 태도극화가 더 높다는 결론을 내렸는데, 이 연구에서도 사실상 같은 결론에 도달했다(이상신, 2013). 이러한 결론은 인터넷이 정치적 공론장으로 역할하게 될 것이며 민주주의의 질적 향상에 도움을 줄 것이라고 기대했던 낙관론자들의 기대에 현실이 부응하지 못하고 있음을 의미한다.

한편, 이 글에서 분석한 두 번째 질문에 대한 답은 복합적이었다. 인터넷 정치정보 변수는 새누리당에 대한 지지를 유의미하게 낮췄으나, 이것이 새정치민주연합에 대한 지지로 연결되지는 않았다(〈표 9-11〉). 인터넷 사용자들의 성향은 비교적 진보적이고, 따라서 야당이 여당에 비해 인터넷을 통한 동원에 유리한 것으로 평가되어 왔다. 그러나 이 연구의 분석에 따르면, 인터넷 사용자들이 새누리당에 대한 지지가 상대적으로 낮은 것은 사실이지만, 그렇다고 이들이 제 1야당인 새정치민주연합에 대한 지지가 높은 것은 아니었다. 새누리당은 지난 대선과 이번 지방선거에서 카카오톡을 적극적으로 활용하여 어느 정도 성과를 거둔 것으로 평가된다(박연주, 2014; 이준한, 2014).

따라서 이 연구의 결론이 보여주는 것은 온라인에서 진보정당의 우위를 예상하는 변화가설의 적실성이 점차 도전받고 있다는 점이다. 인터넷 이용빈도 변수가 새누리당이나 새정치민주연합 일관투표에 아무런 영향을 주지 못하고 있다는 사실이 좀더 핵심적이다. 이처럼 온라인에서의 보수·진보 간 세력 변화의 조짐은 통합진보당의 내분 및 새정치민주연합의 지속적인 내홍과 무기력으로부터 상당한 영향을 받았을 것으로 짐작된다. 그러나 이보다도 한국에서의 인터넷 사용이 이미 보편화되었다는 것이 더 중요한 원인이었을 것이다. 잘 알려진 바와 같이, 한국은 전 세계적으로 82. 1%에 달하는 높은 인터넷 이용률을 기록하고 있는데(한국인터넷진흥원, 2014), 이는 젊고 진보적이며 교육수준이 높은 사람들이 인터넷에서의 여론을 주도하는 정보격차(*digital divide*)의 시대가 저물고 있음을 시사한다(이상신·김한나, 2011; Fong *et al.*, 2001; Norris, 2001).

그러나 회귀분석을 통해 밝혀진 바와 같이 인터넷을 중요한 정치정보의 출처로 의존하는 사람들의 경우에는 새누리당에 대한 지지가 낮았다. 따라서 현 단계에서는 변화가설을 완전히 부정할 수 있는 단계라고는 볼 수 없을 것이다. 그러나 이러한 야당의 우위는 매우 불안정한 것이며, 멀지 않은 시기에 온라인에서의 여론지형 또한 오프라인에서와 별 차이가 없는 정상화가설에 더 힘이 실릴 것이라고 짐작할 수 있다.

지금까지의 논의를 정리하면, 첫째, 인터넷에서의 정치적 의사소통은 시민들의 기존 태도를 강화시킨다는 태도극화의 가설이 다시 확인되었고, 둘째, 한국의 온라인 여론이 아직까지는 보수정당에 비판적이라는 변화가설의 예측이 확인되었지만, 이러한 진보정당의 우위는 상당히 불안정하다는 것이다. 이와 같이 한국의 온라인 여론은 매우 역동적이며 빠르게 변화하고 있다. 최근 3, 4년 사이에 한국의 온라인 여론을 주도하는 매체는 트위터에서 카카오톡 같은 메신저 서비스로 변화했으며, 이러한 변화에 선제적으로 대응한 덕분에 새누리당은 온라인에서의 불리함을 상당히 극복할 수 있었다. 지금까지 한국의 정당과 정치인들은 변화하는 인터넷과 뉴미디어에 소극적・수동적으로 대응하는 것에 그쳤지만, 앞으로는 지금까지의 소극적 대응으로는 제대로 선거에 임할 수 없을 것이다. 인터넷의 변화를 먼저 예측하고, 그에 따른 변화를 선도적으로 유도하여 캠페인에 이용할 수 있는 정당이 앞으로의 온라인 여론에서의 우위를 점할 수 있을 것이다.

참고문헌

강원택(2003), 《한국의 선거정치: 이념, 지역, 세대와 미디어》, 푸른길.
_____(2004a), "인터넷 정치집단의 형성과 참여: 노사모를 중심으로", 〈한국과 국제정치〉 20(3): 161~184.
_____(2004b), "제 17대 총선에서 민주노동당 지지에 대한 분석", 〈한국정치연구〉 13(2): 143~165.
_____(2008), "투표참여, 민주주의와 정당 정치", 〈현대정치연구〉 1(2): 75~102.
_____(2010), "2010 지방선거에서의 분할투표: 서울 지역을 중심으로", 〈한국과 국제정치〉 26(4): 1~26.
_____(2012), "3당합당과 한국정당정치", 〈한국정당학회보〉 11(1): 171~193.

경제희·김재한(1999), "제 15대 대통령선거에서의 전략적 투표자", 〈한국과 국제정치〉15(1): 65~95.

〈경향신문〉(2012. 8. 18), "트위터 영향력 줄고 페이스북, 카카오톡 뜬다".

김승수·김지현·안유림·함정현(2008), "온라인 토론의 집단극화현상의 시기별 분석: 한반도 대운하 찬반 토론을 중심으로", 한국언론정보학회 학술대회.

김용철(2008), "촛불시위의 배후: 온라인과 오프라인의 만남", 한국국제정치학회 학술대회.

김용철·윤성이(2000), "인터넷의 정치적 활용과 16대 총선", 〈한국정치학회보〉34: 3.

_____(2005), 《전자민주주의: 새로운 정치패러다임의 모색》, 오름.

김용호(2004), "네티즌 포퓰리즘이냐, 새로운 형태의 정치참여인가?: 노사모 사례 연구", 정보기술과 정치·사회의 변화 학술회의 발표논문, 서울.

김윤실·윤종빈(2012), "10·26 서울시장 재보선에 나타난 SNS의 영향력 분석", 〈의정논총〉7(1): 95~115.

김은미·이준웅(2006), "읽기의 재발견: 인터넷 토론 공간에서 커뮤니케이션의 효과", 〈한국언론학보〉50(4): 65~94.

김형철(2012), "혼합형 다수대표제의 정치적 결과에 대한 분석 제 19대 국회의원 선거를 중심으로", 〈선거연구〉2(2): 51~86.

나은영(2006), "인터넷, 커뮤니케이션, 그리고 사회: 인터넷 커뮤니케이션: 익명성, 상호작용성 및 집단극화(極化)를 중심으로", 〈커뮤니케이션 이론〉2(1): 93~127.

나은영·차유리(2012), "인터넷 집단극화를 결정하는 요인들: 공론장 익명성과 네트워크 군중성 및 개인적, 문화적 요인을 중심으로", 〈한국심리학회지 사회 및 성격〉26(1): 103~121.

노정규·민 영(2012), "정치정보에 대한 선택적 노출이 태도 극화에 미치는 효과", 〈한국언론학보〉56(2): 226~248.

박상호(2012), "SNS의 여론형성과정과 참여행태에 관한 고찰", 〈한국언론정보학보〉58(여름호): 55~73.

박상훈(2001), "한국의 유권자는 지역주의에 의해 투표하나", 〈한국정치학회보〉35(2): 113~134.

_____(2013), 《만들어진 현실: 한국의 지역주의, 무엇이 문제이고, 무엇이 문제가 아닌가》, 후마니타스.

박연주(2014), "그들은 어떻게 카카오톡을 카더라톡으로 변질시켰나?", 민주정책
연구원.

박찬욱(2004), "제17대 총선에서 2표 병립제와 유권자의 분할투표: 선거제도의
미시적 효과 분석", 〈한국정치연구〉 13(2): 39~85.

박창문·조재욱(2013), "SNS의 정치적 동원기능에 관한 비판적 고찰", 〈한국정
당학회보〉 12(2): 187~220.

송경재(2008), "2008년 촛불과 네트워크형 시민운동 전망", 〈시민과 세계〉 14:
156~164.

_____(2009), "웹 2.0 정치 UCC와 전자민주주의-정당, 선거 그리고 촛불시민운
동의 시민참여를 중심으로", 〈담론201〉 11(4): 63~91.

윤성이(2001), "인터넷의 정치적 영향력: 이상과 현실", 〈사회이론〉 20: 37~61.

_____(2003), "제16대 대통령선거와 인터넷의 영향력", 〈한국정치학회보〉
37(3): 71~87.

_____(2007), "인터넷 선거운동의 효과", 한국정치학회 연례학술회의 발표논문,
서울.

이상신(2012), "웹 2.0에서 소셜 네트워크 서비스로", 박찬욱·김지윤·우정엽
편 《한국 유권자의 선택 1: 2012 총선》, 아산정책연구원.

_____(2013), "제18대 대선과 태도극화: 정치적 소통은 분열을 심화시키는가?"
〈한국정당학회보〉 12(1): 217~242.

이상신·김한나(2011), "전자투표와 정보격차: 디지털 활용성 격차가 전자투표에
대한 태도에 미치는 영향 연구", 〈한국정치학회보〉 45(2): 5~31.

이준한(2014), "2012년 대통령선거와 뉴 미디어의 정치적 영향", 〈한국정치외교
사논총〉 36(1): 209~240.

장덕진(2011), "트위터 공간의 한국정치", 〈언론정보연구〉 48(2): 80~107.

장덕진·김기훈(2011), "한국인 트위터 네트워크의 구조와 동학", 〈언론정보연
구〉 48(11): 59~86.

정일권(2012), "SNS를 통한 정치참여", 한국사회의 정치적 소통과 SNS 학술회의
발표논문, 한국언론학회.

조성대(2013), "온라인 소셜 네트워크의 교차성과 정치참여", 〈한국정당학회보〉
12(2): 157~185.

조진만·최준영(2006), "1인 2표 병립제의 도입과 유권자의 투표행태", 〈한국정
치학회보〉 40(1): 71~90.

조희정·박설아(2012), "정당의 소셜미디어 활용 현황과 과제", 〈한국정치학회보〉 46(1): 113~139.

최윤정·이종혁(2012), "인터넷 토론에서 이견(異見) 노출이 정치적 관용에 이르는 경로 분석", 〈한국언론학보〉 56(2): 301~330.

〈한겨레신문〉(2011.5.26), "트위터와 투표의 상관관계, 그래픽 자료 첫 공개".

한국인터넷진흥원(2014), "2013년 인터넷 이용실태조사".

한상익(2014), "선거구 경쟁도와 전략적 분할투표: 17대와 18대 국회의원 총선거를 사례로", 〈한국정치연구〉 23(2): 161~184.

Baum, M. A. & Groeling, T. (2008). "New Media and the Polarization of American Political Discourse", *Political Communication* 25(4): 345~365.

Davis, R. (1999), *The Web of Politics: The Internet's Impact on the American Political System*, New York: Oxford University Press.

Farrell, H. (2012), "The Consequences of the Internet for Politics", *Annual Review of Political Science* 15(1): 35~52.

Fazio, R. H., Chen, J. M., McDonel, E. C., & Sherman, S. J. (1982), "Attitude Accessibility, Attitude-Behavior Consistency, and the Strength of the Object-Evaluation Association", *Journal of Experimental Social Psychology* 18(4): 339~357.

Fong, E., Wellman, B., Kew, M., & Wilkes, R. (2001), "Correlates of the Digital Divide: Individual, Household and Spatial Variation", *In Report to Office of Learning Technologies*.

Grossman, L. K. (1995), *The Electronic Republic: Reshaping Democracy in America*, New York: Viking.

Gruzd, A. & Roy, J. (2014), "Investigating Political Polarization on Twitter: A Canadian Perspective", *Policy and Internet* 6(1): 28~45.

Gutmann, A. & Thompson, D. F. (1996), *Democracy and Disagreement*, Cambridge, Mass.: Belknap Press.

Iyengar, S. (2011), *Media Politics: A Citizen's Guide*, 2nd ed., New York: W. W. Norton & Co.

Iyengar, S. & Hahn, K. S. (2009), "Red Media, Blue Media: Evidence of Ideological Selectivity in Media Use", *Journal of Communication* 59(1): 19~39.

Lawrence, E., Sides, J., & Farrell, H. (2010), "Self-Segregation or Deliberation? Blog Readership, Participation, and Polarization in American Politics", *Perspectives on Politics* 8(1): 141~157.

Lord, C. G., Ross, L., & Lepper, M. R. (1979), "Biased Assimilation and Attitude Polarization: The Effects of Prior Theories on Subsequently Considered Evidence", *Journal of Personality and Social Psychology* 37(11): 2098~2109.

Miller, A. G., McHoskey, J. W., Bane, C. M., & Dowd, T. G. (1993), "The Attitude Polarization Phenomenon: Role of Response Measure, Attitude Extremity, and Behavioral Consequences of Reported Attitude Change", *Journal of Personality and Social Psychology* 64(4): 561~574.

Muhlberger, P. (2003), "Political Values, Political Attitudes, and Attitude Polarization in Internet Political Discussion: Political Transformation or Politics as Usual?" *Communications: The European Journal of Communication Research* 28(2): 107~134.

Nickerson, R. S. (1998), "Confirmation Bias: A Ubiquitous Phenomenon in Many Guises", *Review of General Psychology* 2(2): 175~220.

Norris, P. (2001), *Digital Divide: Civic Engagement, Information Poverty and the Internet Worldwide*, England: Cambridge University Press.

Prior, M. (2013), "Media and Political Polarization", *Annual Review of Political Science* 16(1): 101~127.

Rash, W. (1997), "Politics on the Nets", *Wiring the Political Processes*, New York: W. H. Freeman & Company.

Stroud, N. J. (2010), "Polarization and Partisan Selective Exposure", *Journal of Communication* 60(3): 556~576.

Sunstein, C. R. (2007), *Republic.com 2.0*, Princeton; Oxford: Princeton University Press.

Wojcieszak, M. E. (2011), "Deliberation and Attitude Polarization", *Journal of Communication* 61(4): 596~617.

Wojcieszak, M. E., Baek, Y. M., & Carpini, M. X. Delli. (2010), "Deliberative and Participatory Democracy? Ideological Strength and the Processes Leading from Deliberation to Political Engagement", *International Journal of Public*

Opinion Research 22(2): 154~180.

Wojcieszak, M. E. & Mutz, D. C. (2009), "Online Groups and Political Discourse: Do Online Discussion Spaces Facilitate Exposure to Political Disagreement?" *Journal of Communication* 59(1): 40~56.

Xenos, M. & Moy, P. (2007), "Direct and Differential Effects of the Internet on Political and Civic Engagement", *Journal of Communication* 57(4): 704~718.

10 | 정당호감도와 회고적 평가*

오현주 · 송진미 · 길정아

1. 들어가며

선거는 종종 현 정부나 대통령의 업무 수행에 대한 회고적 평가의 의미를 갖는다. 유권자가 현 정부의 업적에 대해 긍정적으로 평가하는 경우 선거에서 여당 후보를 선택하고, 이를 부정적으로 평가하는 경우 야당 후보를 선택하게 되는 것이다. 이처럼 선거는 현 정부의 국정운영의 성과에 대한 상(*reward*) 혹은 벌(*punishment*)의 의미를 지닌다(Fiorina, 1981; Key, 1966). 특히 대통령의 임기 중에 치러지는 중간선거(*midterm election*)는 이러한 특성이 더욱 두드러진다(강원택, 1998; Abramowitz, 1985; Arceneaux, 2005; Born, 1990; Kernell, 1977; Mann & Wolfinger, 1980; Piereson, 1975; Tufte, 1975). 2014년 지방선거는 박근혜 대통령의 임기 중반에 치러진 선거라는 점에서, 지방자치단체의 구성원을 선출한다는 것 이외에도 대통령의 국정운영에 대한 회고적 평가라는 의미

---

* 이 글은 〈한국정당학회보〉 제13권 제3호(2014년)에 게재된 논문을 일부 수정한 것입니다.

또한 지니고 있다.

그러나 본 연구가 주목하는 점은 유권자의 회고적 평가가 거시적 경제지표의 향상이나 국가적 위기의 극복 혹은 국내외적으로 이룬 가시적 성과와 같은 객관적 요인에 의해 언제나 일률적인 형태로 이뤄지는 것은 아니라는 점이다. 정당에 대한 태도로 인해 회고적 투표의 과정이 유권자마다 차별적일 수 있음에도 불구하고, 기존 연구들은 유권자의 투표선택에 대한 회고적 평가와 이러한 정당에 대한 태도의 독립적인 영향력만을 검증하고 있다(황아란, 2012 등). 하지만 회고적 투표는 유권자가 체감하는 변화에 대해 그들이 어떻게 판단하고, 이를 누구의 탓으로 돌리는지, 곧 결과와 책임 소재에 대한 판단을 바탕으로 한다. 따라서 정당일체감이나 정당호감도는 회고적 평가가 투표선택에 차별적인 영향을 미치게 하는 조절 효과를 지닌다는 것이다. 요컨대, 특정한 정당을 가깝거나 좋게 느낄 경우, 이 정당을 내집단으로 인식하는 집단 편향이 발생하고(Greene, 1999), 이것이 회고적 평가에 영향을 미치게 되므로 투표결정에 미치는 영향력이 차별적일 수 있다는 것이다. 이에 본 연구는 정당에 대한 유권자의 태도가 선거에 미치는 회고적 평가의 차별적 영향력에 대해 살펴보고자 한다.

정당과 관련된 유권자의 태도에 영향을 미치는 요인으로는 전통적으로 정당일체감(*party identification*)의 중요성이 강조되어 왔다. 예컨대, 캠벨 등(Campbell *et al.*, 1960)은 유권자가 정치적 정보를 수용함에 있어 정당일체감이 영향을 미칠 수 있다고 주장했고, 잴러(Zaller, 1992)는 유권자가 그들의 정당일체감과 일치하는 정보만을 선택적으로 수용한다고 보았다. 그러나 본 연구에서는 정당일체감보다 정서적인 요인이라고 할 수 있는 정당에 대한 호감도(*party preference*)에 주목한다. 정당호감도에 주목하는 까닭은 우선 지방선거가 중앙 권력의 향배를 결정하는 선거가 아니기 때문에 정파적 속성을 갖는 정당일체감보다 정서적 반응을 반영하는 정당호감도가 선거에서 유권자의 태도를 측정하는 데 보다 적합할 수 있기 때문이다. 또한 어느 특정 정파에 대한 배타적 선호를 표현하는 정당일체감에 비해 정당호감도는 주요 정당 모두에 대한 유권자의 정서적 호오도(好惡度)를 측정할 수 있기 때문에, 정당들 간의 상대적 선호도와 회고적 평가의 관계를 살펴보는 데 있어 보다 면밀한 분석을 가능하게 할 것으로 기대했기 때문이다.

본 연구는 2014년 지방선거에서의 회고적 평가가 객관적 조건이나 상황과 무관하게 일률적이지 않으며 유권자에 차별적인 영향을 미쳤음을 주장한다. 그리고 그러한 차별적인 영향은 전통적으로 많이 논의된 정당일체감보다 유권자들이 각 정당에 대해 갖는 정당호감도와 관련이 있다는 점을 밝히고자 한다. 여기서 사용하는 데이터는 서울대학교 한국정치연구소에서 시행한 지방선거 후 조사 자료이며, 2014년 6월 면접조사 방식으로 실시되었으며 표본의 크기는 1,200이다.

2. 이론적 논의 및 기존 연구 검토

회고적 투표 논의는 주인(*principals*)인 유권자가 현직자(*agents*)의 실적을 평가하여 그 대가로서 '보상과 처벌'을 내리는 '제재 모델'(*sanctioning model*)을 그 기반으로 한다(Barro, 1973; Ferejohn, 1986; Fiorina, 1981; Key, 1966). 전통적인 상벌이론에서 유권자들의 목소리는 메아리(*echo*), 즉 투입(*input*)과 산출(*output*)에 근거한 판단이 된다(Key, 1966). 유권자가 현직자의 과거 성과에 근거해 투표결정을 내릴 때, 현직자에 대한 상과 벌, 즉 현직자에 대한 투표와 경쟁자에 대한 투표는 각각 집권세력을 신뢰하는지 혹은 신뢰하지 않는지를 의미하는 정치적 의사표현이 된다. 현직자의 성과에 대한 상벌은 정치인이 유권자의 의사에 부합하는 정책 결정을 하도록 유도하고, 보다 청렴하고 유능한 정치인을 선택하는 기제로 작동한다(Fearon, 1999; Ferejohn, 1986). 물론 실제 유권자는 단순히 재임자에게 지난날에 대한 책임을 묻는 것에서 그치지 않는다. 유권자는 현직자의 실적에 걸맞은 상과 벌을 정치인에 대한 '제재 수단'으로 활용하기도 하지만, 동시에 재임자의 성과를 실재하는 현재 효용으로 보고 이를 가상의 효용과 비교하여 미래의 리더를 선택하는 중요한 기준으로 삼기도 한다(Downs, 1957; Fiorina, 1981). 따라서 회고적 투표는 기본적으로 과거에 대한 인식과 평가를 토대로 하지만, 정당의 정책 일관성이 충족될 때 과거에 대한 평가가 새로운 정치 리더를 선택하는 기준으로 작동, 미래의 효용을 증진시키는 데 기여한다는 점에서는 다소 전망적인 특성을 지닌다고도 볼 수 있다.

한편, 미국에서 대통령의 임기 중에 치러지는 중간선거는 대통령에 대한 중간평가의 성격을 지닌다(Abramowitz, 1985; Arceneaux, 2005; Born, 1990; Kernell, 1977; Mann & Wolfinger, 1980; Piereson, 1975; Tufte, 1975). 현직 대통령의 직무 수행에 대한 평가 혹은 지지율이 중간선거에서 유권자의 투표선택에 유의미한 영향을 미치는 요인이 된다는 것이다. 이는 미국 중간선거에서 유권자의 투표행태가 회고적으로 이루어진다는 것을 의미한다. 한국의 경우 또한, 대통령의 임기 중에 시행되는 지방선거의 경우 지역수준에서 치러지는 선거임에도 불구하고 현 정권에 대한 중간평가의 특성을 보여왔다(강원택, 1998). 이러한 중간선거를 통해서는 중앙 권력의 소재가 직접적으로 결정되는 것이 아니므로 투표결정에 대해 유권자들이 가지는 부담이 비교적 적다. 따라서 대통령의 국정운영에 대한 회고적 투표가 보다 용이하게 나타날 가능성이 높다(강원택, 2004;

Buchanan & Tullock, 1962). 실제로 과거 한국에서 대통령 임기 중간에 이루어진 선거의 경우 대통령의 국정운영에 대한 회고적 평가가 투표결정에 중요한 요인으로 작용했다는 연구 결과가 적지 않다(가상준, 2008; 강원택, 1999/2004/2008; 김진하, 2010; 이내영·정한울, 2007; 조진만, 2005; 조진만 외, 2006).

특히 2014년 지방선거는 세월호 침몰사고로 인해 현 정부의 사고 대응능력이 평가의 대상으로 오르면서 중간선거로서의 의미는 더욱 강해졌다. 기존 연구는 유권자가 회고적 투표를 할 때, 재난 이후 선거에서 집권당의 재난 예방 활동보다 재난 구호 활동에 더 큰 보상을 하는 경향이 있음을 지적하고 있다(Chen, 2013; Cole et al., 2012; Healy & Malhotra, 2009). 이것은 재난 이후 정부의 대응과 구호 활동이 재난 예방보다 더욱 가시적이기 때문이다(Ashworth, 2012). 더욱이 유권자가 투표결정을 내리는 시점을 기준으로 보다 최근의 사건 또는 변화에 더 큰 비중을 두는 경향이 있다는 점까지 고려하면(Healy & Lenz, 2014; Huber et al., 2012), 세월호 침몰사고는 재난 대처 역량을 포함해 대통령의 국정운영 능력에 대한 회고적 평가를 더욱 용이하게 한 것으로 볼 수 있다.

그런데 여기서 제기하고자 하는 점은 이러한 회고적 평가가 유권자들의 투표선택에 대해 동질적인 영향을 미치는가 하는 점이다. 유권자의 회고적 투표의 과정이 '현직자의 성과에 대한 인식'에 의거해 이루어진다는 점을 고려할 때, 현직 대통령의 국정운영평가에 영향을 미치는 또 다른 요인이 존재한다면 회고적 투표의 과정은 독립적으로 이루어지지 않을 수 있기 때문이다. 즉, 현직자의 성과를 편향되게 인식한다면 회고적 평가가 투표선택에 미치는 영향력은 유권자마다 차별적일 수 있다. 본 연구에서는 유권자들이 책임을 정치적으로 어느 정당에 귀속시키는지를 밝힘으로써 이러한 회고적 평가의 차별적 영향력의 원인을 찾고자 한다.1 예컨대, 캠벨 등(Campbell *et al.*, 1960)은 정당일체감이 유권자가 정치적 정보를 습득할 때 인식의 선별기제(*perceptual screen*)로서 기능한다고 주장했다. 이에 따르면, 정당에 대한 유권자의 태도는 현 정부의 국정운영에 대한 인식 및 평가에 영향을 미칠 수 있고, 나아가 회고적 투표의 과정에도 영향을 미칠 수 있다는 것이다. 실제로 에반스와 앤더슨(Evans & Anderson, 2006), 그리고 맥도널드와 히스(Macdonald & Heath, 1997)는 정당일체감이 경제적 상황에 대한 인식보다 선행하는 요인임을 밝힌 바 있고, 루돌프(Rudolph, 2003)는 유권자가 경제적 성과에 대한 책임을 정치적으로 귀속시키는 과정에서 당파심(*partisanship*)의 영향력이 개입된다는 점을 지적하고 있다.

그러나 본 연구에서는 유권자의 회고적 선택에 영향을 미치는 요인으로 정당일체감보다 정당호감도에 주목한다. 그 이유는 정당일체감은 특정한 정당에 대한 유권자의 소속감의 표현으로서 범주 간에 상호 배타적일 것을 전제로 하기 때문이다. 정당일체감 논의에 의하면 민주당에 강한 일체감을 갖는 유권자라면 공화당은 고려의 대상이 되지 않는다. 그러나 정당호감도의 개념에는 특정한 정당에 대한 선호라는 유권자의 긍정적인 감정뿐만 아니라 다른 정당에 대해 지닌 부정적인 감정 또한 포함될 수 있으며, 정당호감도의 분석을 통해 정당에 대한 긍정과 부정의 감정을 동시에 고려할 수 있다. 다시 말해, 특정한 정당에 대한 선호의 '유무'뿐만 아니라 긍정적이든 부정적이든 감정의 '강도'를 동시에 고려할 수 있는 것이다. 이는 매우 현실적인 가정이다. 유권자가 특

---

1 그리고 이러한 책임의 귀속은 유권자가 정당을 대하는 태도에 있어 내집단에게는 성과의 공을 돌리고, 외집단에게는 안 좋은 결과의 책임을 묻는 집단 편향(*group-serving bias*)의 과정이 작동하기 때문인데(Fletcher & Ward, 1988; Taylor & Jaggi, 1974), 이에 관해서는 본 연구의 4절에서 보다 자세히 다루고자 한다.

정한 하나의 정당에 대해서만 배타적인 호감을 가질 수 있는 것은 아니며, 더욱이 특정 정당에 대한 지지가 다른 정당에 대한 무관심을 의미하는 것은 아니라는 점에서 정당호감도의 개념은 보다 적실성을 지닌다. 사실 마조토와 피어슨(Maggiotto & Piereson, 1977)이 유권자의 지지 정당에 대한 충성심과 유권자가 반대하는 정당에 대한 적대심을 정당태도로 개념화하여 제시한 2차원 모델이나, 와이스버그(Weisberg, 1980)가 유권자의 정당일체감이 일차원적인 스펙트럼상에서 존재하거나 혹은 상호 배타적인 범주 내에서 구성되는 것이 아니라고 비판하며, 공화당 지지, 민주당 지지, 그리고 무당파 성향이 각각 다른 축을 이루고 있다고 제시한 3차원 모델은 모두 전통적인 의미에서의 정당일체감 개념에 대한 문제점을 지적하고 있는 것이다.

또한 정당호감도의 개념을 활용할 경우 특정 정당에 대한 선호가 편향된 유권자와 주요 정당에 대해 무차별적인 선호를 보이는 유권자를 구별하는 것이 가능해 짐으로써, 정당에 대한 유권자의 태도가 투표선택에 미치는 영향을 보다 면밀하게 분석할 수 있다. 정당호감도의 개념을 활용하는 경우, 정당에 대해 모두 긍정적이거나 부정적인 태도를 지닌 유권자와 특정한 정당에 대해 편향적인 선호를 보이는 유권자 간의 투표행태의 차이를 보다 적절하게 살펴볼 수 있다. 정당 간 선호도가 무차별적인 유권자는 정당일체감을 갖고 있지 않은 무당파(independent) 유권자와는 구분될 필요가 있다. 한 정당에 대한 유권자의 긍정적 감정의 강화가 반드시 다른 정당에 대한 부정적 감정의 강화로 이어지는 것은 아닐 수 있기 때문이다(황아란, 1998/2008; Duck et al., 1995). 유권자의 정당선호는 상호 배타적이지 않으며, 유권자들은 두 정당을 모두 좋아하거나 모두 싫어할 수도 있으며, 두 정당 모두에 아무런 감정을 지니지 않을 수도 있기 때문이다.

정당호감도에 주목하는 마지막 이유는 선거의 수준 및 선거가 치러지는 정치적 환경과 관련된다. 앞서 살펴본 바와 같이, 2014년 선거는 대통령의 임기 중반에 실시되었기 때문에 정권에 대한 회고적 평가의 속성을 갖지만, 지방선거라는 점에서 정권의 소재를 결정짓는 것과 같은 정치적 중요성은 갖지 않는 선거였다. 중앙 권력의 소재를 결정짓는 대통령선거라면 비교적 안정적이고 장기적인 당파적(partisan) 속성을 띤 정당일체감의 영향력이 작용하기 쉽지만, 지방선거에서는 유권자가 정서적(emotional)인 형태로 회고적 평가를 내리기 쉽다. 또한 2014년 지방선거가 세월호 참사라는 비극적 사건이 발생한 후 얼마 되지 않은 시점에서 치러졌기 때문에, 유권자의 정서적 반응은 보다 중요하게 고려될 수 있다.

따라서 본 연구는 유권자의 투표선택에 미치는 회고적 평가의 영향력이 모든 유권자들에게 있어 동질적이지 않을 수 있으며, 정당호감도에 따라 그 영향력이 차별적으로 나타날 것이라는 점을 경험적으로 검증하고자 한다.

3. 연구의 질문 및 분석

본 연구는 2014년 지방선거에서 대통령의 성과에 대한 유권자들의 회고적 평가가 투표에 어떤 영향을 미쳤으며, 이러한 회고적 평가의 영향력이 유권자 집단에서 어떻게 나타났는지 살펴보고자 한다. 특히 지방선거의 맥락에서 정당에 대한 유권자의 태도가 회고적 투표에 어떻게 영향을 미쳤는지 분석하고자 한다. 구체적으로는 정당일체감과 정당호감도 두 변수 간에 어떤 차별성이 있으며, 지방선거에서는 어떤 변수가 회고적 투표와 관련해 더 큰 설명력을 갖는지 알아보고자 한다. 본 연구에서 검증하고자 하는 구체적인 질문들은 다음과 같다.

첫째, 유권자의 투표선택에 영향을 미치는 회고적 평가의 영향력은 모든 유권자에게 있어서 동질적인가?

둘째, 2014년 지방선거의 맥락에서, 정당에 대한 유권자의 태도 중 정당호감도는 유권자의 회고적 투표선택에 어떻게 영향을 미쳤는가? 이는 정당일체감과 어떻게 다른가?

위의 질문에 대한 답을 찾기 위해 본 연구는 서울대학교 한국정치연구소에서 실시한 '2014 지방선거에 대한 국민의식 조사' 데이터를 사용하여 경험적 검증을 시도했다. 우선, 주요 변수들 및 통제변수들을 조작화하였다. 본 연구의 종속변수는 2014년 지방선거에서 **새누리당 소속의 광역단체장(광역시장, 도지사) 후보를 선택한 여부**이다. 본 선거에서 새누리당 소속 후보에게 투표하였다고 응답한 경우에는 1의 값을, 새정치민주연합 소속 후보에게 투표하였다고 응답한 경우에는 0의 값을 부여하였다. 기타 정당 및 무소속 후보에게 투표한 경우는 소수에 그치고 있어, 무응답의 경우와 함께 결측으로 처리하였다.[2] 독립변수들은 다음과 같다. **박근혜 대통령의 국정운영에 대한 회고적 평가**는 현재 박근혜 대통령이 국정운영을 어떻게 하고 있다고 생각하는지를 질문한 문항을 활용하여 조작화하였다. 매우 잘못하고 있다(1), 대체로 잘못

---

2 새누리당, 새정치민주연합, 통합진보당, 정의당 등의 정당 소속 후보들, 그리고 무소속 후보들이 출마했으나, 후보자 수와 당선자 수를 고려할 때 결측치로 처리 가능하다고 판단하였다.

하고 있다(2), 대체로 잘하고 있다(3), 매우 잘하고 있다(4)로 값을 부여하여, 평가가 긍정적일수록 큰 값을 가지도록 코딩하였다.

다음으로, 본 연구가 주목하고 있는 정당호감도의 개념으로서 **새누리당 호감도 − 새정치민주연합 호감도** 변수는 이 두 정당에 대해 응답자가 좋아하거나 싫어하는 정도를 0~100까지로 나타내기를 질문한 문항을 활용하여 새누리당 호감도에서 새정치민주연합 호감도의 차이를 구한 것으로, −100 ~ +100점까지의 범위를 갖는다. 정당호감도에 따른 국정운영평가 변수의 차별적 영향력을 검증하기 위하여 '**국정운영평가 × 정당호감도**'라는 상호작용항을 추가적으로 조작화하였다. 마지막으로, 정당일체감 변수는 다음과 같다. **새누리당 정당일체감** 변수는 응답자가 가깝게 느끼는 정당을 새누리당이라고 응답한 경우 1의 값을 부여하였고, 새정치민주연합이라고 응답하거나 가깝게 느끼는 정당이 없다고 응답한 경우 0의 값을 부여하였으며, 소수의 응답에 그치는 기타 정당은 결측값으로 처리하였다. **새정치민주연합 정당일체감** 변수는 동일한 방식으로, 응답자가 가깝게 느끼는 정당으로 새정치민주연합을 선택한 경우 1의 값을, 새누리당을 선택하였거나 가깝게 느끼는 정당이 없다고 응답한 경우 0의 값을 부여하였고, 기타 정당 선택은 결측값으로 처리하였다. 3 본 연구에서는 회고적 평가가 유권자의 투표선택에 미치는 영향력이 정당호감도에 따라 차별적으로 나타날 것이라는 연구 문제를 검증하기 위해, 다음과 같이 상호작용항(*interaction term*)이 포함된 로지스틱 회귀분석(*logistic regression*) 모델을 설계한다.

Logit (p : Y = 새누리당 후보 선택)

 = β_0 + β_1*국정운영평가 + β_2*정당호감도 + β_3***국정운영평가 × 정당호**

---

3 변수에 대한 조작화 방법과 기술통계량은 〈부록〉에 제시되어 있다.

감도$+\beta_4$*새누리당 정당일체감$+\beta_5$*새정치민주연합 정당일체감$+$
β_6*이념$+\beta_7$*남성$+\beta_8$*연령$+\beta_9$*소득수준$+\beta_{10}$*교육수준$+\beta_{11}$*
인천/경기$+\beta_{12}$*대전/세종/충청$+\beta_{13}$*광주/전라$+\beta_{14}$*부산/울산/
경남$+\beta_{15}$*대구/경북$+\beta_{16}$*강원/제주

　본격적인 분석에 앞서, 2014년 지방선거에서 대통령의 국정운영평
가가 투표에 어떠한 영향을 미쳤는지 살펴보았다. 〈표 10-1〉은 대통령
의 국정운영평가에 따라 구분된 각 응답자 집단에서 새누리당 후보와
새정치민주연합 후보를 선택한 비율을 나타낸 것이다. 대통령의 국정
운영을 가장 긍정적으로 평가하는 집단에서 새누리당 후보를 선택한
비율은 92.6%로 나타난 반면, 새정치민주연합 후보를 선택한 비율은
7.4%에 그치고 있다. 이와 달리, 대통령의 국정운영을 가장 부정적으
로 평가하는 집단에서 새누리당 후보에게 투표한 비율은 8.4%였으며,
새정치민주연합 후보에게 투표한 비율은 91.6%로 나타났다. 이러한
결과는 대통령의 국정운영평가가 유권자의 투표선택에 강하고 유의미
한 영향력을 미쳤음을 시사한다.
　이번에는 2014년 지방선거에서 정당에 대한 유권자의 태도인 정당일체
감과 정당호감도 중 어느 것이 유권자의 투표선택에 큰 영향을 미쳤는지

〈표 10-1〉 국정운영평가에 따른 집단별 후보 선택 비율

투표결정 　　　　　　국정운영평가	새누리당 후보 투표(%)	새정치민주연합 후보 투표(%)	합계(빈도수)
매우 잘하고 있다	92.6	7.4	100.0(54)
대체로 잘하고 있다	80.1	19.9	100.0(431)
대체로 잘못하고 있다	24.8	75.2	100.0(278)
매우 잘못하고 있다	8.4	91.6	100.0(83)
합계	55.7	44.3	100.0(846)

살펴보았다. 이를 위해 정당일체감과 정당호감도를 포함한 로지스틱 회귀분석모형을 설계하였다. '정당일체감 모형'과 '정당호감도 모형'에는 응답자의 정당일체감, 정당호감도가 각각 포함되었고, '통합 모형'에도 모두 포함되었다. 그리고 응답자의 이념성향 및 사회경제적 특성이 통제변수로서 포함되었다. 분석 결과는 〈표 10-2〉에 정리되어 있다.

먼저 〈표 10-2〉의 '정당일체감 모형'을 살펴보면, 응답자의 정당일체감은 투표선택에 통계적으로 유의미한 영향을 미쳤음을 알 수 있다. 새누리당에 대한 정당일체감을 지닌 응답자는 무당파 응답자에 비해 새누리당 후보를 선택할 가능성이 높게 나타났고, 새정치민주연합에 대한 정당일체감을 지닌 응답자는 무당파 응답자에 비해 새누리당 후보를 선택하지 않는 경향을 보였다. 다음으로 '정당호감도 모형'을 보면 새누리당에 대한 호감도가 높을수록 새누리당 후보를 선택할 가능성이 높았으며, 새정치민주연합에 대한 호감도가 높을수록 새누리당 후보를 선택할 경향이 감소하는 것을 알 수 있다. 세 번째인 '통합 모형'은 응답자의 정당일체감과 정당호감도를 상호 통제한 분석 결과이다. 투표선택에 대한 응답자의 정당일체감의 영향력은 통계적 유의미성을 상실한 반면, 응답자의 정당호감도는 투표선택에 대해 여전히 통계적으로 유의미한 영향력을 미쳤음을 확인하였다. 다시 말해, 2014년 지방선거에서 광역단체장 후보를 선택함에 있어, 정당일체감으로는 설명되지 않는 부분이 있는 반면 정당에 대한 호감도라는 정서적 요인에는 고유한 설명력이 존재한다는 것이다. 이처럼 '정당호감도 모형'의 결과를 통해 정당에 대한 유권자의 태도 중 정당일체감보다는 정당호감도를 반영한 투표선택을 했음을 알 수 있다.

이번에는 새누리당과 새정치민주연합 두 정당의 호감도의 차이와 후보 선택의 관계에 대해 살펴보았다. 〈표 10-3〉의 결과는 새누리당과

〈표 10-2〉 새누리당 후보 선택에 대한 로지스틱 회귀분석

	정당일체감 모형	정당호감도 모형	통합 모형
새누리당 정당일체감	2.41*** (0.33)	–	0.62 (0.38)
새정치민주연합 정당일체감	-2.08*** (0.34)	–	-0.68 (0.43)
새누리당 호감도	–	0.11*** (0.01)	0.10*** (0.01)
새정치민주연합 호감도	–	-0.09*** (0.01)	-0.08*** (0.01)
이념성향	0.42*** (0.07)	0.43*** (0.09)	0.39*** (0.09)
남성	-0.21 (0.21)	0.00 (0.25)	-0.05 (0.25)
연령	0.04*** (0.01)	0.03** (0.01)	0.03** (0.01)
소득수준	0.00 (0.03)	-0.01 (0.04)	0.00 (0.04)
교육수준	-0.09 (0.10)	0.04 (0.11)	0.07 (0.11)
인천/경기	0.31 (0.28)	0.96** (0.34)	0.90* (0.35)
대전/세종/충청	0.41 (0.36)	0.72 (0.42)	0.75 (0.43)
광주/전라	-2.28*** (0.51)	-1.19* (0.59)	-1.14 (0.61)
부산/울산/경남	1.54** (0.44)	2.15*** (0.56)	2.06*** (0.56)
대구/경북	1.07** (0.36)	1.63*** (0.43)	1.51** (0.44)
강원/제주	1.07* (0.52)	1.38* (0.62)	1.32* (0.63)
상수	-3.53*** (0.85)	-5.39*** (1.16)	-5.56*** (1.19)
N	832	842	831
Pseudo R^2	0.4887	0.6240	0.6331

주: 1) *** $p < 0.001$, ** $p < 0.01$, * $p < 0.05$
    2) 종속변수: 새누리당 소속 광역단체장(시도지사) 후보 선택.

〈표 10-3〉 투표선택에 따른 두 집단 간 정당호감도 차이 평균 비교

	새누리당 투표	새정치민주연합 투표	t-test
'새누리당 호감도 – 새정치민주연합 호감도'의 평균	26.8	-21.0	t = 28.54 p = 0.00 diff = 47.8 N = 846

주: 정당호감도 차이(-100점 ~ +100점) = '새누리당 호감도' - '새정치민주연합 호감도'.

새정치민주연합 호감도 점수의 차이를 -100 ~ +100점으로 구한 뒤, 그 평균을 계산한 것이다. 새누리당 후보를 선택한 응답자들의 호감도 차이의 평균점수는 26.8점이었으며, 새정치민주연합 후보를 선택한 응답자들의 호감도 차이의 평균점수는 -21.0점이었다. 두 응답자 집단 사이의 평균점수 차는 47.8점이었으며, 두 평균점수의 t값은 28.54(p = 0.00)로 통계적으로 유의미한 것으로 나타났다. 당연한 결과라고 볼 수 있지만, 이는 새누리당에게 투표한 응답자 집단은 새정치민주연합에 비해 새누리당에 대한 호감도를 높게 나타내고 있으며, 새정치민주연합에게 투표한 응답자 집단은 새누리당에 비해 새정치민주연합에 높은 호감도를 나타내고 있음을 확인시켜 주었다.

이러한 논의를 토대로, 이번에는 본 연구가 주목하는 대통령의 국정운영평가와 정당호감도의 관계에 대해 살펴보았다. 우선 박근혜 대통령의 국정운영평가에 따라 구분된 응답자 집단에서 나타난 두 정당 간 호감도 차이점수의 평균값을 구했다. 〈표 10-4〉에서 보듯이, 박근혜 대통령이 국정운영을 '매우 잘하고 있다'고 응답한 유권자들의 호감도 차이점수의 평균은 37.8로, 새정치민주연합에 비해 새누리당에 더 많은 호감을 느끼는 것으로 나타났다. 반면 '매우 잘못하고 있다'고 응답한 유권자들의 차이점수 평균은 -31.4점으로, 새누리당에 비해 새정치민주연합에 높은 호감을 느끼는 것으로 나타났다. 국정운영평가가 긍

<표 10-4> 박근혜 대통령의 국정운영평가에 따른 집단별 정당호감도 차이

국정운영평가 \ 호감도	호감도 차이(평균값)	빈도수
매우 잘하고 있다	37.8	64
대체로 잘하고 있다	18.5	583
대체로 잘못하고 있다	-9.1	447
매우 잘못하고 있다	-31.4	110
총점	4.7	1,204

주: 정당호감도 차이(-100점 ~ +100점) = '새누리당 호감도' - '새정치민주연합 호감도'.

정적인 유권자들이 부정적인 유권자들에 비해 새누리당과 새정치민주연합 간 호감도 차이가 다소 큰 것으로 나타났다. 국정운영평가에 긍정적인 유권자들이 새누리당을 새정치민주연합과 비교해 상대적으로 더 선호한다는 것이며, 부정적인 유권자들은 그 반대의 경향을 보인다는 것이다.

<표 10-1>에서 국정운영평가가 정당 간 투표선택에 영향을 미칠 수 있음을 확인한 바 있는데, <표 10-4>의 결과는 국정운영평가가 두 정당에 대한 호감도의 차이와 관계가 있음을 말해 준다. 이는 대통령의 국정운영평가가 투표선택의 과정에서 유권자의 정당호감도의 영향을 받을 수 있음을 시사하는 것이다. 이런 점에 주목하여 이번에는 국정운영평가에 대한 회고적 평가와 정당호감도의 상호작용항을 포함한 로지스틱 회귀분석을 통해, 유권자의 투표선택에 영향을 미치는 회고적 평가가 정당호감도에 따라 차별적으로 나타나는지 밝혀 보고자 한다. 이 분석에서는 두 정당에 대한 유권자의 호감도 차이에 주목했다. 두 정당에 같은 점수를 부여한 유권자들은 '선호무차별 집단'으로 보았고, 두 정당에 다른 점수를 부여하여 어느 한 정당을 편향되게 선호하는 유권자들의 경우에는 '선호편향 집단'으로 보았다.

<표 10-5>는 두 정당 간 호감도의 차이에 따라 국정운영에 대한 회고

<표 10-5> 새누리당 후보 선택에 대한 로지스틱 회귀분석

	기본 모형	상호작용 모형
국정운영평가	0.85***	0.90***
	(0.22)	(0.22)
정당호감도	0.08***	0.02
	(0.01)	(0.03)
국정운영평가 × 정당호감도	–	0.03*
		(0.01)
새누리당 정당일체감	0.58	0.56
	(0.38)	(0.39)
새정치민주연합 정당일체감	-0.56	-0.50
	(0.43)	(0.42)
이념성향	0.37***	0.36***
	(0.09)	(0.09)
남성	-0.04	-0.02
	(0.26)	(0.26)
연령	0.03**	0.03*
	(0.01)	(0.01)
소득수준	0.00	0.00
	(0.04)	(0.04)
교육수준	0.08	0.08
	(0.12)	(0.12)
인천/경기	0.96**	1.00**
	(0.35)	(0.36)
대전/세종/충청	0.59	0.59
	(0.43)	(0.44)
광주/전라	-1.17	-1.15
	(0.60)	(0.61)
부산/울산/경남	1.99***	1.95***
	(0.56)	(0.56)
대구/경북	1.41**	1.36**
	(0.45)	(0.45)
강원/제주	1.21	1.22
	(0.64)	(0.64)
상수	-6.41***	-6.43***
	(1.25)	(1.25)
N	828	828
Pseudo R^2	0.6371	0.6405

주: 1) *** $p < 0.001$, ** $p < 0.01$, * $p < 0.05$
  2) 종속변수: 새누리당 소속 광역단체장(시도지사) 후보 선택.

적 평가가 투표에 미치는 영향력이 차별적으로 나타나는 양상을 살펴보기 위해 로지스틱 회귀분석을 실시한 결과이다. 분석 결과, 상호작용항을 포함하지 않은 '기본 모형'에서 국정운영평가와 정당호감도는 투표선택에 통계적으로 유의미한 영향이 있는 것으로 나타났다. 국정운영평가 점수가 높을수록, 새정치민주연합에 비해 새누리당에 대한 호감도 차이가 클수록 새누리당 후보에게 투표할 가능성이 높은 것으로 나타났다. 그러나 호감도 차이와 국정운영에 대한 회고적 평가의 상호작용항이 포함된 '상호작용 모형'의 로지스틱 회귀분석 결과, 투표선택에 대한 국정운영평가는 통계적으로 유의미한 영향력을 미친 반면, 정당에 대한 호감도 변수의 독립적인 영향력은 통계적 유의미성을 상실하는 것을 확인할 수 있다. 그러나 본 연구에서 주목하고 있는 국정운영평가와 정당호감도 두 변수의 상호작용항은 통계적으로 유의미한 것으로 나타났다.

한편, 정당일체감의 경우 '기본 모형'과 '상호작용 모형' 모두에서 통계적으로 유의미한 영향력이 없는 것으로 나타나, 2014년 지방선거에서 유권자들은 정당일체감보다 정당호감도를 기반으로 투표선택을 했음을 확인할 수 있다. 그 밖에 통제변수로서, 유권자의 이념성향이 보수적일수록, 연령이 높을수록 두 모형 모두에서 새누리당 후보에게 투표할 가능성이 높아지는 것으로 나타났다. 또한, 두 모형 모두에서 인천/경기, 부산/울산/경남, 대구/경북 지역 거주 유권자들이 서울 지역 거주 유권자들에 비해 새누리당 후보에게 투표할 가능성이 높은 것으로 나타났다.

〈그림 10-1〉은 〈표 10-5〉의 회귀분석 결과를 다른 형태로 나타낸 것이다. 다른 변수들을 모두 각 평균에 고정시키고, 호감도 차이에 따라 그래프로 그린 것이다. 〈그림 10-1〉을 보면, 두 정당 간에 호감 정도의

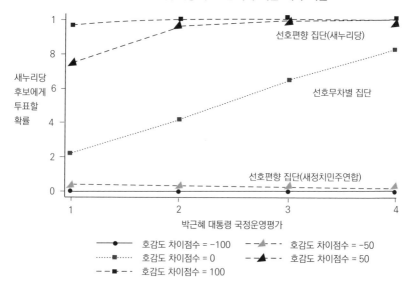

〈그림 10-1〉 새누리당 후보 선택에 대한 예측 확률

집단을 나눈 뒤 국정운영평가 점수에 따른 새누리당 투표의 예측 확률을 차이가 없는 '선호무차별 집단'의 경우 국정운영평가 점수가 높을수록 새누리당 후보에게 투표할 확률이 높아지는 것으로 나타났다. 이는 2개의 '선호편향 집단'과 비교했을 때 이들 '선호무차별 집단'에 있어 투표에 미치는 국정운영평가의 영향력이 매우 크다는 것을 의미한다. 반면, 2개의 '선호편향 집단'의 경우 국정운영평가의 영향력이 미미한 것으로 나타났으며, 정당에 대한 선호편향의 강도가 높을수록 국정운영평가의 영향력이 작은 것으로 나타났다. 새누리당에 대해 편향을 갖고 있는 응답자의 경우, 국정운영에 대한 회고적 평가에 관계없이 매우 높은 확률로 새누리당 후보에게 투표하는 것으로 나타났으며, 새정치민주연합에 대해 편향적인 선호를 갖고 있는 응답자는 국정운영에 대한 회고적 평가와 관계없이 새정치민주연합 후보에게 투표할 확률이 매우 높게 나

타났다. 종합하면, 투표선택에 영향을 미치는 회고적 평가는 정당호감도에 의해 그 영향력이 차별적으로 발현되며, 회고적 투표선택은 모든 유권자에게 있어 동일한 형태로 이뤄지지 않는다는 것이다.

4. 논의: 2014년 지방선거에서의 회고적 투표와 정당호감도

이상에서의 분석 결과를 토대로 앞에서 제기한 연구 질문에 대해 보다 상세히 논의해 보도록 하자. 우선 회고적 평가가 유권자에게 미치는 영향이 동질적인가 하는 점이다. 회고적 평가의 영향은 기존의 많은 연구에서 확인되었지만, 앞의 분석에서 본 것처럼 회고적 평가가 유권자의 투표선택에 미치는 영향력은 동질적이지 않았다. 2014년 지방선거에서 회고적 국정운영평가는 투표선택에 통계적으로 유의미한 영향을 보였지만, 회고적 평가가 투표선택에 가지는 영향력은 유권자가 정당에 대해 가지는 호감도에 따라 차별적으로 작용했다.

이는 회고적 투표의 핵심이 '유권자가 체감하는 현실이 누구의 탓인가'를 가려내는 문제, 다시 말해 '책임의 귀속'(attribution)에 대한 문제에서 비롯되기 때문이다. 회고적 투표는 현직자의 지난 성과에 대한 유권자의 평가에서 시작된다. 예컨대, 유권자는 개인적 혹은 국가적 경제의 부침(fluctuation)을 정치 지도자의 책임으로 인식할 때, 선거를 통해 그 책임을 재임자에게 묻는 경향이 있다(Glasgow, 2005; Kinder & Kiewiet, 1981; Lewis-Beck & Stegmaier, 2000; Marcus, 1988). 지역 농구 경기의 승패나 자연 재해로 인한 피해와 같이 현직자의 정치 역량과 다소 무관해 보이는 사건도 유권자가 이에 대한 책임을 현직자에게 묻는 경우라면 근접한 선거에서 여당의 의석 감소로 이어질 수 있다(Achen & Bartels, 2012; Healy *et al.*, 2013). 즉, 회고적 평가는 유권자가 스스로 중요하게 생각하는 사회적 변화를 현직자의 탓으로 돌리는지 그렇지 않은지에 따라 투표선택에 판이한 영향력을 가질 수 있다. 그리고 본 연구에서는 특정한 정당에 대해 가지는 정서적 평가가 유권자로 하여금 집권자의 책임에 대한 판단을 다르게 할 수 있다는 점에 주목했다. 예컨대, 유권자는 호감을 가지는 정당의 실적을 보다 낙관적으로 평가하는 반면, 반감을 가지는 정당의 실적은 보다 인색하게 평가할 가능성이 있다.

이 같은 특성은 사회심리학의 기존 연구를 통해 설명할 수 있다. 사회심리학에서는 '집단 편향', 즉 적과 동지, 외집단과 내집단의 구분이 형성하는 편향이 책임의 귀속에 영향을 미친다는 점에 관심을 가졌다 (Fletcher & Ward, 1988; Taylor & Doria, 1981; Taylor & Jaggi, 1974). 여기서 '집단 편향'이란 집단 성원의 평가와 행동에 있어 내집단을 외집단보다 선호하는 경향을 의미하는데(박옥희, 1990), 집단 편향은 긍정적인 결과물을 내집단의 공으로, 부정적인 결과물을 외집단의 탓으로 돌리도록 하는 기제로 작용한다(Taylor & Jaggi, 1974). 이는 '책임의 귀속'을 핵심으로 하는 회고적 투표에서 '정당에 대한 선호'가 중요한 요인으로 작용할 수 있음을 시사한다. 즉, 특정한 정당을 가깝거나 좋게 느낄 경우, 이 정당을 내집단으로 인식하는 집단 편향이 발생하고(Greene, 1999), 이것이 회고적 평가에 영향을 미치게 되므로 투표결정에 회고적 평가가 미치는 영향력이 달라질 수 있다.

한편, 앞에서 분석한 대로, 유권자는 크게 '선호무차별 집단'과 '선호편향 집단'으로 나뉜다. 내외집단 논의에 근거하면, 선호무차별 집단은 두 정당에 대한 선호가 유사하거나 같아 내집단과 외집단의 구별이 불분명한 경우에 해당하며, 선호편향 집단은 특정한 정당에 대한 호불호가 존재하여 내외집단의 구분이 분명한 경우로 볼 수 있다. 선호편향 집단에 속하는 유권자들은 국정운영에 대한 회고적 평가에 관계없이 각각 선호하는 정당에 대해 투표할 확률이 매우 높게 나타나, 회고적 평가보다 정당호감도가 유권자의 투표선택에 유의미한 영향을 미친다는 점을 앞의 분석을 통해 확인하였다. 이와는 달리 선호무차별 집단에서는 국정운영에 대한 회고적 평가가 투표선택에 있어 중요하게 작용했다.

특정한 정치행위의 결과가 누구의 탓인지 밝히는 과정은 그 속성상 중립적으로 이루어지기 어렵다. 실제로 무엇이 긍정적인 결과인지, 그 결과가 어떤 정치행위에서 기인했는지 등의 문제에는 주관적인 판단이 개입할 여지가 많기 때문이다. 또한 회고적 평가가 투표로 이어지기 위해서는 임박한 선거에서 당장 현직자에게 책임을 물을 것인지, 좀더 지켜볼 것인지의 판단도 필요하다. 기존의 연구에서 중요하게 다루지 않았던 '정당호감도'를 회고적 평가에 영향을 미치는 요인으로 주목한 이유는 이 같은 일련의 판단에 '집단 편향'이 작동할 수 있다고 보았기 때문이다. 이처럼 투표선택에 대한 회고적 평가의 영향력은 모든 유권자에게 있어 동질적으로 나타나지 않는다.

두 번째로는 정당호감도와 정당일체감의 영향력에 대해 논의해 보기로 한다. 2014년 지방선거에서 유권자의 투표선택에 대한 정당일체감과 정당호감도의 영향력을 상호 통제하여 분석한 결과, 정당호감도는 투표선택에 유의미한 영향력을 미쳤던 것에 비해, 정당일체감의 영향력은 통계적 유의미성을 나타내지 않았다. 이는 2014년 지방선거에서 유권자들이 정당일체감보다는 정당호감도에 근거해 투표선택을 했음을 의미한다. 이러한 결과는 지방선거가 가지는 '대통령에 대한 중간평가적 속성', 즉 지방선거에서 나타난 회고적 투표와 깊은 관련이 있다.

정당호감도는 정당일체감이 담지 못하는 애착심뿐 아니라 무당파층의 구체적인 속성도 함께 고려할 수 있다. 미시간 모델에서 말하는 정당일체감은 '장기간에 걸쳐 특정한 정당에 대해 지속적으로 지니고 있는 애착감'〔*attachment*(Campbell *et al.*, 1960)〕으로, 비교적 안정적으로 유지된다는 특징을 지니고 있다. 반면, 정당호감도는 각 정당에 대한 정서적 호불호(好不好)를 말하는 것으로 단기적이고 유동적인 특징을 가지고 있다. 내용적인 측면에서 정당호감도는 호감의 방향성과 강도뿐 아니라 서로 다른 정당에 대한 호감의 차이를 반영할 수 있다. 다시 말해 두 정당에 대해 모두 긍정적이거나 모두 부정적인 태도를 지닌 유권자와, 특정 정당에 대한 긍정적인 감정과 다른 정당에 대한 부정적인 태도 간에 큰 차이를 보이는 유권자 사이의 투표행태에 의미 있는 차별성을 발견할 수 있다. 즉, 정당호감도의 개념을 활용하는 경우 정당에 대한 유권자의 태도에 대해 보다 복합적인 정보를 얻을 수 있다.

　정당일체감을 중시하는 기존 연구들은 정당에 대한 태도에 있어 전통적으로 특정한 정당에 대한 소속감만을 의미하는 상호 배타적인 특성을 강조했다. 그러나 정당일체감의 경우, 한 정당에 대한 소속감 혹은 무당파로 측정되기 때문에, 유권자들의 정당에 대한 태도를 면밀하게 측정하기 어렵다. 유권자들이 정당에 대해 갖는 선호는 상호 배타적인 것이 아님에도, 정당일체감은 여러 정당선호가 상당 기간 유지되면서 안정적인 선별기제로 형성된 것에 중점을 두는 까닭에 정당 간 선호의 교차 지점을 포착하지 않는다. 그러나 정당호감도는 이 같은 복합적인 정당태도의 내용을 효과적으로 측정할 수 있다. 정당일체감과 정당호감도의 차이를 도표의 형태로 살펴보기로 한다.

　정당일체감에 따르면 〈표 10-6〉에서 A는 새누리당 지지자, B는 새정치민주연합 지지자, C 또는 C, F 또는 C, D, E, F는 무당파이다. 그러나 가변적인 정서의 측면에서, 유권자들은 두 정당을 모두 좋아할 수도 혹은 싫어할 수도 있으며, 두 정당 모두에 감정이 없을 수도 있다(황아란,

<표 10-6> 정당태도의 내용: 정당일체감 vs. 정당호감도

새정치민주연합 \ 새누리당	강한 호감	약한 호감	무차별	약한 반감	강한 반감
강한 호감	C"		B (I < O)		
약한 호감		C'			
무차별	A (I > O)		C (I = O)		E (I < O)
약한 반감				F (I = O)	
강한 반감			D (I > O)		'F

주: 새누리당 호감도(Incumbent party) = I, 새정치민주연합 호감도(Opposition party) = O.

1998/2008). 또한 정당일체감에서는 무당파층을 '정당일체감을 가진 층을 제외한 나머지 유권자'로 정의하거나, 보다 적극적으로는 '어느 정당도 지지하고 싶지 않은 층'으로 규정하지만(이현출, 2001), 실제 무당파층의 정당선호는 이것을 넘어서는 차이를 보인다. 예컨대 C, C', C"나 D, E, F의 유권자는 상이한 정당선호를 가짐에도 정당일체감을 통해서는 구별되지 않는다. 반면 정당호감도는 정당일체감이 구별하지 못하는 이질적인 유권자(A~F)를 구별해 낼 수 있다. 분석 결과, 회고적 평가가 투표선택에 미치는 영향력이 전체의 26%를 차지하는 선호무차별 집단 (C, F)에서 특히 강력했다는 점에서, 2014년 지방선거에서 투표선택에 대한 정당호감도의 설명력을 확인할 수 있다.

앞의 분석에서 본 것처럼 2014년 지방선거에서 정당일체감보다 정당호감도가 주요했던 이유는 '지방선거의 중간평가적 특성'에 있다. 한국의 경우 지방선거의 투표율이 대통령선거의 투표율보다 일관되게 낮은 것처럼,4 일반적으로 중간선거는 중앙정치의 핵심권력을 결정하는 선

―――――――――
4 선거관리위원회 역대 선거 투표율 분석 자료에 따르면, 2000년 이후 각 선거에서의

거가 아닌 탓에 대통령선거에 비해 유권자의 관심이나 투표참여, 정당
투표가 적게 나타난다(Kernell, 1977). 또한 중앙 권력의 향배를 결정하
지 않는 중간선거에서 상대적으로 유권자의 투표 부담이 적기 때문에,
지방선거에서는 회고적 투표가 나타나기도 쉽다(강원택, 1998; Norris,
1990). 그러나 이때 나타나는 회고적 평가는 장기적인 지지의 해체가 아
니라 단기적인 불만의 표현에 가깝다(Norris, 1990). 실제로 기존 연구
에서는 중간선거에서의 여당 의석수 감소 경향을 연구하는 과정에서 대
통령의 영향에 주목하여 '중간선거에서의 투표가 대통령의 성과에 대한
국민투표(referendum)의 성격을 가질 수 있다'는 점을 지적한다(Feigert
& Norris, 1990). 2014년 지방선거에서 나타난 회고적 평가 역시 대통령
에 대한 '적극적인 지지 또는 지지의 철회'라기보다는 '단기적인 만족이
나 불만의 표현'에 가까울 가능성이 크다. 따라서 이 같은 선거 특성을
고려하면, 2014년 지방선거에서 유권자들은 정당일체감보다 정당호감
도에 근거한 투표선택을 내렸다는 점을 이해할 수 있다. 즉, 안정적이
고 지속적인 지지를 내용으로 하는 정당일체감보다 단기적이고 유동적
인 호불호를 보여주는 정당호감도가 현직 대통령에 대한 회고적 평가의
성격을 가지는 지방선거에 더 적절한 선택의 기제로 작동할 수 있다는
것이다.

투표율은 대통령선거 투표율의 경우, 2002년 70.8%, 2007년 63.2%, 2012년 75.8%였
으며, 전국동시지방선거 투표율의 경우 2002년 48.9%, 2006년 51.6%, 2010년
54.5%, 2014년 56.8%였다.

5. 나가며

본 연구는 2014년 지방선거에서 유권자들의 회고적 투표선택이 동질적이지 않을 것이라는 인식하에, 투표선택에 대한 국정운영에 대한 유권자들의 회고적 평가의 영향력이 정당호감도에 의해 차별적으로 나타날 수 있음을 경험적으로 검증하였다. 본 연구의 주요한 발견들을 정리하면 다음과 같다.

첫째, 기존 연구들은 투표선택에 영향을 미치는 회고적 평가와 정당에 대한 태도를 상호 독립적으로 검증하고 있는 반면, 본 연구에서는 두 요인의 상호작용 효과를 검증하여, 정당에 대한 유권자의 호감도에 따라 투표선택에 미치는 회고적 평가의 영향력이 다르게 나타날 수 있음을 밝혔다. 구체적으로 새정치민주연합에 비해 새누리당에 높은 호감도를 가진 응답자 집단에서는 국정운영에 대한 회고적 평가에 관계없이, 새누리당 소속 후보에게 투표할 확률이 매우 높게 나타났다. 반면, 새누리당에 대한 호감도와 새정치민주연합에 대한 호감도에 큰 차이를 보이며 새정치민주연합에 대한 편향적인 선호를 지닌 응답자 집단에서는 국정운영에 대한 회고적 평가와 관계없이, 새정치민주연합 후보를 선택할 확률이 매우 높았다. 한편, 두 정당에 대해 모두 긍정적 혹은 부정적이거나, 모두 특별한 호감을 가지고 있지 않아 두 정당에 대해 무차별한 선호를 가진 응답자 집단에서는 회고적 평가의 영향력이 크게 나타났으며, 회고적 평가가 긍정적일수록 새누리당 후보를 선택할 확률이 높아지는 것을 확인하였다.

둘째, 본 연구는 2014년 지방선거에서 유권자의 투표선택을 분석하는 데 있어서 정당에 대한 유권자의 태도 중 정당일체감보다 정당호감도가 보다 적합한 설명력을 가진다는 것을 확인하였다. 본 연구는 이러한 결과를 통해 지방선거는 현 정부에 대한 중간평가의 장으로서 기능한다는 특성에서 기인한 것이라고 판단한다. 지방선거는 중앙 권력의 소재를 결정하는 기회가 아니기 때문에, 유권자들은 지방선거에 임하면서 당파적 속성을 지니고 보다 장기적으로 유지되는 정당일체감보다는 단기적이고 유동적인 정서적 선호를 의미하는 정당호감도를 반영한 투표를 했다는 것이다. 2014년 지방선거에서는 세월호 참사로 인해 이러한 특성이 더욱 두드러졌다. 본 연구의 결과는 선거의 수준과 선거가 치러지는 정치적 환경에 따라 유권자의 투표선택에 미치는 정당태도의 속성이 달라질 수 있음을 시사한다.

참고문헌

가상준(2008), "노무현 대통령에 대한 평가가 2007 년 대통령선거에 미친 영향력 분석", 〈현대정치연구〉 1 (1) : 33~57.

강원택(1998), "지방선거와 중앙정치: 6 · 4 지방선거의 정치적 함의", 한국정치학회 지방정치 특별학술회의 발표논문.

_____(1999), "지방선거에 대한 중앙정치의 영향-지방적 행사 혹은 중앙정치의 대리전?", 조중빈 편, 《한국의 선거 3》, 79~114쪽, 푸른길.

_____(2004), "연구논문: 한국에서 보궐선거의 특성과 정치적 의미", 〈의정연구〉 17: 145~168.

_____(2008), "연구논문: 2007년 대통령선거와 이슈: 회고적 평가 혹은 전망적 기대?"〈의정연구〉 25: 31~59.

김진하(2010), "지방선거의 역사적 의미와 6 · 2 지방선거 분석", 〈한국정당학회보〉 9 (2) : 5~32.

박옥희(1990), "내집단 편향(Ingroup Bias)에 관한 설득 주장이론적 접근", 〈한국사회학〉 23: 37~52.

이내영·정한울(2007), "이슈와 한국 정당 지지의 변동", 〈한국정치학회보〉 41(1): 31~55.

이현출(2001), "무당파층의 투표행태", 〈한국정치학회보〉 34(4): 137~160.

조진만(2005), "민주화 이후 한국 재보궐선거의 특징과 정치적 의미", 〈한국정당 학회보〉 4(2): 95~122.

조진만·최준영·가상준(2006), "한국 재보궐선거의 결정요인 분석", 〈한국정치 학회보〉 40(2): 75~98.

황아란(1998), "정당태도와 투표행태", 이남영 편, 《한국의 선거 2》, 257~313쪽, 푸른길.

_____(2008), "제17대 대통령선거의 투표선택과 정당태도의 복합 지표 모형", 〈현대정치연구〉 1(1): 85~110.

_____(2012), "제19대 국회의원선거와 투표행태: 긍정적·부정적 정당태도와 회고적·전망적 평가를 중심으로", 〈한국과 국제정치〉 28(4): 133~159.

Abramowitz, A. I. (1985), "Economic Conditions, Presidential Popularity, and Voting Behavior in Midterm Congressional Elections", *The Journal of Politics* 47(1): 31~43.

Achen, C. H. & Bartels, L. M. (2002), "Blind Retrospection: Electoral Responses to Droughts, Flu, and Shark Attacks", *Paper Presented at the Annual Meeting of the American Political Science Association*, Boston, MA.

Arceneaux, K. (2005), "Does Federalism Weaken Democratic Representation in the United States?" *The Journal of Federalism* 35(2): 297~311.

Ashworth, S. (2012), "Electoral Accountability: Recent Theoretical and Empirical Work" *Annual Review of Political Science* 15: 183~201.

Barro, R. J. (1973), "The Control of Politicians: An Economic Model", *Public Choice* 14(1): 19~42.

Born, R. (1990), "Surge and Decline, Negative Voting, and the Midterm Loss Phenomenon: A Simultaneous Choice Analysis", *American Journal of Political Science* 34(3): 615~645.

Buchanan, J. M. & Tullock, G. (1962), *The Calculus of Consent*, Ann Arbor: University of Michigan Press.

Campbell, A., Converse, P., Miller, W., & Stokes, D. (1960), *The American*

Voter, New York: Wiley and sons.

Chen, J. (2013), "Voter Partisanship and the Effect of Distributive Spending on Political Participation", *American Journal of Political Science* 57(1): 200~217.

Cole, S., Healy, A., & Werker, E. (2012), "Do Voters Demand Responsive Governments? Evidence from Indian Disaster Relief", *Journal of Development Economics* 97(2): 167~181.

Downs, A. (1957), *An Economic Theory of Democracy*, New York: Harper & Row.

Duck, J. M., Hogg, M. A., & Terry, D. J. (1995), "Me, Us and Them: Political Identification and the Third person Effect in the 1993 Australian Federal Election", *European Journal of Social Psychology* 25(2): 195~215.

Evans, G. & Andersen, R. (2006), "The Political Conditioning of Economic Perceptions", *Journal of Politics* 68(1): 194~207.

Fearon, J. D. (1999), "Electoral Accountability and the Control of Politicians: Selecting Good Types Versus Sanctioning Poor Performance", *Democracy, Accountability, and Representation*, pp. 55~97, New York: Cambridge University Press.

Feigert, F. B. & Norris, P. (1990), "Do By-Elections Constitute Referenda? A Four-Country Comparison", *Legislative Studies Quarterly* 15(2): 183~200.

Ferejohn, J. (1986), "Incumbent Performance and Electoral Control", *Public Choice* 50(1): 5~25.

Fiorina, M. P. (1981), *Retrospective Voting in American National Elections*, New Haven: Yale University Press.

Fletcher, G. J. & Ward, C. (1988), "Attribution Theory and Processes: A Cross-Cultural Perspective", *The Cross-Cultural Challenge to Social Psychology*, pp. 230~244, Beverly Hills, CA: Sage.

Glasgow, G. (2005), "Evidence of Group-Based Economic Voting: NAFTA and Union Households in the 1992 US Presidential Election", *Political Research Quarterly* 58(3): 427~434.

Greene, S. (1999), "Understanding Party Identification: A Social Identity Approach", *Political Psychology* 20(2): 393~403.

Healy, A. & Lenz, G. S. (2014), "Substituting the End for the Whole: Why Voters Respond Primarily to the Election Year Economy", *American Journal of*

Political Science 58(1): 31~47.

Healy, A. & Malhotra, N. (2009), "Myopic voters and natural disaster policy", *American Political Science Review* 103(3): 387~406.

_____ (2013), "Retrospective Voting Reconsidered", *Annual Review of Political Science* 16: 285~306.

Huber, G. A., Hill, S. J., & Lenz, G. S. (2012), "Sources of Bias in Retrospective Decision Making: Experimental Evidence on Voters' Limitations in Controlling Incumbents", *American Political Science Review* 106(4): 720~741.

Kernell, S. (1977), "Presidential Popularity and Negative Voting: An Alternative Explanation of the Midterm Congressional Decline of the President's Party", *The American Political Science Review* 71(1): 44~66.

Key, V. O. (1966), *The Responsible Electorate*, Cambridge, MA: Harvard Univ. Press.

Kinder, D. R. & Kiewiet, D. R. (1981), "Sociotropic Politics: The American Case", *British Journal of Political Science* 11(2): 129~161.

Lewis-Beck, M. S. & Stegmaier, M. (2000), "Economic Determinants of Electoral Outcomes", *Annual Review of Political Science* 3: 183~219.

Macdonald, K. & Heath, A. (1997), "Pooling Cross Sections: A Comment on Price and Sanders", *Political Studies* 45(5): 928~941.

Maggiotto, M. A. & Piereson, J. E. (1977), "Partisan Identification and Electoral Choice: The Hostility Hypothesis", *American Journal of Political Science* 21(4): 745~767.

Mann, T. E. & Wolfinger, R. E. (1980), "Candidates and Parties in Congressional Elections", *The American Political Science Review* 74: 617~632.

Markus, G. B. (1988), "The Impact of Personal and National Economic Conditions on the Presidential Vote: A Pooled Cross-Sectional Analysis", *American Journal of Political Science* 32(1): 137~154.

Norris, P. (1990), *British by Elections: The Volatile Electorate*, Oxford University Press.

Piereson, J. E. (1975). "Presidential Popularity and Midterm Voting at Different Electoral Levels", *American Journal of Political Science* 19(4): 683~694.

Rudolph, T. J. (2003), "Who's Responsible for the Economy? The Formation and

Consequences of Responsibility Attributions", *American Journal of Political Science* 47(4) : 698~713.

Taylor, D. M. & Doria, J. R. (1981), "Self-Serving and Group-Serving Bias in Attribution", *The Journal of Social Psychology* 113(2) : 201~211.

Taylor, D. M. & Jaggi, V. (1974), "Ethnocentrism and Causal Attribution in a South Indian Context", *Journal of Cross-Cultural Psychology* 5(2) : 162~171.

Tufte, E. R. (1975), "Determinants of the Outcomes of Midterm Congressional Elections", *American Political Science Review* 69(3) : 812~826.

Weisberg, H. F. (1980), "A Multidimensional Conceptualization of Party Identification", *Political Behavior* g2(1) : 33~60.

Zaller, J. (1992), *The Nature and Origins of Mass Opinion*, Cambridge university press.

주요 변수의 조작화 방법

주요 변수	조작화
종속변수	
광역단체장선거에서 후보 선택	새누리당 후보 = 1, 새정치민주연합 후보 = 0
독립변수	
국정운영에 대한 회고적 평가	매우 잘못하고 있다 = 1, 대체로 잘못하고 있다 = 2, 대체로 잘하고 있다 = 3, 매우 잘하고 있다 = 4
새누리당 호감도- 새정치민주연합 호감도	새정치민주연합 대비 새누리당에 가장 큰 호감도 = 100, 새누리당 대비 새정치민주연합에 가장 큰 호감도 = -100
상호작용항	국정운영평가 × 정당호감도
정당일체감	무당파, 새누리당 정당일체감, 새정치민주연합 정당일체감 3개의 가변수
통제변수	
이념	가장 진보 = 0, 중도 = 5, 가장 보수 = 10
성별	남성 = 1, 여성 = 0
연령	최소 19세, 최대 85세
소득수준	최소 200만 원 미만, 최대 850만 원 이상
교육수준	무학 = 1, 초등학교 = 2, 중학교 = 3, 고등학교 = 4, 전문대학 = 5, 대학교 = 6, 석사과정 = 7, 박사과정 = 8
지역	서울, 인천/경기, 대전/세종/충청, 광주/전라, 부산/울산/경남, 대구/경북, 강원/제주 7개의 가변수

주요 변수들의 기술통계량

주요 변수	사례 수	평균(점)/비율(%)	최댓값	최솟값
투표선택	849	100.00	-	-
새누리당 후보	473	55.71	-	-
새정치민주연합 후보	376	44.29	-	-
박근혜 대통령 국정운영평가	1,206	2.50	4	1
새누리당 호감도	1,209	47.45	100	0
새정치민주연합 호감도	1,208	42.69	100	0
새누리당 호감도-새정치민주연합 호감도	1,208	4.73	100	-100
정당일체감	1,186	100.00	-	-
새누리당	346	29.17	-	-
새정치민주연합	175	14.76	-	-
무당파	665	56.07	-	-

11 합리적 유권자와 지방선거 투표참여의 논리
제6회 전국동시지방선거를 중심으로

김한나 · 성예진 · 오태환

1. 들어가며

본 연구는 유권자들이 지방선거를 중앙정치의 차원보다는 지역정치의 문제로 받아들이는 투표참여의 유인이 더욱 강하고 직접적일 수 있음을 주장한다. 지방수준에서의 정치적 위임을 만들어 내는 지방선거에서는, 총선이나 대선과는 달리 유권자들의 투표참여로 인한 기대효용이 지역적 차원에서 형성되리라 예측할 수 있다. 분석 결과, 제6회 지방선거에서 중앙정치의 문제보다는 지역 현안이 더 중요한 의미를 지녔다고 응답한 유권자들이 투표에 참여할 확률이 더 높은 것으로 나타났다. 즉, 지방선거에서의 투표선택을 통해 자신에게 가깝고 직접적인 형태의 효용을 기대하는 유권자일수록 더욱 큰 참여유인을 지니게 된다는 것이다. 이는 한국의 지방선거가 지방자치에 활력과 책무성을 불어넣는 기제로 작동하기보다는 중앙정치의 대리전으로 기능했다는 기존의 시각과는 달리, 상당수의 유권자들이 지방선거에서 투표의 효용을 고려한 합리적 선택을 내릴 수 있다는 가능성을 제기한다. 하지만, 당선자와 차점자 간 득표율 격차로 측정한 선거경쟁도가 낮은 지역에서는 이러한 효과가 나타나지 않았다. 다시 말해, 자신의 투표참여가 선거결과에 영향을 미치지 않을 것으로 예상하는 경우에는 지방정치적 측면에서의 기대효용이 참여유인으로 연결되지 않는다는 것이다. 이러한 연구 결과는 지방선거를 통한 지역적 수준에서의 정치적 책무성 제고를 위해 보다 구체적이고 지역에 기반을 둔 형태의 정책적 대안들이 선거과정에서 적극적으로 제기될 필요가 있으며, 동시에 실질적 선거경쟁을 보장하기 위한 제도적 개선이 요구된다는 점을 시사한다.

지역수준에서의 정치적 대표를 선출하는 지방선거는 대통령선거나 국회의원선거와는 다른 의미를 지닌다. 지방선거에서 유권자들은 기본적으로 자신이 속해 있는 지역 행정단위에 국한된 차원에서 현직자들의 성과를 평가하면서(강원택, 1999/1979), 동시에 차기에 어떤 정당이나 후보자에게 지역을 정치적으로 대표하게 할 것인지를 결정한다. 즉, 지방선거를 통해 유권자들이 당선자에게 위임하는 정치적 권한의 범위나 성격이 여타 선거와는 다르다는 것이다.

그럼에도 불구하고, 한국의 지방선거는 주로 '중앙정치의 대리전'의 성격을 지니는 것으로 평가되었다(강원택, 1999; 이남영, 2011). 대선이나 총선과 마찬가지로 당파적 구도나 전국적 차원에서의 이슈 등이 쟁점이 되고, 또한 대통령 임기 중반에 지방선거가 치러질 경우에는 주로 정권에 대한 평가 여부가 선거전을 지배해 왔다는 것이다. 이번 제6회 전국동시지방선거의 정치적 의미를 해석함에 있어서도 크게 다르지 않았다. 야당의 선거 캠페인은 주로 세월호 침몰에 대한 정권의 책임을 묻는 것이었다. 이에 대해 대통령은 세월호 사고로 인한 소비심리 위축 조짐을 지적하며, 사회 불안이나 분열을 야기하는 언행들이 국민경제에 도움이 되지 않는다는 우려를 제기했다(〈중앙일보〉, 2014년 5월 10

일). 이에 발맞추어, 여당도 선거에서 적극적으로 '대통령 수호론'을 들고 나왔다(〈중앙일보〉, 2014년 6월 4일). 언론에서도 지방선거의 생활 밀착형 이슈나 지역 개발과 관련된 공약은 크게 주목받지 못했다.

그러나 지방선거에서 투표참여에 나서는 유권자의 입장에서 보면 중앙정치 차원의 문제들이 반드시 참여를 이끄는 유인은 아닐 수 있다. 지방선거란 말 그대로 지역의 일꾼을 뽑는 선거이기에, 유권자가 행사하는 한 표가 현 정부에 대한 불만의 의사를 전달하기 위해서는 상당히 길고 간접적인 경로를 거쳐야 한다. 이로 인해, 합리적인 유권자라면 지방선거를 통해 중앙정부의 책임을 묻는 행위가 부적절한 방식이라고 예상할 수 있다. 그렇다면 지방선거의 의미를 숙지하고 자신이 거주하는 지역에 실질적인 혜택을 줄 수 있는 후보가 누구인지 고민하는 시민일수록 투표참여에 더 적극적일 수 있다.

이러한 문제의식에서, 본 연구는 지방선거에서 유권자들의 투표참여유인이 무엇인지 밝히고자 하는 것을 목적으로 한다. 여기에서의 핵심적 주장은 중앙정치의 차원보다는 지역정치의 문제로 지방선거를 받아들이는 유권자에게 투표참여의 유인이 더욱 강하고 직접적일 수 있다는 것이다. 지방수준에서의 정치적 위임을 만들어 내는 지방선거에서는, 총선이나 대선과는 달리 유권자의 투표참여로 인한 기대효용이 지역적 차원에서 형성될 수 있기 때문이다. 이렇게 본다면, 지방선거는 상대적 중요성이 덜한 선거(second-order election)이기 때문에 관심과 참여유인이 적다고 단언하기는 어려울 것이다. 56.8%의 투표율을 기록한 2014년 제 6회 지방선거에 이르기까지, 지방선거에서의 투표율이 점차 상승하는 추세라는 점도 지방선거가 중앙정치의 대리전이자 부차적 의미만을 지닌다는 주장을 재고해 보아야 함을 시사한다.

이러한 주장을 입증하기 위해 본 연구에서는 다음과 같은 순서로 논의를 진행한다. 우선 한국의 지방선거에 관한 기존 연구들을 검토한 뒤 한계점을 지적하고, 투표참여에 관한 합리적 행위자 이론을 토대로 가설을 설정한다. 즉, 지역의 수준에서 유권자가 고려하는 실질적인 효용가치가 투표참여에 영향을 주는 요인이라고 가정한다. 특히 한국과 같이 지역주의 정당이 강고한 비경쟁지역의 경우에도 이러한 요인이 투표참여의 유인이 될 수 있는지 살펴본다. 본격적인 분석에서는 먼저 연령, 교육수준, 소득수준별로 지역 현안에 대한 고려의 차이가 존재하는지에 대해 검토하고 나아가 지방선거에 대한 관심, 지역균형발전에 대한 중요도 인식 및 시민적 의무와의 연관성도 있는지 살펴볼 것이다. 이어서 이항 로지스틱 회귀분석을 활용한 다변량 분석을 통해 가설검증을 실시한다. 첫 번째 종합모델에서는 지방선거에서 투표참여율에 영향을 미치는 유인이 무엇이었는지 검증하고, 두 번째 경쟁·비경쟁 지역 모델에서는 그것이 선거경쟁도에 따라 어떻게 나타나는지 분석하고자 한다.

2. 이론적 논의

1) 한국 지방선거에 관한 기존 연구

한국의 지방선거에 관한 기존 연구들에 의하면 지방선거 유권자들의 투표참여는 다음과 같은 특징을 갖는다. 첫째, 대선이나 총선과 비교했을 때 지방선거는 유권자들의 관심도와 참여율이 저조하다는 것이다 (신두철, 2007; 황아란, 2010). 이는 한국의 지방자치가 과거 중앙의 직접 통치를 염두에 두고 만들어진 제도적 틀을 유지하고 있으며, 이로 인해 지방정부 및 지방의회의 권한은 명확하게 분권화·제도화되어 있지 못한 까닭일 수 있다(강원택, 2014). 따라서 선거의 결과에 대한 유권자들의 관심도와 효능감은 낮고 이로 인해 투표율은 저하된다.

둘째, 중앙선거와 달리 지방선거의 투표참여에서는 일반적으로 도저촌고 현상이 지속적으로 나타났지만, 최근에는 도시지역의 투표율 증가로 인해 이것이 둔화되었다는 것이다(황아란, 2010). 도저촌고 현상이 나타난 이유로는 농촌사회가 도시보다 공동체 유대감이 강하기 때문에 심리적 동원의 압력이 크게 작용할 수 있다는 점이 지적된다(황아란, 1995; 김 욱, 1999; 황아란, 2010). 그런데 비교적 최근에 치러진 2010년 제5회 전국동시지방선거에서는 선거제도의 변화로 인한 정보제공 효과와 선거경쟁이란 단기적 요인이 특히 도시 유권자의 투표참여에 중요한 영향을 미쳤고 이에 따라 도저촌고 현상이 둔화되는 양상으로 나타났다(황아란, 2010).

셋째, 지방선거는 현 정권에 대한 중간평가의 의미로 해석될 수 있다. 특히 대통령 임기 중반에 치러지는 선거의 경우, 야당은 정권에 대한 심판론을 적극적으로 내세웠으며 유권자들의 선택도 핵심적인 쟁점 이슈를 둘러싸고 정부여당을 다시 한 번 신뢰할 것인가 아니면 심판할 것인가로 나타난 경향이 강했다(정원칠·정한울, 2007; 류재성, 2011; 이남영, 2011). 즉, 한국의 정치인들과 유권자들은 지방선거를 지방정부를 구성하는 지역의 대표를 선출한다는 의미보다는 현 정권을 평가하기 위한 중간선거(mid-term election)로 인식했던 것이다.

이상의 논의를 종합할 때, 한국의 지방정치는 자치행정에 관한 제도 기반의 부족과 중앙정부의 권한집중으로 인해, 유권자들의 관심과 효능감은 낮다. 한국정치는 '소용돌이의 정치'로 표현될 만큼 중앙으로의 집중화 경향이 강한 것으로 평가된다(Henderson, 2000). 이러한 특성이 지역의 일꾼을 선출하는 지방선거에도 반영되면서, 어떤 후보 혹은 정당이 지역정치를 더 잘 책임질 수 있는지를 묻기보다는 전국적이고 중앙정치적 이슈들이 선거 국면을 지배했다는 것이다.

그러나 이러한 설명은 투표에 참여하는 유권자의 합리성을 간과하고 있다. 합리적 유권자를 가정한다면 시간과 비용을 들여 투표장까지 갔을 때 그가 얻을 수 있는 실질적인 효용가치를 고려해야 한다. 현 정권에 대한 불만을 표출하거나 야권의 압박으로부터 현 정권을 수호하기 위한 목적을 가진 합리적 유권자라면 지방선거에 참여해서 지역의 대표를 뽑는 행위로써 현 정권 책임성을 처벌하거나 보상하려 하지 않을 것이다. 예컨대 세월호 참사에 대한 정부의 무능을 심판하기 위한 수단으로 지방선거에서 지역을 위해 일할 기초단체의원으로 야당 후보를 뽑는 행위는 책임자에 대한 직접적인 불만의 표시로 인식되기에는 너무나 많은 단계를 거쳐야 하므로 결코 합리적인 행동이라 볼 수 없다. 그러므로 본 연구는 유권자들의 합리성을 전제로 하고 지방선거의 수준에 맞추어 투표에 참여하는 유권자들의 동기가 무엇인지 살펴보고자 한다.

2) 투표참여에 관한 일반이론

합리적 유권자 모델에 의하면 정당 간 효용의 격차를 인지하는(*perceived benefit*) 유권자는 투표를 하고, 이 부분에서 무차별(*indifferent*) 한 유권자는 기권을 한다. 그런데 시간은 희소자원이기 때문에 투표참여에는 본질적으로 비용이 든다. 그래서 정당 간 선호를 가진 시민일지라도 때로는 기권이 합리적일 수 있다(Downs, 1957). 다만 유권자가 고려하기에 보상이 비용보다 클 경우엔 투표에 참여한다. 여기서 보상이란 유권자가 민주주의하에서 사는 것에 얼마나 장기적인 참여 가치를 부여하고, 어떤 정당이 정권을 잡는지에 얼마나 관심을 가지며 선거가 얼마나 박빙이며, 얼마나 많은 시민들이 투표할 것인가와 같은 요인에 의해 결정된다. 요컨대 이러한 보상이 비용보다 큰 시민은 투표에 참여하고, 비용이 보상보다 큰 시민은 기권하게 된다(Downs, 1957).

라이커와 오데슉(Riker & Ordeshook)의 투표계산모델(*the calculus of voting*)은 다운스의 논의를 발전시켜 시민들이 자신의 한 표 행사가 선거결과에 변화를 이끌어 낼 수 있다는 믿음은 주관적 인식, 즉 시민적 의무감(*sense of citizen duty*, D)에 기초한다고 주장했다. 즉, 비합리적이라 보일 수 있는 유권자의 투표참여를 설명하기 위해선 민주주의 체제에서 투표의 윤리를 준수할 때 느끼는 만족감이나 정치시스템에 헌신한다는 사실로부터 느끼는 만족감, 또는 지지하는 정당이나 후보에게 투표를 행사했을 때 느끼는 만족감, 보통 비용으로 간주되지만 투표장까지 가서 결정을 내리는 것에서 느끼는 만족감, 마지막으로 정치시스템에 대한 효능감(*efficacy*) 등의 표현적(*expressive*) 구성요소로서 주관적 인식까지 고려해야 한다고 보았다(Riker & Ordeshook, 1968: 28). 이들의 논의를 공식으로 표현하면 다음과 같다.

$$R = (B \times P) - C + D[1]$$

---

[1] R: 개별 유권자가 투표행위로부터 얻는 효용에 있어서의 보상
   B: 개별 유권자가 선호하는 후보에게 성공적으로 투표했을 때 얻는 효용에 있어서 차별화된 이익
   P: 투표로부터 보상을 얻을 확률: $0 \leq P \leq 1$
   C: 투표행위에 드는 개별 유권자의 비용
   D: 투표행위 그 자체로부터 얻을 수 있는 유권자들의 표현적 효용

그러나 이처럼 주관적 인식요인을 모델에 추가하는 것은 결국 경험적으로나 이론적으로나 합리적 행위자를 가정하는 이론의 정체성을 포기하게 되는 것이라는 비판을 받을 여지가 있다(Aldrich, 1993: 258). 알드리치는 대다수 사람들에게 대부분의 경우에 있어서 투표는 낮은 비용(low-cost)과 낮은 편익(low-benefit)이 요구되는 행동이며 선거결과는 거의 항상 '한계적 편익과 비용의 선에서 결정되는'(at the marginal) 것이라고 설명한다(Aldrich, 1993: 261). 즉, 선거 절차의 간소화와 투표의사결정에 드는 인지적 비용은 생각보다 그렇게 높지 않고, 투표로 얻을 수 있는 편익 또한 일상생활의 수준에서 고려할 때 실제로 그다지 높지 않다는 것이다. 따라서 비용과 편익의 근소한 변화 차이에도 대부분 유권자의 투표결정은 달라질 수 있다. 이때 전략적인 정치인(strategic politician)이 어떻게 설득하는가에 따라 더 많은 유권자들의 투표를 유도할 수 있다(Jacobson & Kernell, 1983; Aldrich, 1993).

한국의 지방선거와 같은 경우는 일반적으로 대선이나 총선에 비해 시민들의 관심도가 낮다고 볼 수 있다. 앞에서 언급한 바와 같이, 현재 정치지도자나 집권당의 국정운영에 대한 불만의 표현으로써 지방선거에서 경쟁정당의 후보를 선출하여 잘못에 대한 책임을 묻는 행위는 합리적 유권자의 양식에서는 효과적인 처벌 행동이라 볼 수 없다. 지방선거는 지방자치단체의 장과 지방의회를 구성하는 지방의원을 선출하는 선거로서 유권자들이 자기 지역의 발전과 주민의 이해를 위해 활동할 지역 일꾼들을 뽑는 선거이기 때문이다. 그러므로 이러한 선거에서 비용을 지불하더라도 투표장에 가는 사람들은 오로지 시민적 의무감이란 주관적 인식의 작동기제에 따라 투표한다기보다는 해당 지역의 현안을 고려하여 자신에게 이득을 주리라 기대되는 후보에게 투표함으로써 실질적으로 얻을 수 있는 혜택이나 효용가치를 기대하는 유권자일 것이다. 이 경우 P × B값의 근소한 차이가 결국 투표참여를 이끌 수 있는 유인이 될 수 있다. 이러한 논의에 따라 본 연구는 지역 현안의 문제를 더욱 중시함으로써 실질적 혜택(B)을 고려하는 유권자일수록 지방선거의 투표에 참여할 확률이 높다고 가정한다.

가설 1.
중앙정치의 문제보다 지역 현안이 더 중요한 의미를 지닌다고 생각하는 유권자일수록 투표참여 확률이 증가할 것이다.

한편 투표를 통해 얻는 실질적 이익의 문제는 자신이 한 표를 행사함으로써 얻을 수 있는 이익의 확률(P)의 값과 밀접하게 결부된다. 즉, 투표로 얻은 효용은 다른 유권자들의 존재로 인해 할인되기 때문에, 얼마만큼 자신의 표가 '가치를 지니는지'의 여부가 중요하다(Downs, 1957; Garman & Kamien, 1968). 예컨대 아무리 기대되는 이익이 상당할지라도 나의 한 표 행사가 아무런 의미를 갖지 못하는 선거라면 결국 그 이익의 가치도 무의미하게 되는 것이다.

본 연구에서는 투표행사로 보상을 얻을 수 있는 확률이란 선거경쟁도에 달려 있다고 가정한다. 기존 연구에 의하면 1위 후보와 2위 후보의 당선경쟁이 치열할수록 선거운동을 통한 다양한 정보제공이 가능해지고 따라서 유권자의 관심이 증가하여 투표참여율이 증가할 수 있다(Jackson, 2002; 황아란, 2010). 특히 지역주의 효과가 여전히 강고하게 작동하는 한국정치에서 영남이나 호남 같은 지역에서는 유권자가 한 표를 행사했을 때 기대되는 보상 확률은 수도권과 같은 경쟁지역에서 기대되는 보상 확률과는 다를 것이다.

예를 들어 지역정당이 뿌리 깊게 자리 잡고 있어 선거결과가 너무 당

연시되는 비경쟁지역의 경우, 유권자가 실질적 혜택을 고려할지라도
자신의 한 표가 선거결과를 좌우하리란 기대는 낮을 것이다. 즉, 굳이
내가 투표하러 가지 않아도 결과는 정해져 있기 때문에 얻게 되는 효용
은 동일하며, 이러한 경우에는 투표참여의 비용으로 인해 대부분의 유
권자가 선거 투표에 불참하게 된다.[2] 반면 경쟁이 치열한 지역에서는
유권자들이 자신의 한 표 행사가 결과를 바꿀 수도 있으리라 기대하기
때문에 더 적극적으로 투표에 임하게 된다. 따라서 본 연구는 선거경쟁
도를 고려하여 다음과 같이 가정한다.

> 가설 2.
> 비경쟁지역의 경우, 지역 현안의 실질적 이익에 대한 고려는 투표율
> 상승으로 이어지지 않을 것이다. 반면 경쟁지역의 경우, 지역 현안이
> 더 중요한 의미를 지닌다고 생각하는 유권자일수록 투표참여 확률이
> 증가할 것이다.

3. 데이터 및 변수 조작화

본 연구는 서울대학교 한국정치연구소에서 2014년 6월에 전국 만 19
세 이상 성인남녀를 대상으로 실시한 제6회 전국동시지방선거 데이터
를 사용하였다. 이는 층화 추출법(*stratified sampling*) 방식으로 선정된
전국 성인남녀 1,200여 명을 대상으로 실시한 선거 후 면접조사를 통해

---

[2] 물론 이는 이론적 차원에서의 설명이며, 자신의 표가 지니는 상대적 중요성과는 무
관하게 유권자에게 존재하는 투표참여의 효용(D)도 존재하기 때문에 선거경쟁이
없는 지역이라 할지라도 투표율이 무조건 저조하지는 않다.

이루어졌다. 연구의 종속변수인 투표참여 여부는 다음 4가지의 항목으로 구성되었는데 첫째, '투표하지 않았다', 둘째, '보통 투표를 하는 편이나 이번 지방선거에서는 투표하지 않았다', 셋째, '사전투표 했다', 넷째, '선거 당일 투표했다'이다. 세 번째와 네 번째 항목은 1로 코딩하였고, 첫 번째와 두 번째 항목은 0으로 코딩했다. 선거가 끝난 뒤 서베이를 통해 투표율을 추정할 때 과대 편향되는 것은 일반적인 현상이라고 할 수 있는데, 같은 불참이더라도 두 번째 항목과 같이 응답자에게 선택의 여지를 주는 방식을 활용하는 것은 과대 편향을 어느 정도 막을 수 있는 방법이 될 수 있다. 한국정치연구소의 데이터에서도 두 번째 항목을 택한 유권자들이 3%가량 존재하는 것으로 나타났다. 추정된 전체 투표참여율은 71.1%로 나타났으며, 실제 선거에서의 투표율은 56.8%였다.

첫 번째 가설에서 규명하고자 하는 논지의 핵심적 설명변인인 투표참여의 효용(B)은 유권자가 2014년 지방선거를 얼마만큼 지역정치의 차원에서 인식했는지를 통해 정의되었다. 이는 "이번 선거는 중앙정치보다 지역 현안이 중요한 선거였다"란 의견에 대해 '매우 공감한다'부터 '전혀 공감하지 않는다'로 이루어진 4점 리커트 척도 응답으로 측정되었으며, 여기에 공감할수록 지방선거에서의 투표참여 효용이 큰 것으로 파악되었다. 다만, 로지스틱 분석 모델에서는 '중앙정치 중시 (0) - 지역 현안 중시 (1)'의 가변수로 처리해 분석에 포함시켰다. 이는 리커트 척도로 측정된 변수에 내재된 질적 차이를 무시한 채 연속변수처럼 활용하는 것이 기본적으로 적절하지 않기 때문이다.

두 번째 가설과 관련된 설명변인인 투표로부터 보상을 받을 확률(P)은 그 정의상 0보다 클 때만 투표참여의 효용으로 인한 유권자들의 실제 참여로 이어지게 할 수 있다. 본 연구는 P값을 선거의 경쟁도로 정의

한다. 자신이 행사하는 한 표가 만들어 낼 결과에 대한 기대는 다분히 주관적으로 할인된 결과이지만, 앞서 보았듯 실질적인 선거경쟁이 거의 없는 지역에서는 이러한 기대 자체가 무의미할 수 있다. 선거경쟁도를 측정하기 위해서 여러 방식이 제안된 바 있는데, 엔트로피 지수나 3위 이하 후보까지 고려한 지수 등 다양한 방법을 검토한 윤성호와 주만수(2010)의 연구는 이러한 측정법들이 실질적으로 중요한 차이를 만들어 낼 수 있음에도 특정한 방식의 절대적 우월성을 밝히기는 어렵다는 사실을 보였다. 따라서 본 연구에서는 가장 직관적인 방식인 1위 후보와 2위 후보 간 득표율 차이를 통해 선거경쟁도를 도출하는 방식을 택한다. 또한, 광역단체장선거가 대중적 관심과 미디어 노출빈도가 가장 높다는 점을 고려하여 이를 측정단위로 삼는다. 선거구에 따라 득표율 1위와 2위의 격차를 계산하여 격차가 5% 이하인 경우는 '경쟁지역'으로, 5%를 초과할 경우는 '비경쟁지역'으로 나누었다. 총 17개의 선거구 중 득표율 격차가 작은 순으로 경기, 부산, 강원, 인천, 충북, 대전을 경쟁지역으로 볼 수 있었다.

한편 본 연구가 지방선거의 맥락에서 가정하는 유권자의 기대효용은 지역 현안에 대한 중요성 인식이지만, 본래 합리적 선택 모델에서 B항으로 가정하는 것은 본인과 지지 정당 간의 최소이념거리이다. 다시 말해, 투표에 참여하고자 하는 유권자는 정당의 이념위치와 자신의 이념위치를 가늠하여 더욱 가까운 거리에 있다고 판단되는 정당이 자신의 이익을 대변해 주리라 예측할 수 있다는 것이다. 즉, 이념적 거리가 가까울수록 투표에 참여할 유인이 커져 투표율은 상승할 가능성이 크다. 반면에 경쟁정당들의 이념위치가 모두 동일하여 어느 정당이든 이념적 차이가 없다고 판단될 경우에는 투표참여의 유인을 잃고 기권하게 될 것이다(Downs, 1957). 그런데 이러한 논리는 경제와 복지 및 대북 정책

등에 있어서 정당 간 이념적 대립이 분명히 제시되는 중앙선거의 차원에서는 통할 수 있으나 지역적 차원에서도 통할 수 있을지는 검증해 볼 필요가 있다. 왜냐하면 중앙정당들이 이념적으로 표방하는 대북정책 입장이나 복지 공약이, 지역의 생활을 어떻게 개선할 것인지에 대해 더욱 구체적으로 고민해야 할 지방자치의 수준에서 과연 지역 주민들에게 실질적 이익으로 받아들여질지는 미지수이기 때문이다. 이에 따라 본 연구는 앞의 두 가설에 더하여 정당들에 대한 최소이념거리 및 이념적 무차별성 변수를 분석에 포함시켜 지방선거수준에서 보다 타당한 합리적 모델은 어떤 것인지 검토해 보고자 한다. 분석 대상이 되는 정당은 새누리당, 새정치민주연합, 통합진보당, 정의당의 4개 정당이다.

이어서 투표참여에 영향을 미친다고 알려진 D항, 즉 시민적 의무감 또는 유권자의 주관적 인식에 관련된 변수도 고려할 필요가 있다. 우선 이번 지방선거에서 과연 박근혜 심판론이 투표참여의 심리적 유인이 될 수 있었는지 검토해 볼 것이다. 이는 "이번 선거는 박근혜 정부를 심판하는 선거였다"란 의견에 대하여 어느 정도 공감하는지에 대해 '매우 공감한다'부터 '전혀 공감하지 않는다'로 이루어진 4점 리커트 척도를 사용하였다. 또한 정당일체감도 유권자의 심리적 유인이 될 수 있는 변수로 분석에 포함되었다. 이는 유권자들에게 가깝게 느끼는 정당이 있는지에 대해 질문한 다음, 지지 정당이 있다고 응답한 이들에게는 2점을, 지지 정당이 없다고 응답한 응답자에게는 그래도 선호하는 정당이 있는지 되묻고 지지 정당이 있다고 응답한 이들에게는 1점을 부여했다. 2번에 걸친 질문에도 불구하고 지지 정당이 없다고 고수한 응답자들은 0점으로 코딩하여 정당일체감의 강도를 측정하였다. 마지막으로 투표참여에 영향을 줄 수 있는 주관적 인식요인으로서 투표는 시민의 의무 또는 선택 중 무엇이라 생각하는지 시민적 의무감을 직접 측정하여 분석에 포함했다. 의무라고 응답할 경우에는 1로, 선택이라고 응답할 경우에는 0으로 코딩하여 더미변수로 취급하였다.

그 외에도 투표참여에 있어서 비용(C)을 낮추어 줄 수 있으리라 기대되는 변수가 있다. 예컨대 연령이나 교육수준, 소득수준, 정치적 세련도 (*political sophistication*) 등과 같은 유권자의 인구사회학적·인지적 특성은 일종의 '정치적 자원'으로서 투표참여의 문턱값을 낮추는 효과를 지닌다(Wolfinger & Rosenstone, 1980; Dalton & Wattenberg, 2000; Dalton, 2012). 따라서 본 연구는 이러한 C항과 관련된 변수들을 분석에 포함시킬 것이다. 연령의 경우 19~89세까지 연속변수로 취급하였고 연령의 비선형 효과를 고려하여 제곱항을 분석에 포함하였다. 교육수준의 경우 '중졸 이하'(1), '고졸'(2), '전문대 재학 이상'(3)으로 세 구간으로 나누어 측정하였고, 소득수준은 100만 원 단위를 기준으로 200만 원 미만일 경우의 1점부터 700만 원 이상의 5점까지 5점 척도로 측정하였다. 성별의 경우에는 남성은 1, 여성은 0으로 더미변수화하였다. 끝으로 정치적 세련도의 경우에는 평소 정치관심 정도와 객관적인 정치지식 정도를 평균하여 조작화하였다. 정치관심도는 '전혀 없음'(0)부터 '매우 많은 편'(4)까지 4점으로 측정하였고, 객관적인 정치지식 보유 정도는 "우리나라 광역의원의 임기는 몇 년입니까?", "현재 우리나라 제 1야당인 새정치민주연합은 현재 2명의 공동대표체제인데요, 2명의 공동대표 이름은 무엇입니까?", "2014년 현재 중국의 최고지도자는 누구입니까?" 등을 묻는 퀴즈에 대하여 0~3점까지의 점수로 평가하였다.

4. 경험적 분석

1) 지방선거에서의 투표참여유인: 중앙정치인가, 지방정치인가?

앞서 살펴본 대로 한국에서는 아직 지방자치가 제대로 구현되지 않고 있다는 인식이 강하기 때문에, 지방수준에서의 정치적 위임이라는 의미를 지방선거가 제대로 담고 있지 못한 것으로 여겨 왔다. 그러나 〈그림 11-1〉에서 보듯, 2014년 6월의 지방선거에서 중앙정치적 차원보다는 지역 현안이 더 중요한 의미를 지닌다고 응답한 유권자가 전체의 62% 이상을 차지했다. 또한, 박근혜 정권에 대한 심판론이라는 중간선거의 중앙정치적인 구호에 대해서도 공감하지 않는 유권자들 역시 62% 정도로 나타났다. 여기에서 활용한 질문은 단순히 정권심판론에 찬성하는지 혹은 반대하는지를 묻는 선호의 방향에 대한 것이라기보다는 이번 선거에서 정권심판론이 얼마만큼 중요했는지에 대한 평가의 의미가 강하다는 점을 인식할 필요가 있다.

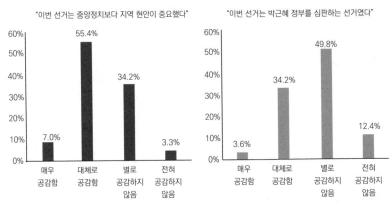

〈그림 11-1〉 2014년 지방선거에 대한 유권자들의 의미부여

또한 〈표 11-1〉에서 보듯, 선거의 의미를 지역적 차원에서 고려하는 유권자일수록 2014년 지방선거에 대한 관심이 높다는 사실이 확인된다. 특히 지방선거로서의 의미를 매우 강하게 인식하고 있는 유권자들과 중앙정치로서의 의미를 매우 강하게 인식하는 유권자들 간 차이는 상당히 뚜렷하게 나타난다. 유권자들에게 나타난 차별적인 선거 의미 부여는 무작위적인 것이라기보다는 선거를 통해 기대하는 정도의 차이와 연관되어 있음을 알 수 있는 대목이다. 다시 말해, 이는 유권자들의 선거 자체에 대한 높은 관심도가 투표참여에서 무엇을 얻을 수 있는지 (stakes)에 대한 기대를 반영한다면, 지방선거의 의미를 중시하는 유권자들에게는 더욱 직접적인 투표참여의 효용이 존재한다고 추론할 수 있다.

그렇다면 왜, 어떤 유권자들은 다른 유권자들과는 달리 중앙정치의 차원보다는 지역정치의 차원에서 지방선거에 접근하는 것인가? 한 가지 더 고려해 볼 수 있는 것은, 아무래도 지역정치의 의미를 더 중시하는 유권자의 경우 상대적으로 중앙에 모든 정치경제적 권력과 관심이 집중되는 현상에 대해 비판적인 입장을 취할 가능성이 높다. 이번 선거

〈표 11-1〉 지방선거에 대한 의미부여와 선거관심도

	선거에 관심이 없었음	선거에 관심이 있었음	합계N(%)
지방선거로서의 의미가 매우 중요	14.1%	85.9%	85(100%)
지방선거로서의 의미가 대체로 중요	39.7%	60.3%	667(100%)
중앙정치로서의 의미가 대체로 중요	43.2%	56.8%	412(100%)
중앙정치로서의 의미가 매우 중요	52.5%	47.5%	40(100%)
N(%)	490(40.7%)	714(59.3%)	1,204(100%)

주: Pearson $\chi^2(3) = 7.24$, P = 0.065

의 의미를 중앙에 정치적 신호를 보내기보다는 지역에서의 일꾼을 선출한다는 측면에서 접근한다는 사실은, 그만큼 유권자들이 지방자치의 활성화나 실질적 분권화의 문제를 좀더 중요하게 생각한다는 것을 뜻한다. 〈표 11-2〉는 이러한 추론을 뒷받침한다. 전반적으로 현 시점에서 수도권 규제완화보다는 지역균형발전이 더 중요하다고 생각하는 유권자가 더 많은 가운데, 이러한 인식의 차이는 이번 선거에 대한 의미부여의 차이와도 어느 정도 유의미한 관계를 갖는 것으로 볼 수 있다. 즉, 중앙정치보다는 지방정치의 차원에서 이번 선거를 이해하고 접근한 유권자일수록 지방수준에서의 정치적·경제적 활성화를 더 기대하는 경향이 있다는 것이다.

다음에 제시된 〈표 11-3〉의 분석 결과는 실제로 2014년 지방선거를 지역정치의 문제로 의미부여한 유권자일수록 높은 투표율을 보인다는 사실을 입증한다. 표본 수가 작지만, 선거의 의미부여가 확고한 유권자에게 이러한 차이는 상당히 중요한 투표참여의 유인이었던 것으로 보인다. 이러한 유인은 투표참여의 투자적 효용과 관련된 부분으로 볼 수 있는데, 중앙정치의 문제로 투표결정을 인식하는 유권자보다 내 지역의 일꾼이 누가 되는지의 문제를 더 중시하는 유권자일수록 자신의 표가 가지는 의미가 더 크고 직접적일 수 있다고 여기기 때문이다. 예컨대, 지방선거의 참여를 통해 박근혜 정권의 행태를 변화시킬 수 있다는 기대감과 내가 사는 지역에 새로운 군수나 시장이 부임함으로써 중요한 차이가 발생할 수 있다는 기대감을 비교한다면, 후자가 훨씬 직접적인 유인일 수 있다는 것이다.

여기에서 고려해 볼 수 있는 반론은, 2014년 지방선거에서 중앙정치보다는 지역 현안이 더 중요했다는 응답 자체가 유권자들의 인구사회학적 특성이나 정치적 성향과 연결되어 있기에 이러한 결과가 나왔으리라는 것이다. 예를 들어, 교육수준이 높은 유권자일수록 지방선거가 지니고 있는 의미를 보다 지역적 차원에서 해석하는 경향이 강하며, 더 불어 교육수준이 높다는 것 자체가 높은 투표율을 설명할 수 있는 요인 이라는 것이다. 혹은 연령이 높을수록 비슷한 연쇄작용이 일어날 수도 있다. 그러나 〈표 11-4〉에서 제시되는 바는, 연령과 교육수준은 물론 이며 정치적 관심도와 정치적 지식수준으로 정의되는 정치적인 세련됨

〈표 11-2〉 지방선거에 대한 의미부여와 선거관심도

	지역균형발전을 더 중시	수도권 규제완화를 더 중시	합계N(%)
지방선거로서의 의미가 매우 중요	71.8%	28.2%	85(100%)
지방선거로서의 의미가 대체로 중요	70.0%	30.0%	669(100%)
중앙정치로서의 의미가 대체로 중요	59.7%	40.3%	414(100%)
중앙정치로서의 의미가 매우 중요	60.0%	40.0%	40(100%)
N(%)	800(66.2%)	408(33.8%)	1,208(100%)

주: Pearson $\chi^2(3) = 14.00$, $P = 0.003$

〈표 11-3〉 지방선거에 대한 의미부여와 투표참여

	투표참여	투표참여	합계N(%)
지방선거로서의 의미가 매우 중요	71.8%	28.2%	85(100%)
지방선거로서의 의미가 대체로 중요	70.0%	30.0%	669(100%)
중앙정치로서의 의미가 대체로 중요	59.7%	40.3%	414(100%)
중앙정치로서의 의미가 매우 중요	60.0%	40.0%	40(100%)
N(%)	800(66.2%)	408(33.8%)	1,208(100%)

주: Pearson $\chi^2(2) = 15.76$, $P = 0.001$

<표 11-4> 여러 설명변인과 지방선거에 대한 의미부여 간 상관관계

중앙정치 중시(0), 지역 현안 중시(1)	상관계수	p-value
연령	-0.02	0.37
교육수준	-0.01	0.72
가구 월 소득	0.06	0.04
정치적 세련도	0.06	0.06
정당일체감 강도	0.04	0.17
주관적 이념	-0.04	0.15
투표의무감	-0.04	0.18
정권심판론 영향력 부정	0.17	0.00

의 정도, 그리고 가계소득수준 등의 변수는 이러한 인식과는 상관관계가 거의 없거나 약한 것으로 나타났다. 다시 말해, '정치적 자원'을 더 많이 지닌 유권자라고 해서 지역 차원에서 지방선거를 더 잘 이해하는 것은 아니었다.

동시에, 특정 이념성향을 가진 유권자나 당파적 유권자가 특별히 중앙중시와 지방중시 간 어느 한쪽으로 치우쳐 있다고 보기도 어려우며, 투표참여에 대한 의무감과도 무관하다. 다만, 월 소득이 높을수록 지방선거를 좀더 지역적 측면에서 바라보는 경향이 95%의 신뢰수준에서 유의미하게 나타난다. 이는 도구적 합리성을 갖춘 유권자일수록 지방선거에서도 직접적 효용의 문제를 더 중요하게 고려할 수 있다는 가능성을 제시한다. 또한, 정권심판론이라는 중앙정치에서의 이슈가 선거에 미친 영향력은 없었다고 평가할수록 유권자들은 중앙보다는 지역의 문제로 선거를 바라보고 있었다. 이렇게 볼 때, 중앙 대 지방의 인식 차이가 특별히 유권자의 개인적 특성으로부터 비롯되었다고 보기는 어렵다. 이러한 차이는 앞서 보았듯이 정치경제적 권력 분권화에 대해 찬성하는 경향이 강한 유권자들, 그리고 지방선거를 통해 지역 차원에서의 효용을 누릴 수 있으리라고 기대하는 유권자들로 인해 나타난 인식적

차이로 파악할 수 있다.[3]

지방선거참여유인이 선거수준에 맞는 실질적 효용으로서 지역 현안에 대한 관심이라면, 유권자들에게 지방선거는 정권에 대한 중간평가 이상의, 지역 차원의 구체적인 정책변화를 고려한 합리적 선택의 장(場)일 것이다. 지금부터는 기존에 유권자의 투표참여에 영향을 미치는 것으로 간주되었던 여러 변수들을 통제한 뒤에도 2014년 지방선거를 지방정치의 차원에서 보고 있는 유권자들이 투표할 확률이 더 높은지에 대해 알아보기 위해 다변량 분석을 실시하고자 한다. 다변량 분석은 이진변수인 투표참여를 종속변수로 하는 이항 로지스틱 회귀분석을 사용하여 실시하였다.

〈표 11-5〉는 2014년 지방선거에서 지역 차원의 효용을 얻을 수 있다고 기대하는 유권자들이 투표에 참여할 확률이 그렇지 않은 유권자들보다 높다는 것을 보여주는 것으로 본 연구의 가설 1을 입증하는 결과이다. 구체적으로는, 다른 변수들을 통제한 모형에서 지방선거를 중앙정치적 요인보다 지역 현안이 중요한 선거로 간주하는 유권자들이 그렇지 않은 유권자들에 비해 투표할 확률이 더 높았으며 이는 90% 통계수준에서 유의미했다. 한편 유권자 본인의 이념과 가장 가까운 정당의 이념은 유권자를 투표장으로 이끄는 데 통계적으로 유의미한 영향을 미치지 않았다. 투표참여의 논리를 고려할 때 선거결과로 얻을 수 있는 유권자의 기대효용은 본인과 정당의 이념거리로 계산된다. 그러나 유권자가 지방선거수준에서는 정당과의 이념거리를 투표참여를 위한 이익의 계산 준거로 이용하지 않을 가능성이 높은 것으로 보인다. 지역수

---

3 질적 변수로 이루어진 변수끼리의 상관관계를 분석하기 위해서는 교차분석 후 χ^2 테스트를 거치는 것이 일반적일 것이나, 여기에서는 간결한 분석을 제공하기 위해 부득이하게 이러한 방식을 활용했음을 밝힌다.

준의 위임이 어느 정당의 후보에게 주어지느냐에 따라 정책적 변화가 나타날 수 있음에도 불구하고, 분석 결과는 유권자가 느끼는 정당 정책의 차별성이 지역 차원에서 뚜렷하게 부각되지 않음을 보여준다. 이는 중앙정치 차원에서 정당경쟁이 두드러지는 반면 상대적으로 정당의 지역 차원의 정치적 활동이 미약한 한국 정당 정치의 맥락을 반영하는 듯 보인다.

〈표 11-5〉 이항 로지스틱 분석: 지방선거에서의 투표참여요인

종속변수: 투표참여 여부	회귀계수	표준오차	dy/dx
투표참여요인			
지역 현안 중시	0.33*	0.18	0.05
최소이념거리	-0.10	0.10	-0.01
이념무차별성	-0.57	0.48	-0.09
정권심판론 영향력 평가	-0.08	0.13	-0.01
정당일체감	0.47***	0.11	0.06
투표의무감	1.20***	0.18	0.19
정치적 세련도	1.31***	0.18	0.18
인구사회학적 속성			
연령	0.00	0.04	0.00
연령제곱항	0.00	0.00	0.00
교육수준	0.04	0.16	0.00
소득수준	-0.10	0.09	-0.01
성별	0.11	0.17	0.01
지역(서울 = 0)			
인천/경기	-0.43*	0.25	-0.06
대전/세종/충청	-0.39	0.31	-0.06
광주/전라	0.24	0.37	0.04
부산/울산/경남	-0.34	0.33	-0.05
대구/경북	0.00	0.31	0.00
강원/제주	0.56	0.51	0.07
상수항	-0.48***	0.94	

주: 1) 사례 수=1071, Pseudo R^2=0.2594
2) *** $p < 0.01$, ** $p < 0.05$, * $p < 0.10$

또한 선거과정 및 결과에 대한 평가에서 중간선거로서의 지방선거의 의미가 강조되는 것에 반해, '정권심판론'을 유권자의 투표참여를 이끌어 낼 수 있는 유의미한 유인으로 보기는 어려웠다. 지역 현안 중시의 변수가 유의미한 참여의 요인이었던 것을 상기할 때, 유권자들은 지방선거의 결과를 통해 중앙정책의 향방이 변화할 가능성을 실질적 효용으로 간주하지 않았다는 것이다. 이는 유권자가 지방선거를 중앙정부평가를 위한 부차적 선거보다 지역 일꾼을 선택하는 지역 중심의 선거로 간주할 때 강한 투표참여유인을 가질 가능성이 높다는 것을 보여준다.

이외에 유권자의 정당일체감의 강도가 높을수록, 투표를 선택보다는 의무라고 생각할수록, 정치적 세련도가 높을수록 투표에 참여할 확률이 통계적으로 유의미하게 나타났다. 한편 다른 요인들을 통제했을 때, 서울과 기타 지역 간 투표 확률은 대체로 유의미한 차이를 보이지 않는 것으로 평가된다.

2) 투표참여와 경쟁도

유권자들이 지방선거로 획득할 수 있는 보상을 지역 차원에서 고려한다 하더라도 유권자들이 인식하는 선거경쟁도, 즉 자신의 표가 선거 결과에 영향을 미칠 확률이 0에 수렴한다면 참여의 유인이 작아질 것이다. 따라서 선거구 차원에서 실질적으로 경쟁이 존재했는지를 고려하여 투표참여를 분석할 필요가 있다.

〈표 11-6〉은 이번 지방선거의 득표 결과를 통해 계산한 선거의 경쟁도이다. 광역단체장 수준의 선거구에 따라 득표율 1위와 2위의 격차를 계산하여 격차가 5% 이하인 경우를 '경쟁지역'으로, 5%를 초과할 경우를 '비경쟁지역'으로 나누었다. 총 17개의 선거구 중 득표율 격차가 작

〈표 11-6〉 광역단체장선거구 별 선거경쟁도

지역		1위 득표율	2위 득표율	격차
경쟁지역	경기	50.43	49.56	0.87
	부산	50.65	49.34	1.31
	강원	49.76	48.17	1.59
	인천	49.95	48.2	1.75
	충북	49.75	47.68	2.07
	대전	50.07	46.76	3.31
비경쟁지역	충남	52.21	43.95	8.26
	서울	56.12	43.2	12.92
	세종	57.78	42.21	15.57
	대구	55.95	40.33	15.62
	경남	58.85	36.05	22.8
	제주	59.97	34.53	25.44
	광주	57.85	31.77	26.08
	울산	65.42	26.43	38.99
	전북	69.23	20.45	48.78
	경북	77.73	14.93	62.8
	전남	77.96	12.47	65.49

은 순으로 경기, 부산, 강원, 인천, 충북, 대전을 경쟁지역으로 볼 수 있었다.

〈표 11-7〉은 경쟁지역과 비경쟁지역을 구분하여 이항 로지스틱 회귀 분석을 실시한 결과이다. 경쟁지역에서는 〈표 11-5〉의 분석 결과와 같이 지역 현안을 중시하는 유권자가 중앙정치를 중시하는 유권자에 비해 투표참여 확률이 높은 것으로 나타났다. 구체적으로 경쟁지역에서 지역 현안 중시 변수가 유의수준 95%에서 유의미한 영향을 미치고 있었으며, 모델의 다른 변수들을 평균값에 고정했을 때 지역 현안이 중요한 선거로서 지방선거를 강조하고 있는 유권자들의 투표참여 예측 확률은 84%였지만 그렇지 않은 유권자들의 예측 확률은 74%인 것으로 나타났다. 즉, 유권자가 지방선거를 지역 차원에서 이해하는 경우 약 10%p

〈표 11-7〉 이항 로지스틱 분석: 경쟁도를 고려한 지방선거에서의 투표참여요인

종속변수: 투표참여 여부	경쟁지역			비경쟁지역		
	회귀계수	표준오차	dy/dx	회귀계수	표준오차	dy/dx
투표참여요인						
지역 현안 중시	0.57**	0.18	0.09	0.15	0.26	0.02
최소이념거리	-0.10	0.10	-0.02	-0.12	0.16	-0.01
이념무차별성	-0.45	0.48	-0.08	-0.79	0.80	-0.12
정권심판론적 평가	-0.11	0.13	-0.02	0.08	0.19	0.01
정당일체감	0.43***	0.11	0.07	0.57***	0.15	0.07
투표의무감	1.01***	0.18	0.18	1.43***	0.25	0.21
정치적 세련도	1.11***	0.18	0.17	1.53***	0.26	0.18
인구사회학적 속성						
연령	0.07	0.05	0.01	-0.03	0.05	0.00
연령제곱항	0.00	0.00	0.00	0.00	0.00	0.00
교육수준	0.17	0.22	0.03	-0.15	0.24	-0.02
소득수준	-0.37***	0.14	-0.06	0.11	0.13	0.01
성별	0.12	0.25	0.02	0.06	0.25	0.01
상수항	-3.63	1.30		-3.18	1.29	
사례 수	466			605		
Pseudo R^2	0.2097			0.3163		

주: * $p < 0.10$, ** $p < 0.05$, *** $p < 0.01$

정도 투표 확률이 높았다.

그러나 경쟁지역이 아닌 경우 2014년 지방선거를 지역 현안이 중요한 선거로 여기고 있는지의 여부가 유권자들이 투표에 참여하도록 하는 유인으로 작용하지 못했다. 비경쟁지역에서는 지역 현안 중시 변수가 통계적 유의미성을 상실하였고, 한계효과의 크기도 경쟁지역의 변수가 비경쟁지역의 변수보다 4배 이상 큰 것으로 나타났다. 이는 지방선거를 지역차원의 실질적 이익을 얻을 수 있는 선거로 간주했는지의 여부가 선거경쟁이 존재하는 지역에서만 투표참여 확률에 유의미한 영향을 미칠 것이라는 가설 2의 타당성을 뒷받침하는 결과이다.

경쟁지역과 비경쟁지역을 비교했을 때 비경쟁지역에서 정당일체감,

투표의무감, 정치적 세련도와 같은 요인이 투표참여에 더 큰 영향력을 미치고 있었다. 비경쟁지역의 유권자는 자신의 표가 투표결과에 영향을 미칠 것이라 기대하지 않을 가능성이 높기 때문에 상대적으로 선거 관심도가 낮고 미디어의 선거집중도나 화제성의 강도가 약해서 정보비용이 올라간다. 분석 결과는 이러한 상황에서도 유권자들이 선거에 참여한다면 실질적 효용에 대한 기대보다 시민적 의무감이나 강한 정당일체감, 정치적 관심도, 정치지식의 보유 여부와 같은 더 많은 정치적 자원을 필요로 한다는 것을 보여주고 있다. 특히 선거경쟁도는 지역주의와 관련해서 생각해 볼 수 있는데, 〈표 11-6〉에서 보면 비경쟁지역에 속하는 지역, 그중에서도 1위, 2위 득표자의 차이가 상당히 큰 지역은 경상도, 전라도와 같이 경쟁도가 낮은 원인을 지역주의적 투표행태에 귀속할 수 있는 곳들이었다. 〈표 11-7〉의 분석 결과는 이러한 지역에서 유권자들의 투표참여가 개별 유권자 차원의 시민적 의무감이나 정서적 지지에 의존하고 있으며 정책적 차원의 경쟁을 통한 효용을 고려하는 합리적 유권자의 행태를 기대하기 어려움을 보여준다.

5. 나가며

지금까지의 분석을 통해, 지방선거에서 자신이 거주하는 지역과 관련된 문제를 중시하는 유권자일수록 더 직접적이고 큰 투표참여유인을 가진다는 사실에 대해 살펴보았다. 이는 유권자가 지닌 다양한 개인적 특성들, 예컨대 교육수준이나 정치적 세련도 등 '정치적 자원'과는 독립적으로 작동하는 참여유인이었다. 동시에, 투표행위를 통해 얻게 되는 의무감의 충족이나 지지 정당에 대한 당파적 선호의 표현 등 표출적 효용과도 독립적으로 작동한다는 점도 발견되었다. 요컨대, 어떤 후보자가 정치적 대표가 되는 것이 더 큰 혜택을 가져다줄 수 있는지의 여부는 지역선거에서 중요한 투표의 투자적 효용(investitive benefit)이 된다는 것이다.

그러나 선거가 실질적 경쟁의 의미를 잃는 경우에는 이러한 투자적 효용에 대한 고려가 투표참여의 유인으로 작동하지 않는다는 사실도 발견되었다. 앞서 제시한 유권자의 투표참여의 논리에서 기대효용(B)의 차이가 있더라도, 투표참여로 인해 선거결과가 달라질 가능성에 대한 주관적 예측값(P)이 0일 때는 투표참여에 미치는 영향이 달라지지 않을 수 있음을 확인했다. 본 연구에서의 분석 결과는 이러한 이론적 논의를 뒷받침한다. 물론 앞서 전제한 것처럼 오로지 투자효용에 대한 합리적 기대라는 요인만으로 유권자들의 실제 투표참여 행태를 설명할 수는 없다. 그렇기 때문에, 비경쟁적 지역의 유권자들은 상대적으로 투표참여의 효용(P × B)이 낮지만 대신 다양한 표출적 효용들, 예컨대 정당에 대한 당파적 지지나 투표참여 자체에 대해 지니는 만족감 혹은 의무감 등을 더욱 중요하게 고려한다는 사실을 시사한다.

이러한 분석을 통해, 본 연구에서는 2가지의 중요한 함의를 제시하고자 한다. 첫째, 유권자들이 총선이나 대선과는 구분되는 지방선거에서의 투표참여유인을 합리적으로 포착하고 있다는 사실이다. 기존의 연구들이 지적하는 것처럼 지방선거에서도 국가 전체를 이끄는 집권여당과 대통령에 대한 정치적 평가의 문제나 중앙정치 차원에서의 이슈와 쟁점이 중시되어 온 바 있다. 하지만 이번 선거에서 드러난 유권자들의 투표참여 행태를 미루어 볼 때, 지방선거는 단순히 '부차적 선거'로서 중앙정치 대리전의 의미만을 지닌다고 보기는 어렵다. 즉, 지방선거 투표참여에 대한 유권자들의 효능감과 관심이 다른 선거보다 낮다고 평가하기보다는, 질적으로 다른 차원을 지닌다고 볼 여지가 있다는 것이다. 개인적 특성의 측면에서는 별다른 차이가 없는 유권자들이 지역 현안을 중시하는지, 또는 중앙정치의 의미를 중시하는지의 여부만으로 투표 확률에 유의미한 차이가 나타난다는 사실은 이러한 주장을 뒷받침한다.

둘째, 지역주의로 인한 실질적인 경쟁이 없는 선거가 초래할 수 있는 문제에 대해서이다. 자신이 투표하든 하지 않든 간에 선거결과가 정해져 있으리라고 예측되는 상황에서는, 기대효용의 관점에서만 본다면 투표에 참여할 합리적 이유가 전혀 없다. 그럼에도 불구하고 호남 지역이나 영남 지역에서의 투표율이 낮지 않은 중요한 원인 중 하나는, 앞서 본 바와 같이 투표에 참여하여 지지하는 정당에 대한 당파적 선호를 표출하는 것 자체에서 주관적 효용을 얻을 수 있는 유권자가 다수 존재하기 때문이다. 이로 인해 선거를 통한 정치적 반응성과 책무성의 제고가 제대로 기능하지 못할 가능성이 있다. 차별성 있는 지역공약의 개발보다는 지역적 패권정당의 공천을 받는 것 자체에 선거의 초점이 쏠리게 될 수 있는 것이다. 이러한 상황이 변화 없이 반복된다면 유권자들은 기성 정치에 대한 환멸과 실망만을 지니게 될 수 있다. 지난 2012년 대선의 전개과정을 돌이켜 보면, 호남 지역 유권자들은 지역정당이라고 볼 수 있는 민주통합당의 문재인 후보보다 무소속 안철수 후보에 대해 더 큰 지지를 보낸 바 있었다. 결과적으로 안철수 후보의 사퇴로 인해, 호남에서도 문재인 후보에 대한 압도적 지지가 나타났지만 위와 같은 사례는 정치적 불만의 누적이 언제든 다른 정치적 대안을 요청하는 움직임으로 나타날 수 있음을 보인다. 요컨대, 경쟁 없는 선거는 합리적 선택을 내리고자 하는 유권자들과 지역에서의 유리함을 지니고 있는 정당 모두에게 부정적인 결과를 가져올 수 있다.

마지막으로 본 연구가 지니는 한계에 대해 지적하고자 한다. 본 연구는 지방선거가 다른 선거와는 다른 정치적 의미를 지닌다는 측면에 착안하여, 합리적 유권자에게는 더욱 직접적이고 실질적인 혜택을 가져올 수 있는 지역 현안에 대한 고려가 중요한 투표참여유인으로 나타나리라는 이론적 예측에 기반을 두고 출발했다. 하지만, 중앙정치적 차원의 이슈보다 지역 현안을 중요하게 여겼다는 사실이 구체적으로 어떤 의미를 지니고 있는지에 대해서는 분명하게 밝히지 못한 측면이 있다. 예컨대, 후보자의 개인적 능력에 대한 믿음과 정당 차원에서 제시한 지역 차원에서의 비전 중 무엇이 더 중요한 효용 인식의 기준이 되었는지 등의 질문에 답할 필요가 있다. 그와 동시에 지방선거는 광역단체장뿐만 아니라 광역의회와 기초의회, 그리고 교육감까지 망라한 다양한 정치적 대표를 선출하는 복합적 성격을 지니고 있다는 점도 고려되지 못한 한계를 지닌다. 이는 지역수준에서의 선거 맥락을 모두 포착하기 어려운 한계에서 기인하는 문제이기도 하다. 앞으로의 지방선거에서의 조사와 연구는 이러한 부분들을 고려하여 보다 진전된 문제의식을 지녀야 할 것이다.

참고문헌

강원택(1999), "지방선거에 대한 중앙정치의 영향: 지방적 행사 혹은 중앙정치의 대리전?", 조중빈 편, 《한국의 선거 3: 1998년 지방선거를 중심으로》, 푸른길.
_____(2014), 《한국 지방자치의 현실과 개혁 과제: 지방 없는 지방자치를 넘어서》, 사회평론.
김 욱(1999), "거주지 규모와 연령이 투표참여에 미치는 영향", 조중빈 편, 《한국의 선거 3》, 푸른길.

류재성(2011), "지방선거에서의 유권자의 특성: 총선 및 대선과의 비교분석", 〈한국시민윤리학회보〉 241: 47~73.

신두철(2007), "5·31 지방선거의 특징과 선거 캠페인", 〈한국정당학회보〉 61: 55~78.

윤성호·주만수(2010), "투표참여의 경제학: 제18대 국회의원선거 투표율 결정 요인 분석", 〈경제학연구〉 582: 221~254.

이남영(2011), "중앙정치 갈등의 표출로서의 지방선거: 지역, 이념, 정당갈등을 중심으로", 〈평화학연구〉 124: 219~240.

정원칠·정한울(2007), "패널조사를 통해 본 지방선거", 이내영 편, 《변화하는 한국유권자 3: 패널조사를 통해 본 5·31 지방선거》, 동아시아연구원.

〈중앙일보〉(2014. 5. 10), "박 대통령 사회 분열 행위 국민경제 도움 안 돼", http://article. joins. com/news/article/article. asp?total_id=14643308&cloc=olink|article|default

_____(2014. 6. 4), "박 대통령 도와 달라", "무능 정부 심판하자", http://article. joins. com/news/article/article. asp?total_id=14870130&cloc=joongang|mnews|pcversion.

황아란(1995), 《한국의 투표행태에 관한 연구》, 94~99쪽, 한국지방행정연구원.

_____(2010), "지방선거의 정당공천제와 중앙정치의 영향: 2010년 지방선거의 특징과 변화", 〈21세기정치학회보〉 203: 31~53.

Aldrich, J. (1993), "Rational choice and turnout", *American Journal of Political Science* 37: 246~278.

Downs, A. (1957), *An Economic Theory of Democracy*, New York: Harper.

Henderson, G. (1968), *Korea, The Politics of the Vortex*, Harvard University Press. 이종삼 역(2000), 《소용돌이 한국정치》, 한울아카데미.

Jackson, R. (2002), "Gubernatorial and Senatorial Campaign Mobilization of Voters", *Political Science Quarterly* 554: 825~844.

Jacobson, G. C. & Kernell, S. (1983), *Strategy and Choice in Congressional Elections*, 2nd ed., New Haven: Yale University Press.

Mark, B. G. & Kamien, M. I. (1968), "The Paradox of Voting: Probability Calculations", *Behavioral Science* 134: 306~316.

Dalton, R. & Wattenberg, M. (2000), *Parties without Partisans: Political Change in Advanced Industrial Democracies*, pp. 19~36, Oxford: New York: Oxford University Press..

Dalton, R. (2012), "Apartisans and the changing German electorate", *Electoral Studies* 311: 35~45.

Riker, W. & Ordeshook, P. (1968), "A Theory of Calculus of Voting", *American Political Science Review* 62: 25~42.

Wolfinger R. E. & Rosenstone, S. J. (1980), *Who Votes?*, New Haven: Yale University Press.

12 | 2000년대 지방선거에서 나타난 계층균열구조

이용마

1. 들어가며

정치균열구조에 대한 논의는 일반적으로 립셋과 로칸의 균열구조론에 기원을 두고 있다(Lipset & Rokkan, 1967). 거시구조적 측면의 사회경제적 균열이 정치적 관문을 넘어 중위적 수준의 정치균열로 전환되고, 이를 바탕으로 정당체계가 형성된다는 것이다.

자본주의 사회가 일반화되면서 가장 기본적인 사회경제적 균열구조는 립셋과 로칸이 지적한 대로 자본과 노동의 균열, 즉 계급균열이다. 서구 선진국의 경우 민주주의 정착의 초기 단계에 이 사회경제적 균열, 즉 계급균열에 따라 시민들의 정치적·조직적 동원이 이루어지면서 정치균열이 형성되었다. 특히 보통선거권과 같은 일반 민주주의를 쟁취하기 위한 투쟁에 노동자계급의 정치적 동원이 이루어지면서 계급균열이 보편적인 정치균열로 전환되는 것이 가능했다. 서구에서 일반화된 좌우 정당체계는 이에 기반을 둔 것이다.

하지만 사회경제적 균열이 정치균열로 전환되는 과정이 보편적인 것은 아니다. 우리나라와 같은 후발 민주주의 국가의 경우 사회경제적 균열과 정치균열 간의 조응이 이루어지지 못하고 왜곡되는 현상이 자주 나타났다(Mair, 1997). 즉, 이전의 비민주적인 권위주의 체제하에서는 사회경제적 균열과 무관하게 권위주의 정부의 필요성에 따라 시민들이 정치적으로 동원되고 조직되었다. 이 상태에서 뒤늦게 민주화가 이루어지면서 새로운 정치균열이 다시 시민사회에 하향 부과되는 과정을 거치게 된 것이다. 이에 따라 유권자와 정당 간에 사회경제적 균열에 따른 안정적인 조응관계, 즉 정당체계의 '동결'이 이루어지지 못하고 극도의 유동성을 보이는 것이다.

우리나라에서도 해방 이후 서구의 국민혁명과 산업혁명에 해당하는 분단국가 건설과 산업화 과정을 거치면서 그에 맞는 사회경제적 균열구조가 등장했다(강원택, 2011). 하지만 분단과 한국전쟁, 연이은 권위주의 체제를 거치면서 사회경제적 균열, 특히 계급균열의 표출은 철저히 억압되었다. 그 결과 민주화 이후에도 시민사회의 균열은 정치균열에 반영되지 못했고, 보수정당들의 이해관계에 따라 지역균열과 같이 스스로 창출한 독특한 정치균열구조를 시민사회에 이식하는 '식민화' (김수진, 2008: 105) 과정이 진행된 것이다. 한국 사회에서 노동자계급 정당이 배제된 채 지역주의 보수정당들만이 존재해 온 배경일 것이다.

그런데 2000년대 이후 한국 사회의 균열구조가 결정적인 변화를 맞게 되었다. 1997년 외환위기와 2000년 남북정상회담이라는 2가지의 새로운 역사적 사건을 겪으면서 기존의 균열구조에 변화가 생기기 시작한 것이다. 우선 남북정상회담과 그 이후 남북관계의 진전은 그동안 보수정당체계의 근간이 되어 온 반공 이데올로기를 크게 약화시키는 계기가 되었다.

또 외환위기 이후 양극화 현상이 심화되면서 1960년대 경제개발 이후 안정적으로 유지되어 온 계급 혹은 계층구조가 처음으로 흔들리기 시작했다. 하층은 물론 중산층까지 계층하락의 위기를 맞게 되자, 사회경제적 이해관계에 대한 관심이 고조되었다. 이에 따라 계층을 중심으로 한 정책적·이념적 차이가 나타나기 시작했고, 새로운 균열구조가 등장할 수 있는 토대가 형성된 것이다.

2000년대 이후 등장한 이념균열과 세대균열, 계층균열 등 새로운 균열구조는 바로 이런 역사적 배경하에 나타난 것으로 파악된다. 이 글은 이와 같은 문제의식에서 1998년부터 실시된 5차례의 지방선거를 대상으로 계층균열을 분석하고자 한다. 2000년대 대선에서는 신중산층과 상층으로 대별되는 계층균열구조가 등장했음이 확인된 바 있다(이용마, 2014). 따라서 대선에 비해 선거구의 크기가 작은 지방선거에서도 신중산층이 진보적인 투표행태를 보일 경우, 이를 중심으로 한 계층균열구조가 일반화되었음을 알 수 있을 것이다.

2. 선행 연구에 대한 검토

사회적 균열구조에 대한 논의는 립셋과 로칸의 연구에서 출발한다 (Lipset & Rokkan, 1967). 이들에 따르면 서구에서는 국민혁명과 산업혁명이라는 2개의 역사적 사건을 거치면서 4개의 균열구조가 등장했다. 하지만 자본주의 발전이 일반화되면서 자본과 노동 간의 계급균열을 제외한 나머지 균열, 즉 중심 대 주변, 교회 대 정부, 1차 산업 대 2차 산업 등의 균열은 부차화되거나 각국의 특수성으로 남게 되었다. 각국의 정당체계는 계급균열을 바탕으로 한 좌우 정당체계를 기본으로 해서 다른 균열이 가미되는 형식을 취하게 된 것이다. 립셋과 로칸은 이와 같은 정당체계가 1920년대 등장한 이후 그대로 '동결'되어 지속되었다고 주장한다.

하지만 1960~1970년대에 걸쳐 화이트칼라를 중심으로 한 신사회운동이 등장하는 등 새로운 현상이 출현하자 이를 둘러싸고 동결명제에 대한 논란이 제기되었다. 서구의 정당체계가 한 번도 동결된 적이 없다는 샤미르(Shamir, 1984)의 극단적인 주장부터, 균열구조가 다원화되면서 동결명제의 유효성이 상실될 것이라는 전망(Lane & Ersson, 1994/1997; Ersson & Lane, 1982; Dalton & Flanagan, 1984)까지 다양한 주장이 제기되었다. 잉글하트(Inglehart, 1971/1977)는 기존의 계급균열구조를 대체하는 탈물질주의 대 물질주의라는 새로운 균열구조가 등장했음을 주장하기도 했다.

새로운 균열구조에 대한 관심이 높아지면서 중간계급에 대한 논의도 새롭게 전개되었다. 라이트(Wright)와 골드소프(Goldthorpe) 등 계급론 연구자들 사이에서도 자본가계급과 노동자계급 이외에 화이트칼라를 중심으로 한 중간계급에 대한 연구가 보다 활발해졌다(유팔무 외, 2005; 신광영, 2004; Kriesi, 1998).

그럼에도 불구하고 동결명제의 역사적 시효에 대해서는 아직까지 합의점을 찾지 못하고 있다. 동결명제가 여전히 유효함을 입증하는 재반론이 제기되기도 했고, 새로운 균열구조가 기존 균열구조를 대체했음을 증명할 수 있는 합의된 기준이 제시되지 못했기 때문이다(Bartolini & Mair, 1990; Lijphart, 1990; Maguire, 1983; Mair, 1997; Pedersen, 1983/1990; Volkens & Klingeman, 2002; Wolinetz, 1979/1990 등).

서구에서 계급균열에 대한 논의가 비교적 활발히 이루어진 데 비해 국내의 연구는 이제 시작하는 단계라고 볼 수 있다. 지금까지 논의의 일반적인 결론에서 국내의 계급균열을 발견하기 어렵다는 것이다. 정영태(1993a/1993b)가 1992년 대선 결과를 토대로 직업을 기준으로 하여 처음으로 계급균열에 대한 분석을 시도한 바 있지만, 지역균열에 희석되어 계급균열이 표출되지 못하고 있다는 것이 그 결론이었다. 이후 소득이나 직업을 기준으로 계층균열 분석이 일부 시도되었지만 역시 투표행태와의 연관성은 찾지 못했다(박찬욱, 1993; 이갑윤, 1998).

하지만 2000년대 이후 민주노동당의 원내 진입을 계기로 계급 혹은 계층에 대한 연구가 새롭게 전개되었다. 먼저 민주노동당에 대한 분석을 통해 대졸 이상의 고학력자들과 화이트칼라층에서 노동자보다 민주노동당을 더 지지한다는 사실이 드러났다(강원택, 2004; 임영일, 2004; 안순철·가상준, 2006; 장상철, 2008). 사회학계를 중심으로 중산층에 대한 관심도 새롭게 제기되면서 중산층이 온건한 개혁성향을 띠고 있다는 선거 분석도 제시되었다(유팔무 외, 2005; 홍두승, 2005; 홍두승·김병조, 2006). 직업이나 소득 등의 단일한 사회경제적 변수를 토대로 한 계층균열에 대한 연구도 다시 시도되어 노동자와 저소득층 등 사회적 하층으로 갈수록 보수적인 투표행태를 보인다는 사실이 추가로 발견되기도 했다(박찬욱, 2006; 이갑윤, 2011; Park, 2009).

이에 반해 최근에는 계층투표의 가능성을 확인하는 연구들이 본격적으로 등장하기 시작했다. 먼저 손낙구(2008)는 경기도를 대상으로 한 연구에서 주택이라는 자산 변수가 유권자의 투표행태와 깊이 연관되어 있음을 발견했다. 강원택(2013a)은 소득을 기준으로 한 분석을 통해 2012년 대선에서 상층의 보수적 투표성향을 확인했고, 장승진(2013) 역시 2012년 총선과 대선을 대상으로 한 분석을 통해 주관적 계층의식이 '중상' 계층에 해당할수록 보수적인 성향을 보이고 있음을 발견했다. 또한 강원택(2013b)은 저소득층 유권자가 보수적 투표성향을 보이는 소위 '계급 배반 투표'의 배경으로 세대와 계층이 상호 연관되어 있음을 밝히기도 했다. 서복경 외(2014)는 계층거리감과 계층지위인식이란 변수를 도입해 이들 변수가 정치적 태도에 선별적으로 영향을 미치고 있음을 분석하기도 했다. 이갑윤 외(2013)는 손낙구의 연구를 토대로 재산을 특화한 분석을 시도했다. 이를 통해 재산이 소득이나 직업에 비해 '계급의식'의 형성에 큰 영향을 미치고 있음을 발견했다. 하지만 정당이 계급균열을 동원하지 않음에 따라 재산 변수에 의해 형성된 계급의식이 정당 지지나 투표행태로 연결되지는 못하고 있음을 주장했다.

이와 같은 분석들은 주로 재산이나 직업, 소득, 주관적 계층의식 등 단일한 사회경제적 변수를 토대로 계층을 분석했다면, 이들 변수를 종합한 계층분석의 시도도 등장했다. 이용마(2013)는 직업과 소득, 학력 등 3가지 변수를 종합해, 계층을 상층과 신중산층, 구중산층, 하층 등 4개로 나누어, 1997~2012년까지 실시된 4차례의 대선에 대한 분석을 실시했다. 그 결과 상층이 보수적, 신중산층이 진보적인 투표성향을 보이는 계층균열구조가 2000년대 이후 형성되었음을 발견했다.

3. 계층분류 방법과 변수 설정

지금까지 살펴본 대로 투표행태를 분석하면서 계급이나 계층을 분류한 연구는 그다지 많지 않았다.[1] 특히 직업이라는 단일 변수를 기준으로 분류한 계급별 투표행태분석은 정영태(1993a/1993b)가 거의 유일하다. 계층분류는 최근 적극적인 시도를 하고 있지만, 소득이나 재산 등

---

[1] 계급은 생산수단의 소유 여부를 중심으로 자본가계급과 노동자계급, 그리고 중간계급(신중간계급과 구중간계급)으로 보통 분류한다. 이에 비해 계층은 일반적으로 소득이나 재산 등을 토대로 상, 중, 하층 등 다양하게 구분하는 경향이 있다.

의 단일 변수만을 적용하고 있다.

그런데 동일한 직업군 혹은 소득군 내에서도 다른 변수들에 따라 계급의식 혹은 계층의식이 달라질 수 있다. 예컨대 재래시장의 영세상인의 경우 직업에 따르면 구중간계급으로 분류될 수 있지만, 소득이나 학력수준이 낮을 경우, 계층의식이나 투표행태는 하층에 속할 가능성이 높다. 또 대학 강사의 경우 소득이란 단일 변수에 따르면 하층에 속하겠지만, 계층의식이나 투표행태는 대졸 이상의 전문직 종사자로서 중간층에 속할 가능성이 높다. 즉, 주관적 계층의식의 경우 직업에 따른 계급적 지위 이외에도 재산이나 자산, 소득, 학력 등의 전체적인 사회적 지위에 의해 결정되는 경향이 있다(홍두승, 2005). 따라서 이 글은 단일 변수만을 적용한 기존의 논의와 달리 직업과 소득, 학력 등 3가지 변수를 종합해 계층을 분류할 것이다.

계층분류의 우선적인 기준은 직업이다. 그 이유는 직업이 계급분류의 일차적인 기준이고, 계층분류의 사회적 지위를 가늠하는 척도가 되기 때문이다. 따라서 계급분류의 기준에 의해 기업체 대표와 임원, 부농 등은 상층, 사무직과 전문직 등 화이트칼라는 신중간계급, 자영업자나 농민 등은 구중간계급, 노동자 등은 하층으로 분류했다. 주부와 학생, 미취업자 등의 경우 가구주나 배우자의 직업을 토대로 재분류하되, 가구주나 배우자도 직업이 불투명하면 분석 대상에서 제외한다.

여기에 소득과 학력 변수를 추가해서 계층을 상층, 신중산층, 구중산층, 하층 등으로 재분류했다. 우선 소득수준이 상층일 경우 직업과 무관하게 상층으로 재분류했다. 중간계급이나 생산직 노동자 가운데도 재산이 많아 소득수준이 높을 경우 상층으로 분류된다.

중산층과 하층의 경우 직업에 따른 분류 기준을 유지하되 소득과 학력 변수를 동시에 적용했다. 즉, 신·구중간계급 중에서도 중간층의 소득과 대학 재학 이상의 고학력, 둘 중 한 기준을 충족하면 각각 신·구중산층으로 남지만, 그렇지 못할 경우 하층으로 재분류했다. 고졸 이하, 저소득의 신·구 중간계급은 하층으로 분류된 것이다.

계층을 구분하는 소득의 기준은 OECD 규정에 따라 해당 연도 가계평균의 50~150%를 적용했다. 월평균 가구소득이 해당 연도 가계평균의 150% 이상일 경우 상층, 가계평균의 50~150%일 경우 중산층, 가계평균의 50% 미만일 경우 하층으로 분류했다. 물론 실제 분석과정에서 소득기준은 설문조사 문항과 각 계층의 최종적인 비율 등을 감안해 다소 탄력적으로 적용했다.

이와 같은 계층분류는 홍두승이 중산층을 분류하면서 직업과 소득, 학력, 재산 등 4가지 변수를 종합해 3가지 이상의 조건을 충족하면 핵심적 중산층, 2가지 조건을 충족하면 주변적 중산층으로 분류한 방식을 일부 원용한 것이다. 또 계급적 관점을 중시해 직업을 우선시하여 분류하는 방식을 채택했다.

이 글은 이와 같은 계층분류법에 따라 1998~2010년까지 4차례의 지방선거에 대해서는 한국 사회과학데이터센터(KSDC)에서 실시한 선거후조사 자료, 2014년 지방선거에 대해서는 한국정치연구소가 한국리서치에 의뢰해 실시한 선거후조사 자료를 분석했다.

각 선거에서 중산층 소득수준의 기준은 다음과 같다. 1998년은 해당 연도의 도시근로자 2인 이상 가계평균 소득이 191만 1,064원인 점을 고려해 150~300만 원, 2002년은 도시근로자 2인 이상 가계평균 소득이 279만 2,400원인 점을 고려해 150~450만 원, 2006년은 전국가계평균 소득이 303만 8,307원인 점을 고려해 200~450만 원, 2010년은 전국가계평균 소득이 363만 1,713원인 점을 고려해 200~600만 원, 2014년은 2013년의 가계평균 소득이 416만 1,833원인 점을 고려해 250~650만

<표 12-1> 각 선거에서 나타난 계층별 비율(단위: %)

구분	상층	신중산층	구중산층	하층
1998년	13.2	21.2	22.9	42.7
2002년	8.1	15.3	47.9	28.7
2006년	13.8	21.2	29.4	35.5
2010년	12.6	36.1	21.7(기타층)	29.7
2014년	7.7	25.8	35.5	31.0

원을 기준으로 잡았다. 그 결과 나타난 계층별 비율은 <표 12-1>과 같다.

2010년의 경우 직업에 대한 설문조사에서 자영업자 등 구중간계급을 표기하는 문항이 빠져 있어 불가피하게 '기타' 문항에 대한 응답자들로 대체할 수밖에 없었다. '기타' 응답자가 무려 21.7%에 달한 점으로 보아 구중간계급 대부분이 이 항목을 선택했을 것으로 추정된다.

계층 변수가 각 선거의 투표선택에 미치는 독립적인 영향력을 파악하기 위해 실시한 로지스틱 회귀분석에서는 인구사회학적 변수를 독립변수로 포함하였다. 성별은 여자를 0, 남자를 1로 했고, 연령은 20~60대 이상까지 5등급으로 분류했다. 이념은 각 선거의 설문 문항에 따라 1998~2010년까지 4개의 선거에서는 1을 매우 진보, 5를 매우 보수로 하는 5점 척도, 2014년 선거에서는 0을 매우 진보, 10을 매우 보수로 하는 11점 척도를 사용하였다. 소득은 매 선거마다 응답자의 분포비율을 고려해 5개 등급으로 재분류하였고, 학력은 중졸 이하와 고졸, 대학 재학 이상 등 3개 등급으로 재분류했다. 지역 변수는 대구/경북과 부산/경남, 호남 등 3개 지역을 통제변수로 사용하였다.

이 글에서 주목하는 계층균열과 관련해서는 상층과 구중산층, 하층 등 3개의 계층과 비교한 신중산층의 진보적 성향을 판단해 보기로 했다. 그 이유는 한국 사회가 급속도로 고도화되면서 신중간계급이 급증하고, 이들이 서구의 신사회운동에서 나타난 것처럼 진보적인 사회개혁성향을 보이고 있기 때문이다.

　실제 신중간계급은 2000년대 중반 전체 인구의 30% 가까이 급증한 반면, 노동자계급은 상대적으로 감소하는 추세를 보였다(신광영, 2004/2006a/2006b; 조돈문, 2011). 또 신중간계급은 1990년대 이후 시민운동이 활성화되면서 우리 사회에서 본격적으로 목소리를 내기 시작했다. 노동자와 농민 등을 중심으로 한 기존의 민중운동이 변혁 지향적인 성향을 보였던 데 비해, 신중간계급은 온건한 개혁성향을 띠는 이른바 진보적 자유주의 운동을 주도하고 있다. 일반 시민단체 회원 중에 전문직과 사무직으로 대표되는 신중간계급이 다수를 이루고 있고(김호기, 2001: 64), 2008년 광우병 촛불시위를 비롯한 시민 주도의 정치적 집회에도 적극적으로 참여한 것으로 나타났다(조기숙, 2009; 이현우, 2008; 장덕진, 2008; 김 욱, 2010).

　회귀분석의 종속변수는 광역단체장에 대한 지지를 선택했다. 2 보수정당군 선택을 1, 진보정당군 선택을 0으로 처리했다. 이에 따라 1998년 보수정당군은 한나라당과 자민련(자유민주연합), 진보정당군은 국민회의, 2002년 보수정당군은 한나라당과 자민련, 진보정당군은 새천년민주당과 민주당, 민주노동당, 2006년 보수정당군은 한나라당과 국민중심당, 진보정당군은 열린우리당과 민주당, 민주노동당, 2010년 보수정당군은 한나라당과 자유선진당, 진보정당군은 민주당과 민주노동당, 창조한국당, 진보신당, 2014년 보수정당군은 새누리당, 진보정당군은 새정치민주연합과 통합진보당, 정의당 등으로 묶었다. 3

---

2 광역의회에 대한 지지 대신 광역단체장에 대한 지지를 종속변수로 선택한 이유는 지방선거에서 선거구의 규모는 동일하지만, 무엇보다 각 당의 정치적 동원이 집중되고, 유권자 또한 우선적으로 생각하는 선거라는 점을 고려했기 때문이다. 총선에서는 정당별 비례대표가 지역구에 비해 선거구 규모가 크고, 중요도 역시 그에 비해 떨어지지 않는다는 점에서 지방선거와 차이가 있다.

4. 분석 결과

1998년 지방선거에서 국민회의와 한나라당, 자민련 등의 광역단체장에 대한 투표의사를 밝힌 조사 대상자 중 계층별 유효한 분석 대상자 752명의 투표행태를 살펴보았다(〈표 12-2〉 참조). 그 결과 한나라당과 자민련 등 보수정당군은 신중산층에서 60.4%로 가장 높은 지지를 받았고 하층과 구중산층, 상층의 순으로 지지를 얻었다. 이에 비해 국민회의는 상층에서 53.4%로 가장 높은 지지를 받았고 구중산층, 하층, 신중산층 순으로 지지를 얻었다. 하지만 계층별 투표행태의 차이는 통계적인 유의성을 보이지 않았다.

전국을 수도권과 대구/경북, 부산/경남, 호남, 충청, 강원/제주 등 6개 권역으로 나누어 분석한 계층별 투표행태에서도 통계적으로 유의미한 계층 간 차이를 발견하지 못했다.

이번에는 계층별 주관적 이념평균에 대한 분석을 해보았다(〈표 12-3〉 참조). 그 결과, 계층별 투표행태와 주관적 이념평균은 전혀 상관관계가 없는 것으로 나타났다. 계층 간 이념성향은 하층이 가장 보수적인 것을 제외하면 나머지 계층 간에는 거의 차이가 드러나지 않았다. 1998년 계층별 투표행태는 이념이 아닌 전혀 다른 요인에 의해 이뤄진 것으로 보인다. 이를 통해 우리는 1998년 지방선거에서는 이념에 따른 계층균열 현상이 나타나지 않았다고 결론지을 수 있다.

이번에는 2002년 지방선거에서 계층별로 유효한 분석 대상자 785명을

---

3 민주당 계열 정당과 민주노동당 계열 정당을 하나의 진보정당군으로 묶은 이유는 다음과 같다. 먼저 유권자들이 두 정당군을 동일시하는 경향이 많다는 것이다. 또 진보적 성향 유권자에게 두 정당군은 당선 가능성 등을 고려해 언제든지 대체 가능한 선택지라는 점이다. 특히 두 정당군의 빈번한 후보 단일화는 유권자들의 이와 같은 생각을 더욱 강화하는 경향이 있다.

〈표 12-2〉 1998년 지방선거 계층별 지지행태(단위: %)

구분	상층	신중산층	구중산층	하층	전체
보수정당군	46.6	60.4	52.0	56.4	55.1
진보정당군	53.4	39.6	48.0	43.6	44.9
N	88	149	173	342	752
χ^2 검정	Pearson χ^2 5.175, p < 0.1				

〈표 12-3〉 1998년 지방선거 계층별 이념평균(매우 진보: 1, 매우 보수: 5)

구분	상층	신중산층	구중산층	하층	전체평균	ANOVA
이념평균	2.93	2.93	2.92	3.10	2.99	F = 2.33
N	162	261	283	463	1,169	p < 0.1

〈표 12-4〉 2002년 지방선거 계층별 지지행태(단위: %)

구분	상층	신중산층	구중산층	하층	전체
보수정당군	64.5	62.3	68.1	68.1	66.9
진보정당군	35.5	37.3	31.9	31.9	33.1
N	76	114	357	238	785
χ^2 검정	Pearson χ^2 1.666, p > 0.1				

대상으로 분석해 보고자 한다(〈표 12-4〉 참조). 그 결과 한나라당과 자민련 등 보수정당군의 광역단체장 후보에 대한 지지는 하층과 구중산층에서 각각 68.1%, 상층 64.5%, 신중산층 62.3% 순으로 나타났다. 새천년민주당과 민주당, 민주노동당 등 진보정당군에 대한 지지는 2002년 대선에서 나타난 것처럼 신중산층이 가장 높았지만 37.3%에 머물렀고, 다른 계층도 30%대의 지지율로 큰 차이를 보이지 않았다. 전국 차원의 지지행태에 대한 χ^2 검정 결과도 계층별 차이가 의미 없음을 보여주고 있다. 또 영호남 등 6개 권역의 지역별 투표행태를 살펴보아도 단 한 곳에서도 계층별로 의미 있는 차이를 발견할 수 없었다.

단 한 가지 특징적인 것은 계층별 주관적 이념평균에서 신중산층이 2.84, 상층이 2.79로 구중산층이나 하층에 비해 비교적 진보적인 성향을 보이고 있는 점이다. 두 계층이 진보정당군에 대해 상대적으로 조금 높은 지지를 보낸 것과 일부 연관성을 발견할 수 있다(〈표 12-5〉 참조). 이를 통해 적어도 2002년 지방선거부터 신중산층의 투표행태와 이념성향이 상호작용하기 시작했을 것으로 추정된다. 하지만 2002년 지방선거에서는 계층별 투표행태의 통계적 의미가 없는 것으로 나타났기 때문에 이념에 따른 계층투표행태가 본격적으로 출현했다고 말하기는 어려워 보인다.

실제 로지스틱 회귀분석 결과도 2002년 지방선거에서는 계층투표가

〈표 12-5〉 2002년 지방선거 계층별 주관적 이념평균

구분	상층	신중산층	구중산층	하층	전체평균	ANOVA
이념평균	2.79	2.84	2.92	3.04	2.93	F = 2.14
N	97	183	539	297	1,116	$p < 0.1$

〈표 12-6〉 2002년 지방선거 로지스틱 회귀분석 결과

구분	B	표준오차	Exp(B)
신중산층	-.249	.265	.780
부산/경남	.985***	.278	2.678
호남	-4.590***	.742	.020
이념	.469***	.093	1.599
연령	.313***	.096	1.368
소득	-.026	.072	.974
학력	-.075	.189	.928
남자	.299	.201	1.349
상수항	-1.230	.601	.292
N	703		
Cox & Snell R^2	.272		
Nagelkerke R^2	.378		

주: 1) 기준은 진보정당군, * $p < 0.1$, ** $p < 0.05$, *** $p < 0.01$
　　2) 대구/경북 지역은 모든 계층에서 진보정당군 투표자가 단 한 명도 없는 것으로 나타나 회귀분석 대상에서 제외함.

나타나지 않았음을 보여주고 있다(〈표 12-6〉참조). 신중산층이 상층이나 구중산층, 하층 등 나머지 계층과 비교해 진보정당군을 선택할 가능성이 나타나고 있지 않다. 계수의 방향성은 맞지만 유의확률이 0.1을 넘어서고 있다. 이에 비해 지역균열은 물론이고 1997년부터 어느 정도 출현하기 시작한 이념균열과 세대균열 역시 유의확률 0.01 미만 수준에서 높게 나타났다. 자신의 이념성향이 진보에서 보수로 갈수록, 그리고 나이가 많아질수록 보수정당군을 선택할 가능성이 매우 높아지고 있다. 소득과 학력, 성별 등 다른 변수는 기존 분석과 마찬가지로 투표선택에 의미 있는 영향을 미치지 못한 것으로 나타났다.

이번에는 2006년 지방선거에 대해 분석하고자 한다. 이용마(2014)의 분석 결과 2002년 12월 대선에서 이미 신중산층을 중심으로 계층균열이 등장한 점을 고려할 때 2006년 지방선거에서도 계층균열 현상이 어느 정도 나타나야 할 것으로 보인다. 물론 지방선거라는 특수성으로 인해 대선에 비해 일정한 제한은 예상된다.

먼저 계층별 투표행태를 살펴보았다(〈표 12-7〉참조). 전체 응답자 481명을 대상으로 한 분석 결과, 한나라당과 국민중심당 등 보수정당군에 대해서는 구중산층이 73.4%로 가장 높은 지지를 보낸 데 이어 상층 71.0%, 하층 64.2%, 신중산층 60.0% 순으로 보수정당군을 지지했다. 열린우리당과 민주당, 민주노동당 등 진보정당군은 신중산층에서 40.0%로 가장 높은 지지를 받았고, 하층 35.8%, 상층 29.0%, 구중산층 26.6%의 순으로 지지를 얻었다. 구중산층과 상층이 보수정당군, 신중산층이 진보정당군에게 높은 지지를 보낸 점이 눈에 띄지만, 보수정당군이 모든 계층에서 과반을 득표한 것으로 나타나면서 계층 간의 차이는 통계적으로 무의미한 것으로 나타났다.

다만 계층별 주관적 이념평가 결과를 보면 계층 간의 차이가 통계적

〈표 12-7〉 2006년 지방선거 계층별 투표행태(단위 : %)

구분	상층	신중산층	구중산층	하층	전체
보수정당군	71.0	60.0	73.4	64.2	66.5
진보정당군	29.0	40.0	26.6	35.8	33.5
N	69	125	128	159	481
x^2 검정	Pearson x^2 6.163, $p > 0.1$				

〈표 12-8〉 2006년 지방선거 계층별 주관적 이념평균(매우 진보 : 1, 매우 보수 : 5)

구분	상층	신중산층	구중산층	하층	전체평균	ANOVA
이념평균	2.91	2.84	2.97	3.10	2.98	F = 2.54
N	102	156	217	259	734	$p < 0.1$

으로 유의미한 가운데, 신중산층이 가장 진보적인 것으로 나타났다
(〈표 12-8〉 참조). 2002년 지방선거에 이어 신중산층이 보여준 진보적
이념성향과 진보정당군에 대한 높은 지지 간의 연관성을 다시 한 번 확
인할 수 있다. 나머지 계층은 투표행태와 이념성향 간의 관계가 상대적
으로 불명확한 것으로 나타났다. 특히 하층의 경우 이념적으로는 가장
보수적인 것으로 나타났지만 진보정당군에 대해 신중산층 다음으로 높
은 지지를 보내는 불일치 현상이 발견되었다.

그런데 전국 단위의 선거결과 이외에 전국 6개 권역의 지역별 투표결
과를 분석하자, 부산/경남 지역과 충청 지역에서 계층투표 현상이 처
음으로 등장했다. 부산/경남 지역에서는 신중산층이 보수정당군뿐만
아니라 진보정당군에 대해서도 50.0%의 높은 지지를 보낸 것이다. 진
보정당군 지지율이 지역평균의 2배에 달하고 있는 데 비해 구중산층의
경우 진보정당군에 채 10%가 안 되는 낮은 지지를 보냈다. 부산/경남
지역의 계층투표는 유의확률 0.05 미만으로 유의미하게 나타났다.

충청 지역에서는 신중산층과 상층의 진보적인 투표성향이 나타났다

(〈표 12-9〉 참조). 신중산층은 부산/경남과 마찬가지로 진보정당군에게 50.0%, 상층은 40.0%의 높은 지지를 보냈다. 물론 상층은 빈도수가 5명밖에 안 되어 통계적 오류의 가능성을 배제하긴 어렵다. 어쨌든 신중산층의 진보적 성향으로 인해 충청 지역에서도 계층투표는 통계적으로 유의미하게 나타났다.

부산/경남과 충청 지역에서 의미 있는 계층투표가 확인됨에 따라 지역과 이념 등의 변수를 통제한 상태에서 로지스틱 회귀분석을 통해 계

〈표 12-9〉 2006년 지역별 계층투표행태(단위 : %)

구분		상층	신중산층	구중산층	하층	지역평균	χ^2 검정
부산/경남	보수후보군	71.4	50.0	90.5	75.7	73.3	Pearson χ^2 8.297**
	진보후보군	28.6	50.0	9.5	24.3	26.7	
	N	14	18	21	37	90	
충청	보수후보군	60.0	50.0	84.2	82.4	69.8	Pearson χ^2 7.468*
	진보후보군	40.0	50.0	15.8	17.6	30.2	
	N	5	22	19	17	63	

주: * p < 0.1, ** p < 0.05

〈표 12-10〉 2006년 지방선거 로지스틱 회귀분석 결과

구분	B	표준오차	Exp(B)
신중산층	-.677**	.261	.508
대구/경북	.811**	.405	2.251
부산/경남	.431*	.261	.650
호남	-5.081***	.756	.006
이념	.555***	.120	1.742
연령	.087	.107	1.091
소득	.005	.080	1.005
학력	-.228	.222	.796
남자	-.027	.214	.973
상수항	.080	.810	1.084
N	615		
Cox & Snell R^2	.272		
Nagelkerke R^2	.383		

층투표의 독자적인 영향력을 확인했다(〈표 12-10〉 참조). 그 결과 신중산층이 다른 계층에 비해 진보정당군을 지지할 가능성이 높은 것으로 나타났다. 유의확률은 0.05 미만이었다. χ^2 검정을 했을 때는 확인되지 않았던 계층균열이 다른 사회경제적 변수들을 통제한 상태에서 회귀분석을 한 결과 나타난 것이다.

대신 지역균열의 영향력은 다소 감소하는 흥미로운 결과가 나타났다. 즉, 대구/경북과 부산/경남 지역에서 유의확률이 각각 0.05와 0.1 미만으로 나타났다. 2002년 선거 당시 영남 지역에서 유의확률이 모두 0.01 미만이었던 것에 비해 유의도가 다소 떨어진 것이다. 계층균열이 나타나면서 지역균열이 약화된 것이다. 계층균열과 밀접한 연관을 갖고 있는 이념균열은 높은 수준의 유의성을 보였지만, 세대균열은 보수정당군의 압도적인 우위하에 희석되었다.

이와 같은 분석 결과를 통해 지방선거에서는 2006년에 처음으로 계층균열이 등장했음을 확인할 수 있다. 즉, 신중산층 대 다른 계층 간의 균열이 출현한 것이다.

2006년 선거에서 전국 차원의 계층투표의 통계적 유효성이 확인되지 않은 것은 보수정당군이 압승을 한 데 따른 결과로 보인다. 실제 이 선거에서는 전국 16곳의 광역단체 중 전남북과 광주, 제주 등 4곳을 제외한 전 지역에서 보수정당군이 승리했다. 2006년 지방선거가 당시 노무현 정부에 대한 중간평가의 성격을 띠면서 진보정당군이 신중산층을 비롯한 진보적 성향의 유권자들을 정치적으로 동원하기가 상당히 어려웠던 것이다. 바로 1년 뒤에 치러진 2007년 대선에서 이명박 후보 등 보수정당 후보군으로 강한 쏠림 현상이 나타났던 것과 유사한 현상이다. 그럼에도 불구하고 2006년 지방선거의 로지스틱 회귀분석에서 계층투표의 유의미성이 확인된 것은 의미가 크다고 볼 수 있다.

그렇다면 2006년 지방선거에서 처음 나타난 계층균열이 단순히 일시적인 현상인지의 여부를 확인하기 위해 2010년과 2014년 지방선거도 동일한 방법으로 분석하도록 하겠다.

먼저 전국 차원의 계층투표결과이다(〈표 12-11〉 참조). 신중산층은 2차례 선거에서 모두 유일하게 진보정당군에게 58.5%와 59.3%라는 과반의 지지를 보냈다. 반면 상층과 구중산층, 하층 등 다른 세 계층은 모두 보수정당군에게 과반의 지지를 보냈다. 두 선거에서 계층별 투표행태의 차이는 통계적으로도 매우 유의미한 것으로 나타나, 신중산층 대 다른 계층 간에 대비되는 계층균열 현상이 지속되고 있음을 뚜렷이 확인할 수 있다. 2006년 선거에서 나타난 계층균열 현상이 이후 2차례 선거에 대한 교차분석에서도 확인된 것이다.

신중산층을 제외한 나머지 세 계층의 보수정당군에 대한 지지를 비교하면, 2006년에는 구중산층 > 상층 > 하층, 2010년에는 상층 > 하층 > 구중산층, 2014년에는 하층 > 구중산층 > 상층 순으로 나타나, 세 계층의 투표행태가 선거마다 조금씩 달라지고 있음을 확인할 수 있다. 물론 이들 세 계층의 지지율 차이가 의미 있는 수준에서 크게 벗어난 것

〈표 12-11〉 2010년과 2014년 지방선거 계층별 지지행태(단위: %)

구분	2010년 지방선거*			2014년 지방선거		
	보수정당군	진보정당군	N	보수정당군	진보정당군	N
상층	69.0	31.0	58	54.2	45.8	48
신중산층	41.2	58.5	187	40.7	59.3	199
구중산층	55.1	44.9	107	58.1	41.9	272
하층	64.6	35.4	147	67.9	32.1	271
전체	54.3	45.7	499	56.8	43.2	790
χ^2 검정	Pearson χ^2 24.353 $p < 0.01$			Pearson χ^2 34.938 $p < 0.01$		

주: * 2010년 선거는 구중산층 대신 기타층을 사용함.

은 아니다. 요컨대 세 계층이 신중산층에 비해 보수적인 공간에 밀집해 위치하고 있다는 점 이외에 다른 일관된 움직임을 찾기는 어렵다.

각 계층별 투표행태는 주관적 이념평가에도 어느 정도 반영되었다. 우선 두 선거에서 모두 계층별 이념차이는 통계적으로 유의미한 것으로 나타났다(〈표 12-12〉 참조). 이 가운데 2010년에는 신중산층이 가장 진보적인 성향을 보이며 상층, 하층, 기타층 순으로 나타났고, 2014년에는 상층, 신중산층, 구중산층, 하층의 순이었다. 2014년에 신중산층이 상층에 비해 보수적으로 평가되었지만, 두 계층 모두 전체적인 이념평균은 중도 5보다 작은 진보에 속했다. 이 결과로 볼 때 적어도 신중산층에 관한 한 2006년부터 계속된 3차례 선거에서 진보정당군에 대한 높은 지지와 신중산층의 진보적 이념성향이 연관되어 있다고 볼 수 있다. 또 2014년에는 상층이 가장 진보적으로 평가되었는데 신중산층 다음으로 진보정당군에 대한 지지가 높은 배경으로 해석된다.

지역별 계층투표행태를 살펴보면, 2010년에는 2006년과 같이 부산/경남과 충청 등 두 지역에서 유의미한 결과를 확인할 수 있고, 2014년에는 영호남은 물론 전국 6개 권역으로 계층투표가 확산된 것을 알 수 있다(〈표 12-13〉 참조).

먼저 2010년에는 부산/경남 지역에서 신중산층의 진보정당군 지지율이 45.4%로 지역평균 19.7%에 비해 2배 이상 높았다. 기타층은 17명 중 단 1명도 진보정당군을 지지하지 않았고, 상층은 불과 9.1%만이 진보정당군을 지지했다. χ^2 검정의 유의확률도 0.01 미만으로 높은 수준에서 유의미하게 나타났다. 충청 지역에서는 신중산층이 기타층과 함께 진보정당군에게 과반의 지지를 보냈다. 신중산층의 진보정당군 지지율은 상층이나 하층의 2~3배에 이르고 있다.

2014년에는 신중산층의 진보정당군 지지율이 부산/경남에서 50%, 대

<표 12-12> 2010년과 2014년 계층별 주관적 이념평가

구분		상층	신중산층	구중산층	하층	전체	ANOVA
2010년	이념평균	2.85	2.73	3.03	2.99	2.89	F = 4.68
	N	83	272	163	222	750	p < 0.01
2014년	이념평균	4.74	4.85	5.02	5.31	5.05	F = 4.72
	N	85	281	390	341	1,096	p < 0.01

주: 1) 2010년은 구중산층 대신 기타층을 사용함.
　2) 이념 척도는 2010년: 5점(매우 진보: 1 ~ 매우 보수: 5),
　　2014년: 11점(매우 진보: 0 ~ 매우 보수: 10).

<표 12-13> 2010년 지역별 계층투표행태(단위: %)

구분		상층	신중산층	기타층	하층	지역평균	χ^2 검정
부산/경남	보수정당군	90.9	54.5	100.0	85.7	80.3	Pearson χ^2 14.557***
	진보정당군	9.1	45.4	0.0	14.3	19.7	
	N	11	22	17	21	71	
충청	보수정당군	75.0	31.2	43.7	68.2	51.7	Pearson χ^2 6.348*
	진보정당군	25.0	68.8	56.3	31.8	48.3	
	N	4	16	16	22	58	

주: * p < 0.1, *** p < 0.01

구/경북에서 33.3%로 각 지역평균 지지율의 3배에 달해 다른 계층과 비교해 통계적으로 매우 유의미한 차이를 보여주었다(<표 12-14> 참조). 수도권과 충청, 강원/제주 등 다른 세 지역에서도 조금씩 차이가 있긴 하지만 통계적으로 유의미한 수준에서 신중산층의 진보성향이 확인되었다. 다른 계층의 경우 선거 때마다 진보정당군에 대한 지지율이 들쭉날쭉하며 일관성을 보여주지 못해, 신중산층의 일관된 투표행태와 차이를 드러냈다. 호남에서는 하층이 유일하게 보수정당군에게 12.8%의 지지를 보내 다른 계층과 차별성을 나타냈다. 하층의 보수성이 두드러진 것이다.

　이번에는 로지스틱 회귀분석을 통해 지역과 이념 등의 변수를 통제한 상태에서 계층 변수가 독자적으로 투표선택에 미친 영향력을 분석

〈표 12-14〉 2014년 지방선거 지역별 계층투표행태(단위 : %)

구분		상층	신중산층	구중산층	하층	지역평균	χ^2 검정
수도권	보수정당군	54.5	56.0	42.4	30.0	44.4	Pearson χ^2 16.336 ***
	진보정당군	45.5	46.0	57.6	70.0	55.6	
	N	22	125	125	100	372	
부산/경남	보수정당군	83.3	50.0	64.3	85.4	72.9	Pearson χ^2 10.288 **
	진보정당군	16.7	50.0	35.7	14.6	27.1	
	N	12	16	42	48	118	
대구/경북	보수정당군	83.3	66.7	86.2	97.3	88.1	Pearson χ^2 8.470 **
	진보정당군	16.7	33.3	13.8	2.7	11.9	
	N	6	12	29	37	84	
충청	보수정당군	27.6	29.0	75.0	83.3	41.5	Pearson χ^2 16.023 ***
	진보정당군	72.4	71.0	25.0	16.7	58.5	
	N	29	31	16	6	82	
호남	보수정당군	0.0	0.0	0.0	12.8	6.3	Pearson χ^2 6.541 *
	진보정당군	100.0	100.0	100.0	87.2	93.7	
	N	1	21	26	47	95	
강원/제주	보수정당군	0.0	33.3	38.9	0.0	27.0	Pearson χ^2 5.169 *
	진보정당군	0.0	66.7	61.1	100.0	73.0	
	N	0	9	18	10	37	

주: * p < 0.1, ** p < 0.05, *** p < 0.01

해 보았다. 그 결과 2010년과 2014년 지방선거 모두에서 신중산층이 다른 계층에 비해 진보정당군을 찍을 가능성이 높은 것으로 나타났다 (〈표 12-15〉 참조). 신중산층 대 다른 계층 간의 계층균열이 다시 한 번 확인된 것이다. 2006년에 비하면 2010년과 2014년 선거에서 유의확률 0.1 미만으로 유의도는 다소 낮아졌지만, 계층균열이 3차례 지방선거에서 모두 확인된 점에서 그 의미가 크다고 볼 수 있다. 즉, 계층균열이 이미 알려진 지역균열, 이념균열, 그리고 세대균열과 함께 의미 있는 균열구조로 등장했다고 말할 수 있게 된 것이다.

영호남 사이의 지역균열과 이념균열, 세대균열 역시 일관되고 그 유의성도 높은 것으로 나타났다. 즉, 영남으로 갈수록, 이념이 보수화될

〈표 12-15〉 2010년과 2014년 지방선거 로지스틱 회귀분석 결과

구분	2010년			2014년		
	B	표준오차	Exp(B)	B	표준오차	Exp(B)
신중산층	-.414*	.248	.661	-.383*	.232	.682
대구/경북	1.513***	.394	4.540	1.674***	.385	5.334
부산/경남	1.192***	.298	3.295	.631**	.265	1.880
호남	-2.632***	.420	.072	-3.456***	.463	.032
이념	.965***	.123	2.625	.529***	.062	1.697
연령	.463***	.091	1.588	.396***	.088	1.486
소득	.201**	.079	1.223	-.110	.076	.896
학력	-.120	.193	.887	-.152	.175	.859
남자	.292	.215	.175	-.030	.187	.971
상수항	-4.254	.729	.014	-.2848	.650	.058
N	611			783		
Cox & Snell R^2	.347			.362		
Nagelkerke R^2	.464			.485		

수록, 나이가 많을수록 보수정당군을 선택할 가능성이 높아지는 것이
다. 유의도만을 비교하면 다른 균열에 비해 계층균열이 상대적으로 약
한 편임을 알 수 있다. 즉, 2006년에 비해 2010년과 2014년 선거에서 지
역균열이 강화되면서 계층균열이 상대적으로 약화된 것이다.

기존 연구에서와 마찬가지로 성별이나 소득, 학력 등의 다른 사회경
제적 변수들이 투표행태에 미치는 독자적인 영향력은 사실상 발견하기
어려웠다.

계층균열이 지방선거에서 맨 처음 발견된 2006~2014년까지 3차례 선
거에서 나타난 결과를 정리하면 다음과 같다(〈표 12-16〉 참조).

지금까지의 분석 결과를 통해 우리는 몇 가지 결론을 추론할 수 있다.
첫째, 모든 선거에서 진보정당군에 대한 지지도를 보면 신중산층이 가
장 높은 사실을 알 수 있다. 특히 2010년과 2014년 선거에서는 신중산층
만이 유일하게 진보정당군을 과반의 비율로 지지했다. 이에 비해 상층
과 구중산층, 하층 등 나머지 계층은 선거마다 지지율이 엎치락뒤치락

<표 12-16> 최근 지방선거에서 계층투표 현황

구분	2006년	2010년	2014년
계층별 진보정당군 지지현황	신 > 하 > 상 > 구	신 > 기타 > 하 > 상	신 > 상 > 구 > 하
전국 차원 계층투표의 통계적 유의미성	X	O	O
계층별 주관적 이념성향(진보-보수)	신-상-구-하	신-상-하-기타	상-신-구-하
통계적으로 유의미한 지역별 계층투표	부산/경남과 충청 등 2곳	부산/경남과 충청 등 2곳	전국 6개 권역
회귀분석상 계층균열	신(**) : 대 나머지	신(*) : 나머지	신(*) : 나머지
회귀분석상 지역균열	호남(***) : TK(**), PK(*)	호남(***) : TK(***), PK(***)	호남(***) : TK(***), PK(**)

하는 등 규칙성을 찾기 어려웠다. 다만 이들 계층 모두 진보정당군보다는 보수정당군을 상대적으로 더 지지하고 있다는 공통점이 있다. 그 결과 로지스틱 회귀분석에서도 신중산층 대 다른 계층 간의 계층균열이 2006년 지방선거 이후 일반화되고 있음을 확인한 것이다.

둘째, 대선과 마찬가지로 계층별 투표행태와 각 계층의 주관적 이념평균이 상호 연관되어 있다는 점이다. 진보정당군을 가장 많이 지지한 신중산층은 2006년과 2010년 선거에서 가장 진보적인 이념평균을 보였고, 2014년 선거에서는 상층보다는 보수적으로 평가되었지만 이념평균이 4.85로 진보성향으로 분류되었다. 이에 비해 나머지 계층은 신중산층에 비해 대체로 보수적인 성향을 보였고 투표행태도 보수정당군에게 높은 지지를 보낸 것으로 나타났다. 지금까지의 연구 결과는 이념균열이 세대를 통해서만 나타나는 것으로 파악되었지만, 이념균열이 계층을 통해서도 표출되고 있음을 새롭게 확인한 것이다. 즉, 이념에 따른 계층균열이 등장한 것이다.

셋째, 계층투표가 지역별로 점차 확산되고 있음을 알 수 있다. 2006

년과 2010년 선거에서는 부산/경남과 충청 등 두 지역에서만 계층투표 현상이 나타났지만, 2014년 선거에서는 전국의 6개 권역 모두로 확산되었다. 지역별로 일부 차이는 있지만 신중산층이 진보적 성향을 보이고 있는 점에서 공통성을 띠고 있다. 무엇보다 대구/경북과 부산/경남, 호남 등 영호남 지역에서 계층투표가 확산되는 것은 향후 계층균열이 기존의 지역균열을 대체할 수 있다는 점에서 의미가 큰 것으로 보인다.

넷째, 계층균열과 지역균열의 관계이다. 2006년 지방선거에서 영남 지방의 지역균열이 다소 약화되었을 당시, 계층균열이 유의확률 0.05 미만의 수준으로 처음 등장했다. 계층균열의 등장에 따라 지역균열이 다소 영향을 받은 것으로 추정된다. 또 2010년과 2014년 선거에서 영남 지방의 지역균열이 다소 강화되면서 계층균열의 유의확률은 0.1 미만으로 다소 높아졌다. 이는 계층균열과 지역균열이 서로 대체 가능한 균열구조로서 길항관계를 형성하고 있음을 의미한다. 즉, 계층균열이 강화될수록 기존의 지역균열이 약화되고, 계층균열이 약화되면 지역균열이 강화되는 관계임을 알 수 있다.

5. 나가며

이 글에서는 1998년부터 5차례 실시된 지방선거에 대한 분석을 통해 한국 사회 계층균열구조의 형성에 대한 분석을 시도했다. 그 결과 2002년 지방선거에서 처음으로 신중산층의 주관적 이념평가 결과와 투표행태가 상호작용하고 있음을 발견했다. 물론 이 당시까지만 해도 신중산층이 다른 계층에 비해 진보적인 성향을 보이는 의미 있는 투표행태를 통계적인 차원에서 확인할 수는 없었다.

하지만 2006년 지방선거에 이르러서는 보수정당군의 압도적인 우위라는 선거결과가 나온 상황에서도 신중산층이 상층, 구중산층, 하층 등 다른 계층에 비해 진보적인 투표행태를 보이고 있음을 로지스틱 회귀분석을 통해 확인할 수 있었다. 특히 신중산층의 진보적인 투표행태는 이 계층의 주관적 이념평가 결과에서 나타난 것처럼 진보적인 이념성향과 밀접히 연관되어 있음을 알 수 있었다. 신중산층 대 다른 계층 간의 이념에 따른 계층균열이 2006년 지방선거에서 처음 발견된 것이다.

신중산층 중심의 계층균열은 2010년과 2014년 연달아 실시된 지방선거에서도 확인되었다. 특히 전국적인 차원의 계층균열은 2010년과 2014년을 거치면서 부산/경남 지역에서 출발해 대구/경북과 호남 등 전국 6개 권역으로 확산되었다. 이에 따라 계층균열과 지역균열이 영호남 특히 영남 지역에서 서로 영향력 경쟁을 벌이는 것으로 나타났다.

이와 같은 분석 결과는 2002년 이후 3차례 대선에 대한 분석에서 나온 결과와 유사한 것이다(이용마, 2014). 즉, 대선과 지방선거 여부를 떠나, 신중산층이 다른 계층에 비해 진보적 성향을 보이는 계층균열구조가 2000년대 들어 한국 사회에 일반화되었음을 다시 한 번 검증한 것이다.

물론 대선에서는 2002년부터 신중산층을 중심으로 한 계층균열구조가 나타난 반면, 지방선거에서는 2006년부터 계층균열이 등장했다는 차이점을 발견할 수 있다. 또 대선에서는 전국 6개 권역의 계층균열이 비교적 이르고 일관되게 나타난 반면, 지방선거에서는 2014년도에 이르러서야 전국으로 확산된 점을 알 수 있다. 대선에서 나타난 계층균열의 유의확률이 지방선거에서 나타난 계층균열의 유의확률에 비해 낮은 점 역시 또 다른 차이이다. 이는 지방선거의 선거구 규모가 대선에 비해 작고, 지역적 이슈가 중요한 쟁점이 될 수 있는 점 등 지방선거의 특수성에 기인한 것으로 보인다.

이 글에서 지금까지 분석한 결과는 현실정치의 차원에서 실천적 함의를 갖는다. 한국 사회의 균열구조는 2000년대 이후 큰 변화를 겪고 있다. 그 계기는 1997년 외환위기를 거치면서 나타난 경제구조의 변화와 2000년 남북정상회담을 거치면서 나타난 반공 이데올로기의 약화이다. 이 2가지 역사적 사건을 계기로 계급균열을 억압하고 보수 이념이 독점해 온 기존의 균열구조가 지탱해 온 토대가 사라지고 있다. 그 결과 2000년대 이후 새로운 이념균열과 계층균열이 등장한 것이다. 4 새로운 균열은 객관적인 사회경제적 조건의 변화를 배경으로 출현한 만큼 쉽게 사라지지 않고 오히려 강화될 가능성이 높다.

또 새로운 균열구조의 등장은 필연적으로 정치지형의 변화를 수반할 수밖에 없다. 그리고 그 단초는 이미 현실정치에서 많은 모습으로 등장하고 있다. 해방 이후 60년 동안 보수정당이 독점하다시피 한 정치지형에 파열이 생기고 있는 것이다. 2004년 이후 진보정당은 꾸준히 국회 진입에 성공하고 있고, 보수정당 내부에서도 정책과 이념을 중심으로 한 경쟁구도가 형성되고 있다. 다만 샤트슈나이더(Schattschneider, 1960)가 말한 '갈등의 치환'은 아직 달성되지 못하였다. 지역균열을 대체할 새로운 균열구조를 적극적으로 동원할 정치세력이 준비되지 못했기 때문으로 판단된다.

계층균열이나 세대균열, 그리고 2000년대 이후 등장한 새로운 균열구조는 사실 모두 이념균열에 바탕을 두고 있다. 이념균열이 세대와 계

---

4 보다 변혁적인 성격을 갖고 있다고 여겨진 노동자와 농민 등 민중세력은 2000년대 이후 보수적인 성향을 띠는 반면 신중산층이 진보적 성향을 띠는 것은 이와 같은 국내외 정치경제 상황의 변화와 깊은 연관이 있는 것으로 보인다(이용마, 2013). 특히 외환위기를 겪으면서 노동자의 보수화가 급격히 진전되었음을 보여주는 기존 연구들이 이를 뒷받침한다(정영태, 2008; 조돈문, 2008). 농민의 경우도 젊은 층이 대거 이탈하면서 고령화로 인한 정치적 보수화 현상을 보여주고 있다.

층을 통해 발현되고 있는 것이다. 따라서 새로운 균열구조에 조응해서 효과적으로 '갈등의 치환'을 달성하기 위해서는 이념을 적극적으로 동원하는 실천 전략이 필요하다.

참고문헌

강원택(2004), "17대 총선에서 민주노동당 지지에 대한 분석", 〈한국정치연구〉 13(2): 143~165.

_____ (2011), "한국에서 정치균열구조의 역사적 기원: 립셋-록칸 모델의 적용", 〈한국과 국제정치〉 27(3): 99~129.

_____ (2013), "사회계층과 투표선택", 박찬욱·강원택 편, 《2012년 대통령선거 분석》, 나남.

_____ (2013b), "한국 선거에서의 '계급 배반 투표'와 사회 계층", 〈한국정당학회보〉 12(3): 5~28.

김수진(2008), 《한국 민주주의와 정당 정치》, 백산서당.

김 욱(2010), "촛불시위와 한국 시위문화의 변동: 거시적 변화에 대한 미시적 설명", 〈한국정당학회보〉 9(1): 33~59.

김호기(2001), 《한국의 시민사회: 현실과 유토피아 사이에서》, 아르케.

박찬욱(1993), "제 14대 국회의원 총선거에서의 정당 지지 분석", 이남영 편, 《한국의 선거 1》, 나남.

_____ (2006), "한국 시민의 투표행태분석: 제 16대(2002년) 대통령선거에 있어서 사회균열과 유권자의 후보자 선택", 임혁백·고바야시 요시아키 공편, 《시민사회의 정치과정: 한국과 일본의 비교》, 아연출판부.

서복경·한영빈(2014), "계층인식이 정책선호 및 투표선택에 미치는 영향: '계층 거리감' 변수의 적실성 검토", 이갑우·이현우 편, 《한국의 정치균열구조: 지역, 계층, 세대 및 이념》, 오름.

손낙구(2008), 《부동산 계급사회》, 후마니타스.

신광영(2004), 《한국의 계급과 불평등》, 을유문화사.

_____(2006a), "현대 한국의 사회변동: 고도산업화 시기에 대한 비판적 성찰", 〈경제와 사회〉 69: 10~39.

_____(2006b), "서비스사회와 계급구성의 변화", 〈동향과 전망〉 68: 82~109.

안순철·가상준(2006), "17대 국회의원선거의 민주노동당 투표자에 대한 분석", 〈한국정당학회보〉 5(2): 7~57.

유팔무 외(2005), 《중산층의 몰락과 계급양극화》, 소화.

이갑윤(1998), 《한국의 선거와 지역주의》, 오름.

_____(2011), 《한국인의 투표행태》, 후마니타스.

이용마(2013), "한국 사회 계층균열의 등장과 정당재편성: 2000년대 선거를 중심으로", 서울대학교 박사논문.

_____(2014), "2000년대 이후 한국 사회 계층균열구조의 등장", 〈한국정치학회보〉 48(4): 247~269.

이현우(2008), "정치참여 유형으로서의 촛불집회: 대표성과 변화", 《2008 건국 60주년 기념 공동학술회의: 자유공모 패널 1》, 한국국제정치학회 자료집, 7~26쪽.

임영일(2004), "노동운동과 노동정치: 민주노동당을 중심으로", 〈경제와 사회〉 64(겨울호): 65~83.

장덕진(2008), "누가 촛불을 드는가: 광우병 관련 촛불집회 참여 과정의 단계별 분석", 《대한민국 건국 60년의 사회학: 또 다른 60년을 향하여》, 한국 사회학회 2008 후기 사회학대회, 119~149쪽.

장상철(2008), "누가 진보정당을 지지하는가: 민주노동당과 진보신당 지지자들의 정당 지지 결정요인", 《대한민국 건국 60년의 사회학: 또 다른 60년을 향하여》, 한국 사회학회 2008 후기 사회학대회, 384~393쪽.

장승진(2013), "2012년 양대 선거에서 나타난 계층균열의 가능성과 한계", 한국정당학회 2013년 하계학술회의 발표논문.

정영태(1993a), "계급별 투표행태를 통해 본 14대 대선", 이남영 편, 《한국의 선거 1》, 나남.

_____(1993b), "노동자와 중간층의 정치의식: 14대 대선 투표행태분석을 중심으로", 〈노동연구〉 10: 196~216.

_____(2008), "노동자의 정치적 위상을 제고하기 위한 정치의식 조사결과", 《노총연구원신서》, 한국노총중앙연구원.

조기숙(2009), "촛불집회 참여자의 이념적 정향: 친북반미좌파 혹은 반신자유주의?" 〈한국정치학회보〉 43(3) : 125~148.

조돈문(2008), "신자유주의 구조조정의 경험과 노동계급 계급의식", 〈경제와 사회〉 79(겨울호) : 184~213.

_____(2011), 《노동계급 형성과 민주노조운동의 사회학》, 후마니타스.

홍두승(2005), 《한국의 중산층》, 서울대출판부.

홍두승·김병조(2006), "한국의 사회발전과 중산층의 역할", 《중산층 확대와 양극화의 해법》, 한국 사회학회 중산층 포럼 1차 발표 자료집, 3~18쪽.

Bartolini, S. & Mair, P. (1990), *Identity, Competition and Electoral Availability: The Stabilisation of European Electorates*, pp. 1885~1985. Cambridge: Cambridge University Press.

Dalton, R. J., Beck, P. A., & Flanagan, S. C. (1984), "Electoral Change in Advanced Industrial Democracies", In Russel J. Dalton, Scott C. Flanagan, and Paul Allen Beck(Eds.), *Electoral Change in Advanced Industrial Demorcracies: Realignment or Dealignment?*, Princeton: Princeton University Press.

Ersson, S. & Lane, J. E. (1982), "Democratic Party Systems in Europe: Dimensions, Change and Stability", *Scandinavian Political Studies* 5(1) : 67~96.

Inglehart, R. (1971), "The Silent Revolution in Europe: Intergenerational Change in Post-Industrial Societies", *The American Political Science Review* 65(4) : 991~1017.

_____(1977), *The Silent Revolution: Changing Values and Political Styles among Western Publics*, Princeton: Princeton University Press.

Kriesi, H. (1998), "The Transformation of Cleavage Politics: The 1997 Stein Rokkan Lecture", *European Journal of Political Research* 33(2) : 165~185.

Lane, J. E. & Ersson, S. O. (1994), *Politics and Society in Western Europe*, 3rd ed., London: Sage Publications.

_____(1997), "Parties and Voters: What Creates the Ties?", *Scandinavian Political Studies* 20(2) : 179~196.

Lijphart, A. (1990), "The Cleavage Model and Electoral Geography: A Review", In R. J. Johnston, Fred M. Shelley, and Peter J. Taylor(Eds.), *Developments in Electoral Geography*, London: Routledge.

Lipset, S. M. & Rokkan, S. (1967), *Party Systems and Voter Alignments*: *Cross-National Perspectives*, New York: Free.

Maguire, M. (1983). "Is There Still Persistence: Electoral Change in Western Europe: 1948-1979", In Hans Daalder and Peter Mair(Eds.), *Western European Party Systems*: *Continuity and Change*, California: Sage Publications.

Mair, P. (1997), *Party System Change*: *Approaches and Interpretations*, New York: Oxford University Press.

Park, C. W. (2009), "Effects of Social and Ideological Cleavages on Vote Choice in the Korean Presidential Election of December 19, 2007", 〈현대정치연구〉 2(1): 85~120.

Pedersen, M. N. (1983), "Changing Patterns of Electoral Volatility in European Party Systems: Explorations in Explanation", In Hans Daalder and Peter Mair(Eds.), *Western European Party Systems*: *Continuity and Change*, California: Sage Publications.

_____(1990), "Electoral Volatility in Western Europe, 1948-1977", Peter Mair(Ed.), *The Western European Party System*, Oxford: Oxford University Press.

Shamir, M. (1984), "Are Western European Party Systems 'Frozen'?: A Comparative Dynamic Studies", *Comparative Political Studies* 17(1): 35~79.

Shattschneider, E. E. (1970), *Semisovereign People*: *A Realist's View of Democracy in America*, Fort Worth: Harcourt Brace jovanovich College Publishers, 현재호·박수형 역(2008), 《절반의 인민주권》, 후마니타스.

Volkens, A. & Kligemann, H. D. (2002), "Parties, Idologies, and Issues: Stability and Change in Fifteen European Party Systems 1945-1998", In Luther and Muller-Rommel(Eds.), *Political Parties in the New Europe*: *Political and Analytical Challenges*, Oxford: Oxford University Press.

Wolinetz, S. (19790, "The Transformation of Western European Party Systems Revisited", *West European Politics* 2(1): 4~28.

_____(1990), "The Transformation of Western European Party Systems", In Peter Mair(Ed.), *The West European Party System*, New York: Oxford University Press.

부록

2014 지방선거에 대한 국민의식 조사

2014 지방선거에 대한 국민의식 조사

ID				

안녕하십니까? 한국리서치는 서울대학교의 의뢰로 '2014 지방선거에 대한 국민의식 조사'를 수행하고 있습니다. 본 조사는 〈통계법〉 제33조에 의거하여 비밀이 보장되고 통계적인 자료분석용으로만 활용됩니다. 각 문항에는 정답이 없으므로 생각하시는 대로 응답하여 주시면 감사하겠습니다.

■ 조사기관: Hankook Research
■ 문 의 처: 서울대학교 정치외교학부 강원택 교수
  한국리서치 자료조사부 이희영 팀장 (02) 3014-0145

응답자 이름		전화번호/ 휴대폰번호	
응답자 거주지	① 서울 ② 부산 ③ 대구 ④ 인천 ⑤ 광주 ⑥ 대전 ⑦ 울산 ⑧ 세종시 ⑨ 경기 ⑩ 강원 ⑪ 충북 ⑫ 충남 ⑬ 전북 ⑭ 전남 ⑮ 경북 ⑯ 경남 ⑰ 제주		
응답자 주소	(　　　　)군/구 (　　　　)읍/면/동	지역크기	① 서울특별시, 광역시 　(거주지 ①~⑧) ② (광역자치도) 동지역 ③ (광역자치도) 읍/면지역
성 별	① 남성　　② 여성	나이	만 (　　　　) 세 *만 나이는 생일 지남과 상관없이 2014년-출생년도입니다.
면접원 성명		면접원 ID	
면접 일시	2014년　월　일　시	검증 결과	
검 증 원		○　　　×	

※ 면접원 지시사항
　– 모든 질문에 대해 응답자가 모름/무응답으로 대답할 경우 99를 기입하시오.

1. 지금까지 귀하의 사회 가치관에 가장 크게 영향을 미친 역사적 사건은 다음 중 무엇입니까? 영향을 미친 순서대로 두 가지만 말씀해 주십시오.

1순위		2순위	

① 1950년 한국전쟁　　　　　　② 1960년 4·19 민주화 운동
③ 1961년 5·16 이후 경제발전　④ 1980년 5·18 민주화 운동
⑤ 1997년 IMF 경제위기　　　　⑥ 2002년 월드컵 응원
⑦ 2008년 광우병 촛불시위　　　⑧ 기타(적을 것:　　　　　)

2. '노인세대'는 다음 중 어느 연령부터 해당된다고 생각하십니까?
① 55세　　　② 60세　　　③ 65세　　　④ 70세　　　⑤ 75세

3. 현재의 생활수준으로 볼 때, 귀하는 다음 중 어느 계층에 속한다고 생각하십니까? '하'는 1점, '상'은 5점으로 1점에서 5점 사이로 말씀해 주십시오.

4. 그럼, 과거 청소년기(만 15세)에는 귀하가 어느 계층에 속했다고 생각하십니까?

5. 귀하는 5년 전과 비교해 볼 때 한국 사회의 집단 갈등이 어떻다고 생각하십니까?

   ① 매우 심해졌다   ② 다소 심해졌다

   ③ 큰 변화가 없다   ④ 다소 약해졌다

   ⑤ 매우 약해졌다

6. 귀하는 오늘날의 한국 사회가 다음 중 어떤 그림에 가장 근접하다고 생각하십니까?

①		부자와 가난한 사람이 대부분이고 중간층이 없는 사회
②		부자가 극소수인 사회
③		가난한 사람이 중간층보다 적고, 부자가 극소수인 사회
④		중간층이 대다수이고 부자와 가난한 사람이 극소수인 사회
⑤		부자가 많고 하층으로 갈수록 인구가 줄어 가난한 사람이 극소수인 사회

7. 귀하는 한국 사회 현실에 대한 다음의 주장에 대해 어떻게 생각하십니까?

	매우 그렇다	대체로 그렇다	대체로 그렇지 않다	전혀 그렇지 않다
1) 빈곤층의 생계가 해결되면 계층불평등은 큰 문제가 아니다	①	②	③	④
2) 능력이 있고 노력하면 출신배경의 한계를 넘어설 수 있다	①	②	③	④
3) 불법과 탈법행위를 더 많이 하는 것은 가진 사람들이다	①	②	③	④
4) 정부의 정책은 가진 자들의 편으로 치우쳐 있다	①	②	③	④
5) 주요 언론의 보도는 가진 자들의 목소리를 대변한다	①	②	③	④
6) 갈등의 원인은 구조적 문제보다 불만을 가진 일부 때문이다	①	②	③	④

8. 귀하는 다음 두 집단 간의 관계가 어느 정도 갈등적이라고 생각하십니까? (다음 페이지 계속)

	매우 갈등이 심하다		보통		갈등이 전혀 없다
1) 젊은 세대와 기성세대	①	②	③	④	⑤
2) 호남 사람과 영남 사람	①	②	③	④	⑤
3) 부유한 사람과 가난한 사람	①	②	③	④	⑤
4) 서울과 지방	①	②	③	④	⑤
5) 고학력자와 저학력자	①	②	③	④	⑤
6) 보수와 진보	①	②	③	④	⑤
7) 기업가와 노동자	①	②	③	④	⑤
8) 여당과 야당	①	②	③	④	⑤
9) 대기업과 중소기업	①	②	③	④	⑤

	매우 갈등이 심하다		보통		갈등이 전혀 없다
10) 남성과 여성	①	②	③	④	⑤

9. 귀하는 우리나라의 다음 각 기관이나 사람에 대해 얼마나 신뢰하고 계십
니까? 0에서 100점 사이의 값으로 응답해 주십시오. (0점: 전혀 신뢰하
지 않는다, 50점: 중간, 100점: 매우 신뢰한다)

	점수
1) 대통령	( )점
2) 행정부	( )점
3) 사법부	( )점
4) 국회	( )점
5) 언론	( )점
6) 시민단체	( )점
7) 군대	( )점
8) 종교단체	( )점
9) 노동조합	( )점
10) 대기업	( )점

10. 다음의 정책에 대해 얼마나 찬성 또는 반대하시는지 말씀해 주십시오.

	매우 찬성	대체로 찬성	대체로 반대	매우 반대
1) 한미 동맹관계를 더욱 강화해야 한다	①	②	③	④
2) 국가보안법을 폐지해야 한다	①	②	③	④
3) 북한에 대한 지원을 확대해야 한다	①	②	③	④
4) 경제성장보다는 복지에 더욱 힘을 기울여야 한다	①	②	③	④
5) 고소득자들이 현재보다 세금을 더 많이 내도록 만들어야 한다	①	②	③	④
6) 철도 등 공기업 민영화를 추진해야 한다	①	②	③	④
7) 학교에서 체벌이 허용되어야 한다	①	②	③	④
8) 종교 등 개인의 신념에 따른 대체복무제(군대에 가지 않고 그에 준하는 다른 공적인 일을 하는 것)를 허용해야 한다	①	②	③	④
9) 사형제를 폐지해야 한다	①	②	③	④

11. 흔히 사람들은 우리나라가 앞으로 10년간 나아가야 할 목표에 대해 이야기하곤 합니다. 다음 중 1, 2순위로 중요한 목표는 무엇입니까? 아래 보기에서 골라 주십시오.

1	1순위: 가장 중요한 것 ( ) 2순위: 다음으로 중요한 것 ( )	① 높은 경제성장 유지 ② 직장, 사회에서 개인의 참여와 발언권 확대 ③ 방위력 증강 ④ 환경 개선
2	1순위: 가장 중요한 것 ( ) 2순위: 다음으로 중요한 것 ( )	① 언론자유 보장 ② 물가, 인플레이션 억제 ③ 정부정책결정에 국민 의견 수렴 ④ 사회의 질서 유지
3	1순위: 가장 중요한 것 ( ) 2순위: 다음으로 중요한 것 ( )	① 경제 안정 ② 좀더 인간적인 사회로의 발전 ③ 각종 범죄 소탕 ④ 돈보다 아이디어가 중시되는 사회

12. 귀하는 평소 정치에 얼마나 관심이 있으십니까?

    ① 매우 많은 편이다   ② 조금 있는 편이다

    ③ 별로 관심 없는 편이다   ④ 전혀 관심 없다

13. 다음의 주장들에 대하여 어떻게 생각하십니까?

	매우 그렇다	대체로 그렇다	보통이다	대체로 그렇지 않다	전혀 그렇지 않다
1) 나 같은 사람들은 정부가 하는 일에 대해 어떤 영향도 주기 어렵다	①	②	③	④	⑤
2) 정부는 나 같은 사람들의 의견에 관심이 없다	①	②	③	④	⑤
3) 나는 한국이 당면하고 있는 중요한 정치 문제를 잘 이해하고 있다	①	②	③	④	⑤
4) 대부분의 한국 사람은 정치나 행정에 대해 나보다 잘 알고 있다	①	②	③	④	⑤

14. 귀하는 현재 우리나라에서 민주주의가 얼마나 잘되고 있다고 생각하십니까? '완전한 독재'를 0점, '완전한 민주주의'를 10점으로 할 때, 현재 우리나라는 몇 점 정도 된다고 생각하십니까?

완전한 독재   중간   완전한 민주주의

⓪┄┄①┄┄②┄┄③┄┄④┄┄⑤┄┄⑥┄┄⑦┄┄⑧┄┄⑨┄┄⑩

15. 귀하는 우리나라에 있는 정당 중 가깝게 느끼는 정당이 있습니까?

　　① 있다　　　⇒ 문 15-1로

　　② 없다　　　⇒ 문 15-2로

　　문 15-1. 그렇다면, 그 정당은 어느 정당입니까?

　　　　　　① 새누리당　　② 새정치민주연합

　　　　　　③ 통합진보당　④ 정의당　　　　⑤ 기타 정당

　　　　　(⇒ 응답 후 문 16으로 가시오)

　　문 15-2. (문 15에서 지지 정당이 없다고 대답한 사람만) 그렇다고 해도
　　　　　　귀하께서 조금이라도 더 선호하는 정당이 있습니까?

　　　　　　① 새누리당　　② 새정치민주연합

　　　　　　③ 통합진보당　④ 정의당

　　　　　　⑤ 기타 정당　　⑥ 선호하는 정당이 없다

16. 귀하는 우리나라의 주요 정당과 대통령에 대해 어떻게 생각하십니까?
　　다음 각 정당과 대통령에 대해 얼마나 좋아하거나 싫어하는지 0에서
　　100까지의 숫자로 말씀해 주십시오.

　　(0점: 매우 부정적, 50점: 긍정적이지도 부정적이지도 않음, 100점:
　　매우 긍정적)

	점수
1) 새누리당	(　　　)점
2) 새정치민주연합	(　　　)점
3) 통합진보당	(　　　)점
4) 정의당	(　　　)점
5) 박근혜 대통령	(　　　)점

17. 다음의 주요 중앙 일간지 중 종이신문을 통해서든 인터넷을 통해서든 귀하께서 가장 즐겨 보는 것은 어느 것입니까?

① 경향신문　　　② 국민일보　　　③ 동아일보
④ 문화일보　　　⑤ 서울신문　　　⑥ 세계일보
⑦ 조선일보　　　⑧ 중앙일보　　　⑨ 한겨레신문
⑩ 한국일보　　　⑪ 다른 신문　　　⑫ 신문을 보지 않는다

18. 귀하는 투표후보 결정과 같은 중요한 결정을 할 때 다음 중 어느 매체의 정보에 가장 많이 의존하십니까? 1, 2순위로 대답해 주십시오.

1순위		2순위	

① 지상파 TV(KBS, MBC, SBS, 지역민방)
② 종편 TV(JTBC, TV조선, 채널A, MBN)
③ 신문(중앙지)　　　④ 지역신문　　　⑤ 잡지
⑥ 인터넷(포털, 블로그)　　⑦ 라디오
⑧ SNS(트위터 페이스북)　　⑨ 메신저(카카오톡 라인 밴드)

19. 귀하는 다음 각각의 매체에 대해 어느 정도 신뢰하십니까? (다음 페이지 계속)

	매우 신뢰한다	다소 신뢰한다	보통이다	다소 불신한다	매우 불신한다
1) 지상파 TV (KBS, MBC, SBS, 지역민방)	①	②	③	④	⑤
2) 케이블종합편성채널 (JTBC, TV조선, 채널A, MBN)	①	②	③	④	⑤
3) 라디오방송	①	②	③	④	⑤

	매우 신뢰한다	다소 신뢰한다	보통이다	다소 불신한다	매우 불신한다
4) 케이블뉴스전문채널 (YTN, 뉴스Y)	①	②	③	④	⑤
5) 전국종합신문1 (조선일보, 동아일보, 중앙일보)	①	②	③	④	⑤
6) 전국종합신문2 (한겨레신문, 경향신문)	①	②	③	④	⑤
7) 기타 전국 및 지방 종합신문	①	②	③	④	⑤
8) 언론사 닷컴 (기존언론사 인터넷판)	①	②	③	④	⑤
9) 인터넷 신문 (인터넷에만 있는 언론사)	①	②	③	④	⑤
10) SNS (트위터, 페이스북 등)	①	②	③	④	⑤

20. 귀하는 최근 3년 동안 길거리 정치(집회, 촛불시위 등)에 참여한 경험
   이 있으십니까?

전혀 없음   보통   매우 자주

①----------②----------③----------④----------⑤

21. 아래 박스 안 단어 가운데 진보와 보수의 이미지를 가장 잘 나타내는 것
   이 무엇이라고 생각하십니까? 3개씩 골라 주십시오.

   진보: (   ) (   ) (   )   보수: (   ) (   ) (   )

① 개혁	② 기득권	③ 열린 사고	④ 좌경	⑤ 합리성	⑥ 청렴	⑦ 분배
⑧ 안정	⑨ 정체	⑩ 정직	⑪ 혼란	⑫ 급진	⑬ 친북	⑭ 성장
⑮ 권위적						

22. 귀하는 평소 SNS를 비롯한 인터넷 매체를 얼마나 자주 이용하십니까?

　　① 전혀 이용하지 않는다

　　② 거의 이용하지 않는 편이다

　　③ 일주일에 1~2일

　　④ 일주일에 3~4일

　　⑤ 매일 1시간 이하

　　⑥ 매일 2~3시간 정도

　　⑦ 매일 3시간 이상

23. 귀하는 인터넷상에서 정치토론이나 온라인시위(정책 찬반글, 동영상, 패러디물 올리기)에 참여한 경험이 있습니까?

전혀 없음		보통		매우 자주
①	②	③	④	⑤

24. 인터넷 이용과 관련하여 다음의 주장에 대해 어떻게 생각하시는지 답해 주십시오.

	매우 그렇다	다소 그렇다	보통이다	다소 그렇지 않다	전혀 그렇지 않다
1) 인터넷 때문에 극단적인 정치적 주장을 하는 사람들의 영향력이 커졌다	①	②	③	④	⑤
2) 인터넷으로 인해 좀더 진실한 정보를 얻는 것이 가능해졌다	①	②	③	④	⑤
3) 신문이나 TV 같은 기존 매체보다 인터넷에서 좀더 다양한 정치적 견해를 접할 수 있다	①	②	③	④	⑤

25. 한국 사회에 외국인 노동자가 증가하는 현상에 대해 어떻게 생각하십니까?
① 매우 걱정한다   ② 어느 정도 걱정한다
③ 걱정하지 않는 편이다   ④ 전혀 걱정하지 않는다

26. 한국 사회에 결혼 이주민 여성이 증가하는 현상에 대해 어떻게 생각하십니까?
① 매우 걱정한다   ② 어느 정도 걱정한다
③ 걱정하지 않는 편이다   ④ 전혀 걱정하지 않는다

27. 귀하는 우리나라의 전반적인 복지지출수준에 대해 어떻게 생각하십니까?
① 매우 높다   ② 높은 편이다   ③ 적절하다
④ 낮은 편이다   ⑤ 매우 낮다

28. 귀하는 세금을 더 내더라도 현행보다 복지수준을 높여야 한다는 주장에 대해 어떻게 생각하십니까?
① 매우 찬성한다   ② 대체로 찬성한다   ③ 중립이다
④ 대체로 반대한다   ⑤ 매우 반대한다

29. 현재 우리나라에서 지역균형발전과 수도권 규제완화를 통한 국가경쟁력 강화 중에서 무엇이 더 중요하다고 생각하십니까?
① 지역균형발전이 훨씬 더 중요하다
② 지역균형발전이 좀더 중요하다
③ 국가경쟁력 강화가 좀더 중요하다
④ 국가경쟁력 강화가 훨씬 더 중요하다

30. 한국 사회를 10개의 층으로 나눈다면, 현재 귀하의 가정은 다음의 각 측면에서 어느 계층에 속한다고 생각하십니까? '낮다'면 1점 쪽으로, '높다'면 10점 쪽으로 말씀해 주십시오.

	낮다 (아래)				중간 이다				높다 (위)	
1) 월 소득수준	①	②	③	④	⑤	⑥	⑦	⑧	⑨	⑩
2) 갖고 있는 재산	①	②	③	④	⑤	⑥	⑦	⑧	⑨	⑩
3) 문화수준(교육이나 교양수준)	①	②	③	④	⑤	⑥	⑦	⑧	⑨	⑩
4) 사회적 지위(가장의 직업)	①	②	③	④	⑤	⑥	⑦	⑧	⑨	⑩

31. 귀하는 이번 지방선거에 얼마나 관심이 있었습니까?
   ① 매우 많았다　　　　　② 조금 있었다
   ③ 별로 없었다　　　　　④ 전혀 없었다

32. 귀하는 이번 지방선거에 투표하셨습니까?
   ① 투표하지 않았다　　⇒ 문 39로
   ② 보통 투표를 하는 편이나 이번 지방선거에서는 못 했다
   　　⇒ 문 39로
   ③ 사전투표 했다　　　⇒ 문 33으로
   ④ 선거 당일 투표했다　⇒ 문 33으로

33. (투표를 하신 분만) 귀하는 이번 선거에서 어느 정당 후보를 선택하셨
    습니까?

구 분	새누리당	새정치연합	통합진보당	정의당	노동당	녹색당	그린불교연합당	기독민주당	평화통일당	겨레자유당	대한민국당	새마을당	공화당	한나라당	무소속	기권
1) 광역단체장 (광역시장, 도지사) 선거	①	②	③	⑤	⑥	⑦	⑧	⑨	⑩	⑪	⑫	⑬	⑭	⑮	⑯	⑰
2) 광역의회 (시·도의원) 선거	①	②	③	⑤	⑥	⑦	⑧	⑨	⑩	⑪	⑫	⑬	⑭	⑮	⑯	⑰
3) 광역비례대표선거	①	②	③	⑤	⑥	⑦	⑧	⑨	⑩	⑪	⑫	⑬	⑭	⑮	⑯	⑰
4) 기초단체장 (구청장, 시장, 군수) 선거	①	②	③	⑤	⑥	⑦	⑧	⑨	⑩	⑪	⑫	⑬	⑭	⑮	⑯	⑰
5) 기초의회 (구·시·군의원) 선거	①	②	③	⑤	⑥	⑦	⑧	⑨	⑩	⑪	⑫	⑬	⑭	⑮	⑯	⑰
6) 기초비례대표선거	①	②	③	⑤	⑥	⑦	⑧	⑨	⑩	⑪	⑫	⑬	⑭	⑮	⑯	⑰

※ '세종시'와 '제주도' 거주자는 4, 5, 6에 응답하지 말 것

34. (투표를 하신 분만) 귀하는 교육감 후보(제주도는 교육의원 후보)로
    어떤 성향의 후보를 선택하셨습니까?
    ① 보수 성향 후보   ② 진보 성향 후보
    ③ 중도 성향 후보   ④ 이념 성향 고려하지 않았다
    ⑤ 기권하였다

35. (투표를 하신 분만) 귀하는 이번 지방선거에서 누구를 찍을지 언제 결정하셨습니까?

① 투표 당일　　　　　　　② 투표 1~3일 전
③ 투표 1주일 전　　　　　④ 투표 2주일 전
⑤ 투표일 전 2주 이상 4주 전에　⑥ 투표 1달 이상 전

36. (투표를 하신 분만) 귀하는 후보를 택할 때 어떤 점을 가장 많이 고려하셨는지 중요한 것 2가지만 골라 주십시오.

1순위		2순위	

① 정책·공약　　　② 소속정당　　　③ 후보능력
④ 출신지역　　　⑤ 도덕성　　　　⑥ 개인적 연고
⑦ 주변의 평가

37. (투표를 하신 분만) 귀하는 후보자를 아는 데 아래의 선거운동 방식들 중 어느 것이 가장 많은 도움이 되었다고 생각하십니까?

① TV, 라디오 등의 토론회, 방송연설, 대담 등
② 정당/후보자의 거리유세나 명함배포 및 대면접촉
③ 정당/후보자가 보낸 문자메시지, 이메일 등
④ 가정배달 선관위 홍보물
⑤ 선전벽보, 현수막
⑥ 후보자의 블로그, 트위터, 및 카카오톡 등 SNS

38. (투표를 하신 분만) 귀하는 투표하실 때 다음의 정치/이슈/사건들이 얼마나 큰 영향을 주었습니까?

이 슈	큰 영향이 있었다	다소 영향이 있었다	그저 그렇다	별로 영향이 없었다	전혀 영향이 없었다
1) 세월호 사건	①	②	③	④	⑤
2) 경제민주화와 복지 공약 실천 여부	①	②	③	④	⑤
3) 전세가격 급등과 부동산 문제	①	②	③	④	⑤
4) 민주당과 안철수 간 새정치민주연합 출범	①	②	③	④	⑤
5) 무인기와 제4차 핵실험 준비 등 북한 문제	①	②	③	④	⑤
6) 댓글 사건, 간첩 조작 등 국정원 문제	①	②	③	④	⑤
7) 우리 지역 현안	①	②	③	④	⑤

⇒ 응답 후 문 40으로

39. (투표를 하지 않으신 분만) 귀하께서 이번 선거에서 투표하지 않으신 이유는 무엇입니까?
　　① 개인적인 일/출근 등으로　　② 마음에 드는 후보가 없어서
　　③ 정치에 별로 관심이 없어서　　④ 마음에 드는 정당이 없어서
　　⑤ 후보자에 대해 잘 몰라서　　⑥ 투표를 해도 바뀌는 것이 없어서
　　⑦ 누가 당선될지 뻔해서　　⑧ 투표절차(과정)가 너무 복잡해서

40. 귀하는 다음 의견에 대해 어떻게 생각하십니까?

의 견	매우 공감한다	대체로 공감한다	별로 공감하지 않는다	전혀 공감하지 않는다
1) 이번 선거는 박근혜 정부를 심판하는 선거였다	①	②	③	④
2) 이번 선거는 중앙정치보다 지역 현안이 중요한 선거였다	①	②	③	④
3) 이번 선거결과가 정부정책에는 영향을 미치지 못 한다	①	②	③	④

41. 기초단체장선거에서 정당공천은 해야 한다고 생각하십니까?
  ① 꼭 해야 한다　　　　　② 하는 편이 낫다
  ③ 안 하는 편이 낫다　　　④ 절대로 해서는 안 된다

42. 귀하께서는 지난 2012년 12월 제 18대 대통령선거에서 어느 후보에게 투표하셨습니까?
  ① 박근혜　　　　　② 문재인　　　　　③ 다른 후보
  ④ 투표하지 않았다　⑤ 투표권이 없었다

43. 2012년에는 국회의원선거도 있었는데요, 그때 정당에게 투표하는 비례대표선거에서 다음 중 어느 정당에게 투표를 하셨습니까?
  ① 새누리당　　　　② 민주통합당　　　③ 통합진보당
  ④ 자유선진당　　　⑤ 다른 정당　　　 ⑥ 투표하지 않았다
  ⑦ 투표권이 없었다

44. 귀하는 현재 박근혜 대통령이 국정운영을 어떻게 하고 있다고 생각하십니까?
  ① 매우 잘하고 있다　　　② 대체로 잘하고 있다
  ③ 대체로 잘못하고 있다　④ 매우 잘못하고 있다

45. 역대 대통령 중 리더십, 업적 등을 종합적으로 고려할 때 가장 긍정적으로 평가하는 대통령은 누구입니까?

① 이승만   ② 박정희   ③ 전두환
④ 노태우   ⑤ 김영삼   ⑥ 김대중
⑦ 노무현   ⑧ 이명박

46. 귀하는 본인이나 다음의 정당이 이념적으로 어디에 위치한다고 생각하십니까? '0'은 가장 진보적인 위치를 나타내며, '10'은 가장 보수적인 위치를 나타냅니다.

	매우 진보					중도					매우 보수
1) 새누리당	⓪	①	②	③	④	⑤	⑥	⑦	⑧	⑨	⑩
2) 새정치민주연합	⓪	①	②	③	④	⑤	⑥	⑦	⑧	⑨	⑩
3) 통합진보당	⓪	①	②	③	④	⑤	⑥	⑦	⑧	⑨	⑩
4) 정의당	⓪	①	②	③	④	⑤	⑥	⑦	⑧	⑨	⑩
5) 본인(자기 자신)	⓪	①	②	③	④	⑤	⑥	⑦	⑧	⑨	⑩

47. 어떤 사람들은 투표하는 것이 민주시민의 당연한 의무이며, 투표는 꼭 해야 한다고 믿습니다. 또 어떤 사람들은 투표하는 것은 선택이며, 투표는 해도 되고 안 해도 된다고 믿습니다. 귀하의 의견은 어느 쪽에 더 가깝습니까?

① 투표는 의무이다   ② 투표는 선택이다

48. 귀하는 지난 지방선거 기간에 다음의 사람 혹은 단체로부터 특정 후보나 정당을 지지해 달라는 권유를 개인적으로 받으신 적이 있습니까? 또 지지해 달라는 권유를 개인적으로 받으신 적이 있다면 이러한 권유가 지지후보를 선택하는 데 얼마나 영향을 주었을 거라고 생각하십니까?

	(1) 경험 여부			(2) 영향 받은 정도						
	있다	없다	영향을 주지 못했다							큰 영향을 미쳤다
1. 가족 및 친척	① (⇒ 옆 칸)	② (⇒ 문48-2)	⓪	①	②	③	④	⑤	⑥	⑦
2. 이웃사람 혹은 친구	① (⇒ 옆 칸)	② (⇒ 문48-3)	⓪	①	②	③	④	⑤	⑥	⑦
3. 직장의 동료나 상사	① (⇒ 옆 칸)	② (⇒ 문48-4)	⓪	①	②	③	④	⑤	⑥	⑦
4. 소속단체(시민운동단체, 종교단체, 노조, 직업조합, 문화단체 등)의 임원이나 동료	① (⇒ 옆 칸)	② (⇒ 문48-5)	⓪	①	②	③	④	⑤	⑥	⑦
5. 현재 활동 중인 모임(동창모임, 친목단체, 향우회 등)의 임원이나 동료	① (⇒ 옆 칸)	② (⇒ 문48-6)	⓪	①	②	③	④	⑤	⑥	⑦
6. 공무원(통장, 이장 포함)	① (⇒ 옆 칸)	② (⇒ 문48-7)	⓪	①	②	③	④	⑤	⑥	⑦
7. 후보자 혹은 후보자의 선거운동원	① (⇒ 옆 칸)	② (⇒ 문49)	⓪	①	②	③	④	⑤	⑥	⑦

49. 우리나라 광역의회 의원의 임기는 몇 년입니까?
    ① 1년　　　　　　② 2년　　　　　　③ 3년
    ④ 4년　　　　　　⑤ 5년

50. 현재 우리나라 제1야당인 새정치민주연합은 현재 2명의 공동대표체제
    인데요, 2명의 공동대표 이름은 무엇입니까?
    ① 문재인, 안철수　　　　② 김한길, 안철수
    ③ 손학규, 정동영　　　　④ 손학규, 정세균
    ⑤ 정동영, 문재인

51. 2014년 현재 중국의 최고지도자는 누구입니까?
    ① 후진타오　　　　② 시진핑
    ③ 원자바오　　　　④ 덩샤오핑
    ⑤ 장쩌민

통계분류를 위한 질문

DQ1. 귀하의 혼인상태는 다음 중 어디에 해당합니까?

① 미혼　　　　　② 기혼　　　　　③ 이혼

④ 사별　　　　　⑤ 기타(　　　)

DQ2. 귀하가 주로 성장하신 곳은 어느 곳입니까?

① 서울　② 부산　③ 대구　④ 인천　⑤ 광주　⑥ 대전

⑦ 울산　⑧ 경기　⑨ 강원　⑩ 충북　⑪ 충남　⑫ 전북

⑬ 전남　⑭ 경북　⑮ 경남　⑯ 제주　⑰ 북한　⑱ 기타

DQ3. (DQ1의 ② 기혼자만) 귀하의 배우자가 주로 성장하신 곳은 어디입니까?

① 서울　② 부산　③ 대구　④ 인천　⑤ 광주　⑥ 대전

⑦ 울산　⑧ 경기　⑨ 강원　⑩ 충북　⑪ 충남　⑫ 전북

⑬ 전남　⑭ 경북　⑮ 경남　⑯ 제주　⑰ 북한　⑱ 기타

DQ4. 귀하의 종교는 무엇입니까?

⓪ 없다　　① 개신교　　　② 천주교　　　　③ 불교

④ 원불교　⑤ 천도교　　　⑥ 이슬람교

⑦ 기타(　　　)

직업분류표	
전문직	의사, 작가 · 예술가, 약사, 언론인 · 방송인, 변호사 · 판사 · 검사 · 회계사, 종교인, 대학교수, 기타 전문직
관리직	중소기업체 사장(5인 이상 고용), 사회단체 간부(부장 이상), 대기업 · 은행 간부(부장 이상), 군인(영관급 이상) · 경찰(경정 이상), 고급공무원(4급 서기관 이상), 기타 관리직
반(半) 전문 · 기술직	교사 · 학원강사, 연구원, 간호사, 엔지니어, 건축사, 기타 기술직
사무직	중간관리직 회사원(차장 · 과장), 일반공무원(5급 사무관 이하), 일반사무직 회사원(계장 · 대리이하), 전화교환수 · 집배원, 중간관리직 은행원(차장 · 과장), 군경(위관 이하 · 경감 이하), 일반사무직 은행원(대리 · 행원), 기타 사무직, 사회단체 직원(과장급 이하)
판매직	도소매 상점주인(5인 미만 고용), 부동산 중개인, 백화점 · 대규모 유통업체 판매직원, 행상, 노점상, 소규모 상점 점원, 기타 판매직, 외판원
서비스직	음식점, 여관 등의 주인(5인 미만 고용), 청소부 · 파출부, 음식점 · 여관 등의 종업원, 수위 · 경비원, 이미용실 · 세탁소 주인(5인 미만 고용), 기타 서비스직, 이미용실 · 세탁소 종업원
생산직	생산감독(주임, 반장), 고용 운전사(자동차 · 중장비), 공장근로자(숙련공 · 기능공), 개인 택시 · 화물차 운전사, 공장근로자(반숙련공), 광원, 공장근로자(견습공 · 비숙련공), 기타 생산직, 막노동자, 단순노무자
농어민	부농(2정보 = 6,000평 이상), 축산 · 낙농업자, 중농(1~2정보 = 3,000~5,999평), 선주, 소농(0.5~1정보 = 1,500~2,999평), 어부 · 수산 · 양식업자, 빈농 · 소작농(0.5정보 = 1,500평 미만), 기타 농어민, 농업노동자 · 품일꾼
미취업	학생, 무직(실업자), 주부, 정년퇴직 · 연금생활자, 의무복무 군인(사병 · 전경), 기타

DQ5. 귀하는 현재 어떤 일을 합니까? 직업분류표 보기에서 하나만 골라 주
십시오.

① 전문직　　　　② 관리직　　　　③ 반(半) 전문 · 기술직

④ 사무직　　　　⑤ 판매직　　　　⑥ 서비스직

⑦ 생산직　　　　⑧ 농어민　　　　⑨ 미취업

DQ6. (DQ1의 ② 기혼자만) 귀하의 배우자는 현재 어떤 일을 합니까? 직업
　　　분류표 보기에서 하나만 골라 주십시오.

① 전문직　　　　　② 관리직　　　　　③ 반(半) 전문·기술직

④ 사무직　　　　　⑤ 판매직　　　　　⑥ 서비스직

⑦ 생산직　　　　　⑧ 농어민　　　　　⑨ 미취업

DQ7. 귀하는 학교를 어디까지 다니셨습니까?

① 무학　　　　　　　　　② 초등(국민) 학교

③ 중학교　　　　　　　　④ 고등학교

⑤ 전문대학(2·3년제)　　　⑥ 대학교(4년제)

⑦ 대학원 (석사과정)　　　⑧ 대학원 (박사과정)

DQ8. 귀하와 귀하의 배우자를 포함하여 귀댁에서 함께 살고 계신 가족들의
　　　한 달 소득을 모두 합하면 총 얼마 정도 됩니까?

① 200만 원 미만　　　　　② 200~249만 원

③ 250~299만 원　　　　　④ 300~349만 원

⑤ 350~399만 원　　　　　⑥ 400~449만 원

⑦ 450~499만 원　　　　　⑧ 500~549만 원

⑨ 550~599만 원　　　　　⑩ 600~649만 원

⑪ 650~699만 원　　　　　⑫ 700~749만 원

⑬ 750~799만 원　　　　　⑭ 800~849만 원

⑮ 850만 원 이상

DQ9. 귀 가구의 자산 총액(부동산, 금융자산, 자동차, 회원권, 귀금속 등)
은 얼마 가량입니까?

① 3,000만 원 미만　　　　② 3,000~5,000만 원 미만

③ 5,000~7,000만 원 미만　④ 7,000~1억 미만

⑤ 1억~2억 미만　　　　　⑥ 2억~3억 미만

⑦ 3억~5억 미만　　　　　⑧ 5억~7억 미만

⑨ 7억~10억 미만　　　　　⑩ 10억 이상

DQ10. 현재 살고 계시는 주거 형태에 관해 여쭙겠습니다. 자기 집입니까,
아니면 셋집입니까?

① 자기 소유　　② 부모 소유　　③ 전세

④ 월세　　　　⑤ 관사, 사택　　⑥ 기숙사

⑦ 기타

찾아보기

강원택 康元澤

영국 런던정경대학교 정치학 박사

현재 서울대학교 정치외교학부 교수

주요 논저 《통일 이후의 한국 민주주의》(2011), 《한국 선거정치의 변화와 지속》
(2010), 《한국정치 웹 2.0에 접속하다》(2008) 등.

강신구 姜信球

미국 로체스터대학교 정치학 박사

현재 아주대학교 정치외교학과 조교수

주요 논저 "어떤 민주주의인가? 제도와 가치체계의 조응을 통해 바라본 한국 민주
주의의 발전방향 모색"(〈한국정당학회보〉, 2012), "Representation and Policy
Responsiveness: The Median Voter, Election Rules, and Redistributive Welfare
Spending"(공저, *Journal of Politics*, 2010), "The Influence of Presidential Heads
of State on Government Formation in European Democracies: Empirical
Evidence"(*European Journal of Political Research*, 2009).

한정훈 韓定勳

미국 로체스터대학교 정치학 박사

현재 숭실대학교 정치외교학과 교수

주요 논저 "유럽의회 내 정당응집성 측정에 대한 비교제도학적 연구: 공간모델을 적용한 대안적 지표개발"(〈한국정치학회보〉, 2008), "국회의원별 불참률의 차이에 관한 요인분석: 제18대 국회전반기를 중심으로"(〈한국정치학회보〉, 2011), "Analysing Roll Calls of the European Parliament: A Bayesian Application"(*European Union Politics*, 2007), "Party Politics and the Power to Report: Informational Efficiency in Bicameralism"(*Journal of European Public Policy*, 2014).

윤광일 尹光一

미국 미시간대학교 정치학 박사

현재 숙명여자대학교 정치외교학과 교수

주요 논저 "선거주기에 대한 이론적 고찰: 미국 사례를 중심으로"(〈의정연구〉, 2011), "Neighborhood Effects on Racial-ethnic Identity: The Undermining Role of Segregation"(*Race and Social Problems*, 2009), "Political Culture of Individualism and Collectivism"(박사학위 논문, 2010).

장승진 張丞鎭

미국 컬럼비아대학교 정치학 박사

현재 국민대학교 정치외교학과 교수

주요 논저 "경선제도에 따른 유권자 선택의 변화: 2008년 미국 대선 경선의 함의"(〈한국정당학회보〉, 2012), "Rally Around the Cross: 종교와 정부에 대한 한국인들의 태도, 2003~2009"(공저, 〈한국정치학회보〉, 2011), "Are Diverse Political Networks Always Bad for the Participatory Democracy? Indifference, Alienation, and Political Disagreements"(*American Politics Research*, 2009), "Get Out on Behalf of Your Group: Electoral Participation of Latinos and Asian Americans"(*Political Behavior*, 2009), "Latino Public Opinion"(공저, *The Oxford Handbook of American Public Opinion and the Media*, 2011), "Why the Giant Sleeps So Deeply: Political Consequences of Individual-Level Latino Demographics"(공저, *Social Science Quarterly*, 2011), "2012년 양대 선거에서 나타난 계층균열의 가능성과 한계"(〈한국정치학회보〉, 2013), "민주통합당은 좌클릭 때문에 패배하였는가?: 제18대 대선에서의 이념투표"(〈의정연구〉, 2013) 등.

김석호 金碩鎬

미국 시카고대학교 사회학 박사

현재 서울대학교 사회학과 교수

주요 논저 "응답자의 성격특성과 응답스타일"(공저, 〈조사연구〉, 2011), "사회적 관계의 양면성과 삶의 만족"(공저, 〈한국사회학〉, 2014), "외국인 근로자의 인터넷 이용 특성별 이직: 중국국적 동포를 중심으로"(공저, 〈한국인구학〉, 2015), "Voluntary Associations, Social Inequality, and Participatory Democracy in the United States and Korea"(〈한국 사회학〉, 2011).

류재성 柳載成

미국 텍사스 주립대학(오스틴) 정치학 박사

현재 계명대학교 미국학과 교수

주요 논저 《미국의 선거와 또 다른 변화》(공저, 2011), 《정치학이해의 길잡이: 정치이론과 방법론》(공저, 2008), "중도 및 무당파 유권자 특성: 무태도(*non-attitudes*)인가 부정적 태도(*negativity*)인가?"(〈대한정치학회보〉, 2012), "한국 유권자의 정치 지식(*Political Knowledge*)에 관한 연구 현황과 과제"(〈한국정치연구〉, 2010).

박원호 朴元浩

미국 미시간대학교 정치학 박사

현재 서울대학교 정치외교학부 교수

주요 논저 "부동산 가격 변동과 2000년대의 한국 선거: 지역주의 '이후'의 경제투표에 대한 방법론적 탐색"(〈한국정치연구〉, 2009), "정당일체감의 재구성"(《2012년 대통령선거 분석》, 2013), "Ecological Inference under Unfavorable Conditions: Straight and Split-Ticket Voting in Diverse Settings and Small Samples"(*Electoral Studies*, 2014).

이상신 李相信

미국 아이오와 대학교 정치학 박사

현재 숭실대학교 정치외교학과 연구중점교수

주요 논저 "정부 신뢰의 위기: 천안함 사건을 중심으로"(〈한국정치학회보〉, 2010), "정치의 사인화(私人化)와 대선후보자의 인지적 평가"(〈한국정치학회보〉, 2012), "친중(親中)과 반미(反美)의 경계: 중국 국가이미지의 결정요인 연구"(공저, 〈국제정치논총〉, 2011).

이용마 李容馬

서울대학교 정치학 박사, 전 MBC 기자

현재 서울대학교 한국정치연구소 선임연구원

주요 논저《한국지방자치의 현실과 개혁과제》(공저, 2014), "2000년대 이후 한국 사회 계층균열구조의 등장"(〈한국정치학회보〉, 2014), "한국 사회 계층균열의 등장과 정당재편성: 2000년대 선거를 중심으로"(박사학위 논문, 2013) 등.

길정아 吉貞兒

서울대학교 정치외교학부 정치학 전공 박사수료

김한나 金한나

서울대학교 정치외교학부 정치학 전공 박사과정

송진미 宋珍美

서울대학교 정치외교학부 정치학 전공 박사과정

성예진 成禮珍

서울대학교 정치외교학부 정치학 전공 석사과정

신화용 申和容

서울대학교 정치외교학부 정치학 전공 석사과정

오태환 吳太煥

서울대학교 정치외교학부 정치학 전공 석사과정

오현주 吳炫妵
서울대학교 정치외교학부 정치학 전공 석사수료

한수진 韓秀珍
성균관대학교 사회학과 석사수료